최신시사상식

228집

Contents

최신시사상식 228집

초판인쇄: 2024. 6. 25. **초판발행:** 2024. 7. 1. **등록일자:** 2015. 4. 29 **등록번호:** 제2015-000104호 **발행인:** 박 용 **편저자:** 시사상식편집부
교재주문: (02)6466-7202 **주소:** 06654 서울시 서초구 효령로 283 서경빌딩 **표지 디자인:** 정재완 **발행처:** (주)박문각출판
이메일: team3@pmg.co.kr **홈페이지:** www.pmg.co.kr

정가 11,000원 ISBN 979-11-7262-108-7

사진 출처: 연합뉴스, 위키피디아

Must Have
News

"정부가 6월 4일 열린 국무회의에서 9·19 군사합의 전체의 효력을 정지하는 안건을 심의·의결한 데 이어 윤석열 대통령의 재가가 이뤄지면서 9·19합의가 체결 5년 8개월 만에 전면 무효화됐다."

트럼프·바이든, 사법리스크 부상
11월 대선 영향에 주목

오는 11월 미국 대통령 선거에서 공화당 대선 후보로 출마할 예정인 도널드 트럼프 전 미국 대통령이 5월 30일 「성추문 입막음」과 관련한 혐의 34건에 대해 모두 유죄 평결을 받았다. 또 조 바이든 대통령도 차남인 헌터 바이든이 6월 11일 불법 총기 소유 혐의에 대한 재판에서 유죄 평결을 받았다. 이에 양측 모두 11월 대선을 앞두고 사법리스크가 부상하면서 대선 가도에 미칠 영향이 주목되고 있다.

유럽의회 선거, 극우 약진
우향우 정책 변화 전망

2019년 이후 5년 만에 열린 유럽의회 선거가 6월 6~9일까지 치러진 가운데, 중도우파인 유럽인민당(EPP)이 안정적으로 1위를 사수했지만 상승세를 탄 극우정당이 약진하면서 각종 정책에 상당한 변화가 일어날 것으로 전망된다. 특히 마크롱 프랑스 대통령은 6월 10일 소속 정당인 르네상스당이 극우 국민연합(RN)에 완패한다는 출구조사 결과가 나온 직후 의회를 해산하고 오는 30일 조기 총선을 치르겠다고 전격 발표했다.

정부, 9·19합의 효력 전면 정지
대북 확성기 방송도 재개

정부가 6월 4일 열린 국무회의에서 9·19 군사합의 전체의 효력을 정지하는 안건을 심의·의결한 데 이어 윤석열 대통령의 재가가 이뤄지면서 9·19합의가 체결 5년 8개월 만에 전면 무효화됐다. 9·19합의는 남북 간 적대 행위를 금지하는 내용을 담고 있어 이번 조치로 한반도의 군사적 긴장 고조는 불가피할 것으로 전망된다. 이러한 가운데 정부는 6월 9일 북한의 3차 대남 오물풍선 살포에 대응해 전방 지역 대북 확성기 방송을 6년 만에 재개했다.

라인야후 사태, 정치권 쟁점 부상
양국 외교 문제로도 확산

일본 정부가 최근 라인야후에 개인정보 유출에 따른 행정지도를 내리며 「자본관계 재검토」를 지시하면서 촉발된 라인야후 사태가 정치권으로까지 확산되며 장기화되고 있다. 라인야후는 네이버가 개발한 일본 국민 메신저 「라인」과 소프트뱅크의 포털사이트 「야후」를 운영하는 회사로, 양사가 절반씩 지분을 갖고 있다. 특히 일본 정부가 개인정보 유출 사태를 빌미로 라인야후를 완전한 일본 기업으로 만들려고 한다는 분석이 나오면서 한일 간 외교문제로까지 비화될 조짐이다.

정부, 동해 심해에
석유·가스 매장 가능성 제기

윤석열 대통령이 6월 3일 열린 국정브리핑에서 경북 포항 영일만 인근 심해에 최대 140억 배럴에 달하는 석유·가스가 매장돼 있을 가능성이 높다고 밝혔다. 정부에 따르면 이 매장량은 우리나라 전체가 천연가스를 29년간, 석유는 4년간 쓸 수 있는 규모로, 시추 성공 확률은 20%인 것으로 알려졌다. 「대왕고래 프로젝트」로 명명된 해당 사업에 대해 실제 상업 생산으로 이어지면 기름 값 안정화를 통해 각종 물류비용이 절감될 수 있다는 의견과, 막대한 예산이 소요되는 만큼 섣부른 시추보다는 신중한 검증이 필요하다는 의견이 엇갈리고 있다.

당정, 「공매도 제도 개선안」 발표
공매도 금지 내년 3월까지 연장

정부와 국민의힘이 6월 13일 「공매도 제도 개선 방안」을 확정하면서 주식 공매도가 내년 3월 이후 재개될 전망이다. 또한 기관의 공매도인 대차거래 시 빌린 주식을 갚는 기한을 90일(3개월) 단위로 연장하되, 4차례까지 연장을 허용해 12개월 이내에 상환하도록 제한한다. 아울러 불법 공매도에 대한 벌금을 현행 부당이득액의 3~5배에서 4~6배로 상향한다. 당정은 이와 같은 협의 내용을 담은 「자본시장법 개정안」 등을 발의할 방침이다.

의협, 의대 증원 반발
6월 18일 「집단 휴진」 단행

교육부가 5월 30일 전국 39개 의과대학의 2025학년도 모집인원을 전년 대비 1497명 늘어난 4610명으로 확정하는 내용 등을 담은 「2025학년도 대입전형 시행계획」 주요 사항을 발표했다. 이에 27년 만의 의대 증원이 확정됐으나, 의대 증원에 반발하며 지난 2월부터 현장을 이탈한 대다수 전공의들이 복귀를 거부하면서 의료 공백 사태가 계속되고 있다. 특히 의협이 6월 18일 하루 동안 전국 개원의까지 참여하는 「집단 휴진」을 단행하면서 의정 대치는 더욱 심화되고 있다.

전북 부안서 규모 4.8 지진 발생,
역대 16번째 강진

6월 12일 오전 8시 26분 49초경 전북 부안군 남남서쪽 4km 지점에서 규모 4.8의 지진이 발생했다. 이는 올해 발생한 최대 규모의 지진으로, 기상청이 지진 계기 관측을 시작한 1978년 이후로는 16번째 규모를 기록했다. 무엇보다 이번 지진은 기존에 강한 지진이 드물었던 호남 지역에서 발생했다는 점에서 한반도에 더 이상 지진 안전지대는 없다는 우려를 높이고 있다.

「국가유산기본법」 시행,
문화·자연·무형유산으로 개편

1962년 제정된 기존 문화재보호법을 대체하는 「국가유산기본법」이 5월 17일부터 시행됨에 따라 약 62년 동안 사용됐던 「문화재」라는 용어가 「국가유산」으로 공식 변경됐다. 이와 같은 국가유산 체계 전환에 따라 국가유산은 문화유산·자연유산·무형유산으로 나뉘게 됐다. 구체적으로 ▷문화유산은 국보·보물 등의 유형문화재와 민속문화재·사적을 ▷자연유산은 천연기념물·명승을 ▷무형유산은 전통공연·예술·생활습관 등 무형문화재를 포괄한다.

중국 「창어 6호」, 세계 최초로
달 뒷면 샘플 채취 성공

중국 국가우주국(CNSA)이 달 착륙선 「창어 6호」가 6월 2일 달 뒷면 토양·암석 샘플을 채취하는데 성공, 4일 오전 7시 38분 달 표면에서 이륙했다고 밝혔다. 지난 5월 3일 발사된 창어 6호는 한 달 뒤인 6월 2일 달 뒷면에 착륙, 2019년 세계 최초로 달 뒷면 착륙에 성공한 「창어 4호」에 이어 두 번째로 달 뒷면 탐사에 나선 바 있다.

Infographics

노년부양비 | 건강보험 보장률 추이 | 뇌사자 장기기증 현황 | 전산업생산지수 |
고용보험 지출 현황 | 산업재해 현황 | 광공업생산 동향

❶ 노년부양비

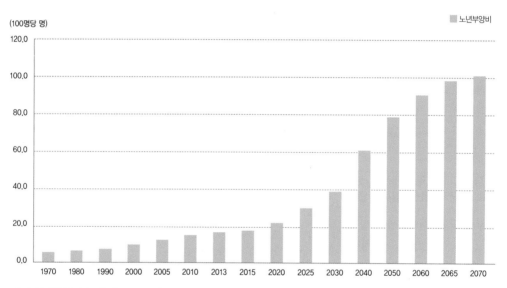

(100명당 명)　　　　　　　　　　　　　　　　　　　　　　　　■ 노년부양비

출처: 통계청, 「장래인구추계(2017~2067)」

🏔 지표분석

노년부양비는 총인구 중에서 생산가능인구(15~64세)에 대한 고령인구(65세 이상)의 백분비다. 2010년에는 생산가능
인구 6.7명이 노인 1명을 부양했으나, 2018년 5.1명, 2030년 2.6명, 2050년 1.3명, 2065년 0.9명으로 노인 부양부담
이 계속 증가하는 추세다.

노년부양비는 유럽의 경우 24.0명(2010) → 37.4명(2030) → 48.7명(2050)이고, 북아메리카의 경우 19.5명(2010) →
33.7명(2030) → 37.2명(2050)이다. 한국의 노년부양비는 2030년부터 선진국보다 높아질 것으로 예상된다.

❷ 건강보험 보장률 추이

○ 건강보험 보장률

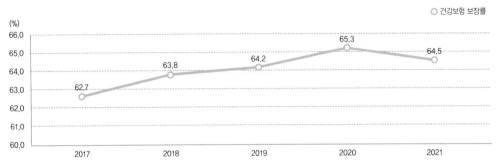

출처: 보건복지부(국민건강보험공단 자료)

📊 지표분석

2020년 건강보험 보장률은 65.3%로 최고였고, 2021년은 64.5%로 하락했다.

건강보험 재정은 2005년 보장성 강화 이후 매년 적자를 기록해오다 2017년 국민의 의료비 부담 경감 등을 위해 비급여의 급여화 등 「건강보험 보장성 강화 대책」을 추진, 2021년 20조 2000억 원의 누적 적립금을 보유 중이다.

한편, 2017년 경제협력개발기구(OECD) 주요 국가의 경상의료비 대비 공공재원 비중을 보면, 미국을 제외한 OECD 주요 국가들의 공공재원 비중은 70% 이상이다. 반면 우리나라는 58.2%에 불과해 보장성 강화 노력이 필요함을 알 수 있다.

❸ 뇌사자 장기기증 현황

■ 뇌사자 장기기증 현황

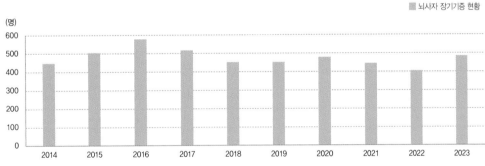

출처: 국립장기이식관리센터 「장기기증 및 이식 통계연보」

📊 지표분석

뇌사자 장기기증 현황은 각 국가의 장기기증 활성화 정도를 나타내는 중요한 지표로서, 장기기증의 국가별 비교기준(인구 100만 명당 뇌사자 장기기증자 수)으로 활용된다.

1999년까지 뇌사자 장기기증이 꾸준히 증가 추세(1999년 162명)를 보였으나, 2000년 2월 「장기 등 이식에 관한 법률」이 제정·시행되면서 뇌사자의 장기기증이 급격하게 감소(2002년 36명)했다. 이 법률은 국가가 장기이식 배분권한을 가지게 됨에 따라 의료기관의 잠재뇌사자 발굴에 따른 인센티브가 없어 뇌사자 발굴이 저하됐다. 이에 뇌사자 발굴에 대한 의료기관 인센티브 허용(2007년), 뇌사판정대상자관리기관 지정기준 완화(2008년), 독립장기구득기관, 뇌사추정자 신고 의무화, 뇌사판정절차 간소화, 유가족 동의요건 완화(2011년), 장기기증 관리체계 개선방향 마련(2012년) 등 뇌사기증 활성화 대책을 지속적으로 추진해 뇌사자 장기기증 건수가 꾸준히 증가 추세를 보이고 있다.

❹ 전산업생산지수

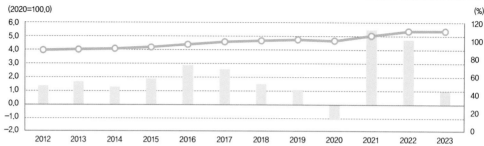

출처: 통계청 전산업생산지수(승인번호: 제101073호)
주석: 2022년 이후 연간지수 및 전년비는 농림어업 제외 수치임

🔺 지표분석

전(全)산업생산지수(IAIP·Index of All Industry Production)는 우리나라 경제 전체의 모든 산업을 대상으로 재화와 용역에 대한 생산활동의 흐름과 변화를 월별지수로 나타낸 것이다.

전산업생산지수는 2020년을 100.0으로 해 지수를 작성하며, 전산업생산지수가 110.0일 경우 2020년 월 평균보다 10% 생산이 증가한 것으로 해석한다. 2023년의 경우 건설업과 서비스업이 전년비 7.3%, 3.2% 각각 증가했고, 공공행정과 광공업이 전년비 −6.9%, −2.6% 각각 감소했다.

❺ 고용보험 지출 현황

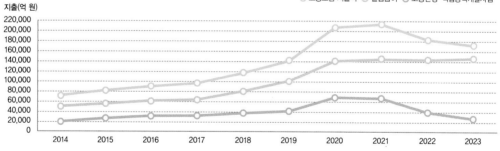

출처: 고용노동부 「고용보험기금 결산보고서」

🔺 지표분석

고용보험 지출 동향을 살펴보면 실업급여는 IMF 외환위기 이후인 1998년과 1999년 대폭 증가했고, 이후 안정 추세를 보이다 2013년부터 다시 전반적으로 증가 추세에 있다. 2022~2023년은 2021년과 비슷한 수준에서 지출된 것으로 나타났다. 2023년 실업급여 지급자 수는 1,768천 명, 실업급여 신규 신청자 수는 1,252천 명으로 각각 매년 늘고 있는 것으로 집계됐다.

고용안정·직업능력개발사업은 코로나19 영향으로 2020~2021년 지출액이 급증했으나 2022년 이후 감소세로 전환됐다.

❻ 산업재해 현황

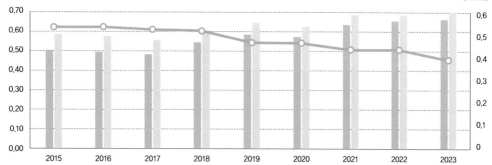

출처: 고용노동부 「산업재해 현황분석」

📊 지표분석

산업재해율은 2004년부터 감소 추세를 보이다, 2021년부터 증가 추세에 있다. 300인 미만 사업장 재해율은 2021년부터 증가 추세에 있으며, 업무상사고 사망만인율은 2012년 이후 계속 감소 추세를 보였다.

❼ 광공업생산 동향

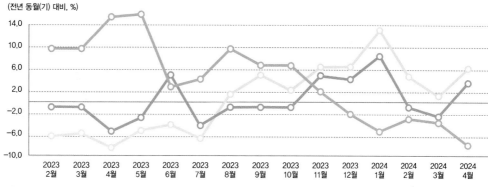

출처: 통계청 「산업활동 동향」

📊 지표분석

생산·출하지수는 633개 품목, 재고지수는 519개 품목을 전수 및 표본조사를 통해 기준시점 고정 가중평균법을 이용해 산정한다. 생산능력 및 가동률지수는 288개 품목을 생산하는 사업체를 표본조사해 산출한다. 광공업생산지수는 광업, 제조업, 전기가스업을 대상으로 일정기간 중에 이루어진 산업생산활동의 수준을 나타내는 지표로서 전체 경기의 흐름과 거의 유사하게 움직이는 대표적인 동행지표다. 특히 광공업생산지수는 경기 동향을 파악할 때, GDP와 함께 핵심적인 지표로 사용되고 있다.

시사 클로즈UP

LINE

라인야후 사태와 데이터 주권 경쟁

Data
Sovereignty

▲ 일본 정부의 행정지도로 촉발된 라인야후 사태에 대한 사회적 우려가 커지는 가운데, 라인플러스 본사는 5월 14일 직원 대상 설명회를 열었다.
(사진 출처: 연합뉴스)

일본 총무성의 행정지도로 촉발된 라인야후 사태가 정부·정치권·노조까지 개입하면서 확산, 사태가 장기화될 조짐을 보이고 있다. 라인야후는 네이버가 개발한 일본 국민 메신저 「라인」과 소프트뱅크의 포털사이트 「야후」를 운영하는 회사로, 양사가 절반씩 지분을 갖고 있다. 그러나 일본 정부가 지난해 개인정보 약 51만 건이 유출된 라인야후에 재발 방지를 촉구하는 행정지도를 내리며 「위탁처(네이버)로부터 자본적 지배를 상당 수준 받는 관계의 재검토」를 지시하면서 논란이 일었다. 특히 일본 정부가 개인정보 유출 사태를 빌미로 라인야후를 완전한 일본 기업으로 만들려고 한다는 해석이 나오면서 한일 양국 외교문제로까지 비화될 조짐을 보이기도 했다.
이처럼 일본이 민간기업의 경영권에 직접 개입한 이번 사태를 두고 빅데이터를 자국이 직접 관리하겠다는 「데이터 주권(Data Sovereignty) 확보」가 그 본질적 이유라는 분석이 나온다. 즉, 이번 사태가 단순한 기업 간의 문제가 아닌 국가 간 「디지털 주권」과 「데이터 보안」을 둘러싸고 일어난 문제라는 것이다. 실제로 최근 인공지능(AI)의 발달로 데이터의 중요성이 높아지면서 데이터 주권 확보가 국가의 핵심 경쟁력으로 부상하고 있는데, 이에 주요 국가에서는 자국의 개인정보를 둘러싸고 데이터를 보호하기 위한 법안 및 정책 마련 움직임이 거세지고 있다.

일본 총무성의 행정지도에서 촉발, 라인야후 사태의 시작과 전개

라인야후 사태는 지난해 11월 라인야후에서 개인정보 약 52만 건이 유출된 가운데, 일본 총무성이 행정지도를 통해 「자본 관계 재검토」를 요구하면서 시작됐다. 라인야후는 3월의 1차 행정지도 이후 「재발 방지를 위한 대책 보고서」를 제출했지만, 총무성은 해당 대책이 충분하지 않다며 4월 16일 2차 행정지도를 내렸다. 그런데 데이터 유출사고 원인과 기업의 지분구조가 직접적인 인과관계가 없을 뿐더러, 라인야후가 재발방지 대책을 제시했음에도 일본 정부가 두 번이나 행정지도를 내린 것을 두고 논란이 일기 시작했다. 무엇보다 정보 유출사고에 정부가 해당 기업의 지분 변경까지 요구하는 것은 전례 없는 일이라는 점에서, 일본이 해당 사고를 빌미로 라인의 경영권을 네이버와 지분을 절반씩 나눠 가진 일본 기업 소프트뱅크에 넘기려는 것이 아니냐는 의혹이 제기됐다.

특히 일본 정부의 2차 행정지도 이후 국내 언론에도 해당 사실이 대대적으로 보도되며 논란이 확산되자, 일본 정부는 「지분 매각을 강요한 것은 아니다」는 입장을 거듭 반복하고 나섰다. 하지만 라인야후와 소프트뱅크가 각각 5월 8일과 9일, 네이버에 지분 매각을 요청하고 있다는 사실을 공식화하면서 사태는 쉬이 가라앉지 않을 전망이다.

라인야후는 어떤 기업? 라인야후는 2019년 일본 1위 메신저인 「라인」과 일본 최대 검색 플랫폼인 「야후재팬」이 결합해 탄생했다. 한국 네이버와 일본 소프트뱅크가 50%씩 지분을 출자해 2021년에 설립한 합작법인 A홀딩스를 모회사로 두고 있으며, A홀딩스가 라인야후 지분을 64.5% 보유하고 있다. 라인은 2011년 당시 네이버의 일본 자회사였던 NHN재팬이 개발해 서비스를 시작했는데, 그해 발생한 동일본대지진을 기점으로 급성장을 이룬 바

있다. 현재 라인의 일본 내 월간 활성사용자 수(MAU)는 지난해 12월 기준 9600만 명에 달해 국민 메신저로 통한다. 여기에 일본을 비롯해 대만, 태국 등 해외 주요 시장까지 포함하면 라인의 글로벌 이용자는 2억 명이 넘는다.

라인야후 개관

최대 주주	A홀딩스(소프트뱅크, 네이버가 각각 50%씩 보유)
야후재팬 월 사용자	5430만 명
라인 월 사용자	1억 9900만 명
서비스 국가 및 지역	약 230개
연매출	1조 8146억 엔(15조 7950억 원)
계열사	119곳
직원 규모(연결기준)	2만 8000여 명

(※ 2023년 기준)

라인야후 지배구조

네이버 50	소프트뱅크 50

↓

A홀딩스(합작법인): 지분 64.5% 확보

↓

라인야후

라인야후·소프트뱅크, 지분 협의 공식화 이데자와 다케시(出澤剛) 라인야후 최고경영자(CEO)가 5월 8일 진행된 라인야후 결산설명회에서 개인정보 유출 문제와 관련한 총무성의 행정지도에 대한 대응으로 「네이버와 위탁 관계를 순차적으로 종료해 기술·운영 면에서의 자립을 추진하겠다」고 밝혔다. 또 논란이 되고 있는 「네이버와의 자본 관계 재검토」에 대해서는 현재 모회사인 네이버와 소프트뱅크 사이에 관련 협의가 이뤄지고 있다며 인정하는 입장을 내놓았다. 아울러 라인야후는 이날 「라인의 아버지」라 불리는 신중호 라인야후 최고프로덕트책임자(CPO)를 이사회에서 제

외시켰는데, 신 CPO가 라인야후 이사회의 유일한 한국인 이사라는 점에서 향후 라인야후 이사진은 전원 일본인으로 구성되게 됐다. 여기에 라인야후는 기존 사내이사 4명·사외이사 3명 체제의 이사회를 사내이사 2명·사외이사 4명 체제로 개편했다. 이 과정에서 신 CPO를 비롯해 소프트뱅크 측 인사인 오케타니 타쿠 이사 겸 최고전략책임자도 이사직에서 물러났다. 다만 소프트뱅크 측 인사인 카와베 켄타로 대표이사 회장과 이데자와 다케시 대표이사 CEO는 사내이사직을 유지했다.

여기에 미야카와 준이치 소프트뱅크 최고경영자(CEO)는 5월 9일 2023년 회계연도 실적 발표회에서 라인야후 지분을 네이버로부터 매입하는 방안을 논의 중이라고 공식 발표했다. 미야카와 CEO는 이날 라인야후의 강력한 요청으로 네이버와 지분 조정을 협의 중이라며, 「지분율을 어떻게 조정할지는 정해지지 않았지만 소프트뱅크가 머저러티(절반 이상)를 갖는 방향으로 하고 있다.」고 밝혔다.

日 정부의 지분 관계 재검토 요구, 왜?

일본 정부가 라인야후에 지분 관계 검토를 요구한 계기는 지난해 11월 발생한 해킹 사건으로, 당시 라인야후의 데이터 서버를 관리하는 네이버의 클라우드(가상 서버)가 해킹돼 개인정보 52만 건이 유출됐다. 그러나 앞선 2021년에 페이스북이 해킹됐을 때는 5억 명 이상의 이용자 개인정보가 유출된 바 있어 일본의 해당 조치는 한국 플랫폼의 일본 내 입지가 커지는 것에 대한 불안 때문이라는 분석이 제기되고 있다. 즉, 라인이 일본의 공적 인프라가 된 상황에서 데이터 주권을 상실하게 되는 데 대한 우려가 작용했다는 것이다. 실제로 일본에는 라인을 대체할 자국산 플랫폼이 부재하기 때문에 한국 기업에 의존하는 것에 대한 논란이 계속돼 왔다. 라인은 2011년 당시 네이버의 일본 자회사 「NHN 재팬」이 개발한 메신저로, 초기에는 단순히 메시지를 주고받는 메신저에서 출발했으나 이후 영상통화와 이모티콘, 게임 등 각종 기능이 추가됐고 현재는 쇼핑·금융·오락 등을 할 수 있는 핵심 생활 플랫폼으로 자리 잡은 상태다. 이러한 라인의 서비스들은 라인의 독자 개발을 통해 만들어졌지만, 일부에는 네이버의 기술이 적용됐다. 예컨대 간편결제와 멤버십 등을 한데 모은 핀테크 종합 서비스 「라인월렛」에는 네이버의 알고리즘 기술이 들어가 있으며, 라인쇼핑에는 네이버의 AI 상품 추천 시스템 「AiTEMS」가 적용돼 있다. 또 스마트폰 카메라로 고지서를 찍어 공공요금을 내는 「라인페이」 기능은 네이버가 고도화한 광학문자인식(OCR) 기술을 기반으로 만든 것이다. 이 때문에 만약 네이버가 지분을 매각해 그 영향력이 낮아지더라도 한동안은 라인야후가 네이버의 기술에 의존할 수밖에 없다는 전망이 나온다.

일본 내 라인 관련 서비스

라인메신저	문자메시지, 통화 등 메신저 서비스(월 이용자 수 9600만 명)
라인뉴스	각 언론사 기사 모아보는 서비스(7700만 명)
라인닥터	병원 예약부터 화상진료, 결제까지 비대면 진료(전년 대비 진료 건수 3배 증가)
라인페이	지불과 송금 등 간편결제 서비스(4000만 명)
라인뮤직	음악 감상, 뮤직비디오 시청, 노래방 기능(유료회원 120만 명)
라인 VOOM	짧은 동영상 업로드·시청하는 플랫폼(6800만 명)
라인쿠폰	마트 등에서 이용하는 쿠폰 저장 및 발급(3900만 명)
라인쇼핑	온라인 쇼핑 플랫폼(4700만 명)

라인사태, 정치권 쟁점으로 부상
지분 매각 vs 경영권 유지, 그 향방은?

이처럼 라인사태에 대한 논란이 확산되자 네이버는 5월 10일 「지분 매각을 포함해 모든 가능성을 열고 소프트뱅크와 성실히 협의 중」이라는 첫 공식 입장을 내놓았다. 여기에 우리 기업이 외국 정부로부터 부당한 대우를 받는다는 지적이 쏟아지면서 한국 정부의 대일 외교정책에 대한 논란으로 확산되자, 과학기술정보통신부는 5월 10일 「일본의 행정지도가 지분 매각 압박으로 인식되는 점에 유감」이라며 첫 입장을 발표했다. 그러나 이러한 상황에서 네이버 노조가 지분 매각에 반발하는 입장문을 내놓고 더불어민주당 등 정치권에서 라인사태에 본격적으로 의견을 제기하면서 해당 사태는 정치권 쟁점으로 확산됐다. 이에 네이버는 경영상 전략 외에도 한일 양국의 민심과 정치권 입장이라는 변수까지 고려해 지분 매각을 둘러싼 결정을 내려야 하는 상황에 놓이게 됐다는 평가다.

라인사태, 정치권 쟁점으로 부상

라인야후 사태와 관련해 한국 정부가 일본 정부의 선 넘은 압박에도 이를 개별 기업의 경영권 방어 문제로 인식해 안일하게 대응했다는 비판이 제기됐다. 일본 정부의 공세는 지난해 11월 라인 고객의 개인정보 유출 사고 이후 본격화됐지만, 우리 정부는 어떠한 대응 조치도 취하지 않다가 일본의 두 번째 행정지도 20일 뒤인 5월 10일에야 첫 유감 표명을 내놓았기 때문이다. 그러다 5월 11일 이재명 민주당대표가 「이토 히로부미의 자손인 마쓰모토 다케아키 일본 총무상이 라인을 침탈한다.」며 정부 대응을 비판하면서 라인사태는 본격적으로 정치권의 주요 이슈로 부상했다.

이후 민주당 과학기술정보방송통신위원회 간사인 조승래 의원과 외교통일위원회 간사인 이용선 의원은 5월 12일 국회에서 기자회견을 열고 「일본 정부의 행태는 명백한 국익 침해이자 반시장적 폭거」라며, 라인사태를 양국 간 중대 외교사안으로 격상시켜 적극 대응하라고 정부에 촉구했

다. 여기에 조국혁신당도 같은 날 기자회견을 열고 「우리 정부는 당장 한일투자협정상의 국가 개입 권한을 행사해야 한다.」고 주장했다.

네이버 노조, 지분 매각에 반발

네이버 노동조합이 5월 13일 입장문을 내고 「네이버의 라인야후 지분 매각에 반대한다」며 라인 계열 구성원들과 기술·노하우 보호를 요구하고 나섰다. 노조는 이날 성명을 통해 「라인이 아시아 넘버 원 플랫폼으로 자리 잡기까지는 국내에 있는 2500여 명의 라인 계열 직원 외에도 네이버, 네이버 클라우드 등 네이버 계열 구성원들의 노력이 있었다.」며 「보안 사고의 대책으로 지분을 늘리겠다는 소프트뱅크의 요구는 상식적이지 않고 부당하기까지 하다.」고 지적했다. 또 정부를 향해서도 「대한민국의 노동자들이 부당한 대우를 받지 않도록 적극적이고 단호한 조치를 요구한다.」고 밝혔다.

여기에 공정과 정의를 위한 IT시민연대는 5월 13일 ▷일본 정부의 네이버 자본관계 변경 요구(지분 매각) 관련 행정지도 진위 ▷일본 정부의 행정지도에 대한 적절성과 위법성 및 다른 동일 사례 대비 차별적 요소의 존재 여부 ▷일본 내 라인 사업(라인야후 이전) 전반에서 차별적 행위나 부당한 일본 정부 압력의 존재 여부 등에 대해 조사해야 한다는 입장을 내놓았다.

대통령실, 라인 부당조치 때는 강력 대응

정치권에서 라인사태가 주요 사안으로 부상하자 대통령실은 5월 13일 처음으로 라인사태 대응 원칙을 공식적으로 밝혔다. 대통령실은 이날 현안 브리핑을 열고 「지금까지 네이버 입장을 최대한 존중해 정부 대응에 반영해 왔고, 네이버 추가 입장이 있다면 정부 차원에서 모든 지원을 할 것」이라며, 우리 기업 의사에 조금이라도 반하는 부당한 조치에 대해서는 단호하고 강력하게 대응할 것이라며 진화에 나섰다. 하지만 정부의 해당 브리핑에 대해 1차 행정지도(3월 5일)가 나왔을 때는 문제의 심각성을 인지하지 못하다가 2차 행정지도(4월 16일)가 나오고 나서야 뒤늦게 대응했다는 비판이 제기됐다.

한편, 윤석열 대통령은 5월 26일 기시다 후미오 일본 총리와 가진 한일 정상회담에서 먼저 라인 야후 사태를 거론하며 「일본 총무성의 행정지도가 국내 기업인 네이버에 지분을 매각하라는 요구는 아닌 것으로 이해하고 있다.」며 「우리 정부는 이 현안을 한일 외교관계와 별개 사안으로 인식하고 있다.」고 밝혔다. 이에 기시다 총리는 「일본 총무성의 행정지도는 이미 발생한 중대한 보안 유출에 대해 어디까지나 보안 거버넌스 재검토를 요구한 사안」이라고 답했다.

네이버의 지분매각 결정, 그 전망은?

네이버가 성장시킨 메신저 「라인」을 두고 일본 정부가 지분 관계 재검토를 요구한 데 이어 라인야후·소프트뱅크가 결별을 공식화하면서 네이버의 선택에 관심이 집중되고 있다. 일본 정부의 압박에도 네이버가 라인야후의 지분을 반드시 내다 팔아야 할 의무는 없는데, 이는 일본 총무성의 행정지도에는 법적 구속력이 없기 때문이다.

네이버의 경영권 사수, 실익이 없다? 네이버 개발자들이 만든 라인 서비스에 대한 기술 기여가 힘들어진 상황에서 경영권만 지키는 것이 실익이 있는지를 두고 업계에서는 의견이 갈린다. 이미 라인야후는 소프트뱅크가 이사회 등 경영 전반에서 주도권을 행사해 왔으며, 네이버는 데이터·네트워크 유지보수를 도맡는 형태로 운영돼 왔다. 이 때문에 네이버가 라인야후 지분을 일부 매각하고 기술 라이선스 비용을 최대한 많이 받아 실익을 챙기는 방안의 실현 가능성도 거론된다. 여기에 더해 지분을 매각한 자본으로 인공지능(AI) 투자 및 인수·합병(M&A)을 추진하는 것이 더 낫다는 목소리도 있다. 다만 적정 가치를 어떻게 계산할지는 쟁점이 될 부분인데, 5월 13일 시장가치를 기준으로 소프트뱅크가 네이버의 지분 전체를 매입할 경우 8조 원 이상(경영권 프리미엄까지 포함하면 10조 원 추산)이 필요할 것으로 추정된다. 그러나 일본 정부 압박에 지분을 매각하는 상황으로 전개될 경우 제값을 받을 수 있을지, 또 소프트뱅크가 그만한 재무적 부담을 감당할 수 있을지는 불투명하다는 분석이 있다.

네이버의 매각, 글로벌 사업 확장에 제동? 라인은 현재 일본(1억 명) 외에도 대만(2000만 명)·태국(5000만 명)·인도네시아(600만 명) 등 동남아시아까지 2억 명 이상의 사용자를 보유하고 있으며, 스페인·호주 등을 포함하면 10억 명이 사용하는 글로벌 서비스다. 따라서 네이버가 경영권을 포기할 경우 네이버의 글로벌 전략이 흔들리며 글로벌 사업 확장에 제동이 걸릴 수 있다는 우려가 나온다. 라인야후의 핵심 자회사는 우리나라에 소재한 「라인플러스」로, 동남아 등 해외 서비스는 이 라인플러스가 도맡고 있다. 라인플러스 지분은 라인야후와 라인플러스 사이의 중간지주회사인 「Z중간글로벌주식회사(Z Intermediate Global)」가 100% 보유하고 있다. 따라서 네이버의 지분을 매각할 경우 아시아 시장에서 메신저, 인터넷은행, 캐릭터 사업 등을 성장시킬 기반을 잃을 수 있다.

무엇보다 이번 라인사태가 적절히 관리되지 않고 일본 정부가 원하는 방향으로 넘어간다면 그 파장은 단순히 경제적 영향을 넘어 정치적 긴장으로 확대될 수 있다는 문제도 있다. 따라서 해외 진출 국내기업 보호가 한일관계에 미칠 파장의 조기 차단을 위해서라도 정부가 적극적으로 나서야 한다는 시각도 있다.

✎ 이데자와 다케시 라인야후 최고경영자(CEO)가 6월 18일 열린 제29기 정기 주주총회에서 네이버와의 위탁관계를 종료하겠다며, 네이버와의 관계 단절에 속도를 내겠다는 입장을 분명히 했다. 이데자와 CEO는 이날 보안대책 강화와 관련해 「네이버 클라우드와 종업원용 시스템과 인증 기반 분리를 내년 3월(라인야후 회계연도 2024년 4월~2025년 3월)까지 완료하도록 추진하고 있다.」고 밝혔다. 또 「서비스 사업 영역에서도 거의 모든 국내(일본)용 서비스 사업 영역에서 네이버와 위탁 관계를 종료하겠다.」고 덧붙였다.

美 틱톡금지법·EU 데이터시장법……
AI시대, 「데이터 주권」 부상하다

일본이 민간기업의 경영권에 직접 개입한 이번 라인사태를 두고 빅데이터를 자국이 직접 관리하겠다는 「데이터 주권 확보」를 그 본질적 이유로 꼽는 시각이 많다. 이에 이번 사태는 단순한 기업 간의 문제가 아닌 국가 간 「디지털 주권」과 「데이터 보안」의 문제라는 분석이 높다. 거대 플랫폼이나 인공지능(AI) 모델에는 이용자들의 방대한 데이터가 수집되는 것이 필연적인데, 데이터 주권은 이러한 플랫폼과 AI에 대한 통제권을 자국 정부와 기업이 가지고 있어야 한다는 것에서 나온 개념이다.

데이터 주권, 핵심 경쟁력 부상 인공지능(AI)의 발달로 데이터의 중요성이 높아지면서 데이터 주권 확보가 국가의 핵심 경쟁력으로 부상하고 있다. 데이터 주권은 국가와 개인이 생성한 데이터가 언제·어디서·어떻게·어떤 목적으로 사용할 것인지를 국가나 개인이 결정할 수 있도록 권한을 보장해야 한다는 데서 시작됐다. 즉, 그동안 소수의 기업에서 독점하던 데이터에 대한 소유권을 국가와 개인이 결정할 수 있도록 해야 한다는 것이다. 이는 곧 국가가 데이터 통제권과 소유권, 자주성을 확보하는 것으로 구체적으로 ▷자신의 데이터에 접근할 수 있는 권리 ▷데이터를 수정하거나 삭제할 권리 ▷데이터가 특정 목적으로 사용되는 데 동의하거나 이전의 동의를 철회할 수 있는 권리 등을 핵심으로 한다.

만약 방대한 데이터에 대한 수집 및 사용이 독점되면, 권력의 집중이나 정보의 악용 등 심각한 사회 문제가 야기될 수 있다. 특히 외국 기업이 자국 데이터를 소유하게 된다면 경제적 관점에서는 물론 국가 안보 차원에서도 위험이 될 수 있는데, 이에 각국마다 개인정보·데이터 보호법안 제정과 데이터 유출을 이유로 기업을 압박하는 사례가 늘고 있다. 대표적으로 ▷미국의 틱톡금지법 ▷유럽연합(EU)의 디지털시장법(DMA)과 AI법 ▷중국의 네트워크안전법 등을 들 수 있다.

美, 틱톡금지법 시행 조 바이든 대통령이 4월 24일 안보 우려를 이유로 글로벌 숏폼 플랫폼 「틱톡」의 미국 내 사업권을 강제 매각하도록 한 「틱톡금지법」에 서명하면서 해당 법률이 발효됐다. 틱톡은 중국 베이징에 본사를 둔 바이트댄스가 소유한 숏폼 동영상 플랫폼으로, 미국에서만 1억 7000만 명이 사용하는 인기 매체지만 정보 유출 등과 관련한 논란이 계속돼 왔다. 미 정치권은 틱톡이 중국 공산당의 영향력에 노출돼 있고 국가 안보에 위협이 된다며 반대 목소리를 지속적으로 내왔는데, 틱톡을 강제 매각하는 법안이 발의돼 시행되는 것은 이번이 처음이다. 틱톡금지법은 틱톡의 모기업인 중국의 바이트댄스가 270일 이내 틱톡의 미국 사업권을 매각하지 않으면 미국 앱스

토어에서 틱톡 앱을 내려받을 수 없도록 했다. 이는 사실상 미국에서의 틱톡 서비스를 금지하는 것으로, 다만 매각에 진전이 있으면 미국 대통령이 시한을 90일 연장할 수 있도록 했다.

틱톡(TikTok)

중국의 바이트댄스사가 서비스하는 글로벌 숏폼 모바일 비디오 플랫폼으로, 15초~3분짜리 짧은 동영상을 제작하고 공유하는 기능을 제공한다. 영상의 길이가 짧아 단시간에 눈길을 끄는 춤이나 노래 또는 재미있고 유쾌한 흥미 위주의 영상이 주를 이룬다. 다양한 음악과 배경화면, 이모티콘 등 특수효과를 이용해 쉽게 영상을 만들 수 있는 편집 기능을 제공하며, 등록이나 유통도 비슷한 동영상 공유 앱인 유튜브에 비해 간단한 편이다.

EU, 디지털시장법(DMA) 시행 및 AI법 제정

유럽연합(EU)은 3월 7일부터 아마존·메타·애플 등 빅테크 기업의 반경쟁 행위를 규제하기 위한 「디지털시장법(DMA·Digital Markets Act)」을 본격 시행했다. 그리고 EU 의회는 3월 13일 세계 최초의 인공지능(AI) 규제 법인 「AI법」을 승인한 데 이어 5월 21일 이를 최종 승인했다.

디지털시장법(DMA) 디지털시장법은 거대 플랫폼 사업자의 시장 지배력 남용을 방지하고자 일정한 규모의 플랫폼 사업자를 「게이트키퍼(Gatekeeper)」로 지정해 규제하는 법이다. 법 시행에 앞서 구글 모회사 알파벳, 틱톡 모회사 바이트댄스, 아마존, 애플, 메타, 마이크로소프트 등의 6개 기업이 게이트키퍼로 지정된 바 있다. EU는 게이트키퍼로 지정된 6개사가 각각 운용 중인 운영체제, 소셜미디어(SNS), 검색엔진, 온라인 광고서비스 등 총 20여 개 서비스에 대한 별도 의무사항을 부여했다. 만약 이러한 사항들을 위반할 경우에는 연간 글로벌 매출의 10%에 해당하는 거액의 벌금을 부과한다. 특히 반복적으로 위반할 경우에는 최대 20%로 상향 조정되며, 조직적인 위반 행위가 확인되면 사업부 일부 매각 명령도 내릴 수 있다.

AI법 EU 의회가 3월 13일 AI 기술을 허용할 수 없는 기술, 높은 위험, 중간 위험, 낮은 위험 등으로 분류하고 기술개발 과정에서의 투명성을 강화하는 것을 핵심으로 하는 「AI법」을 승인한 데 이어 5월 21일 이를 최종 승인했다. 이로써 이 법은 유럽의회와 유럽이사회 의장 서명을 거쳐 EU 관보에 게재되는데, 법은 기술적으로 관보 게재 20일 후 발효되지만 대부분 조항은 2026년 본격적으로 시행된다.

EU는 AI 활용 분야를 총 4단계의 위험등급으로 나눠 차등 규제하게 되는데, 의료·교육 등 공공서비스, 선거, 핵심 인프라, 자율주행 등은 고위험 등급으로 분류됐다. 이러한 고위험 등급에서는 AI 기술을 사용할 때 사람이 반드시 감독해야 하며, 위험관리시스템도 구축해야 한다. 그리고 개인의 특성·행동과 관련된 데이터로 개별 점수를 매기는 관행인 「사회적 점수 평가(소셜스코어링·Social Scoring)」는 금지된다. 또 AI를 활용한 실시간 원격 생체인식 식별 시스템 사용도 사실상 금지되는데, 이는 강간·테러와 같은 중대 범죄 용의자 수색을 비롯해 예외적인 경우에 일부 허용되지만 이 경우에도 법원의 사전 허가를 받도록 했다. 이 밖에 딥페이크 영상이나 이미지에는 AI로 조작된 콘텐츠라는 점을 반드시 표기하도록 했다. 이러한 법 위반 시에는 경중에 따라 전 세계 매출의 1.5%에서 최대 7%에 해당하는 과징금을 부과할 수 있도록 했다.

딥페이크(Deepfake)

딥러닝(Deep Learning)과 페이크(Fake)의 합성어로, 인공지능(AI) 스스로 외부 데이터를 조합·분석하여 학습하는 딥러닝 기술을 활용해 실제 사람의 얼굴이나 특정 부위를 실존 인물이 아닌 인물과 합성하는 기술을 말한다. 딥페이크는 온라인에 공개된 무료 소스코드와 머신러닝 알고리즘으로 손쉽게 제작이 가능하며 진위 여부를 가리기 어려울 만큼 정교하다는 점에서 그 문제가 심각하다. 여기에 피해자의 신고가 없으면 단속이 어렵고, 포르노 영상에 유명인이나 일반인의 얼굴을 합성하는 사례가 많아 디지털 성범죄 논란이 있다.

中, 데이터 3법 시행

중국은 인터넷에서 개인정보 등 데이터 처리를 규제하는 「네트워크안전법」 등 데이터 3법을 시행 중에 있는데, 2021년 9월에는 기존 법에서 다루지 않았던 데이터를 대상으로 한 포괄적인 규제를 시작한 바 있다. 특히 「네트워크안전법」의 국외 이전 관련 조항은 시행 당시 외국계 기업들의 강한 반발로 2018년 12월까지 시행이 유예된 바 있는데, 이는 중국 내에서 중국인의 개인정보를 다루는 기업들은 데이터 서버를 중국 내에 두도록 한 조치다. 국내 기업을 비롯해 중국에 진출한 외국 기업들의 경우, 본사가 있는 해당국에 서버를 두고 있는 경우가 대다수여서 도입 당시부터 외국계 기업의 상당한 반발을 불러일으킨 바 있다. 이를 위반할 경우 벌금은 최대 50만 위안(약 8500만 원)이지만 위반 시 영업정지 등의 조치가 취해지기 때문에, 중국 내 영업을 위해서는 사실상 데이터 서버 이전이 필수적이기 때문이다.

소버린 클라우드 부상

소버린 클라우드(Sovereign Cloud)는 데이터 주권을 위한 것으로, 정부나 국가 기관이 자국의 데이터 주권을 보장하고 데이터 보안 관련 문제를 해결하기 위해 구축하는 클라우드 컴퓨팅 인프라를 말한다. 자주적이라는 뜻을 가진 영단어 「Sovereign」에 「클라우드(Cloud)」를 합친 것으로, 여기서 「클라우드」란 사진·문서·동영상 등의 정보들을 인터넷 가상 데이터센터에 저장함으로써 각 단말기가 해당 데이터에 자유롭게 접근할 수 있도록 하는 서비스를 말한다. 기존 글로벌 클라우드 인프라에서는 국가별 데이터 관련 법률이 달라 특정 국가에서 자국의 클라우드 서비스를 이용하지 못하는 등의 한계가 있었다. 이에 서비스를 공급하고자 하는 지역에 자체 데이터센터를 두는 소버린 클라우드가 대안으로 제시됐다. 이는 데이터센터를 현지에 구축함으로써 해당 지역의 법률을 준수하는 한편, 자체 인프라를 통해 자국의 데이터 통제권과 자주성을 지키는 것이다. 이렇게 하면 외국 기술이나 인프라에 대한 의존도를 낮출 수 있음은 물론, 중요한 데이터를 자체 데이터센터에 보관할 수 있어 데이터 보안을 강화할 수도 있다. 다만 소버린 클라우드가 다른 클라우드 인프라와 호환되지 않을 경우 데이터 교환 문제가 발생할 수 있으며, 국가 차원의 배타적 데이터 관리 시스템을 제공함으로써 자국 국민의 개인정보를 수집·감시하는 데 악용될 수 있다는 단점도 존재한다.

최신 주요 시사

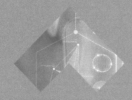

최신
주요 시사

4월 / 5월 / 6월

정치시사 / 경제시사 / 사회시사 / 문화시사

스포츠시사 / 과학시사 / 시시비비(是是非非)

시사용어 / 시사인물

정치시사

트럼프, 「성추문 입막음」 혐의 모두 유죄
美 사상 첫 중범죄 전직 대통령 오명

오는 11월 미국 대통령 선거에서 공화당 대선 후보로 출마할 예정인 도널드 트럼프 전 미국 대통령이 5월 30일 「성추문 입막음」과 관련한 혐의 34건에 대해 모두 유죄 평결을 받았다. 이날 미국 뉴욕 맨해튼 형사법원에서 열린 해당 사건 형사재판에서 배심원단 12명은 만장일치로 모든 혐의에 유죄 평결을 내렸다. 트럼프 전 대통령은 전직 성인영화 배우 스토미 대니얼스의 성관계 폭로를 막기 위해 당시 개인 변호사였던 마이클 코언을 통해 13만 달러(약 1억 7000만 원)를 지급한 뒤 해당 비용을 법률 자문비인 것처럼 위장해 회사 기록을 조작한 혐의로 재판에 넘겨진 바 있다. 이에 지난해 3월 미 전현직 대통령 최초로 형사 기소됐던 트럼프는 이번 판결로 재판에서 유죄를 인정받은 첫 전직 대통령이라는 오명도 안게 됐다.

유죄 평결 받은 트럼프의 주요 혐의(총 34건, 죄목은 모두 「사업기록 위조」 혐의)

청구서 위조(11건)	2017년 2~12월에 걸쳐 트럼프의 개인 변호사였던 마이클 코언이 트럼프 소유 기업에 변호사 비용이라고 허위 기재한 청구서 11건 발급
회사장부 위조(12건)	트럼프 소유 기업이 코언에게 송금한 돈에 대해 기업 장부에 「법률 비용」이라고 허위 기재
성추문 입막음용 수표 발행 (11건)	코언에게 수표를 지급하며 기업 장부에 수표 용도를 「법률 비용」으로 기재해 사업 기록으로 보관(실제 용도는 성추문 입막음 비용 환급을 위한 수표)

트럼프의 유죄 평결, 미 대선에 어떤 영향? 미국 연방헌법은 대통령 입후보 자격을 「후보 등록 직전 14년을 미국에서 살아온 35세 이상」으로만 규정하고 있어 이번 판결은 트럼프의 대선 출마에는 영향을 미치지 못한다. 따라서 최대 관심사는 오는 7월 11일 있을 형량 선고인데, 이는 트럼프가 공화당 대선 후보로 공식 지명되는 전당대회(7월 15~18일) 직전이다. 트럼프 전 대통령에게 적용된 죄목은 최장 징역 4년까지 선고가 가능하지만, 법원 안팎에서는 전과가 없고 고령인 데다 유력 대선 후보라는 점에서 실제 수감될 가능성은 크지 않을 것으로 판단하고 있다.

한편, 트럼프 전 대통령은 이번 판결 외에도 ▷2020년 대선 결과 조작 시도 ▷2021년 1월 6일 지지자들의 의회 난입 시도 선동 ▷퇴임 당시 기밀문서 무단 반출 혐의 등 3건의 형사재판도 앞두고 있다. 다만 11월 대선 전까지 1심 결과가 나오기 힘든 이들 3건과 달리 이번 사건의 평결은 대선을 약 5달 앞두고 나온 것이어서 향후 판세에 적지 않은 영향을 미칠 것이라는 전망이 제기된다.

바이든도 사법리스크, 대선 앞두고 차남 유죄 평결 조 바이든 미국 대통령의 차남인 헌터 바이든이 6월 11일 불법 총기 소유 혐의에 대한 재판에서 유죄 평결을 받았다. 오는 11월 대선을 5개월 정도 앞두고 현직 미국 대통령 자녀로는 처음으로 헌터가 중범죄 혐의로 유죄를 받으면서 바이든 대통령의 대선 가도에도 영향을 미칠 것이라는 전망이 나온다.

헌터는 2018년 10월 자신이 마약을 사용한 중독자라는 사실을 숨기고 권총을 구매·소지한 혐의로 지난해 기소된 바 있다. 여기에 헌터는 탈세 혐의로도 기소된 상태인데, 해당 재판은 오는 9월 진행될 예정이다. 특히 이 탈세 혐의는 바이든 대통령이 부통령으로 재임하던 때 헌터가 우크라이나 에너지기업 「부리스마 홀딩스」 임원으로 영입돼 거액을 받았다는 의혹과 맞물려 있는데, 공화당은 이 의혹 해소 등을 이유로 하원에서 탄핵조사를 진행하고 있다.

美 의회, 우크라이나·이스라엘 130조 원 지원 통과
바이든 서명으로 발효-우크라 돌파구 마련 주목

조 바이든 미국 대통령이 4월 24일 우크라이나 등에 대한 안보 지원 예산과 중국계 동영상 공유앱인 「틱톡」 강제매각을 담은 법안(※ 과학시사 참조)에 서명하면서 해당 법안이 즉시 발효됐다. 미 하원은 지난 4월 20일 우크라이나·이스라엘·대만 지원안과 틱톡강제매각법 등 4개의 개별 법안을 통과시켰는데, 상원은 23일 이들 4개 법안을 하나의 패키지로 묶어 처리한 바 있다.

안보 패키지 법안 주요 내용　이번 안보 패키지 법안에는 ▷우크라이나에 대한 610억 달러(약 84조 원) 규모의 무기 지원안 ▷이스라엘에 대한 군사 지원과 가자지구 인도적 지원이 포함된 260억 달러(약 36조 원) 규모의 지원안 ▷대만 등 인도·태평양 안보를 위한 81억 달러(약 11조 원) 규모의 지원안이 포함됐다. 지난해 10월 바이든 행정부가 발의한 우크라이나 지원안은 이스라엘·대만 지원과 묶여 총 950억 달러(약 132조 원) 규모의 패키지 법안 형태로 지난 2월 미 상원을 통과한 바 있다. 하지만 공화당이 과반을 차지하고 있는 하원에서 우크라이나 지원에 회의적인 공화당 강경파 의원들의 반대에 부딪히며 진전이 이뤄지지 않았다. 그러다 공화당 소속 마이크 존슨 하원의장이 우크라이나·이스라엘·대만 지원 등을 총 4개의 개별 법안으로 분리해 처리하는 방안을 내놓으면서 돌파구가 마련된 바 있다.

이번 패키지 법안 발효에 따라 미국은 우크라이나에 장거리 에이태큼스(ATACMS) 미사일과 브래들리 장갑차, 고속기동포병로켓시스템(HIMARS·하이마스) 로켓 등을 보낼 예정이다. 바이든 행정부의 우크라이나 지원은 이번이 56번째인데, 특히 이번 지원에 따라 최근 러시아에 밀리던 우크라이나 전쟁에 미칠 영향이 주목되고 있다.

💡 토니 블링컨 미 국무장관이 5월 14일 우크라이나 수도 키이우를 예고 없이 방문했다고 미 당국자들이 밝혔다. 블링컨 장관의 우크라이나 방문은 러시아의 침공 이후 4번째로, 특히 미 의회가 지난 4월 610억 달러(84조 원) 규모의 군사 지원을 승인한 이후로는 처음이다. 무엇보다 이번 방문은 우크라이나가 최근 북동부 요충지이자 제2도시인 하르키우 턱밑까지 러시아 공세에 직면한 가운데 이뤄진 것이다.

러시아-우크라이나 전쟁, 현 상황은?　러시아가 2022년 2월 24일 우크라이나 수도 키이우를 미사일로 공습하고 지상군을 투입하는 등의 전면 침공을 감행하면서 시작된 러시아-우크라이나 전쟁은 현재까지도 계속되고 있다. 이 전쟁은 당초 단기간에 수도 키이우를 점령할 것이라는 러시아의 계획과 달리 서방국가들의 우크라이나 전폭 지원으로 2년이 넘는 장기전으로 이어지고 있다. 2022년 가을에는 우크라이나의 대대적 반격으로 군사적 요충지 「헤르손」 지역을 탈환하는 성과 등이 나오기도 했으나, 2023년 초부터 러시아가 수세로 전환하고 이에 우크라이나의 고전이 거듭되며 전선이 교착됐다. 이러한 상황에서 지난해 10월 7일 이스라엘과 팔레스타인 무장정파 하마스 간의 전쟁이 시작되면서 우크라이나 전쟁은 점차 「잊혀진 전쟁」이 되어갔다.

이에 미국 등 서방국가들의 우크라이나 지원도 표류하면서 우크라이나 위기가 고조되는 가운데, 미국 의회가 6개월간 표류했던 우크라이나 지원안을 이번에 통과시키면서 숨통이 트이게 됐다는 평가가 나오고 있다. 지난해 1월 공화당이 하원 다수당이 된 후로는 미국 의회에서 우크라이나에 대한 대규모 지원안이 상·하원을 통과해 법제화된 적이 없었고, 이에 미 행정부는 기통과된 예산과 대통령 재량으로 할 수 있는 지원으로 우크라이나 군사 지원을 이어왔다. 하지만 올해 들어서는 의회의 추가 예산 승인 없이는 더 이상 우크라이나를 지원할 수 없었기 때문에 예산 확보가 절실한 상황이었다.

美, 미국산 무기의 러시아 본토 공격 일부 허용　바이든 대통령이 러시아가 공세를 강화하고 있는 우크라이나 제2도시 하르키우를 방어하는 목적에 한해, 미국이 지원한 무기를 러시아 본토 공격에 사용할 수 있도록 허가했다고 5월 30일 미국 언론들이 보도했다. 그간 바이든 대통령은 확전 방지를 위해 우크라이나가 서방 지원 무기를 러시아 본토 공격에 사용하는 것을 제한해 왔다. 하지만 최근 우크라이나에 대한 러시아의 대공세에 하르키우까지 함락 위기에 처하자 나토 회원국들은 미국의 원칙 수정을 압박해 왔다. 다만 러시아 영토에 에이태큼스 등 장거리 지대지미사일을 사용하는 것을 금지하는 정책은 유지되며, 반격 목적에 한해 러 영토 내 군사시설 등으로 공격 목표물이 엄격히 제한된다.

한편, 러시아는 미국의 이러한 방침에 즉각 반발했는데, 마리야 자하로바 러시아 외무부 대변인은 5월 30일 우크라이나가 서방 무기로 러시아의 민간시설을 공격할 경우 비례적인 대응에 나서겠다고 경고했다.

美 하원, 「반유대주의 인식법」 표결 통과
대학가 중동전쟁 반대 시위는 확산

미국 대학가에 중동전쟁 반대 시위가 확산되는 가운데, 미 하원이 5월 1일 「반(反)유대주의 인식법안」을 통과시켰다. 해당 법안은 유대인 대학살(홀로코스트)을 부정하거나 이스라엘을 주권국가로 인정하지 않는 행위를 반유대주의로 규정하고 있다. 그리고 반유대주의를 제대로 단속하지 않는 대학에 연방정부 예산 지원을 끊을 수 있는 권한을 교육부에 부여하는 내용을 담고 있다. 그런데 해당 법안이 서구 사회에서 금기시되는 「반유대주의」와 미 수정헌법 1조가 보장하는 「표현의 자유」 이슈 등과 맞물리면서 오는 11월 미 대선의 주요 의제로 부상할 가능성이 높다는 전망이 나온다. 일각에서는 과거 베트남전쟁 반대 시위가 집권 민주당에 악재로 작용해 대선 패배로 이어진 1968년의 사태가 재연될 수 있다는 추측까지 내놓고 있다.

美 대학가, 중동전쟁 반대 시위 확산　미 하원의 이번 법안 통과는 이스라엘의 팔레스타인 공격과 그러한 이스라엘을 지원하는 바이든 대통령의 정책에 대한 반대로 미국 대학가의 시위가 확산되는 가운데 이뤄진 것이다. 현재 미 대학가 시위는 컬럼비아대가 중심이 돼 이뤄지고 있는데, 1960년대 말 베트남전 반전운동의 중심지이기도 했던 이 학교는 ▷1985년 아파르트헤이트(남아공의 극단적 인종차별정책) 타도 ▷2003년 이라크전쟁 반대 ▷2020년 블랙 라이브즈 매터(Black Lives Matter, 인종차별 반대시위) 등 미국 사회에 큰 사건이 있을 때마다 미 대학생 시위의 본거지 역할을 해왔다. 지난 4월부터는 가자지구의 민간인 피해를 비난하는 학생들로 구성된 시위대가 반이스라엘 시위를 주도하고 있는데, 특히 지난 4월 18일 시위를 주도하던 컬럼비아대 학생 108명이 경찰에 연행되면서 대학가의 반전 시위가 미 전역으로 확산됐다. 이러한 시위와 관련한 SNS 게시물에는 아랍어로 「봉기」를 뜻하는 「인티파다」가 자주 등장해 관심을 모으고 있는데, 대표적으로 「온라인 인티파다

(Electronic Intifada)」, 「지적인 인티파다(Intellectual Intifada)」 등이 이에 해당한다. 인티파다는 팔레스타인인들의 반이스라엘 독립투쟁을 통칭하는 말로, 1987~1993년까지 일어난 1차 인티파다와 2000~2005년까지 일어난 2차 인티파다로 나뉜다.

한편, 지난해 말 미국 대학가에서 반유대주의 논란이 촉발된 이후 하버드대를 시작으로 펜실베이니아대(유펜)와 코넬대의 총장이 잇따라 사임하는 일이 벌어지기도 했다. 클로딘 게이 하버드대 총장은 지난 1월 학내 반유대주의 확산 방치 및 논문 표절 등의 이유로 사임했으며, 비슷한 이유로 엘리자베스 매길 유펜 총장과 코넬대 마사 폴락 총장도 사임하면서 아이비리그 총장의 3번째 사퇴가 이뤄졌다.

美 의회, 「티베트는 중국 땅 아니다」
티베트-중국 분쟁법 가결

미국 하원이 6월 12일 티베트가 예로부터 중국 영토였다는 중국 당국의 주장을 부정하는 「티베트-중국 분쟁법」을 가결했다. 법안은 민주당의 제프 머클리 상원의원이 발의해 지난 5월 상원을 통과한 것으로, 조 바이든 대통령이 서명하면 시행된다. 법안은 티베트 사람·역사·제도에 대한 중국 당국의 허위·왜곡 주장과 정보에 대응하는 데 자금을 지원한다고 명시하고 있다. 또 현재 시짱(西藏) 자치구(티베트의 중국 명칭) 외에 티베트인들이 사는 간쑤(甘肅)·칭하이(靑海)·쓰촨(四川)·윈난(雲南)성 일부도 티베트 지역이라는 내용도 담고 있다.

티베트(Tibet)는 어떤 곳? 중국 남서부에 있는 티베트족(族) 자치구로, 중국은 건국 이듬해인 1950년 인민해방군을 투입해 티베트를 강제 병합했다. 이에 1959년 티베트 곳곳에서 독립을 요구하는 대규모 봉기가 일어난 가운데, 이 과정에서 티베트 불교의 수장이자 실질적인 국가원수였던 달라이 라마는 인도 북부 다람살라에 망명정부를 세우고 비폭력 독립운동을 이끌어 오고 있다. 중국은 1965년 티베트를 31개 성·시·자치구 중의 하나인 「시짱(西藏) 자치구」로 편입했는데, 중국은 이러한 과정을 「평화적 해방」이라고 지칭하고 있으나 서방 국가들은 무력에 의한 강제 합병이라며 중국 정부를 비난해오고 있다.

> **달라이 라마(Dalai Lama)** 티베트불교의 종파인 겔루크파(황모파)의 수장인 법왕의 호칭으로, 티베트의 정신적 지도자이자 실질적인 통치자를 이른다. 현재 14대 달라이 라마는 티베트 망명정부를 세운 「텐진 가초(Tenzin Gyatso)」이다. 그는 2살 때 제13대 달라이 라마의 환생자로 인정받은 데 이어 1940년 제14대 달라이 라마로 공식 취임한 바 있다. 그러나 1951년 중국 인민해방군이 티베트를 통치하기 시작하자, 1959년 3월 중국 공산당을 피해 인도로 망명했다. 이후 달라이 라마가 세운 인도 다람살라의 망명정부는 티베트 독립운동의 근거지가 됐고, 이는 국제사회로부터 많은 지지를 받아 1989년 노벨평화상을 수상하기도 했다.

유럽의회 선거, 「친EU 중도 대연정」 과반 사수
극우 약진으로 우향우 정책 변화 전망

2019년 이후 5년 만에 열린 유럽의회 선거가 6월 6~9일까지 치러진 가운데, 중도우파가 1위를 안정적으로 사수했지만 상승세를 탄 극우정당의 약진으로 각종 정책에 상당한 변화가 일어날 것으로 전망된다. 유럽의회 선거는 전체 27개 EU 회원국에서 720명의 의원을 직접 선출하는데, 이번에 선출된 의원들은 향후 5년간 EU의 정치적 판도와 각종 정책 방향을 결정짓게 된다. 무엇보다 이번 유럽의회 선거는 브렉시트(영국의 EU 탈퇴) 이후 처음 실시된 선거로, 코로나19 이후 확산된 난민 유입에 따른 반난민 기조, 러시아-우크라이나 전쟁 장기화에 따른 피로감 등으로 극우 세력의 약진이 예측돼 왔다.

유럽의회 선거 개요

투표 기간	2024년 6월 6~9일(4일간)
유권자 규모	27개 유럽연합(EU) 회원국 소속 3억 7300만 명
선출 의원	5년 임기 720명
선거 방식	정당명부식 비례대표제 → 정당별 득표율로 의석수 결정
국가별 할당 의석수	720석을 회원국별 인구에 비례해 배분

유럽의회(European Parliament) 유럽연합(EU) 27개 회원국의 유권자를 대표하는 의회로 EU 주요 기구 가운데 유일하게 직접선거로 구성되는 대의기구이다. 의원은 회원국 국민들의 직접선거에 의해 5년마다 정당명부식 비례대표제 방식으로 선출된다. 회원국의 인구 규모에 비례해 국가별 의석수가 배정되는데 다만 인구가 적은 나라의 존재감이 너무 미미하지 않도록 6석의 국가별 최소 의석을 규정하고 있다. 이번 선거에서는 독일 96석, 프랑스 81석, 이탈리아 76석 등의 순으로 배정됐다. 국가별 의석 안에서 득표율에 비례해 정당이 할당되는데 예를 들어 한 정당이 자국 득표율에서 25%를 획득하면 유럽의회에서도 자국 의석의 25%를 얻게 된다. 의회 안에서는 국적을 배제하고 정파 간의 연합 형태를 취하는 「정치그룹」을 형성한다. 유럽의회는 EU행정부 격인 집행위원회에 대한 불신임권과 예산동의권, 신규 가입국에 대한 비준권, EU 집행위원회 위원장 선출권 등의 권한을 갖고 있다.

유럽의회 주요 정치그룹

유럽국민당(EPP)	•중도우파 성향 정당들이 모인 교섭단체 •독일 제1야당 「독일 기독교민주연합(CDU)」, 스페인 제1야당 「인민당(PP)」 등이 소속
사회민주진보동맹(S&D)	•중도좌파 성향 정당들이 모인 교섭단체 •독일 집권여당인 「사회민주당(SPD)」, 스페인 집권여당인 「사회노동당(PSOE)」, 이탈리아 제1야당 「민주당(PD)」 등이 소속
리뉴유럽(RE)	•중도를 표방하는 교섭단체 •프랑스 집권여당 「르네상스(RE)」 등 소속
정체성과민주주의(ID)	•각국의 보수 및 극우계열 정당 •이탈리아의 「북부동맹」, 프랑스의 「국민연합(RN)」 등이 소속
녹색당-유럽자유동맹(Greens/EFA)	•친환경 및 지역 중심의 중도좌파 정당 •독일의 「동맹 90/녹색당」이 소속
유럽보수와개혁(ECR)	•중도우파와 극우를 아우르는 교섭단체 •이탈리아 여당인 「이탈리아형제들(FdI)」, 폴란드 제1야당 「법과정의당(PiS)」 등이 소속

선거 주요 내용 선거 결과 유럽의회 내 제1당 격인 중도우파 유럽국민당(EPP)이 전체 720석 중 190석으로 지난 선거보다 14석을 늘리며, 원내 제1당 지위를 유지했다. EPP에 이어 ▷중도좌파 사회민주진보동맹(S&D)이 136석(3석 감소) ▷중도 리뉴유럽(RE)이 80석(22석 감소) ▷강경우파 유럽보수와개혁(ECR)이 76석(7석 증가) ▷극우 정체성과민주주의(ID)가 58석(9석 증가) ▷녹색당-유럽자유동맹(Greens/EFA)이 52석(19석 감소) ▷좌파(The Left)가 39석(2석 증가) 순으로 나타났으며, 교섭단체에 속하지 않는 당선자는 46명(기타는 45명)으로 집계됐다. 이로써 2019년 선거 대비 중도 정치그룹의 의석 비중은 감소(59.1%→56.0%)한 반면, 극우 세력의 의석 비중은 증가(16.7%→18.2%)하는 정치지형 변화가 이뤄졌다.

프랑스에서는 극우 마린 르펜(56) 의원이 이끄는 국민연합(RN)이 30%가 넘는 득표율로 자유당그룹에 속한 마크롱 대통령의 르네상스당을 크게 앞서면서 1당으로 올라섰다. 또 올라프 숄츠 독일 총리가 속한 신호등 연정(사회민주당·자유민주당·녹색당)은 극우 「독일대안당(AfD)」에 밀려 3위를 기록했으며, 알렉산더르 더크로 벨기에 총리는 그가 이끄는 열린자유민주당(Open VLD)이 참패하자 사임을 결정했다. 반면 조르자 멜로니 이탈리아 총리가 이끄는 극우 「이탈리아형제들(Fdl)」은 28.7%의 득표율로 극우 정치그룹 내 최다 정당에 등극했으며, 이로써 멜로니는 차기 EU 집행위원장을 결정할 킹메이커로 급부상하게 됐다. 이처럼 프랑스·독일·이탈리아와 같은 EU 주요 회원국에서 극우 정당이 약진하면서 EU 정치·경제 지형의 우경화 가능성이 높아졌다는 전망이 나온다.

마크롱, 극우 돌풍에 「의회 해산」 발표　에마뉘엘 마크롱 프랑스 대통령이 6월 10일 유럽의회 선거 출구조사 결과가 발표된 직후 의회를 해산하고 오는 30일 조기 총선을 치르겠다고 전격 발표했다. 마크롱 대통령의 이와 같은 결정은 소속 정당인 르네상스당이 극우 국민연합(RN)에 완패할 것으로 예상된 데 따른 것이다. 프랑스에서 의회 해산은 대통령의 고유 권한으로, ▷대통령이 자신의 정책에 대한 국민의 신임을 확인하고자 할 때나 ▷의회와 정부 간 심각한 정치적 교착 상태로 더 이상 정부 정책 추진이 어렵고 ▷대통령이 특정한 정치적 변화나 개혁을 단행하고 싶을 때 행사할 수 있다. 이와 같은 의회 해산권은 보통 의원내각제 국가의 경우 총리가 가진 권한인데, 프랑스의 경우 1958년 개헌에서 이원집정부제로 전환하고 대통령의 권한을 강화하면서 의회 해산권을 부여한 바 있다. 한편, 이번 프랑스 조기 총선에서는 임기 5년의 하원의원 577명을 선출하게 된다.

국제형사재판소(ICC),
네타냐후와 하마스 지도부에 체포영장 청구

국제형사재판소(ICC)가 5월 20일 이스라엘과 팔레스타인 무장정파 하마스 지도부에 대한 체포영장을 동시에 청구했다. ICC의 칸 검사장은 이날 이스라엘의 베냐민 네타냐후 총리와 요아브 갈란트 국방장관을 비롯해 하마스의 야히야 신와르 최고지도자와 무함마드 데이프·이스마일 하니예에 대한 체포영장을 청구했다고 밝혔다.

칸 검사장은 하마스 지도부에 대해서는 지난해 10월 7일 기습 공격으로 이스라엘 민간인 수백 명을 사망에 이르게 하고 최소 245명을 인질로 끌고 간 혐의가 있다고 지적했다. 또 보복공격에 나선 이스라엘에 대해서는 네타냐후 총리와 갈란트 장관이 고의적 전범 살인, 민간인에 대한 의도적 공격 지시, 기아를 전쟁 수단으로 활용하는 등 ICC 조약인 「로마규정」을 위반했다고 지적했다. 이와 같은 ICC의 영장 청구에 대해 이스라엘과 하마스는 즉각 반발했으며, 특히 미국은 이스라엘을 두둔하며 「터무니없는 조치」라고 강력히 비판했다.

💡 미국 하원이 6월 4일 이스라엘과 하마스 지도부에 대해 동시에 체포영장을 청구한 국제형사재판소(ICC)를 제재하는 내용의 법안을 가결 처리했다. 법안은 ICC 주요 관계자에 대한 경제제재와 미국 입국비자 발급 제한 등을 담고 있다.

> **국제형사재판소(ICC·International Criminal Court)**　국제사법재판소(ICJ)가 국가 간 분쟁을 다루는 것과 달리 국제형사재판소(ICC)는 집단살해죄, 전쟁범죄, 반인도적 범죄를 저지른 개인을 형사처벌하기 위해 2002년 네덜란드 헤이그에 설립된 세계 최초의 상설 전쟁범죄재판소이다. 1998년에 마련된 로마조약에 근거해 발족된 ICC는 임기 9년인 18인의 재판관을 비롯해 소추부·사무국으로 구성돼 있다. 재판관은 각국 최고법원 판사 자격을 갖추고 형사재판 등의 실무경험이 있는 사람 중 선출되며, ICJ와는 달리 단임제다. 3년 임기의 재판소장은 한 차례 재선이 가능하며, 한국 출신 소장으로는 2009~2015년까지 역임한 송상현 소장이 있다. ICC는 해당 국가가 전쟁범죄 등에 대한 재판을 거부하거나 재판할 능력이 없다고 판단될 때 재판절차에 들어가게 된다. ICC의 관할권은 ICC 당사국 영토 안에서 범죄가 발생하거나, 피의자가 당사국 국적자인 경우 적용된다. 다만 2002년 7월 이전에 발생한 행위는 다룰 수 없도록 「불소급 원칙」이 적용되며, 최고 형량은 징역 30년(극단적인 경우 종신형)이다. 2024년 현재 로마조약에 서명한 당사국은 124개국이나 미국·중국·러시아·인도·이스라엘·북한 등 전 세계 약 3분의 1 국가가 참여하지 않고 있다는 한계가 있다.

ICC의 영장 청구 이후는? ICC의 영장 청구는 판사 3명으로 구성된 ICC 전심재판부의 심리를 거쳐 2달 안에 발부 여부가 결정된다. 영장 발부와 동시에 ICC 가입국들은 영장 발부 대상자가 자국 영토에 발을 들이면 체포해 ICC에 인계할 의무를 갖게 된다. 하지만 미국·중국·러시아·인도 등 주요 국가들이 ICC의 가입국이 아닌 데다. 영장 발부 대상자가 가입국에 머물고 있더라도 ICC가 해당국 공권력을 강제 동원할 수 없다는 한계가 있다. 실제로 ICC는 설립 이후 20년간 9명에게 유죄를 선고하긴 했으나, 이들 모두가 아프리카 국가들이어서 약소국에만 힘을 행사한다는 지적을 받아왔다. 다만 체포 당사자가 ICC 회원국을 방문하는 데 있어 상당한 제약이 생기기 때문에 이번 영장 발부에 따라 네타냐후 총리가 푸틴 러시아 대통령과 같은 국제적 기피인물이 될 수 있다는 전망도 나온다. 푸틴 대통령은 2022년 2월 우크라이나를 침공한 뒤 어린이들을 강제로 이주시킨 혐의 등으로 지난해 3월 ICC에 수배된 바 있다.

한편, ICC 회원국이 아닌 이스라엘은 자국이 ICC의 관할이 아니라고 주장해 왔으나, ICC는 2015년 팔레스타인이 로마조약에 서명한 이후 가자지구·동예루살렘·서안지구에 대한 관할권을 가지고 있다는 입장이다.

이스라엘, ICJ의 「라파 공격 중단」 요구 묵살
라파 난민촌 폭격-피란민 40여 명 사망

유엔 산하 최고법원인 국제사법재판소(ICJ)가 5월 24일 이스라엘에 가자지구 라파에 대한 공격을 즉시 중단하라고 명령했으나, 이스라엘은 이를 묵살하고 26일 라파 서부의 탈알술탄 난민촌을 공습했다. 탈알술탄 난민촌은 이스라엘군이 라파 공격을 시작하면서 피란민 수천 명이 몰려든 곳으로, 이번 공격으로 40여 명이 사망한 것으로 전해졌다. 이처럼 인도주의 구역으로 지정된 피란민촌에서 다수의 인명피해가 발생하자 국제사회의 비난은 더욱 거세졌다. 여기에 이스라엘이 탱크를 앞세워 라파 도심에서 본격적인 시가전에 돌입한 것으로 관측되면서 우려를 높이고 있는 가운데, 미국은 이스라엘군의 라파 지상전 관련 움직임을 인정하면서도 아직은 「레드라인」을 넘지 않았다고 평가하면서 논란을 키웠다.

이스라엘의 라파 공격 논란 지난해 10월 팔레스타인 무장단체 하마스의 공격으로 시작된 이스라엘-하마스 전쟁이 8개월째 이어지는 가운데, 현재 이스라엘은 가자지구 최남단 라파에 대한 집중 공격을 가하고 있다. 라파는 이집트 북부 시나이반도와의 접경 도시로, 이스라엘-하마스 전쟁으로 피란민들이 몰려들며 「최후의 피란처」로 불리고 있다. 이에 전쟁 전 인구 27만 명이었던 라파에는 현재 150만 명이 모여 있는 것으로 알려져 있다. 무엇보다 라파는 국제사회가 가자지구에 구호물자를 지원하는 주요 관문이라는 점에서 라파에 대한 대대적인 지상전이 이뤄지게 되면 대규모 인명피해가 일어날 수 있어 공격을 반대하는 국제사회의 목소리가 높다.

하지만 이스라엘은 라파에 하마스 지도부와 지난해 10월 끌려간 자국 인질들이 있을 것으로 보고, 라파를 공격해야만 하마스 해체와 인질 구출 등의 전쟁 목표를 이룰 수 있다며 지난 5월 7일 라파 변두리 국경검문소를 장악하며 군사작전에 나선 바 있다. 이러한 가운데 조 바이든 미국 대통령은 5월 8일 이스라엘이 라파 전면전을 감행할 경우 무기 지원을 중단한다는 입장을 밝혔는데, 전쟁 발발 이후 바이든 대통령이 공개적으로 이스라엘에 대한 무기 지원 중단을 언급한 것은 처음 있는 일이었다. 그러나 이스라엘은 라파 공격에 대해 「대규모 지상전」이 아닌 하마스를 표적으로 하는 「근접 전투」라고 주장하며 공격을 이어가고 있다.

이스라엘, 인질 4명 구출-팔 민간인 270여 명 사망 이스라엘군이 6월 8일 하마스에 납치됐던 인질 4명을 구출하는 데 성공했다. 이들 인질 4명은 지난해 10월 7일 이스라엘 남부 레임 키부츠의 음악축제에 갔다가 인질로 잡혔는데, 이날 인질 구출 과정에서 하마스와의 교전이 격화되며 이스라엘의 대테러 부대 「야맘」 지휘관인 아르논 자모라가 사망했다. 이에 이스라엘은 그를 기린다는 취지로 해당 작전명을 「아르논 작전(Operation Arnon)」으로 명명했다. 하지만 이번 구출 과정에서 이스라엘군의 공습과 포격으로 팔레스타인 민간인 최소 274명이 사망하면서 해당 작전의 정당성 논란이 거세게 일고 있다. 하마스와 마흐무드 압바스 팔레스타인자치정부(PA) 수반은 이번 공격을 「학살」이라며 규탄했으며, 특히 압바스 수반은 유엔 안전보장이사회(안보리) 긴급회의 소집을 촉구했다. 한편, 이스라엘 정부에 따르면 현재 하마스에 억류돼 있는 인질은 116명으로, 이 중 40여 명이 사망한 것으로 추정된다.

유엔 안보리,
가자지구 3단계 휴전안 지지 결의안 채택

유엔 안전보장이사회가 6월 10일 긴급회의를 열어 미국이 주도한 가자지구 3단계 휴전안을 지지하는 내용의 결의를 채택했다. 결의는 3단계 휴전안을 받아들일 것을 하마스에 촉구하고, 이스라엘과 하마스 양측 모두가 협상 내용을 지체하지 않고 조건 없이 이행할 것을 명시하고 있다. 3단계 휴전안은 ▷6주간의 완전한 휴전과 이스라엘군의 가자지구 내 인구 밀집지역 철수 및 일부 인질 교환 ▷모든 생존 인질 교환과 이스라엘군의 가자지구 철수 등 영구적 적대행위 중단 ▷가자지구 주요 재건 계획 실시 및 사망한 인질 시신의 송환 등 3단계로 구성돼 있다.
해당 결의안 채택에 따라 8개월간 이어지고 있는 가자전쟁의 종전 여부가 주목되는 가운데, 하마스는 6월 11일 큰 틀에서는 3단계 휴전안에 동의하지만 일부 세부사항과 일정에 대해서는 수정을 요청하는 입장을 중재국들에 전달한 것으로 알려졌다. 이러한 역제안을 두고 이스라엘은 하마스가 휴전안을 거부했다며 비판하고 나섰으나, 하마스는 이스라엘이야말로 휴전안에 대해 공개적으로 동의 여부를 밝히지 않고 있다며 맞섰다.

유엔 총회, 「팔레스타인의 유엔 정회원국 가입 지지」
143개국 찬성으로 결의안 압도적 통과

유엔이 5월 10일 총회를 열고 팔레스타인의 유엔 정회원국 가입을 지지하는 결의안을 압도적 찬성으로 통과시켰다. 총회 결의안은 구속력은 없지만 국제사회가 팔레스타인에 대한 연대 의사를 나타내는 상징적인 움직임으로, 향후 안전보장이사회(안보리)의 결정에도 고려 요소가 될 전망이다. 유엔은 또 이날 결의를 통해 옵서버 국가 지위인 팔레스타인이 오는 9월부터 유엔 총회 회의와 유엔 기구가 주최하는 각종 회의 등에 참여할 수 있도록 외교적 특혜를 제공하기로 했다.
안보리는 지난 4월 18일 팔레스타인의 유엔 정회원국 가입을 유엔 총회에 추천하는 결의안을 두고 표결했지만, 상임이사국인 미국이 거부권을 행사해 부결된 바 있다. 팔레스타인은 앞서 2011년에도 유엔 정회원국 가입을 신청했으나 이스라엘의 동맹인 미국의 반대로 무산됐으며, 이듬해인 2012년 유엔 총회에서 「옵서버 단체(Entity)」에서 「옵서버 국가(State)」로 승격해 현재까지 이 지위를 유지해오고 있다.

총회	• 유엔의 최고 의결기관 • 1국 1표주의 원칙(중요 안건은 출석 투표 국가의 2/3 이상, 기타 문제는 과반수 이상으로 결정) • 매년 정기적으로 9월의 제3화요일에 개최하며, 특별총회는 안전보장이사회의 요구나 총회에서 1/2 이상의 회원국이 요구할 때 소집
안전보장이사회(안보리)	• 5대 강국(미국, 러시아, 중국, 영국, 프랑스)으로 구성된 상임이사국과 임기 2년의 10개 비상임 이사국으로 구성(모두 15개 이사국) • 상임이사국의 임기는 영구적이며 거부권을 갖는 데 반해, 비상임이사국은 지역별 배분원칙에 따라 선출되며 거부권이 없음
경제사회이사회	임기 3년, 54개 이사국으로 구성되며 매년 18개국이 피선
국제사법재판소	네덜란드 헤이그에 본부를 두고 있는 사법기관
기타	신탁통치이사회, 사무국

노르웨이·아일랜드·스페인, 「팔레스타인 국가로 인정」　노르웨이·아일랜드·스페인 등 유럽 3개국 총리가 5월 22일 각자 연설을 통해 1967년 제3차 중동전쟁 이전 경계를 기준으로 팔레스타인을 정식 국가로 인정한다고 선언했다. 제3차 중동전쟁을 통해 이스라엘은 가자지구, 동예루살렘과 요르단강 서안, 골란고원, 시나이반도 일부를 점령한 바 있다. 이들 3개국의 선언에 이스라엘 외무부는 즉각 성명을 내고 「팔레스타인 국가 인정은 역내 테러와 불안 확산으로 이어져 평화에 대한 전망을 위태롭게 할 것」이라고 밝혔으며, 이들 3국에 주재하고 있는 자국 대사에게 곧바로 귀국할 것을 명령했다고 강조했다.

한편, 국제사회에서는 이미 상당수 나라들이 팔레스타인을 국가로 인정하고 있는데, 193개 유엔 회원국 가운데 팔레스타인을 국가로 인정한 나라는 139개국에 달한다. 특히 유럽연합(EU) 내에서는 불가리아, 폴란드, 체코, 루마니아, 슬로바키아, 헝가리, 키프로스, 스웨덴 등 8개국이 팔레스타인을 국가로 공식 인정한 바 있다.

영국, 르완다로 난민 강제 이송 확정
「르완다 이송법」 의회 통과

영국 의회가 4월 22일 영국으로 밀입국하는 난민들을 동아프리카 르완다로 보내는 「르완다 이송법」을 통과시켰다. 리시 수낵 영국 총리가 직접 내놓은 이 법은 배를 타고 영국으로 불법 입국하려는 이들을 르완다로 보내 망명 신청 절차를 밟도록 하는 내용을 핵심으로 한다. 앞서 영국 대법원이 2023년 11월 이 정책에 제동을 걸자 집권 보수당 정부는 「모든 의사 결정자가 르완다를 안전한 나라로 여겨야 한다」는 내용을 명시하는 법 제정을 추진해 왔다. 그리고 법 통과에 따라 영국은 이르면 7월부터 불법 이주민들의 르완다 이송을 시작할 예정인데, 인권단체들은 국제법과 인도주의 원칙에 반하는 조치라며 거세게 비판하고 있다.

> **르완다는 어떤 나라?**　중앙아프리카에 위치한 내륙국으로, 1899년 부룬디와 병합돼 독일의 식민지가 됐다가 1919년 1차 세계대전 이후 베르사유 조약에 따라 부룬디와 함께 벨기에에 점령당했다. 당시 벨기에는 르완다를 지배하면서 소수의 투치족을 내세워 다수의 후투족을 통치하도록 하는 부족별 분리 식민지정책을 실시했다. 이후 르완다는 1946년 유엔 신탁통치를 거쳐 1959년 부룬디와 분리됐고 1962년 독립을 선언했다. 그러나 독립 후에도 투치족과 후투족의 갈등이 계속되며 대학살(르완다 대학살)이 벌어졌고, 이 과정에서 약 80만 명의 투치족과 중립적인 후투족이 사망했다. 이후 1994년 11월 르완다 학살 책임자를 처벌하기 위한 국제전범재판소인 「르완다국제형사재판소(ICTR)」가 설치돼 재판이 시작됐고, 1996년 말부터 중범 2000명에 대한 사법처리가 단행됐다.

르완다 정책, 통과에 이르기까지 르완다 정책은 2022년 4월 보리슨 존슨 총리 재임 당시 이주민(난민)들이 영불해협을 건너 영국으로 불법 입국하는 것을 막기 위해 도입이 추진된 것이다. 당시 영국 정부는 영불해협을 건너는 난민 신청자들을 6400km 떨어진 르완다로 보내 심사받게 하는 난민 이송계획을 결정했고, 난민들을 르완다에 보내는 대신 1억 4000만 파운드(약 2272억 원)를 지급하기로 르완다 정부와 협약을 체결했다. 영국 정부는 이를 통해 위험한 불법 입국을 알선하는 범죄조직의 사업모델이 없어질 것이라고 주장했지만, 국내외에서는 해당 방안이 돈으로 난민을 사고파는 것이라며 비윤리적이라는 비판이 거세게 일었다. 이에 2022년 6월 난민 신청자 7명을 태운 첫 르완다행 비행기가 이륙할 예정이었으나 유럽인권재판소(ECHR)의 막판 개입으로 취소되기도 했다.

하지만 2022년 10월 취임한 리시 수낵 총리도 난민 신청 건수를 줄이겠다고 선언하면서 반(反)이민 기조를 이어갔다. 이후 영국 고등법원은 2022년 12월 정부의 난민 르완다 송환이 유엔 난민협약이나 국내법에 위배되지 않는다고 판결했으나, 2023년 6월 항소법원은 이에 제동을 걸었다. 그리고 대법원이 지난해 11월 15일 영국 정부의 불법 이주민 대책이 위법이라는 항소심 판결을 만장일치로 인정했으나, 이와 같은 대법원의 판결에도 수낵 총리는 긴급법안을 도입해 이를 재추진하겠다고 밝혔다. 그리고 난민 신청자들의 안전을 보장하는 내용의 「르완다 안전(난민과 이민) 법안」을 의회에 제출했으며, 이 법안은 지난 1월 17일 하원을 통과했다. 하지만 상원이 수정안을 의결해 하원으로 돌려보내면 하원이 이를 다시 무효화하는 과정이 수차례 반복되며 처리가 지연되다가 결국 통과에 이르렀다.

영국의 르완다 정책 주요 일지

2022.	4.	정부, 르완다 이송 계획 첫 발표
	6.	유럽인권재판소, 르완다행 비행기 이륙 금지
2023.	11.	대법원, 「르완다는 안전하지 않다」며 이송계획 무효 판결
	12.	정부, 「모든 의사 결정자가 르완다를 안전한 나라로 여겨야 한다」는 법안 제출
2024.	4.	상하원에서 법안 통과
	7.	르완다행 첫 항공편 출발 예정

영국 의회가 르완다 이송법을 제정한 뒤 이웃국가인 아일랜드로 난민이 몰리면서 이 문제가 양국의 외교 갈등으로까지 확산될 조짐을 보이고 있다. 아일랜드 내무부에 따르면 연초부터 4월 27일까지 아일랜드에 도착한 소형 선박 입항객은 7167명으로, 지난해 같은 기간(5745명)보다 1422명 늘어났다.

수낵 영국 총리, 「7월 조기 총선」 발표
지지율 열세 상황에 14년 만의 정권교체 주목

리시 수낵 영국 총리가 5월 22일 예상보다 3개월 이상 앞당긴 「7월 4일 조기 총선」을 깜짝 발표했다. 영국의 차기 총선은 내년 1월 28일 전에 치르면 되지만, 총리가 국왕 승인을 얻어 의회를 해산하고 조기 총선을 실시할 수 있다. 당초 오는 10~11월 총선 실시 전망이 많았는데, 수낵 총리의 이번 발표를 두고 집권 보수당이 야당인 노동당에 지지율이 20% 포인트 넘게 뒤지는 상황에서 정치적 승부수를 꺼냈다는 평가가 나온다. 앞서 5월 2일 치러진 총선 전초전인 지방선거에서 보수당은 잉글랜드 지방의회 절반가량의 의석을 잃는 참패를 당한 바 있다.

수낵 총리의 조기 총선 결정, 왜? 보수당의 지지율이 노동당에 크게 뒤지는 상황에서 수낵 총리가 조기 총선을 결정한 배경에는 인플레이션이 진정되고 있다는 경제 지표가 나온 점 등이 작용한 것으로 분석되고 있다. 영국의 경제 성장률은 지난해 3·4분기 마이너스를 기록했지만 올해 1분기 플러

정치시사

스(0.6%)로 전환됐다. 또 수낵 총리가 조기 총선을 발표한 당일 발표된 4월 소비자물가 상승률은 2.3%로, 영국중앙은행(BOE) 목표치(2%)에 근접하며 2021년 7월 이후 최저치를 기록했다. 여기에 보수층의 지지를 받는 「르완다 난민 이송법」이 지난 4월 의회를 통과한 점도 이번 결정에 영향을 미친 것으로 보인다. 하지만 하원의원 650명을 선출하는 이번 총선에서 노동당이 승리하게 되면 고든 브라운(재임 기간 2007~2010) 이후 14년 만에 영국 집권당이 교체되면서 키어 스타머 대표가 총리가 된다. 보수당의 경우 2010년부터 15년째 집권 중이기는 하지만, 2016년 브렉시트(영국의 유럽연합 탈퇴) 이후 총리가 4번 바뀐 바 있다.

2016년 브렉시트 이후 재임한 영국 총리들은?

재임기간	인물	주요 내용
제76대(2016~2019)	테리사 메이	마거릿 대처 전 총리(1979. 5.~1990. 11. 재임)에 이은 두 번째 여성 총리. 브렉시트 추진을 위해 EU와 합의안 체결을 이뤘으나, 의회에서 계속 부결되면서 합의안 통과가 이뤄지지 않자 이에 대한 책임을 지고 2019년 7월 사퇴함
제77대(2019~2022)	보리스 존슨	2019년 7월 집권 보수당 대표 경선에서 승리하면서 총리직 자동 승계함. 그러나 집권 중 파티게이트와 부적절한 인사 등으로 잇딴 논란을 일으키며 사퇴 압박을 받다가 2022년 7월 7일 사퇴를 공식화
제78대(2022.9.~10.)	엘리자베스 트러스	마거릿 대처·테리사 메이에 이어 영국 역사상 세 번째 여성 총리이자 첫 40대 여성 총리. 그러나 부자 감세 등 경제정책 관련 실책으로 취임 44일 만인 10월 20일 사임을 발표하면서 역대 최단명 총리로 기록됨
제79대(2022.10.~)	리시 수낵	2022년 10월 25일 취임한 영국 제79대 총리로, 첫 비(非)백인이자 210년 만의 최연소 영국 총리(만 42세 5개월)라는 기록을 남김

피초 슬로바키아 총리 암살시도 사건 발생, 총격으로 중상-응급수술로 회복

로베르토 피초 슬로바키아 총리가 5월 15일 수도 브라티슬라바에서 150km 떨어진 핸들로바에서 각료회의를 마치고 지지자들을 만나고 있던 중 총격을 당하는 사건이 발생했다. 피초 총리는 위독한 상태로 긴급히 병원으로 후송됐으나, 5시간가량의 응급수술을 받고 고비를 넘긴 것으로 전해졌다. 현장에서 체포된 범인은 반정부시위 참여 이력이 있는 전직 경호업체 직원으로, 이후 살인미수 혐의로 구속기소됐다.

한편, 유럽에서 각국 정상을 향한 암살 시도는 극히 드문 일인데, 이번 사건은 2003년 조란 진지치 당시 세르비아 총리가 수도 베오그라드에서 마피아 조직에 살해당한 뒤 20년 만에 벌어진 것이다.

로베르토 피초 총리는 누구? 1964년생으로 옛 체코슬로바키아 공산당에서 정치 활동을 시작했으며, 1989년 벨벳혁명으로 체코슬로바키아가 붕괴한 뒤에는 슬로바키아 민주좌파당(SDL)에 합류해 1992년 국회의원이 됐다. 이후 1999년 중도좌파 성향의 사회민주당(스메르)을 창당한 뒤 2006년과 2012년 총선에서 연이어 승리하며 총리를 연임했다. 그러다 2018년 대규모 반정부시위 때 총리직에서 물러났다가 2023년 10월 치러진 총선에서 승리하며 슬로바키아 역사상 가장 오래 집권한 정부 수반이 됐다. 하지만 피초 총리는 슬로바키아가 유럽연합(EU)·유로존·북대서양조약기구(NATO) 회원국임에도, 우크라이나 지원에 반대하고 친러 성향을 보이면서 EU와 국내 친EU 세력들의 비판을 받아 왔다. 여기에 지난 2월에는 반부패 담당 특별조사기구를 폐쇄하고 공영방송 통제 강화를 시도하면서 야당의 반발과 정치적 양극화를 불렀다는 비난도 받았다.

> **슬로바키아[Slovakia]** 중부 유럽에 위치한 내륙국으로, 인구는 544만 명이며 수도는 브라티슬라바다. 면적은 4만 9035km²로, 한반도의 1/4 수준이다. 민족은 슬로바키아인(80.7%), 헝가리인(8.5%), 집시(2%) 등으로 구성돼 있다. 정치 제도는 의원내각제로, 단원제(1개의 합의체로 의회를 구성하는 제도)로 돼 있다. 슬로바키아는 구소련이 해체된 1990년 대 이후 30여 년간 급격한 민주화와 사회적 변동 과정에서 정치권이 분열되면서 현재 40개가 넘는 정당과 7개의 의회 교섭단체 정당들이 존재한다.

프랑스령 뉴칼레도니아, 헌법 개정안 발표 이후 대규모 소요사태 발생

남태평양의 프랑스령 뉴칼레도니아(프랑스명 누벨칼레도니)에서 선거법 개정 발표를 계기로 5월 13 일 밤부터 대규모 시위가 벌어졌다. 해당 사태는 프랑스가 헌법을 개정해 뉴칼레도니아에서 10년 이 상 거주한 사람에게 지방선거 투표권을 주는 유권자 확대 방안을 추진한 것이 계기가 됐다. 프랑스는 1998년 누메아 협정에 따라 뉴칼레도니아 지방의회 선출 선거인단을 1999년에 정한 유권자 명부로 한정한 바 있다. 그러나 이번 유권자 확대 방안이 발표되자 뉴칼레도니아 전체 인구(28만 명) 중 약 40%를 차지하는 원주민인 카나크족은 해당 정책이 원주민의 입지를 좁히고 친프랑스 정치인에 유리 한 정책이라고 반발하며 시위에 나섰다. 그러나 시위는 점차 폭력을 동원한 소요 사태로 이어지면서 상점 약탈과 학교 등 공공건물에 대한 방화 등으로 확산됐다.

프랑스, 국가 비상사태 선포 시위 확산으로 카나크족 3명과 프랑스 헌병 1명 등 4명이 사망하고 수백 명이 부상 당하자 프랑스는 5월 15일 최고 12일간의 국가 비상사태를 선포했다. 비상사태 선포는 뉴칼레도니아 시간으로 5월 16일 새벽 5시에 발효됐는데, 프랑스가 본토 밖 프랑스령에 대한 비상 사태를 선포한 것은 1985년 뉴칼레도니아를 대상으로 한 선포 이후 처음 있는 일이었다. 국가 비상 사태가 선포되면 집회와 이동이 제한되고 가택연금이나 수색에 대한 당국의 권한이 확대된다.
프랑스는 1853년 남서태평양 멜라네시아에 있는 뉴칼레도니아를 점령해 식민지로 병합했으나 1988 년 마티뇽 협정과 1998년 누메아 협정을 통해 상당 부분 자치권을 이양한 바 있다. 이에 뉴칼레도니 아는 현재 국방·외교·통화정책·사법관할권·교육 등을 제외한 모든 분야에서 자치를 행사하고 있다. 여기에 2018년과 2020년, 2022년 3차례의 독립 찬반 주민투표도 실시됐으나 반대표가 많아 여전히 프랑스령으로 남아 있다. 이는 원주민인 카나크족의 경우 뉴칼레도니아의 분리·독립을 지지하는 반 면, 유럽 출신 정착민들은 프랑스와의 관계를 유지하자는 입장이기 때문이다.

유럽 「성 자기 결정법」 논란
독일·스웨덴 등 성별 변경법안 제정 확산

독일·스웨덴·스페인 등 유럽 각국에서 성별을 쉽게 바꿀 수 있도록 하는 법안 제정이 확산되고 있 다. 독일 연방의회는 4월 12일 성별등록 자기결정법 제정안을 가결했는데, 이에 따라 오는 11월부터 만 18세 이상은 「남성, 여성, 다양(Divers), 기재 안 함」 중 하나를 택해 등기소에 신고하면 성별을 바 꿀 수 있다. 스웨덴의 경우 4월 17일 법적 성별 변경 가능 연령을 기존 18세에서 16세로 낮추는 법안 을 통과시켰다. 이에 따라 내년 7월부터 「성별 위화감(Gender Dysphoria, 태어날 때 부여된 성별이 자신의 성별이 아니라고 느끼는 경우)」 진단서 없이 성별 변경 신청을 할 수 있는데, 다만 18세 미만은 보호자·의사·국립보건복지위원회의 승인이 필요하다. 이에 앞서 지난해 2월 스페인에서는 16세 이상 이면 의료 전문가 평가 없이 법적 성별을 변경할 수 있도록 하는 법안을 가결한 바 있다.

💡 반면 극우 성향으로 유명한 오르반 빅토르 총리가 집권 중인 헝가리는 2020년 트랜스젠더의 법적 성별 변경을 금지하는 법안을 통과시켰다. 지난해에는 러시아 의회가 문서와 공적 기록에서 성별을 바꾸는 것은 물론 관련 의료 행위 일체를 금지하는 법을 제정한 바 있다.

인도네시아, KF-21 분담금 삭감 요구
정부 「사실상 수용」 논란

정부가 한국형 초음속 전투기 「KF-21(보라매)」 개발 분담금을 당초 계약의 3분의 1(6000억 원)만 내겠다는 인도네시아의 제안을 사실상 수용하기로 하면서 논란이 일고 있다. KF-21 사업은 2015~2026년까지 한국과 인도네시아가 한국형 전투기를 공동 개발하는 사업으로, 전체 사업비 8조 1000억 원 가운데 약 20%인 1조 6000억 원을 인도네시아가 부담하고 기술 이전을 받기로 한 바 있다. 하지만 인도네시아는 분담금 납부를 계속 미루다 최근 한국 정부에 2026년 완납을 조건으로 6000억 원만 내겠다고 제안해 논란을 일으켰다.

> **KF-21** 우리 공군의 노후 전투기인 F-4와 F-5를 대체하기 위해 2015년부터 개발이 시작된 총 8조 8000억 원이 투입되는 초대형 국책사업이다. KF-21은 한국형 전투기(KF-X)의 고유 명칭이며, 통상 명칭은 「KF-21 보라매」이다. 이는 최고 속도 2200km로 음속의 1.8배에 달하며, 7.7t의 무장을 탑재할 수 있는 4.5세대급 전투기이다. KF-21의 첫 시험비행은 2022년 7월 22일 성공리에 이뤄졌으며, 이에 따라 우리나라는 세계 8번째(미국, 러시아, 중국, 프랑스, 일본, 스웨덴, 영국·독일·이탈리아·스페인(공동개발)) 초음속 전투기 개발 국가가 됐다.

정부의 수용 결정 이유와 추후 협상 과제는? 정부는 분담금 납부 지연이 계속되면 KF-21 개발 일정에도 영향을 미칠 수 있다는 판단에 따라 인도네시아의 제안을 수용하는 방향으로 가닥을 잡고 분담금 납부 비율 조정안을 검토한다는 방침이다. 추후 문제는 분담금 대가로 인도네시아 측에 넘겨줄 기술 수준인데, 당초에는 인도네시아가 1조 6000억 원을 내고 우리 정부는 KF-21 시제기 1대와 기술자료를 넘겨주고 48대를 인도네시아 현지에서 생산하기로 했었다. 하지만 인도네시아 분담금이 3분의 1 규모로 축소된 만큼 어느 정도 기술 협력을 진행할지는 양국이 다시 협상해야 한다.

한편, 무장을 제외한 KF-21 개발 비용은 당초 8조 1000억 원으로 책정됐지만, 개발 과정에서 비용 절감이 이뤄져 7조 6000억 원으로 5000억 원 줄어들 것으로 예상된다. 따라서 인도네시아의 분담금을 1조 6000억 원에서 6000억 원으로 깎아주더라도 충당해야 할 부족분은 1조 원이 아닌 5000억 원이 될 전망이다.

📎 **인도네시아 KF-21 개발 분담금 논란 일지**

2016.	1.	인도네시아, 2026년 6월까지 총개발비 20%인 1조 6000억 원 납부 약속
2019.	1.	2272억 원 납부
2021.	11.	총사업비 축소에 따라 분담금 1조 6000억 원 하향 조정, 전체 분담금 가운데 5100억 원 현물 납부 제안
2023년 말		2034년까지 납부기한 8년 연장 요청
2024.	4.	1000억 원 추가 납부
	5.	인니, 「분담금 3분의 1만 내고 기술 이전도 30%만」 제안

「한국형 사드」 L-SAM 개발 완료
다층 방어 한국형 미사일방어체계(KAMD) 구축

5월 25일 방위사업청 등에 따르면 우리 군이 독자개발 중이던 「한국형 고고도미사일방어체계 (THAAD·사드)」 장거리 지대공유도무기(L-SAM)가 전투용 적합 판정을 받으면서 개발이 완료됐다. L-SAM은 현재 우리 군에서 운용 중인 「천궁-Ⅱ(M-SAM 블록-Ⅱ)」보다 높은 고도인 50~60km에서 적 미사일을 요격할 수 있는 상층 방어체계에 속하는 무기다. L-SAM은 규격화 등 후속 작업을 마친 후 이르면 내년부터 양산 절차에 돌입하고, 오는 2028년쯤 실전 배치될 전망이다. L-SAM은 북한의 노동미사일을 방어할 수 있는 고고도 장거리미사일 필요성이 제기되면서 2009년 국방기본계획에 처음 반영됐다. 이후 2015년 탐색개발이 시작됐고, 2019년부터 체계개발이 시작돼 지난해까지 4차례에 걸쳐 표적 요격시험을 마친 바 있다.

L-SAM은 무엇? L-SAM은 북한 탄도미사일이 고도 50~60km에서 비행할 때 요격하는 것을 목표로 개발된 무기로, 한반도를 향해 날아오는 북한 미사일을 공중에서 요격하는 한국형 미사일방어체계(KAMD)의 핵심 요소이다. KAMD는 저층에서 막는 패트리엇 시스템(PAC-2·PAC-3 등)과 중층에서 막는 중거리 지대공미사일(M-SAM), 중고도에서 막는 장거리 대공미사일(L-SAM)로 구성된다. L-SAM이 실전 배치되면 ▷고도 40~150km의 상층부를 방어하는 사드(THAAD·고고도미사일방어체계) ▷15~40km의 하층부를 담당하는 패트리엇(PAC-3) 미사일, 중거리 지대공미사일 「철매-Ⅱ」 등과 함께 다층적인 방어체계 구축이 가능해질 것으로 전망된다.

尹 대통령, 기시다·리창과 한중일 정상회의
역내 금융안전망 구축·FTA 협상 가속화 등 합의

윤석열 대통령, 기시다 후미오(岸田文雄) 일본 총리, 리창(李强) 중국 총리가 5월 27일 제9차 한중일 정상회의를 갖고 「한반도와 동북아의 평화·안정·번영이 우리의 공동 이익이자 공동 책임이라는 것을 재확인했다.」는 내용의 공동선언을 채택했다. 다만 북한 비핵화 문제에 대해서는 의견차가 좁혀지지 않으면서, 앞서 8차례 정상회의 공동선언 가운데 7차례 포함된 「한반도의 완전한 비핵화를 위해 노력한다」는 표현은 도출해내지 못했다. 대신 한중일 3국은 정상회의 공동선언에서 3국이 각자 입장을 재강조하는 표현으로 대체했다.

> **한중일 정상회의[韓中日 頂上會議]** 한국, 중국, 일본 3개국이 합의해 2008년부터 매년 연례적으로 개최하는 국가정상급 회의로, 개최지는 매년 회의 참가국이 돌아가면서 맡고 있다. 이는 1990년대 후반 오부치 게이조 일본 총리와 전문가들이 조찬 회동을 통해 아세안+3 정상회의의 연장선상에서 3국 정상회의를 개최할 것을 제안하면서 시작됐다. 이에 2008년 최초의 공식적인 한중일 정상회의가 일본 후쿠오카에서 열렸고, 이후 2012년까지는 연례적으로 개최되다가 2015·2018·2019·2024년에는 불규칙적으로 열리고 있다.

한중일 정상회의 공동성명 주요 내용 3국 정상은 회의 뒤 발표한 공동성명에서 정상회의의 정례적 개최를 통해 3국 협력의 제도화 노력을 경주할 것이라고 밝혔으며, 이를 위해 3국 협력 제도화의 상징인 「한중일 협력사무국(TCS)」의 역량 강화를 계속해서 촉진해 나가기로 했다. TCS는 한국 주도로 2011년 서울에 설립돼 3국 협력사업을 발굴하는 역할을 맡고 있다. 또 높은 수준의 자유무역협정(FTA) 실현을 목표로 하는 3국 FTA 협상을 5년 만에 재개해 속도를 내기로 했다. 아울러 치앙마이 이니셔티브 다자화(CMIM), 아세안+3 거시경제조사기구(AMRO), 아시아 채권시장 발전방안(ABMI) 등을 통한 역내 금융안전망 구축을 위해 협력하기로 했다.

이 밖에 한중일 3국은 상호이해 및 신뢰 증진을 위한 미래세대 간 교류를 중점적으로 추진, 2030년까지 3국 간 인적 교류 4000만 명을 달성해 협력 기반을 공고화하기로 했다. 그리고 2025년과 2026년을 「한중일 문화교류의 해」로 지정하기로 했다. 아울러 기후변화 대응 차원에서 몽골 황사 문제에 3국이 공동 협력하기로 했으며, 국제적 감염병에 대한 대응책으로 3국 질병통제 담당기관 간 협력도 강화하기로 했다.

한중일 정상회의 공동선언 주요 내용

3국 협력 제도화	•3국 정상회의, 외교장관회의 정례적 개최 •문화·관광 등 분야에서 3국 간 실질 협력 강화
인적 교류	•2030년까지 연간 인적교류 4000만 명 달성 위해 노력 •2025~2026년을 3국 간 문화교류의 해로 지정
경제·통상	•상호호혜적인 자유무역협정(FTA) 실현 목표 •3국 FTA의 협상 속도 높이기 위한 논의 지속 •「3국 지식재산 협력 10년 비전 공동성명」 채택
보건·고령화	•「미래 팬데믹 예방·대비 및 대응 공동성명」 채택 •3국의 질병통제 담당 공공보건기관 간 협력 증진
지역·국제 평화와 번영	•한반도와 동북아의 평화, 안정, 번영이 공동 이익이자 공동 책임 •한반도 비핵화, 역내 평화와 안정, 납치자 문제에 대한 입장을 각각 재강조 •유엔 안전보장이사회 등 다자 간 협력 체제에서도 긴밀히 소통

💡 이번에 열린 한중일 정상회의에 중국 측에서는 시진핑(習近平) 국가주석이 아닌 2인자 리창(李强) 총리가 참석했다. 3국 정상회의가 2008년 출범한 이후 중국은 9차례 모두 총리가 정상 자격으로 참석하고 있는데, 이는 1980년대 덩샤오핑 시대에 확립된 「집단 지도체제」에 따라 2008년 첫 회의 때 중국 총리가 정상 자격으로 참석한 것이 관례로 굳어진 데 따른 것이다. 2018년 개헌으로 시진핑에게 권력이 집중되기 전까지 중국은 형식상 최고지도부(중공 정치국 상무위원) 7인이 수평 관계를 유지하며 중국을 이끌어왔다. 특히 주석은 정치·외교·군사, 총리는 경제와 내치를 담당하면서 국제 행사에 나눠 참가했다.

한-아프리카 정상회의,
핵심광물 공급협의체 출범 합의

아프리카연합(AU)과 아프리카 48개국 대표단이 참석하는 한·아프리카 정상회의가 6월 4~5일 서울과 경기도 고양시 일산 킨텍스에서 열렸다. 이번 회의는 우리나라와 아프리카 국가들 간에 최초로 열린 다자(多者) 정상회의이자 윤석열 정부 들어 열린 최대 규모 다자 정상회의다. 이번 회의에는 아프리카 55개국 중 AU의 제재를 받고 있는 나라 등 7개국을 제외한 48개국 국가의 정상·대표들이 참여했다. 그리고 회의를 통해 반도체·전기차 배터리에 필수적인 핵심광물 공급과 기술 협력을 위한 「한-아프리카 핵심광물 대화」 출범 합의가 이뤄졌다.

아프리카의 경제적 전망 광물, 에너지 등 자원이 풍부한 아프리카에는 배터리에 사용되는 리튬, 코발트, 백금 등의 핵심광물을 포함해 전 세계 광물자원의 3분의 1이 매장돼 있다. 지구 육지 면적의 20%를 차지하는 아프리카에는 현재 약 14억 명의 인구가 살고 있는데, 특히 인구 60%가 25세 이하, 70%가 30세 이하로 구성된 젊은 대륙이다. 이에 더해 2021년 아프리카대륙자유무역지대(AfCFTA·African Continental FTA)의 출범으로 인구 14억, 국내총생산(GDP)으로는 3.4조 달러의 거대 단일 시장으로 부상한 상태다.

한-아프리카 핵심광물 대화 출범 합의 윤석열 대통령과 48개 아프리카 국가 정상·대표들이 6월 4일 「한–아프리카 정상회의」를 열고 반도체·전기차 배터리에 필수적인 핵심광물 공급과 기술 협력을 위해 「한–아프리카 핵심광물 대화」를 출범시키기로 했다. 또 한국과 아프리카 국가들은 「경제동반자협정(EPA)」과 「무역투자촉진프레임워크(TIPF)」 체결을 통해 호혜적 교역과 투자 협력을 확대해 동반 성장을 이루자는 데도 합의했다. 여기에 한국은 지난 2019년 체결한 「아프리카대륙자유무역지대(AfCFTA)」 이행을 지원하기 위해 자유무역협정(FTA) 체결 경험을 공유하기로 했다. 아울러 한국은 아프리카에 2030년까지 100억 달러(약 13조 7750억 원)의 공적개발원조(ODA)를 강화하고, 140억 달러(19조 3000억 원) 규모의 수출 금융을 통해 한국 기업의 아프리카 진출을 촉진할 계획이다. 또 한–아프리카 경제협력장관회의(KOAFEC)와 농업장관회의를 강화하고 관세·통계 분야 등의 고위급 협의체를 구축하는 데도 합의했다.

💡 한편, 이번 정상회의를 계기로 한국과 아프리카 국가 간 조약·협정 12건과 양해각서(MOU) 34건이 체결됐다. 구체적으로 핵심광물협력 MOU 2건, 무역투자촉진프레임워크(TIPF) 6건, 인프라·모빌리티 협력 MOU 3건 등이 체결됐고, 경제동반자협정(EPA) 2건에 대한 협상 개시 선언이 이뤄졌다.

핵심광물(Critical Minerals) 청정에너지 기술에 기반한 에너지시스템의 핵심 요소로, 환경오염과 지구온난화 문제로 전기나 풍력 등 청정에너지 전환 움직임이 활발해지면서 그 소비가 늘고 있는 광물을 말한다. 핵심광물은 산업에 필수적이지만 대체재를 찾기 어렵고 자원이 편중돼 있어 가격·수급 위기 발생 가능성이 높고, 이에 경제안보 차원에서 관리가 필요한 광물이다. 즉, 핵심광물 채굴과 가공 등은 석유나 가스보다 더 지역적으로 편중돼 있어 「광물 안보(Mineral Security)」라는 과제를 안고 있다. 실제로 ▷리튬, 코발트, 희토류 등은 상위 3개 국가가 전 세계 생산량의 75%를 차지하며 ▷백금은 남아공, 코발트는 콩고가 전 세계 생산량의 70% 이상을 차지하고 ▷희토류는 중국이 전 세계 생산량의 60% 이상을 생산하고 있다. 특히 핵심광물 가공의 경우 니켈 35%, 리튬 및 코발트 50~70%, 희토류 90%가 중국에 집중돼 있을 정도로 지역 편중이 더욱 심하다. 한편, 우리 정부는 ▷리튬 ▷니켈 ▷코발트 ▷망간 ▷흑연 ▷희토류(5종/네오디뮴, 디스프로슘, 터븀, 세륨, 란탄)를 33개 핵심광물 중 10대 전략 핵심광물로 규정하고 있다.

아프리카대륙자유무역지대(AfCFTA·African Continental Free Trade Area) 아프리카연합(AU) 54개국이 참여하는 아프리카 경제공동체로, 2019년 5월 협정이 발효되고 그해 7월 본격 출범이 선언됐다. 이에 따라 2020년 7월부터 역내 자유무역 조치가 시작됐는데, 최종적으로는 지역 내 교역 확대를 위한 관세 철폐, 역외관세 통일 등을 통해 단일 시장을 구축하는 것을 목표로 한다.

北, 정찰위성·SRBM 발사 및 오물풍선 살포
다양한 수단 동원해 연이은 도발

북한이 한중일 정상회의가 끝난 5월 27일 군사정찰위성 발사를 시작으로 대남 오물풍선과 GPS 교란 공격, SRBM 대거 발사 등 연이은 군사 도발을 단행했다. 북한은 5월 27일 심야에 군사정찰위성 2호기를 발사했으나 실패했으며, 이어 오물을 실은 수백 개의 풍선을 28일부터 남쪽으로 살포했다. 또 5월 30일에는 단거리 탄도미사일(SRBM) 18발을 동해상으로 대거 발사한 데 이어 연평도·백령도 등 서북 도서 일대에서 수차례 GPS(위성위치확인시스템) 전파 교란 공격을 전날에 이어 이틀 연속 감행하는 등 다양한 수단을 동원한 도발을 이어갔다.

북한 도발 주요 내용

北, 군사정찰위성 2호기 발사 북한이 한중일 정상회의 개최 당일인 5월 27일 심야에 군사정찰위성 2호기를 발사했다. 합동참모본부는 이날 오후 10시 44분경 북한이 평안북도 동창리 일대에서 서해 남쪽 방향으로 발사한 군사정찰위성으로 추정되는 항적 1개를 포착했다고 밝혔다. 북한은 한중일 정상회의 개최 직전인 이날 새벽 정찰위성 발사를 기습 예고한 바 있다. 다만 이 발사체는 발사 직후 공중에서 폭발하는 장면이 한미 정보자산 등에 포착됐는데, 북한이 정찰위성 발사에 실패한 것은 지난해 1차(5월)와 2차 발사(8월)에 이어 이번이 세 번째다.

한편, 이날 한중일 정상회의에서 윤석열 대통령과 기시다 일본 총리는 북한 위성 발사 통보를 겨냥해 강한 규탄 메시지를 냈지만, 리창 총리는 아무런 언급을 하지 않았다.

북한, 신형 엔진 탑재 주장 북한은 5월 27일 밤 군사정찰위성 2호기 발사 1시간 반 만인 28일 0시 22분경 「만리경-1-1호를 탑재한 신형 위성운반로켓이 발사 후 1단 비행 중 공중 폭발했다」며 발사 실패를 인정했다. 조선중앙통신은 이날 「새로 개발한 액체산소+석유발동기(엔진)의 동작 믿음성에 사고의 원인이 있는 것으로 초보적인 결론을 내렸다」고 밝혔다. 북한은 지난해 5월과 8월 두 차례의 군사정찰위성 발사 실패 이후 그해 11월 21일 처음으로 「만리경-1호」를 지구 저궤도에 올리는 데 성공한 바 있다.

한편, 북한은 신형 로켓의 추진제로 「석유발동기(케로신)+액체산소」를 언급했는데, 이는 한국형 발사체인 「누리호」 등 많은 국가에서 우주발사체로 사용되고 있다. 북한이 이 조합의 엔진을 사용한 것은 이번이 처음인데, 북한은 지난해 세 차례 발사한 위성발사체에서는 상온에서 보관·유지할 수 있는 연료(비대칭 디메틸히드라진·UDMH)와 사산화이질소 산화제를 사용하는 「백두산 엔진」을 탑재했었다.

북한의 신형 및 기존 정찰위성 발사체 비교

신형	구분	기존
5월 27일 첫 발사 후 공중폭발(실패)	발사 사례	지난해 3차례 발사(1·2차 실패, 3차 성공)
연료는 케로신(등유), 산화제는 영하 183도의 액체산소 사용(추정)	추진체 (연료+산화제)	연료는 비대칭 디메틸히드라진, 산화제는 상온의 질산 사용(추정)
비추력(比推力, 같은 양의 원료로 힘을 발휘하는 능력) 우수	장점	추진제를 상온에 유지 및 보관 가능
발사체·발사시설을 극저온으로 유지 관리할 기술·장비 필요	단점	비추력 낮음, 강한 독성 및 폭발 위험성
민수용(위성발사체), 한국형 발사체인 누리호 등 다수 국가에서 활용	용도	군용(액체연료 탄도미사일), 북한 1~3차 위성 발사에서 1단 추진체로 활용된 「백두산 엔진」 등

北, 오물풍선 남한 전역에 대거 살포 북한이 5월 28~29일 남쪽을 향해 오물풍선 260여 개를 살포한 데 이어 6월 1일 저녁 또다시 수백 개의 오물풍선을 살포했다. 특히 6월 2일 오후까지 확인된 오물풍선은 약 720개로 1차 도발 때보다 3배 이상 늘었다.

북한이 오물풍선을 보낸 것은 2016년 이후 8년 만으로, 북한은 지난 5월 26일 탈북민단체의 대북전단 살포 등에 맞대응하겠다며 수많은 휴지장과 오물을 한국 국경 지역 등에 살포할 것이라고 예고한 바 있다. 앞서 지난 5월 10일 탈북민단체인 자유북한운동연합은 인천 강화도에서 김정은 북한 국무위원장의 폭언을 규탄하는 대북전단 30만 장, K팝·트로트 동영상 등을 저장한 USB 2000개를 20개의 애드벌룬으로 날려 보낸 바 있다.

▲ 6월 2일 인천 중구에 떨어진 북한 오물풍선 잔해를 군 장병들이 지뢰 탐지기로 확인하고 있다.(출처: 연합뉴스)

여기에 서해 도서 일대를 중심으로 5월 29일 시작된 북한의 위성항법장치(GPS) 전파 교란 공격도 계속됐다. 북한의 이번 GPS 교란 공격으로 우리 군 함정은 GPS 신호 수신장애를 겪었으며, 특히 해당 지역의 어선들은 선박의 정확한 위치를 파악하지 못해 조업에 어려움을 겪은 것으로 알려졌다.

오물풍선·GPS 교란, 회색지대 전략? 전문가들은 이번 오물풍선과 GPS 교란 사태를 두고 일종의 저강도 도발인「회색지대 전략(Gray Zone Tactics)」으로 판단하고 있다. 회색지대 전략은 실제 무력충돌이나 전쟁으로 확대되지는 않을 정도의 방식, 이른바 전쟁단계에 이르지 않는 애매모호한 단계의 강압적인 활동을 지속하면서 안보 목표를 이루려는 전략을 말한다. 여기에는 해킹이나 소규모 테러, 가짜뉴스 유포, 국가 기간시설 파괴, 사회 혼란 등이 포함된다. 여기서「회색지대」는 검은색도 흰색도 아닌 어느 쪽에도 속해 있지 않은 모호한 영역을 뜻하는데, 회색지대 전술은 전쟁과 평화의 중간에 해당하는 행동을 통해 상대방의 반응을 이끌어내는 것이다.

SRBM 18발 동해상으로 대거 발사 북한이 5월 30일 단거리 탄도미사일(SRBM)을 동해상으로 대거 발사했다. 합동참모본부는 이날 오전 6시 14분께 북한 평양 순안 일대에서 동해상으로 발사된 SRBM 추정 비행체 10여 발을 포착했다고 밝혔다. 북한은 그간 시험발사 등의 명목으로 탄도미사일 도발을 이어왔지만, 10발을 훌쩍 넘게 무더기로 쏜 것은 이례적인 일이다. 북한 노동신문은 발사 다음 날인 5월 31일 김정은 국무위원장 지도로 600mm 초대형방사포 위력시위 사격을 했다고 밝혔다. 초대형방사포는 한미 정보당국이「KN-25」라는 코드명을 부여한 사거리 400km의 SRBM으로, 한미 군당국은 북한의 600mm 초대형방사포를 SRBM으로 분류한다.

정부, 9·19 군사합의 효력 전면 정지
北 오물풍선 맞대응으로 대북 확성기 방송 재개

정부가 6월 4일 한덕수 국무총리 주재로 열린 국무회의에서 9·19 군사합의 전체의 효력을 정지하는 안건을 심의·의결했다. 이어 윤석열 대통령의 재가가 이뤄지면서 9·19합의는 체결 5년 8개월 만에 전면 무효화됐다. 9·19합의는 2018년 9월 19일 당시 문재인 대통령과 김정은 북한 국무위원장 간의 남북정상회담에서 채택한「9월 평양공동선언」의 부속 합의로, 남북 간 적대 행위를 금지하는 내용을 담고 있다.

이러한 가운데 정부는 6월 9일 북한의 3차 대남 오물풍선 살포에 대응해 전방 지역 대북 확성기 방송을 6년 만에 재개한다고 밝혔다. 대북 확성기는 접경지대 북한 군·주민을 대상으로 체제와 한국문화 등을 전파하기 때문에 북한이 가장 예민하게 반응하는 심리전 수단으로 꼽히고 있다.

9·19 군사합의 주요 내용

상호 적대행위 중지	지상, 해상, 공중에서의 적대행위 중지
공동경비구역(JSA) 비무장화	·남북책임지역 지뢰 제거 ·JSA 병력장비 철수 및 감시장비 조정 ·JSA 비무장화 완료 → 방문객 자유왕래
비무장지대(DMZ) GP 시범 철수	남북 각 11개소 시범철수
서해 NLL 평화수역화	·서해 평화수역 및 공동어로 ·군 통신선 복원 ·한강 하구 공동수로조사 ·한강 하구 민간선박 자유 항해 보장

9·19 군사합의 효력 정지에 따른 전망은? 북한이 지난 2023년 11월 21일「군사정찰위성(만리경 1호)」을 발사하자 우리 정부는 이에 대응해 22일 오후 3시부터 9·19 군사합의 1조 3항 등 일부에 대한 효력을 정지한 바 있다. 그러자 북한은 11월 23일 9·19합의에 따라 지상·해상·공중에서 중지했던

모든 군사적 조치들을 즉시 회복한다며 사실상 해당 합의 파기를 선언했다. 이후 남북이 비무장지대 감시초소 복원, 공동경비구역 재무장화에 나서며 군사적 긴장이 고조됐는데, 이번에 우리 정부가 9·19합의 효력을 전면 정지한 것이다. 이로써 지상과 해상의 군사적 제약이 모두 해제되면서 확성기 방송 등 대북 심리전, 군사분계선 일대의 군사훈련, 북한의 도발에 대한 즉각적인 조치가 가능해지게 되는 등 한반도의 군사적 긴장 고조는 불가피할 것으로 보인다. 특히 이번 군사합의 폐기로 북한이 극도로 민감하게 반응하는 대북 확성기 방송을 재개할 수 있는 길이 열리게 됐는데, 정부는 6월 2일 계속되는 북한의 오물풍선 도발 등에 대응해 대북 확성기 방송 재개를 검토할 것을 밝혔다.

9·19 군사합의 효력 정지, 달라지는 것은?

DMZ·JSA	GP 복원, JSA 내 무장
육상	MDL 5km 이내 포병 사격훈련, 연대급 야외 기동훈련, 대북 확성기 설치 및 운영
해상	해상완충구역 내 함포 사격 해상 기동훈련
공중	비행금지구역 내 공중 정찰

정부, 대북 확성기 방송 재개(6. 9.) 정부가 6월 9일 북한의 3차 대남 오물풍선 살포에 대응해 전방 지역 대북 확성기 방송을 6년 만에 재개했다. 합동참모본부에 따르면 북한은 6월 8일 밤 11시부터 9일 오전까지 폐지·비닐 등의 오물이 담긴 풍선 330여 개를 내려보냈다. 이는 지난 5월 28~29일 1차 살포(260여 개), 6월 1~2일 2차 살포(720여 개)에 이어 세 번째다. 앞서 북한은 우리 정부가 「확성기 재개 검토」 방침을 밝힌 6월 2일 오물풍선 살포를 잠정 중단한다고 밝혔지만, 국내 민간단체가 6~7일 대북전단을 보내자 다시 풍선 살포를 시작했다. 이에 군은 6월 9일 대북 확성기 40여 개 중 상당수를 전방에 설치하고 이 중 5개 이내의 고정식 확성기로 오후 5시부터 2시간 동안 방송했다. 대북 심리전 방송 「자유의 소리」를 고출력 확성기로 재송출한 이날 방송에는 한국의 발전상과 북한 인권 실태, 방탄소년단(BTS)의 노래 등이 담겼다. 군은 일단 이날 한시적으로 방송을 실시한 뒤 방송 추가 실시 여부는 전적으로 북한의 행동에 달려 있다고 밝혔다.

대북 확성기 방송은 무엇? 대북 확성기 방송은 고출력 확성기 등을 통해 인권 탄압 등 북한 내부 실상을 다룬 뉴스, 대한민국 발전상 홍보, 인기 K팝 등을 방송하는 것으로 북한이 가장 꺼려하는 대북 심리전으로 꼽힌다. 이는 출력 스피커 여러 대가 한꺼번에 내보내는 소리 장비와 시간대에 따라 청취 거리가 최대 30km에 달하는 것으로 알려져 있다. 대북 확성기 방송은 1963년 박정희 정부 때 시작된 뒤 남북의 갈등 상황에 따라 중단과 재개가 반복해 왔는데, 노무현 정부 때인 2004년 남북 군사합의를 통해 중단됐다. 그러다 이명박 정부와 박근혜 정부 때 천안함 피격 도발(2010년)과 목함지뢰 도발(2015년), 북한의 4차 핵실험(2016년) 등 북한의 도발에 대한 대응 조치로 일시적으로 재개됐다가 2018년 4·27 판문점선언에서 「군사분계선 일대에서 확성기 방송과 전단 살포를 비롯한 모든 적대 행위들을 중지하고 그 수단을 철폐한다.」고 합의하면서 중단된 바 있다. 대북 확성기는 2018년 철거 직전까지 최전방 경계부대(GOP) 일대 전방 지역 10여 곳에 고정식·이동식 확성기 40여 대가 설치·운영된 것으로 알려진다.

특히 2015년 남북은 대북 확성기 방송을 계기로 무력충돌 직전까지 가기도 했는데, 그해 8월 우리 정부가 북한의 목함지뢰 도발에 대한 대응으로 11곳에서 대북 방송을 재개하자 북한은 서부전선에서 군사분계선(MDL) 남쪽을 향해 고사포탄 등을 발사했다.

대북 확성기 방송, 시작과 재개는?

1963년 박정희 대통령	확성기 방송 시작
2004년 노무현 대통령	군사회담 합의에 따라 철거
2010년 이명박 대통령	천안함 피격사건 대응 재개
2016년 박근혜 대통령	북한 4차 핵실험 대응 재개
2018년 문재인 대통령	4·27 판문점선언 합의에 따라 철거
2024년 윤석열 대통령	오물풍선 살포 대응 재개

이에 우리 군이 수십 발의 155mm 포탄으로 대응사격을 하면서 일촉즉발 상황에까지 이르렀는데, 이후 북한의 제안에 따라 남북 고위급 접촉이 이뤄지면서 대북 확성기 방송은 중단됐다.

최근의 북한 도발과 우리 정부의 대응은?

날짜	도발 내용
5월 27일	군사정찰위성 「만리경 1-1호」 발사 → 2분 만에 공중 폭발하며 실패
28~29일	•오물풍선 260개 살포 •김여정 담화(5월 29일) → 「자유민주주의 귀신들에게 보내는 오물풍선은 진정 어린 성의의 선물」
29~30일	서북도서 일대 GPS 전파 교란
30일	600mm 초대형 방사포, 동해상으로 18발 발사
6월 1~2일	2차 오물풍선 약 720개 살포
2일	정부, 긴급 NSC 상임위 「감내하기 어려운 조치 착수할 것」
5일	윤석열 대통령, 9·19 군사합의 전체 효력 정지안 재가
6~7일	탈북민단체 등 민간단체 대북전단 살포
8~9일	북한, 3차 오물풍선 살포(80여 개 낙하)
9일	정부, 대북 확성기 방송 6년 만에 재개
9~10일	북한, 4차 오물풍선 살포

헌재, 「형제자매 유류분」 위헌 결정
패륜가족 상속 강제는 헌법불합치

헌법재판소가 4월 25일 형제자매의 유류분을 규정한 민법 1112조 4호에 대해 재판관 전원일치 의견으로 「위헌」 결정을 내리면서 해당 조항이 효력을 상실했다. 현행 민법은 이 조항을 통해 고인의 형제자매에 대해 법정상속분의 3분의 1을 유류분으로 보장하고 있다. 헌재는 또 자녀·배우자·부모의 유류분을 규정한 조항(민법 1112조 1~3호)에 대해서는 2025년 12월 31일까지만 효력을 인정하고 그때까지 국회가 법을 개정하지 않으면 효력을 잃는 「헌법불합치」 결정을 내렸다. 민법은 현재 이 조항을 통해 고인의 생전 유지와 상관없이 배우자·자녀·부모가 유산의 일정 부분을 가져갈 수 있도록 규정하고 있지만, 이 제도를 악용해 사실상 절연하거나 패륜한 가족조차 유산을 챙기는 부작용이 발생해 논란이 이어져 왔다.

아울러 헌재는 공동상속 중 상당한 기간 특별히 고인을 부양하거나 재산 형성에 기여한 사람(기여상속인)에게 고인이 증여한 재산을 유류분 배분의 예외로 인정하지 않는 민법 1118조 일부에 대해서도 「헌법불합치」 결정을 내렸다. 이는 유류분 산정의 기초가 되는 재산의 범위가 지나치게 넓다는 취지다.

헌재 유류분 제도 위헌 여부 판단 결과

관련 조항	인정 여부	헌재 판단
제1112조 1~3호(고인 자녀·배우자·부모의 유류분) – 1호. 피상속인의 직계비속은 법정상속분의 2분의 1 – 2호. 피상속인의 배우자는 법정상속분의 2분의 1 – 3호. 피상속인의 직계존속은 법정상속분의 3분의 1	헌법불합치	패륜적 행위 일삼은 상속인에 대한 유류분 인정은 국민 법감정에 반함 → 2025년 12월까지 법 개정해야
제1112조 4호(고인 형제자매의 유류분) 피상속인의 형제자매는 법정상속분의 3분의 1	위헌	상속재산 형성에 기여하지 않아 유류분 인정 못함
제1118조(부양 및 재산 증식 자녀의 유류분)	헌법불합치	상속재산 형성에 기여한 만큼 혜택 주어야 함 → 2025년 12월까지 법 개정해야

유류분(遺留分)은 무엇? 유류분은 고인(故人)의 의사와 상관없이 법에 따라 유족들이 받을 수 있는 최소한의 유산 비율을 뜻한다. 이는 남아선호사상 등으로 특정 상속인이 유산을 독차지하는 것을 막고 남은 유족들의 생존권을 보호한다는 취지로 1977년 도입됐다. 그러나 이 제도는 개인의 재산권을 지나치게 침해하고 현대사회의 분위기, 변화한 가족관계 등 한국사회의 변화를 따라가지 못한다는 지적이 이어지면서 개정이 요구돼 왔다.

패륜 가족 상속권 배제한 외국 사례는?

미국	뉴욕주, 캘리포니아주 등 여러 주에서 자녀 부양의무를 이행하지 않은 부모는 상속권 박탈
이탈리아	친권 상실 후 상속까지 친권을 회복하지 못한 부모는 상속권 박탈
독일	법이 정한 부모 부양의무를 악의적으로 위반한 자녀는 유언으로 상속권과 유류분 권리 박탈 가능
일본	상속받을 가족이 학대하거나 현저한 비행이 있는 경우 상속권과 유류분 박탈 가능

자료: 국회입법조사처

헌재, 헌정사 첫 검사 탄핵 기각
「유우성 보복기소」 안동완 검사 직무 복귀

헌법재판소가 5월 30일 이른바 「서울시 공무원 간첩조작 사건」과 관련해 공소권을 남용했다는 의혹으로 헌정사 첫 검사 탄핵소추 대상이 됐던 안동완(53) 부산지검 2차장검사에 대한 탄핵소추를 5(기각) 대 4(인용)로 기각했다. 검사 탄핵 사건에 헌재가 판단을 내린 것은 헌정 사상 처음 있는 일로, 안 검사는 이번 기각 결정에 따라 즉시 직무에 복귀하게 됐다.

국회의 안 검사 탄핵소추, 왜? 「서울시 공무원 간첩조작 사건」은 2004년 탈북한 재북화교 출신 유우성 씨가 2011년 서울시 공무원으로 특채된 뒤 자신이 관리하던 국내 탈북자 200여 명의 정보를 북한에 넘겨준 혐의로 기소된 사건이다. 이후 2013년 8월 열린 1심은 유 씨의 국가보안법 위반 혐의에 대해 무죄 판결을 내렸으나 검찰의 항소로 항소심이 진행됐다. 그러나 검찰이 항소심 재판에 증거로 제출한 중국 정부의 문서가 위조된 것이라는 의혹이 제기되면서 사건을 둘러싼 논란이 확산됐다. 이후 2014년 4월 열린 2심에서 유 씨의 국가보안법 위반 혐의에 무죄 판결이 내려졌고, 2015년 10월 대법원은 무죄를 확정했다. 그런데 2014년 안 검사는 앞서 2010년 검찰이 한차례 기소유예했던 대북송금 혐의와 허위 경력으로 서울시 공무원에 취업한 혐의(위계공무집행방해)로 유 씨를 추가 기소하면서 보복기소 논란을 일으켰다. 그리고 대법원이 2021년 검찰의 공소권 남용을 지적하며 해당 공소를 기각했는데, 이는 검찰의 공소권 남용이 대법원에서 확정된 첫 사례였다.
한편, 국회는 지난해 9월 안 검사가 유 씨를 보복 기소했다며 공소권 남용과 직권 남용 등을 들어 탄핵소추안을 통과시켰는데, 이는 현직 검사에 대한 국회의 첫 탄핵안 가결이었다.

군사정권 시절 강제징집 및 프락치 강요,
국가배상 책임 첫 인정

군사정권 시절 녹화사업(학생운동 전력자를 강제 입대시켜 정보원 활동을 강요하는 것)에 강제 동원되거나 프락치(신분을 숨긴 비밀 정보원) 활동을 강요당한 피해자들에게 국가가 배상해야 한다는 1심 법원 판단이 잇따라 나왔다. 서울중앙지법 민사합의36부는 5월 22일 강제징집·녹화사업 피해자 7명이 낸 손해배상 청구소송에서 3000만~8000만 원의 위자료를 지급하라고 판결했으며, 같은 법원의 민사합의15부 역시 이날 피해자 15명이 낸 소송에서 국가의 배상 판결을 내렸다.

소송 주요 내용 해당 소송을 제기한 원고는 박정희·전두환 정권 시절 학생운동에 참여했다는 이유로 강제징집을 당하거나 녹화사업 과정에서 피해를 입은 당사자들이다. 군사정권은 이들에게 학내 간첩과 북한 찬양자를 조사하는 프락치로 활동할 것을 강요했고, 이 과정에서 고문하고 폭행하는 등의 가혹행위를 가했다. 진실·화해를위한과거사정리위원회(진실화해위)는 지난 2022년 이 사건을 「국가 공권력에 의한 중대한 인권침해」로 규정하고 국가의 사과와 보상을 권고했으며, 민주사회를 위한 변호사모임(민변)은 지난해 5월 100여 명의 피해자들을 모아 집단소송을 제기한 바 있다. 이에 이와 관련된 14개 소송이 진행 중인데, 이날 법원의 첫 판단이 나온 것이다.

대법, 「이혼 후에도 혼인 무효 가능」
40년 만에 대법 판례 변경

대법원 전원합의체가 5월 23일 이미 이혼했더라도 당사자 간에 실질적 합의가 없었다는 등의 특별한 사정이 있으면 혼인을 무효로 할 수 있다는 판결을 내렸다. 대법원은 이날 A씨가 전 남편 B씨를 상대로 낸 혼인무효 청구소송에서 대법관 전원일치 의견으로 원심의 각하 판결을 파기하고 사건을 서울가정법원으로 돌려보냈다. 대법원은 「혼인 관계를 전제로 수많은 법률 관계가 형성돼, 그 자체의 무효 확인을 구하는 것이 관련된 분쟁을 한꺼번에 해결하는 유효·적절한 수단일 수 있다」고 밝혔다. 이로써 1984년부터 이어져 온 이미 이혼한 부부의 혼인은 사후에 무효로 돌릴 수 없다는 기존 대법원 판례가 40년 만에 깨지게 됐다.

혼인 무효, 이혼과 어떤 차이? 단순히 이혼만 했다면 인척 관계는 유지되므로 근친혼을 금지하는 민법 규정의 적용을 받게 되지만, 혼인 자체를 무효로 돌린다면 「친족상도례」나 「일상가사채무」 등의 적용에서 벗어날 수 있게 된다. 예컨대 친족 사이에 발생한 재산 관련 범죄는 형을 면제하거나 고소가 있어야 공소를 제기할 수 있다는 「친족상도례」의 경우 부부가 이혼을 하면 형법상 친족상도례가 적용돼 처벌되지 않지만, 혼인 무효가 되면 처벌이 가능해지게 된다.

> **친족상도례[親族相盜例]** 8촌 이내 혈족이나 4촌 이내 인척, 배우자 간 발생한 재산범죄(절도죄·사기죄·공갈죄·횡령죄·배임죄·장물죄·권리행사방해죄 등)에 대해 형을 면제하거나 고소가 있어야 공소를 제기할 수 있도록 한 특례를 말한다. 이는 가족의 화평을 위해 친족 간의 일을 국가권력이 간섭하지 않고 친족 내부에서 해결하도록 한 것이지만, 헌법에 따른 재산권 보호와 행복추구권에 위반된다는 논란이 있다.

국회, 「이태원 참사 특별법」 가결
尹 대통령의 거부권 행사 후 국회 재의결

국회가 5월 2일 본회의를 열고 「10·29 이태원 참사 피해자 권리 보장과 진상규명 및 재발 방지를 위한 특별법안(이태원 참사 특별법)」을 통과시켰다. 이 특별법은 2022년 10월 29일 발생한 이태원 참사의 재조사를 위해 특별조사위원회(특조위)를 구성하는 것을 비롯해 피해자 구제 및 지원 방안 등을 규정하고 있다. 이는 지난 1월 9일 야당 단독으로 본회의를 통과했으나 윤석열 대통령이 거부권을 행사하면서 다시 국회로 돌아온 바 있다. 이후 5월 1일 기존 법안에서 특별조사위원회의 직권조사 권한과 압수수색 영장청구 의뢰권을 삭제하라는 여당의 요구를 야당이 수용하면서 기존 법안은 폐기 수

순을 밟고 수정안이 통과됐다. 이로써 이태원 참사 특별법은 윤 대통령이 거부권을 행사(1월)한 법안이 국회로 돌아와 여야 합의로 다시 처리된 첫 사례가 됐다.

「이태원 참사 특별법」 주요 내용 특별조사위원회(특조위)는 위원장 1인을 포함한 총 9인 규모로, 국회의장이 추천하는 1인이 위원장을 맡고, 여야가 각 4명씩 총 8명을 추천한다. 특조위는 1년 이내 기간으로 활동하되 3개월 이내에서 연장이 가능하도록 했다. 대신 특조위의 조사 권한은 기존 안보다 약화됐는데, 조사·재판 등 기록에 대한 열람·등사·사본 제출 요구 등이 가능한 대상 중 「불송치 또는 수사중지된 사건」은 제외된다. 또 개인 또는 기관 등이 특조위의 자료 제출 요구에도 정당한 이유 없이 제출을 거부하는 경우 검찰 등 수사기관을 대상으로 한 「압수수색 영장청구 의뢰 권한」도 삭제됐다.

💡 이태원 참사 희생자들의 서울광장 합동분향소가 6월 16일 서울 중구 을지로 1가 부림빌딩 1층에 마련된 공간으로 이전했다. 이로써 서울광장 분향소는 설치 499일 만에 철거됐는데, 「별들의 집」이라는 이름이 붙은 새 임시 추모공간은 오는 11월 2일까지 한시적으로 운영되며 이후 유가족 측과 서울시는 새로운 공간을 마련한다는 방침이다.

尹 대통령 거부권 행사 「채 상병 특검법」
국회 재의결에서 부결·폐기

국회가 5월 28일 열린 본회의에서 재석 294인 중 찬성 179표·반대 111표·무효 4표로 「순직 해병 수사 방해 및 사건 은폐 등의 진상규명을 위한 특별검사의 임명 등에 관한 법률안(채 상병 특검법)」 재의의 건을 부결시키면서 해당 특검법이 자동 폐기됐다.

「채 상병 특검법」은 2023년 7월 채 상병이 실종자 수색작전 중 사망한 사건에 대한 초동수사·경찰 이첩 과정에서 대통령실·국방부가 개입한 의혹을 규명하기 위해 특검을 도입하는 내용을 핵심으로 한다. 이 특검법은 윤석열 대통령이 앞서 5월 21일 재의요구권(거부권)을 행사하면서 국회로 다시 돌아오면서 재의결이 이뤄졌다. 대통령이 거부권을 행사해 국회로 돌려보낸 법안을 다시 통과시키려면 재적의원 과반 출석에 출석의원 3분의 2 이상 찬성이 필요하지만, 의결 조건을 채우지 못하면서 결국 부결된 것이다. 다만 더불어민주당 등 야당은 「채 상병 특검법」이 21대 국회에서 폐기될 경우 22대 국회 개원 즉시 1호 법안으로 재발의한다는 방침을 밝힌 바 있다.

💡 윤 대통령의 거부권 행사는 취임 이후 채 상병 특검법까지 10번째인데, 무엇보다 「채 상병 특검법」은 윤 대통령이 자신도 수사 대상으로 명시한 법을 거부한 것이라는 점에서 「방탄 거부권」 논란을 가중시켰다.

채 상병(채 해병) 사건은 무엇? 해병대 채수근 상병이 2023년 7월 19일 경북 예천의 수해 현장에서 실종자 수색을 하던 중 급류에 휩쓸리며 실종됐다가 14시간 만에 내성천 인근에서 숨진 채 발견된 사건을 말한다. 사건 이후 박정훈 대령을 수사단장으로 하는 해병대 수사단이 수사를 진행했고, 박 대령은 2023년 7월 30일 채 상병이 소속된 임성근 해병대 제1사단장 등 관계자 8명에게 업무상 과실치사 혐의가 있다는 내용의 조사 결과를 보고했다. 그러나 이종섭 당시 국방부 장관은 해병대 수사단의 보고를 받은 뒤에 경찰 이첩을 보류하라는 명령을 내렸는데, 수사단은 이 지시를 따르지 않고 사건을 경북경찰청으로 이첩했다. 그러자 국방부 검찰단은 수사서류를 경찰로부터 회수하고 박 대령을 항명 등의 혐의로 고발했고, 8월 21일 임성근 1사단장을 제외한 해병대 대대장 2명에 대해서만 범죄 혐의를 물어 해당 사건을 경찰에 재이첩해 논란을 일으켰다. 박 대령은 「국방부 수뇌부가 사단장, 여단장 등 지휘부의 혐의를 제외하고자 수사결과 조정을 압박했다.」며 수사 외압 의혹을 제기하고 나섰으며, 8월 23일에는 국방부 관계자들을 고위공직자범죄수사처(공수처)에 고발했다.

이후 2023년 10월 국회 본회의에서 채 상병 특검법이 범야권 공조로신속처리안건(패스트트랙)으로 지정됐고, 180일의 기간이 지나면서 지난 4월 3일 본회의에 자동 부의돼 5월 2일 국회를 통과한 바 있다.

채 상병 특검법 주요 일지

날짜	주요 내용
2023년 9월 7일	더불어민주당, 「채 상병 특검법」 당론 발의
10월 6일	「채 상병 특검법」 신속처리안건(패스트트랙) 지정동의안, 국회 본회의 통과
2024년 4월 3일	「채 상병 특검법」, 국회 본회의 자동 상정
5월 2일	「채 상병 특검법」, 국회 본회의 통과(국민의힘 표결 불참)
7일	「채 상병 특검법」, 정부 이송
21일	• 한덕수 국무총리, 국무회의서 대통령 재의요구안 의결 • 윤석열 대통령, 「채 상병 특검법」 재의요구안 가결(거부권 행사)
28일	「채 상병 특검법」 국회 재표결 → 최종 부결로 자동 폐기

尹 대통령, 민주유공자법 등 4개 법안 거부권
세월호지원법은 수용

윤석열 대통령이 5월 29일 더불어민주당 주도로 국회 본회의를 통과한 5개 법안 중 「4·16세월호참사 피해구제지원특별법(세월호피해지원법)」을 제외한 4개 법안(민주유공자 예우에 관한 법률안, 전세사기특별법, 농어업회의소법, 한우산업지원법 등)에 대해 재의요구권(거부권)을 행사했다. 이로써 이들 법안은 21대 국회 임기 종료와 함께 폐기됐으며, 윤 대통령 취임 후 거부권이 행사된 법안은 14개가 됐다. 이는 민주화 이후 윤 대통령 취임 전까지 역대 대통령이 거부권을 행사한 법안 16건(노태우 대통령 7건, 노무현 대통령 6건, 박근혜 대통령 2건, 이명박 대통령 1건)에 육박하는 규모다.

5개 법안 주요 내용

전세사기특별법 개정안	주택도시보증공사(HUG) 또는 대통령령으로 정하는 기관이 전세사기 피해 주택의 보증금 반환 채권을 매입해 피해 임차인을 우선 구제해주고, 추후 임대인에게 구상권을 청구해 비용 보전
민주유공자법	특별법이 제정된 4·19 혁명이나 5·18 민주화운동 외 다른 민주화운동 과정에서 피해를 본 사람들도 유공자로 지정해 본인과 가족에게 혜택 부여
세월호피해지원법 개정안	세월호 참사 피해자의 의료비 지원 기한을 5년 연장
한우산업지원법 제정안	한우산업 발전을 위해 농가를 지원
농어업회의소법 제정안	농어업인 대표 조직 설립의 법적 근거 마련

윤석열 대통령 거부권 행사 사례

날짜	거부권 행사 법안
2023년 4월(1건)	양곡관리법 개정안
5월(1건)	간호법 제정안
12월(4건)	• 노란봉투법(노동조합 및 노동관계조정법 개정안) • 방송 3법(방송법, 방송문화진흥회법, 한국교육방송공사법 개정안)

2024년 1월(3건)	• 쌍특검법
	  − 김건희 여사 도이치모터스 주가조작 의혹 특검법
	  − 대장동 50억클럽 특별검사법
	• 이태원 참사 특별법 → 여야 수정 협의 후 5월 국회에서 재의결

5월 21일(1건)	해병대 채 상병 사망사건 수사외압 의혹 특별검사법

北, 대법원 전산망 2년간 침투
1000GB 자료 외부 유출

경찰청 국가수사본부가 5월 11일 국가정보원·검찰과 합동으로 지난 2023년 말 불거진 「대법원 전산망 해킹 사건」을 수사한 결과 1014GB에 달하는 자료가 북한 해킹조직 라자루스에 의해 유출됐다고 밝혔다. 이 사건은 2023년 11월 그 유출 사실이 언론 보도를 통해 알려졌고, 12월 5일에야 경찰청·국가정보원·검찰청의 합동조사가 이뤄진 바 있다. 대법원은 이보다 앞선 그해 2월 유출 사태를 인지했으나 해킹 사실을 대외적으로 알리거나 신고하는 등의 후속 절차는 밟지 않았다. 이처럼 사법부 전산망이 사상 처음으로 해킹된 초유의 사건이 발생했음에도 북한의 침입이 한참 지나서야 수사가 이뤄지면서 정확한 피해 규모를 밝혀내지 못해 논란이 일고 있다.

> **라자루스(Lazarus)** 남한과 미국 등의 금융기관을 주공격 대상으로 삼는 사이버 해킹 그룹으로, 북한 정찰총국과 연계된 것으로 추정된다. 라자루스는 「김수키(Kimsuky)」와 더불어 북한의 양대 해킹 조직으로 알려져 있는데, 그간 ▷소니픽처스 해킹 ▷방글라데시 현금 탈취 사건 ▷워너크라이 랜섬웨어 사건 등의 주요 배후로 거론돼 왔다. 특히 2014년 북한 김정은 노동당 위원장의 암살을 다룬 영화 〈인터뷰〉의 제작사 소니픽처스를 해킹했다는 혐의를 받으면서 그 이름이 알려졌다.
>
> **김수키(Kimsuky)** 북한의 해킹 조직으로, 2013년 러시아 정보보안업체가 해커의 이메일 계정인 「김숙향(kimsukyang)」이라는 이름으로 보고서를 발표하면서 알려졌다. 이후 2014년 12월 발생한 한국수력원자력(한수원) 해킹 사건에 사용된 악성코드 핵심 기술인 셸코드가 김수키가 사용해 온 해킹 기술과 90% 이상 일치한다고 분석돼 한수원 해킹 배후로 지목된 바 있다.

수사 결과 주요 내용 사법당국은 해당 범행에 사용된 악성 프로그램, 서버 가상자산 결제내역, IP 주소 등을 기존 북한발로 규명된 해킹사건과 종합적으로 비교·분석한 결과 북한 라자루스의 소행인 것으로 판단했다. 라자루스는 국내외 서버 8곳을 해킹 통로로 활용했는데, 이 중 3곳은 해킹으로, 5곳은 차명으로 임차하는 수법을 쓴 것으로 알려졌다. 그러나 라자루스가 법원 전산망에 처음으로 침입한 시점은 구체적으로 특정하지 못했고, 최소 2021년 1월 7일 이전부터 2023년 2월 9일까지 침입한 것만 파악했다. 그리고 이 기간에 총 1014GB의 법원 자료가 법원의 국내·국외 서버 8대를 통해 외부로 전송됐다.

수사당국은 이 가운데 1대의 국내 서버에 남아 있던 기록을 복원해 회생 사건 관련 파일 5171개 (4.7GB)가 유출된 사실을 확인했으나, 나머지 7개의 서버(99.5%)는 이미 자료 저장 기간이 만료돼 흔적을 찾을 수 없는 것으로 알려졌다. 확인된 유출자료는 자필진술서, 채무증대 및 지급불능 경위서, 혼인관계증명서, 진단서 등으로 주민등록번호, 금융정보 등의 민감한 개인정보가 다수 포함됐다. 이에 향후 유출된 개인정보를 활용한 보이스피싱이나 스미싱 등 2차 피해가 우려되는 가운데, 경찰은 피해를 막기 위해 유출된 파일 5171개를 지난 5월 8일 대법원 법원행정처에 제공하고 유출 피해자들에게 통지하도록 했다. 하지만 확인된 자료가 외부로 유출된 전체 자료의 0.5%에 그쳐 실질적인 피해 규모를 추산하기 어려울 것이라는 우려가 나온다.

📎 법원 전산망 해킹 사건 일지

2023. 2.	법원행정처, 악성코드 탐지 및 민간보안업체 조사 의뢰
11.	북한발 법원 해킹, 언론보도
12.	• 법원, 「사법부 전산망 악성코드 탐지」 공지 • 국가정보원, 국가안보실, 경찰청, 검찰청 등 조사 착수
2024. 2.	대법원 전산정보센터 압수수색
5. 8.	경찰청, 법원에 수사 결과 통지
11.	경찰청, 합동수사 결과 발표

北 3대 해킹조직, 국내 방산업체 10곳 합동 공격 　경찰청 국가수사본부 안보수사국이 4월 23일 국가사이버위기관리단과의 공조 수사를 통해 북한 해킹조직 김수키·라자루스·안다리엘이 1년 6개월여 전부터 국내 방산기술을 탈취하기 위해 합동으로 해킹에 나섰고, 국내 방산업체 83곳 중 10여 곳이 해킹 피해를 본 사실을 확인했다고 밝혔다. 경찰은 공격에 사용된 IP 주소와 악성코드, 소프트웨어 취약지를 악용해 경유지 서버를 구축하는 방식 등을 근거로 북한 해킹조직의 소행으로 판단했다고 설명했다. 일부 피해 사례의 경우 중국 선양지역에서 특정 IP 내역이 확인됐는데 이는 2014년 한국수력원자력 해킹 공격 당시 사용됐던 IP와 동일한 것으로 나타났다. 북한 해킹조직은 주로 방산업체를 직접 침투했지만, 상대적으로 보안이 취약한 방산 협력업체을 먼저 타깃으로 삼았다. 즉, 협력업체를 해킹해 방산업체의 서버 계정정보를 탈취한 후 주요 서버에 무단으로 침투해 악성코드를 유포하는 수법을 사용한 것이다.

민주당, 법사위·운영위 등
11개 상임위원장 단독 선출

국회가 6월 10일 더불어민주당 등 야당 의원들만 참석한 가운데 국회 법제사법위원회와 운영위원회 등 11개 상임위원장을 선출했다. 앞서 우원식 국회의장은 원 구성 법정시한인 6월 7일 자정까지 상임위 구성안 제출을 요구하고, 여야 협상이 타결되지 않을 경우 이날 본회의를 열겠다고 밝힌 바 있다. 그러나 국민의힘은 이날까지 상임위원장 선출에 필요한 상임위 구성안을 제출하지 않았다. 이에 따라 상임위원장 선출 표결은 민주당 169명을 비롯해 조국혁신당·개혁신당·진보당·사회민주당 등 범야권 의원 191명만이 참석한 가운데 이뤄졌다.

상임위원장 선출 결과 　야당이 이날 본회의에서 선출한 상임위원장은 ▷운영위원장 박찬대 ▷법제사법위원장 정청래 ▷교육위원장 김영호 ▷과학기술정보방송통신위원장 최민희 ▷행정안전위원장 신정훈 ▷문화체육관광위원장 전재수 ▷농림축산식품해양수산위원장 어기구 ▷보건복지위원장 박주민 ▷환경노동위원장 안호영 ▷국토교통위원장 맹성규 ▷예산결산특별위원장 박정 등 민주당 소속 의원 11명이다.

한편, 국민의힘은 민주당의 상임위 임의 배정에 반발하며 전원 사임계를 제출, 22대 국회 시작부터 국회 보이콧에 나섰다. 그러나 민주당은 국민의힘이 상임위 명단을 계속해서 제출하지 않는다면 6월 13일 본회의에서 나머지 7개 상임위원장 역시 민주당 몫으로 단독 선출할 것을 예고했다. 민주당은 4년 전 21대 국회 전반기에도 18개 상임위원장을 독식한 바 있으며, 당시 1년 2개월 동안 18개 상임위를 모두 운영했다.

> **국회 상임위원회(國會 常任委員會)** 행정부 각 부처 소관에 따라 국회 내에서 구성돼 소관부처 안건을 미리 심사하는 위원회로, 국회의원은 17개로 나뉜 상임위원회에 속해 활동을 하게 된다. 위원회의 역할은 국회의 예비적 심사기관으로서 회부된 안건을 심사하고 그 결과를 본회의에 보고해 본회의의 판단 자료를 제공하는 데 있다. 또 소관 사항에 대해 자주적인 심사권을 가지고 있기 때문에 그 소관에 속하는 사항에 관한 법률안을 스스로 입안해 제출할 수 있다. 상임위원회의 의원 배정은 교섭단체 소속의원 수 비율에 의해 각 교섭단체 대표의원의 요청으로 의장이 선임하며, 교섭단체에 속하지 못한 국회의원의 상임위 배정은 의장이 담당한다.

「대북송금 혐의」 이화영, 1심서 징역 9년 6월
법원, 「경기지사 방북비를 쌍방울이 대납」

수원지법 형사11부가 6월 7일 쌍방울그룹의 불법 대북송금에 관여한 혐의 등으로 기소된 이화영 전 경기도 평화부지사에게 징역 9년 6개월에 벌금 2억 5000만 원을 선고했다. 쌍방울의 대북송금 의혹은 경기도가 북한에 지급하기로 약속한 스마트팜 사업비용(500만 달러)과 당시 도지사였던 더불어민주당 이재명 대표의 방북비(300만 달러) 등 800만 달러를 김성태 전 쌍방울 회장이 북한 조선노동당 측에 대신 전달했다는 내용이다.

이 전 부지사는 2018년 7월~2022년 7월 쌍방울그룹으로부터 법인카드 및 법인 차량을 받고, 자신의 측근에게 허위 급여를 지급하도록 하는 등의 방법으로 뇌물과 불법 정치자금을 수수했다는 혐의로 2022년 10월 구속기소됐다. 여기에 검찰은 지난해 3월 김성태 전 쌍방울 회장에게 경기도가 북한에 지급하기로 한 스마트팜 사업비와 당시 도지사였던 이재명 민주당 대표의 방북비용을 북한에 대납하게 한 혐의에 대해서도 추가 기소했다.

판결 주요 내용 재판부는 해당 재판에서 쟁점이 됐던 대북송금의 경우, 경기도가 지급해야 할 북한의 스마트팜 사업비와 당시 경기도지사 방북비를 쌍방울이 대납하려고 했다는 점을 모두 인정했다. 다만 검찰이 공소사실에 적시한 800만 달러 중 349만 달러만 불법 자금으로 인정했다. 또 이 전 부지사가 쌍방울로부터 법인카드를 받아 쓰는 등 불법 정치자금 3억 3400만 원(2억 5900만 원은 뇌물에도 해당)을 받은 혐의는 2억 1800만 원(뇌물 1억760만 원)이 불법 정치자금으로 인정됐으며, 쌍방울 관계자에게 관련 자료 삭제를 지시한 혐의(증거인멸교사)도 유죄로 인정됐다.

한편, 법원이 쌍방울의 대북송금 의혹을 모두 사실로 인정하면서 이재명 대표에 대한 검찰 수사가 다시 탄력을 받을 것이라는 전망이 나왔다. 그리고 검찰은 6월 12일 이 대표에 쌍방울 대북송금 관련 제3자 뇌물 혐의 등을 적용해 불구속 기소했는데, 이는 지난해 9월 대북송금 사건에 대한 이 대표의 구속영장이 서울중앙지법에서 기각된 지 9개월 만이다.

여야, 지구당 부활 법안 잇달아 발의
「지구당」 주요 정치 쟁점으로 부상

여야가 22대 국회 첫날부터 불법 정치자금 조장 논란 등으로 2004년 폐지됐던 「지구당(地區黨)」을 20년 만에 부활시키는 법안을 잇달아 발의하면서 「지구당 부활」이 뜨거운 정치 쟁점으로 부상했다. 이는 최근 이재명 더불어민주당 대표와 한동훈 국민의힘 전 비상대책위원장 등 여야 대표 인사들이 당원 권리 강화 차원에서 지구당 재설치를 지지하고 나서면서 시작됐다. 이어 22대 국회 개원 첫날인 5월 30일 윤상현 국민의힘 의원과 김영배 더불어민주당 의원이 각각 지구당 운영에 관한 내용을 담은 법안을 발의하면서 그 귀추가 주목되고 있다.

지구당(地區黨)은 무엇? 지구당은 과거 국회의원 선거구를 단위로 설치된 중앙 정당의 하부 조직으로, 지역 주민의 의견을 수렴해 중앙 정치에 반영한다는 취지로 1962년 정당법 제정 때 도입됐다. 그러다 2002년 한나라당(현 국민의힘 전신)이 대기업들로부터 차량을 이용해 불법 정치자금을 받은 이른바 「차떼기 사건」을 계기로 정경유착 폐해에 대한 비판의 목소리가 높아지자, 정당법과 정치자금법이 개정(오세훈법)되며 폐지됐다. 이후 2005년 각 정당은 당원협의회(국민의힘)·지역위원회

(더불어민주당) 등 사실상 지구당과 유사한 조직을 만들어 현재까지 운영하고 있다. 과거 지구당은 지역에서 독자 사무실을 내고 상근 인력을 채용할 수 있었으며 선거기간 이외에 후원금을 모금하는 것도 가능했다. 하지만 현재의 당원협의회나 지역위원회 등은 법상 공식 정당조직이 아니기 때문에 지구당처럼 사무소를 별도로 설치할 수 없고 유급 직원을 고용할 수 없는 것은 물론, 후원금도 모금할 수 없다.

> **정당의 구성** 기존 정당법에서는 국회의원 선거구 총수의 10분의 1 이상에 해당하는 지구당을 가져야 했으나, 2004년 개정된 정당법에서는 정당이 5개 이상의 시·도당을 가지면 되도록 했다. 이에 현 정당법에서는 정당의 구성을 ▷수도에 소재하는 중앙당 ▷특별시·광역시·도에 각각 소재하는 시·도당으로 명시하고 있다.

권익위, 김건희 여사 명품백 수수 의혹 사건
「위반 사항 없음」으로 종결 처리

국민권익위원회(권익위)가 6월 10일 윤석열 대통령 배우자 김건희 여사가 명품가방을 수수했다는 청탁금지법 위반 의혹 신고 사건과 관련해 「위반 사항 없음」으로 종결 처리했다. 정승윤 권익위 부위원장은 이날 브리핑을 통해 대통령 배우자에 대해서는 청탁금지법상 제재 규정이 없기 때문에 종결을 결정했다고 밝혔다. 또 윤 대통령과 김 여사에게 가방을 건넨 최재영 목사에 대해서도 직무 관련성 여부, 대통령기록물 여부에 대해 논의한 결과 종결을 결정했다고 밝혔다.

> **청탁금지법** 금품수수 금지, 부정청탁 금지, 외부강의 수수료 제한 등의 세 가지 축으로 구성돼 있는 법률로, 2012년 김영란 당시 국민권익위원회 위원장이 공직사회 기강 확립을 위해 법안을 발의했다고 해 「김영란법」이라고도 한다. 이 법은 당초 공직자의 부정한 금품 수수를 막겠다는 취지로 제안됐지만 입법 과정에서 적용 대상이 언론인, 사립학교 교직원 등으로까지 확대됐다. 청탁금지법에 따르면 금품과 향응을 받은 공직자뿐만 아니라 부정청탁을 한 사람에게도 과태료가 부과된다. 또한 공직자는 배우자가 금품을 받은 사실을 알면 즉시 신고해야 하며, 신고 의무를 어길 시에는 형사처벌 또는 과태료 처분을 받게 된다.
>
> **국민권익위원회(國民權益委員會)** 부패 방지와 국민의 권리보호 및 구제를 위해 과거 국민고충처리위원회와 국가청렴위원회, 국무총리 행정심판위원회 등의 기능을 합쳐 2008년 2월 29일 출범한 기관이다. 위원회는 고충민원의 처리와 이와 관련된 불합리한 행정제도 개선, 공직사회 부패 예방 및 부패행위 규제를 통한 청렴한 공직과 사회풍토 확립, 행정쟁송을 통해 행정청의 위법·부당한 처분으로부터 국민의 권리를 보호하는 역할 등을 담당한다.

📢 시사 🔊 토론

지구당 부활을 찬성하는 측에서는 자금력이 부족한 정치 신인과 청년 정치인들이 지역 유권자들을 대상으로 정치활동을 할 수 있기 때문에 반드시 필요하다는 입장이다. 반면 반대 측에서는 지구당이 부활하면 당대표의 권한이 지나치게 강화돼 정치개혁이 퇴행되고, 불법 정치자금을 막기 어려울 것이라는 우려를 제기한다.

지구당 부활, 찬성한다	지구당 부활, 반대한다
• 현역의원을 제외한 다른 정치인들에게 기회가 배제된 현 상황 개선 필요 • 정치적 시스템 및 성숙된 시민의식 등 정치풍토 변화 • 원외조직 활성화를 통한 풀뿌리 민주주의 실현	• 불법 정치자금이나 정경유착의 폐해 부활 • 지구당 운영을 위한 자금 문제로 정당 격차 더욱 심화 • 국회의원이 아닌 인물에 대한 후원금 모집에는 한계 있음

정치시사

명품백 수수 의혹과 권익위 결정 논란 참여연대는 지난해 12월 19일 윤 대통령과 김 여사, 그리고 명품가방을 건넨 최재영 목사를 청탁금지법 위반으로 권익위에 신고했다. 김 여사는 2022년 6월 재미교포 통일운동가 최 목사로부터 180여 만원의 명품 향수와 화장품을, 같은 해 9월 300만 원 상당의 명품가방을 받은 사실이 한 인터넷 매체의 보도로 공개된 바 있다. 그런데 권익위는 지난 3월 사건처리 기간을 한 차례 연장한 후 법정 기한을 넘겨서까지 결과를 발표하지 않아 조사 의지가 없다는 비판을 받았는데, 이번 종결 결정 처리 결정을 두고도 부패 방지 주무기관으로서의 사회적 책임 회피 등 많은 논란이 일어날 전망이다. 참여연대는 이번 권익위의 결정 뒤 입장문을 내고「부패방지 주무기관으로서 존재 이유를 부정하고 대통령 부부에게 면죄부를 준 권익위를 강력 규탄한다.」고 밝혔다. 다만 이번 권익위의 결정과는 별개로 검찰은 이 사건에 대한 전담 수사팀을 꾸려 수사를 진행 중에 있다.

💡 시민단체 사법정의바로세우기시민행동(사세행)이 6월 17일 김건희 여사의 명품가방 수수 의혹을 종결 처분한 국민권익위원회 유철환 위원장을 고위공직자범죄수사처(공수처)에 고발한다고 밝혔다. 또 사세행은 윤석열 대통령 부부도 뇌물수수·청탁금지법 위반·공직자윤리법 위반 혐의로 함께 공수처에 고발했다.

스톡홀름국제평화연구소,「2024 연감」발표
中, 핵탄두 500기 보유 추정

스웨덴 싱크탱크 스톡홀름국제평화연구소(SIPRI)가 6월 17일 발표한「2024년 연감」에서 올해 1월 기준 중국의 핵탄두 보유량을 500기로 추정했다. 이는 지난해 1월 410기보다 90기 늘어난 것으로, 보고서는 중국의 핵탄두 보유량이 계속 증가할 것으로 예상했다. 보고서는 또 중국이 현재 238기의 대륙간탄도미사일(ICBM)을 보유하고 있으며, 이 역시 향후 10년 동안 급증할 것으로 보여 미국(800기)·러시아(1244기)를 넘어설 것이라고 예상했다.

이 밖에 SIPRI는 북한을 비롯해 미국·러시아·영국·프랑스·중국·인도·파키스탄·이스라엘 등 9개국을 핵보유국으로 분류했다. 올해 전 세계 핵보유국이 소유한 핵탄두 총량은 1만 2121기로 지난해(1만 2512기)보다 줄었으나, 사용 가능한 핵탄두는 9585기로 1년 전(9576기)보다 9기 늘었다. 북한이 보유한 핵탄두 수는 50기·조립 가능한 핵탄두 수는 90기로 추산됐는데, 이는 지난해 추정치보다 20기씩 늘어난 수치다.

국가별 핵탄두 보유 수(※ 2024년 1월 기준. ( ) 안은 전년 동월 대비)

국가	핵탄두 보유 수
러시아	4380(109↓)
미국	3708
중국	500(90↑)
프랑스	290
영국	225
인도	172(8↑)
파키스탄	170
이스라엘	90
북한	50(20↑)

김정은-푸틴, 북러 정상회담
「포괄적 전략동반자협정」체결-침략 당하면 상호 지원

김정은 북한 국무위원장과 블라디미르 푸틴 러시아 대통령이 6월 19일 북한 평양 금수산 영빈관에서 열린 북러 정상회담에서「포괄적 전략동반자협정」을 체결했다. 푸틴 대통령은 양국 회담 뒤 언론 발표에서「오늘 서명한 포괄적 동반자협정은 무엇보다도 협정 당사자 중 한쪽이 침략당할 경우 상호 지원을 제공한다.」고 밝혔다. 이날 협정 체결로 북러 관계는 선린우호 관계에서 포괄적 전략동반자

관계로 격상됐는데, 무엇보다 이번 양국 간 협정을 두고 북한이 지난 1961년 소련과 맺었다가 1996년 폐기됐던 「조·소 우호협조 및 상호원조조약」과 버금가는 수준이 아니냐는 평가도 나오고 있다. 당시 양국은 이 조약을 통해 어느 한쪽이 무력침공을 당하면 다른 한쪽은 지체 없이 군사적 및 기타 원조를 제공하기로 한 바 있다. 그러다 이후 2000년 체결된 「북러 우호·선린·협조 조약」에는 자동군사개입 조항이 제외됐다.

💡 정부가 6월 20일 북한과 러시아가 「포괄적 전략적 동반자관계」 조약을 체결한 데 대해 강력하게 규탄하면서 우크라이나에 살상 무기를 지원하지 않는다는 기존 방침을 재검토하기로 했다. 그간 우리 정부는 우크라이나에 대한 살상 무기 지원은 하지 않겠다는 입장을 견지해 왔다. 이와 같은 우리 정부의 입장에 푸틴 대통령은 6월 20일 한국이 우크라이나에 살상 무기를 공급한다면 「아주 큰 실수」가 될 것이라고 밝혔다.

푸틴, 24년 만의 방북 푸틴 대통령의 이번 방북은 2000년 7월 19~20일 이후 24년 만으로, 양측의 직접 만남은 ▷2019년 4월 러시아 블라디보스토크 북러 정상회담 ▷지난해 9월 러시아 보스토치니 우주기지 북러 정상회담에 이어 세 번째로 이뤄진 것이다. 특히 북한에 외국 정상이 방문한 것은 북한이 2020년 코로나19로 국경을 폐쇄한 이후 처음 있는 일이었다. 지난 5월 집권 5기를 공식 시작한 이후 가장 먼저 중국을 찾았던 푸틴 대통령은 벨라루스·우즈베키스탄에 이어 북한을 네 번째 해외 방문지로 택했다. 다만 푸틴 대통령은 6월 18일부터 1박2일 일정으로 북한을 국빈 방문할 예정이었으나, 예상보다 늦게 평양에 도착하면서 하루 일정으로 북한을 방문하게 됐다.

태국, 동성결혼 합법화
대만·네팔에 이어 아시아 세 번째

태국 상원이 6월 19일 대만(2019)·네팔(2023)에 이어 아시아에서 세 번째로 동성(同性)결혼을 합법화했다. 태국은 성소수자에게 포용적인 국가로 꼽히지만 동성 부부를 인정하는 법적 근거가 마련된 것은 이번이 처음이다. 이번에 통과된 「결혼평등법(민상법 개정안)」은 종전 결혼 관련 법률의 「남성과 여성」, 「남편과 아내」 등의 표현을 「두 개인」, 「배우자」 같은 성(性) 중립적 단어로 바꿔 동성 간 결혼까지 법적 혼인의 범주에 포함시킨 것을 핵심으로 한다. 이에 따르면 개인은 18세 이상이 되면 배우자의 성별과 관계없이 혼인신고를 할 수 있고, 동성 부부도 상속이나 세금 공제, 입양 등의 권리를 기존 이성 부부와 동일하게 갖게 된다. 해당 법안은 국왕의 재가를 거쳐 관보에 게재되고, 그로부터 120일 이후 효력이 발생하게 된다. 한편, 동성결혼은 2001년 네덜란드가 세계 최초로 합법화한 이후 지속적으로 늘면서 현재 40여 개국이 이를 허용하고 있다.

바이든 행정부, 중국산 제품 관세 인상
전기차 4배·반도체 2배

조 바이든 미국 대통령이 5월 14일 중국의 불공정 무역 관행과 그로 인한 피해에 대응하기 위해 무역법 301조에 따라 중국산 주요 수입품에 고율 관세를 부과하도록 미국무역대표부(USTR)에 지시했다. 이번 조치는 2018년 트럼프 행정부가 9500여 개 중국산 제품에 부과한 관세를 추가 인상한 것으로, 관세 인상 대상 중국산 수입품은 지난해 기준 180억 달러(약 24조 6000억 원) 규모다. 일부 조치들은 8월 1일부터 발효될 예정이다. 이에 중국 정부는 미국이 세계무역기구(WTO) 규칙을 위반하고 있다며 반발했다.

고율 관세 적용 바이든 행정부는 「슈퍼 301조」라고 불리는 무역법 301조에 따라 전기차·반도체·배터리·태양전지·철강·알루미늄·의료용품 등의 분야에서 총 180억 달러 규모의 중국산 수입품에 대해 25~100%의 관세를 부과할 예정이다. 먼저 중국산 전기차에 대한 관세는 현행 25%에서 100%로 인상한다. 이는 중국의 광범위한 보조금 등 불공정 무역 관행으로 중국 전기차 수출이 급증함에 따라 미국 제조업체를 보호하기 위함이다. 반도체 산업에 대해서는 2022년 10월 대중국 수출 통제를 실시한 데 이어 올해부터 내년까지 관세율을 25%에서 50%로 인상하기로 했다. 백악관은 이 조치에 대해 중국 정부가 레거시 반도체산업을 지원하면서 중국의 점유율 상승 및 생산능력 확대로 미국 기업의 투자 위축이 우려돼, 투자의 지속가능성

주요 품목 인상률(단위: %)

품목	현행	변경
전기차	25	100
반도체	25	50
태양전지	25	50
주사기 및 바늘	0	50
리튬이온 전기차 배터리	7.5	25
배터리 부품	7.5	25
의료 및 수술용 고무장갑	7.5	25
철강 및 알루미늄	0~7.5	25
개인 보호 장비(PPE)	0~7.5	25
천연 흑연 및 영구 자석	0	25
STS크레인	0	25

을 키우기 위함이라고 밝혔다. 이 밖에도 태양전지 관세율은 25%에서 50%로 상향 조정되며 배터리부품과 배터리 완제품 관세율은 기존 7.5%에서 25%로, 항만 크레인 관세율은 기존 0%에서 25%로 높아진다.

중국산 태양광 규제 미 행정부는 5월 14일 중국산 태양전지에 대한 관세를 두 배 인상하기로 한 데 이어 5월 16일에는 태양광 패널에 관세를 다시 부과하기로 결정했다. 또한 중국 업체들이 태국, 베트남, 캄보디아, 말레이시아 등 동남아시아 4개국을 통해 우회 수출하는 것을 막기 위해 동남아 국가의 태양광 패널 관세 부과 유예 조치도 6월 6일 종료했다. 미국은 태양광 패널에 14.25%의 관세를 부과하고 있으나 양면형 태양광 패널은 관세 부과 대상에서 제외한 바 있다. 이 때문에 저렴한

중국산 제품이 미국으로 다량 유입되면서 이번 조치가 취해졌다.

> **슈퍼 301조(Super 301)** 1988년 제정된 미국 종합무역법에 의해 신설된, 교역대상국에 대해 차별적인 보복을 가능하도록 한 통상법 301조의 개정 조항을 말한다. 1974년 제정된 통상법 301~309조까지를 일반 301조(Regular 301)로 통칭하고, 1988년 제정된 종합무역법에 의해 보복조항을 한층 강화한 301조는 따로 「슈퍼 301조」라 부른다. 슈퍼 301조는 한정된 기간 동안 미국의 종합무역법을 보완하는 특별법으로, 무역 상대국이 무역에서 행하는 공정치 못한 관행에 대해 보복조치를 행할 수 있도록 명시하고 있다. 이는 기존의 301조와 다르게 불공정한 무역관행에 대해 조사를 개시할 권한과 보복조치를 행할 권한을 대통령에서 미국무역대표부(USTR)로 이관하고, 보복조치를 결정하는 과정에 있어서 필요하다고 판단되는 경우에 한해 대통령의 재량권을 인정하고 있다.

전 세계 빚 315조 달러로 사상 최대
신흥시장 부채 대폭 증가

국제금융협회(IIF)가 5월 25일 발표한 「글로벌 부채 보고서」 등에 따르면 올해 1분기 기준 세계 부채 규모는 315조 달러(약 43경 1400조 원)로 사상 최대 규모를 기록했다. 이는 전년 1분기보다 8조 1000억 달러 증가한 수치다. 특히 중국, 인도, 멕시코 등 신흥시장은 10년 전보다 부채가 큰 폭으로 증가했다. 반면 한국, 태국, 브라질은 부채가 감소했으며 전체 315조 달러 중 약 3분의 2는 미국, 일본 등 선진국이 차지했다. 특히 일본은 GDP 대비 부채 비율이 600%를 상회해 세계에서 가장 많은 부채를 지고 있는 것으로 나타났다. 전 세계 부채 증가 위험 요소로는 미국의 인플레이션 고착화, 킹달러 현상, 무역 마찰, 지정학적 긴장 고조 등이 꼽혔다.

> **킹달러(King Dollar)** 달러의 강세 현상을 이르는 말로, 특히 2022년 들어 국제금융시장에서 달러화의 강세와 위상이 어느 때보다 높아지면서 자주 거론되기 시작했다. 미국 달러화는 1944년 브레턴우즈 체제 구축 이후 세계경제의 기축통화로서의 입지를 현재까지 공고히 하고 있다.

원·달러 거래시간 연장
오전 9시~오후 3시 30분 → 오전 9시~새벽 2시

서울외환시장운영협의회가 6월 14일 열린 총회에서 원·달러 거래시간을 다음 날 새벽 2시까지로 연장하는 방안을 의결했다고 16일 밝혔다. 이에 따라 7월 1일부터 원·달러 거래시간은 기존 오전 9시~오후 3시 30분에서 오전 9시~새벽 2시로 늘어난다. 이는 글로벌 금융 중심지인 영국 런던 금융시장의 개장 시간을 모두 포괄한 시간대다.

외환시장 개장시간 연장으로 한국 주식·채권을 거래하려는 외국인 투자자들은 한국시간으로 새벽 2시까지 국내 금융사나 외국 금융기관을 통해 미 달러화를 원화로 실시간 환전할 수 있다. 또 국내 투자자들도 야간에 해외 자본시장의 주식·채권을 살 때 실시간 시장 환율로 환전이 가능해지면서 국내외 투자자의 거래가 편리해졌으며, 실시간 시장 환율이 적용돼 야간에 발생하는 이슈에도 즉각적으로 대응할 수 있게 됐다.

외환시장 개장시간 연장

구분	기존	변경
개장시간	9:00~15:30	9:00~익일 2:00
원·달러 NDF 전자거래 마감시간	익일 2:00	익일 3:00
평균환율	매매기준율	매매기준율과 시간대별 가중평균환율 공표

자료: 서울외환시장협의회

정부, 동해 심해에 석유·가스 매장 가능성 제기
「대왕고래」 프로젝트 연말 첫 시추 예정

윤석열 대통령이 6월 3일 서울 용산 대통령실에서 열린 국정브리핑에서 경북 포항 영일만 인근 심해에 최대 140억 배럴에 달하는 석유·가스가 매장돼 있을 가능성이 높다고 밝혔다. 정부에 따르면 이 매장량은 우리나라 전체가 천연가스를 29년간, 석유는 4년간 쓸 수 있는 규모이며, 시추 성공 확률은 20%인 것으로 알려졌다. 이 프로젝트에 대해서는 실제 상업 생산으로 이어질 경우 기름 값 안정화를 통해 각종 물류비용이 절감될 수 있다는 의견과, 막대한 예산이 소요되는 만큼 섣부른 시추보다는 신중한 검증이 필요하다는 의견이 엇갈리고 있다.

향후 개발 과정 일명 「대왕고래」라고 불리는 이 프로젝트는 정부가 지난 15년간 진행해 온 지질조사와 물리탐사에 대해 미국 심해 기술평가 기업인 액트지오(Act-Geo)가 2022년 2월부터 분석한 결과 140억 배럴에 달하는 석유·가스가 매장돼 있을 가능성이 확인되면서 공개됐다.

석유·가스 개발은 물리 탐사자료 취득, 전산 처리, 자료 해석, 유망 구조 도출, 탐사 시추, 개발·생산 등의 단계를 거치게 되는데, 현재 정부는 동해 심해에 유망 구조가 있다는 것을 발견한 상태다. 구조는 석유가 매장돼 있을 것으로 추정되는 지역을 뜻하는데, 주로 바다생물의 이름을 붙인다. 이번에 가능성이 제기된 「대왕고래」는 동해 8광구와 6-1광구 북부에 걸친 것으로 알려져 있다. 그 규모가 매우 크다는 의미에서 지구상 현존하는 가장 큰 동물인 「대왕고래(흰수염고래)」라는 이름이 붙었다. 정부가 산출한 탐사자원량은 최소 35억 배럴, 최대 140억 배럴로 예상 자원의 비율은 가스 75%(최소 3억 2000만t에서 최대 12억 9000만t), 석유 25%(최소 7억 8000만 배럴에서 최대 42억 2000만 배럴)로 추정하고 있다. 이후 탐사 시추를 통해 실제 부존 여부와 부존량을 확인하고 경제성이 있다고 판단되면 본격적으로 개발·생산에 돌입하게 된다. 석유공사에 따르면 첫 탐사부터 생산까지는 약 7~10년이 소요되며 생산 기간은 약 30년이다. 구체적으로는 오는 12월 탐사 시추에 돌입해 2027~2028년 공사를 시작하고 2035년 무렵 상업적 개발이 이뤄질 전망이다. 탐사 시추를 위해 석유공사는 노르웨이 시추업체 시드릴과 시추선 웨스트 카펠라에 대한 사용계약을 맺었으며, 계약 규모는 3200만 달러(440억 8000만 원)로, 작업은 약 40일에 걸쳐 이뤄질 예정이다. 개발 과정에서의 투자비용은 정부 재정 지원, 석유공사의 해외 투자 수익금, 해외 기업의 투자 유치 등을 통해 조달한다. 탐사 시추를 위해서는 최소 5개의 시추공을 뚫어야 하는데 1개당 1000억 원 이상의 비용이 들어가는 것으로 알려졌다.

액트지오, 전문성 논란 동해 심해의 석유·가스 매장 분석을 담당하고 가능성을 제기한 액트지오에 대해서는 직원이 몇 안 되는 작은 규모의 회사라는 점, 본사의 주소가 미국 텍사스주에 있는 주택이라는 점 등으로 전문성 논란이 일었다. 여기다 입찰 당시 액트지오가 법인 영업세를 체납해 법인의 행위능력이 일부 제한됐던 사실도 알려지면서 우려가 커졌다. 또한 2007년부터 지난해 1월까지 동해 심해 지역을 15년 동안 탐사했던 우드사이드가 올해 철수한 것을 두고 장래성이 없는 것이 아니냐는 의혹도 나왔다. 정부는 이러한 논란에 대해 비토르 아브레우(Vitor Abreu) 액트지오 고문이 세계적으로 저명한 전문가이며, 액트지오가 2016년 설립된 이후 가이아나·볼리비아·브라질·미얀마·카자흐스탄 등에서 주요 프로젝트 평가를 수행했고, 직원들은 인터넷이나 화상회의 등을 통해 원격으로 일한다며 전문성 의혹에 대해 해명한 바 있다. 또한 우드사이드의 사업 철수에 대해서는 인수·합병으로 인한 사업구조 재편 때문이라고 설명했다.

국내 유전 개발 역사　국내 최초의 석유 탐사는 국립지질조사소(현 한국지질자원연구원)가 1959년 전남 해안 우황리 일대를 탐사한 것이다. 이어 1964년 포항 지역을 탐사하다가 소량의 천연가스가 발견됐으나 경제성이 없어 개발로 이어지지는 못했다. 이후 1차 석유파동으로 인해 20%대까지 치솟은 물가상승률을 안정시키기 위해 포항 영일만 일대를 중심으로 시추 작업에 다시 돌입했는데, 1975년 12월 시추공 한 곳에서 검은 액체가 나왔고 정부는 이를 원유라고 판단했다. 그러나 휘발유, 경유, 등유, 가스 등의 여러 물질이 섞여 있어야 하는 원유와 달리 경유 함량이 높았고 정부는 1977년 2월 포항 석유가 경제성이 없는 것으로 판명돼 시추를 중단했다고 밝힌 바 있다. 우리나라가 세계 95번째로 산유국이 된 것은 한국석유공사가 1998년 6월 울산 남동쪽 58km 해상에서 가스전을 발견하면서부터다. 정부는 2004~2021년 해당 지역에서 동해 1·2 가스전을 개발해 약 4500만 배럴의 가스를 생산했으나 자원고갈로 현재는 문을 닫은 상태다.

한편, 제주도 남쪽과 일본 규슈 서쪽에 위치한 7광구는 사실상 개발이 중단됐다. 세계 최대 규모의 천연가스가 매장돼 있는 것으로 알려져 있는 7광구는 일본과의 영유권 분쟁으로 1978년 공동개발구역(JDZ)으로 지정됐다. 그러나 일본이 경제성이 없다며 1986년 개발 중단을 선언했고, 반드시 양국이 공동으로 탐사와 시추를 수행해야 한다는 조항에 따라 방치돼 있다. 7광구 공동개발 시효는 2028년 6월까지다.

동해 가스전 주요 내용

위치	울산 남동쪽 58km 지점
탐사 시추	1998년 7월 탐사 시추 성공
생산 기간	2004년 11월~2021년 12월
생산량	천연가스, 초경질유 4500만 배럴
총 투자/회수	1조 2000억 원/2조 6000억 원

금융당국, 부동산 PF 정상화 방안 발표
사업성 평가 기준 강화·부실 사업장 구조조정

금융위원회와 금융감독원은 관계기관 합동으로 부동산 프로젝트파이낸싱(PF) 사업성 평가를 강화하는 내용의「부동산 PF의 질서있는 연착륙을 위한 향후 정책 방향」을 5월 13일 발표했다. 이에 따르면 금융당국은 230조 원 규모의 부동산 PF 시장의 연착륙을 도모하기 위해 사업성 평가 기준을 강화하고 구조조정 속도를 높일 방침이다. 금융사들은 6월부터 새로운 기준에 따라 PF 사업장을 재평가하게 되며, 금감원이 7월부터 평가 및 사후 관리에 대한 점검에 나선다.

평가기준 개선으로 사업장 엄정 판별　이번 대책의 핵심은 PF 사업성 기준을 강화하는 것이다. 이를 위해 본PF, 브릿지론 외에 이와 위험성이 유사한 토지담보대출, 채무보증 약정을 추가하고 대상기관에 새마을금고를 포함해 금융회사가 PF 사업성 평가를 실시할 수 있도록 했다. 현재 본PF 중심으로 구성된 평가기준은 사업장 성격에 따라 브릿지론, 본PF로 구분해 평가체계를 강화하고 사업진행단계별 위험요인과 그 수준을 세분화·구체화해 종합적이고 실효성 있는 사업 평가가 이뤄지도록 할 방침이다.

또한 현재 사업성 평가 등급은 양호·보통·악화우려 등 3단계로 이뤄져 있는데 이를 양호·보통·유의·부실우려 4단계로 세분화한다. 유의 등급 사업장은 재구조화 및 자율매각을 추진하고 부실우려 등급은 사실상 사업 진행이 어렵기 때문에 상각이나 경·공매를 통한 매각을 추진하게 된다.

> **브릿지론(Bridge Loan)**　일시적인 자금난에 빠질 경우 일시적으로 자금을 연결하는 다리(Bridge)가 되는 대출(Loan)을 말한다. 즉, 자금이 급히 필요한데 충분한 자금을 모을 때까지 시일이 걸릴 경우, 단기차입 등에 의해 필요자금을 일시적으로 조달하는 것이다.

사업성 부족 사업장은 재구조화·정상 PF 사업장에는 자금 지원 사업성이 부족한 사업장의 재구조화·정리에 필요한 자금은 공공·민간금융이 함께 마련한다. 우선 자금 여력이 있는 은행·보험업권이 6월 1조 원 규모로 신디케이트론을 조성하고 향후 상황에 따라 최대 5조 원까지 확대한다. 신디케이트론은 PF 사업성 평가 결과에 따라 경·공매 진행 PF 사업장에 대한 경락자금대출, 부실채권(NPL) 매입 지원, 유동성 지원 등에 활용된다. 또 캠코 펀드에 PF 채권을 매도한 금융회사에 추후 PF 채권 처분 시 재매입할 기회를 부여하고, 연내 새마을금고와 저축은행업권에서 4000억 원의 부실 채권을 추가 인수하기로 했다.

사업성이 충분한 사업장에는 자금을 지원한다. 정상 PF 사업장이 공사비 증액 등으로 어려움을 겪을 경우 추가 보증을 제공하고, 금융회사들이 PF 자금 공급 시 시행사나 건설사에 과도하게 수수료를 부과하는 관행을 점검·개선할 방침이다.

> **신디케이트론(Syndicate Loan)** 2개 이상의 은행이 차관단을 구성, 같은 조건으로 대규모 중장기자금을 빌려주는 것을 말한다. 융자금액이 너무 커서 단일 금융기관만으로는 자금수요를 충당하기 어려울 경우 거래은행이 중심이 돼 여러 개 은행의 협조로 공동융자하는 것이다. 주로 댐이나 발전소 건설 등 국제적인 대형투자사업의 자본 조달 방식으로 사용된다.

정부, 1기 신도시 통합 재건축 선도지구 계획 발표
올해 2.6만 호 + α 선정

국토교통부, 경기도, 고양·성남·부천·안양·군포시, LH(한국토지주택공사) 등이 5월 22일 1기 신도시 정비 선도지구 선정 계획을 발표했다. 1기 신도시(경기 분당·일산·평촌·중동·산본) 통합 재건축 선도지구 규모와 선정 기준이 담긴 이 계획안에 따르면 재건축 선도지구의 규모는 총 정비 물량의 10~15% 내외로, 최대 3만 9000가구에 달한다.

표준 평가기준 주요 항목 1기 신도시 통합 재건축 선도지구는 분당 8000가구, 일산 6000가구, 평촌 4000가구, 중동 4000가구, 산본 4000가구 등 총 2만 6000가구가 기준 물량으로 제시됐다. 여기에 지방자치단체가 기준 물량의 50% 이내에서 신도시별로 1~2개 구역을 추가로 선정할 수 있게 해 최대 3만 9000가구까지 지정할 수 있다. 선도지구는 관계기관의 협의를 통해 마련한 표준 평가기준(100점 만점)을 활용해 지자체가 공모를 통해 선정한다. 최우선으로 주민 동의율을 고려하며 가구당 주차 대수, 통합정비 참여 주택단지 수, 가구 수 등 정량평가 중심으로 선정할 방침이다. 선도지구 공모 신청을 위해서는 특별정비 예정구역 내 전체 토지 등 소유자의 50% 이상 동의, 단지별 토지 등 소유자의 50% 이상의 동의가 필요하다. 동의율이 50% 이상이면 10점, 95% 이상이면 60점이 주어진다. 또 가구당 주차 대수가 0.3대 미만이면 10점 만점을, 1.2대 이상이면 2점을 준다. 통합재건축에 참여하는 단지 수가 4개 단지 이상이면 10점, 3000세대 이상이면 10점을 받게 된다.

1기 신도시 적용 표준 평가기준

평가 항목	세부 평가기준	배점
주민 동의 여부	주민동의율(특별정비구역 내 전체 토지 등 소유자 동의율)	60점
정주환경 개선의 시급성	통합구역 내 세대당 주차 대수	10점
도시기능 활성화 필요성	필요 시 공모기관에서 평가항목 구성해 평가 가능	10점
정비사업 추진의 파급 효과	통합정비 참여 주택단지 수	10점
	통합정비 참여 세대 수	10점
사업의 실현 가능성	필요 시 공모기관에서 평가 항목 구성해 평가 가능	+5점

자료: 국토교통부

한편, 1차 신도시 선도지구는 6월 25일 공모지침을 공고한 후 공모를 시작해 11월 최종 선정될 예정이며 2027년 착공해 2030년 입주를 목표로 사업이 추진된다.

정부, 26조 원 규모 반도체 생태계 종합지원 방안 마련
18조 원은 금융 지원에 투입

윤석열 대통령이 5월 23일 용산 대통령실에서 제2차 경제이슈점검회의를 주재하면서 금융·인프라·연구개발(R&D)뿐만 아니라 중소·중견기업 지원까지 아우르는 26조 원 규모의 반도체 산업 종합지원 프로그램을 만들었다고 밝혔다. 이 방안에 따르면 총 사업비 26조 원 중 18조 원은 금융 지원에 투입된다. 먼저 산업은행에 17조 원 규모의 반도체 금융지원 프로그램을 신설하고, 현재 3000억 원 규모로 조성 중이었던 반도체 생태 펀드를 1조 1000억 원 규모로 확대할 계획이다. 또 올해 일몰되는 반도체 기업에 대한 세액공제를 연장하고 경기 남부에 조성 중인 반도체 메가 클러스터의 조성 속도를 높인다. 이 밖에도 반도체 생산에 중요한 용수·도로·전력 등의 인프라 문제는 사전 절차 간소화, 관계기관 비용분담 등을 통해 해결할 방침이다.

당정, 공매도 제도 개선안 발표
공매도 금지 내년 3월까지 연장

정부와 국민의힘이 6월 13일 국회에서 열린 당정 협의회에서 공매도 제도 개선 방안을 확정했다. 이에 따라 주식 공매도가 내년 3월 이후 재개되고, 공매도 거래 시 기관투자자가 주식을 빌렸다가 다시 갚는 기간이 최장 12개월로 제한된다. 당정은 이러한 협의 내용을 담은 자본시장법 개정안 등을 발의할 방침이다.

개선안 주요 내용 이번 개선 방안에 따르면 기관의 공매도인 대차거래 시 빌린 주식을 갚는 기한을 90일(3개월) 단위로 연장하되, 4차례까지 연장을 허용해 12개월 이내에 상환하도록 제한할 방침이다. 이는 그동안 기관의 대차거래 상환 기간에 제한이 없어 90일 제한이 있는 개인이 기관보다 불리하다는 지적이 제기된 데 따른 조치다. 또한 불법 공매도에 대한 벌금을 현행 부당이득액의 3~5배에서 4~6배로 상향하고 부당이득액 규모에 따라 징역형을 가중할 수 있도록 형사처벌을 대폭 강화한다. 현재 공매도 한시 금지 조치는 무차입 공매도 방지를 위한 거래소의 불법 공매도 중앙차단시스템(NSDS) 구축이 완료되는 내년 3월 말까지 유지하기로 했다. 무차입 공매도는 현재 유가증권을 보유하지 않은 상태에서 공매도 주문을 내는 것을 뜻한다. 공매도 기관투자자는 자체 잔고관리 시스템을 구축해 기관의 매도가능잔고를 관리하고 무차입 공매도 주문을 사전 차단해야 하며, 무차입 공매도를 방지하기 위한 내부 통제 기준을 마련해야 한다.

> **공매도(Short Stock Selling)** 특정 종목의 주가가 하락할 것으로 예상되면 해당 주식을 보유하고 있지 않은 상태에서 주식을 빌려 매도 주문을 내는 투자 전략으로, 주로 초단기 매매차익을 노리는 데 사용되는 기법이다. 즉, 향후 주가가 떨어지면 해당 주식을 싼 값에 사 결제일 안에 주식대여자(보유자)에게 돌려주는 방법으로 시세차익을 챙기는 것이다. 공매도는 주식시장에 유동성을 공급하기도 하지만, 시장 질서를 교란시키고 불공정거래 수단으로 악용되기도 한다.
> 한편, 우리나라에서는 1969년 2월 신용융자제도가 도입되면서 공매도가 가능해졌고 금지와 허용이 반복되다가 작년 11월 금융위원회가 올해 6월까지 전면 금지한 바 있다.

기업 밸류업 위해 상법 개정 검토
이사의 충실의무 대상 확대·배임죄 폐지 논의

이복현 금융감독원장은 6월 14일 열린 출입기자단 브리핑에서 주주 권리의 강화를 위해 이사의 충실의무 대상을 주주로까지 확대하는 상법 개정을 추진하고, 더불어 배임죄 폐지를 검토하겠다고 밝혔다. 이는 기업 밸류업(가치 제고)의 일환으로, 앞서 윤석열 대통령과 최상목 기획재정부장관 등 정부 인사들도 상법 개정을 시사해 온 바 있다. 그러나 재계에서는 이러한 상법 개정안이 기업의 장기적 이익을 위한 경영 판단을 지연시켜 경쟁력을 떨어뜨릴 것이라며 반발했다. 한편, 정부는 각계 의견을 수렴 중이며 공식 입장은 결정된 바가 없고 구체적인 방향은 논의를 거쳐 하반기 중 결정한다는 방침이다.

이사의 충실의무 대상 확대 논란   이사의 충실의무란 「이사는 법령과 정관의 규정에 따라 회사를 위하여 그 직무를 충실하게 수행해야 한다.」는 것으로 상법 제382조의3에 규정돼 있다. 정부와 국회는 올 하반기부터 소액주주의 권익 보장을 위해 이 조항 대상을 확대하는 방향으로 개정 작업에 돌입할 예정이다. 가장 유력한 방안은 「회사를 위하여」를 「주주의 비례적 이익과 회사를 위하여」로 바꾸는 것이다. 이는 이사회가 중요한 경영상 결정을 할 때 소액주주의 이익까지 고려해야 한다는 의미다. 그러나 한국경제인협회, 대한상공회의소 등 경제단체는 의무 대상 확대로 정상적인 경영 활동에 대해서도 주주 소송이 발생하는 등 경영진 대상 소송이 남발될 가능성이 크다며 우려를 표명하고 있다. 또 이사는 회사의 대리인이라는 민법과 상법에 충돌하고 사실상 각 주주의 이해관계를 만족시키는 것이 불가능하며 비용 증가 등의 문제점이 생길 수 있다는 입장이다. 한편, 독일, 일본, 영국 등의 주요 선진국에서는 이사의 충실의무 대상에 주주를 포함하고 있지 않다.

주요국의 규제 현황

구분	이사의 주주 충실의무	배임죄 규정
미국	△(일부 주)	×
영국	×	×
일본	×	○
독일	×	○

자료: 한국경제인협회, 한국경제위원회

배임죄 폐지 검토   이복현 금감원장은 소액주주를 보호하는 이사 충실의무 대상 확대로 주주들이 소송을 남발할 가능성이 있다는 우려에 따라 이를 보완하기 위해 배임죄 폐지 검토를 언급했다. 배임은 「타인의 사무를 처리하는 자가 그 임무에 위배하는 행위로써 재산상 이득을 취하거나 제3자로 하여금 이를 취득하게 해 본인에게 손해를 가하는 것」을 말한다. 형법 제355조에 따르면 배임죄의 경우 5년 이하의 징역 또는 1500만 원 이하의 벌금에 처한다. 또 형법 제356조에는 일반 배임에 비해 가중 처벌되는 업무상 배임죄가, 상법 제622조에는 회사 발기인·이사 등을 대상으로 하는 특별배임죄가 명시돼 있다. 이 때문에 충실의무 대상이 확대되는 상법 개정이 이뤄지면 기업은 집단소송뿐만 아니라 형사처벌까지 받을 수 있게 된다. 이에 금융당국은 배임죄 폐지를 논의할 예정이며 형법의 배임죄 폐지가 어렵다면 상법의 특별배임죄를 폐지하는 등의 방안을 검토할 방침이다. 한편, 한국을 비롯한 프랑스, 독일, 일본 등에서는 배임죄를 명문화하고 있으며 미국과 영국은 처벌 규정이 없고 사기죄 및 민사 손해배상으로 다루고 있다.

배임죄 관련 조항

형법 제355조 (배임)	타인의 사무를 처리하는 자가 그 임무에 위배하는 행위로써 재산상의 이익을 취득하거나 제3자로 하여금 이를 취득하게 하여 본인에게 손해를 가한 때에는 5년 이하의 징역 또는 1500만 원 이하의 벌금에 처한다.

형법 제356조 (업무상 배임)	업무상의 임무에 위배하여 제355조의 죄를 범한 자는 10년 이하의 징역 또는 3000만 원 이하의 벌금에 처한다.
상법 제622조 (특별배임죄)	회사의 발기인, 업무집행사원, 이사, 집행임원, 감사위원회 위원 등이 그 임무에 위배한 행위로써 재산상의 이익을 취하거나 제3자로 하여금 이를 취득하게 하여 회사에 손해를 가한 때에는 10년 이하의 징역 또는 3000만 원 이하의 벌금에 처한다.

포이즌 필 도입 논의 이 밖에도 정부는 기업이 경영권 위협에서 벗어나 기업가치 향상과 주주가치 제고 등 밸류업에 전념할 수 있는 여건을 조성하기 위해 포이즌 필 도입을 검토 중이다. 포이즌 필은 기업의 경영권 방어 전략의 일종으로, 적대적 M&A 등 경영권 침해 시도가 있을 때 기존 주주가 시가보다 저렴한 가격으로 주식을 매입할 수 있는 권리를 부여하는 제도다. 신주인수선택권 제도라고도 한다. 포이즌 필이 발행되면 인수 시도자는 지분 확보가 어려워지고, 기존 주주들은 회사의 신주를 시가보다 싼 가격에 확보할 수 있는 기회를 얻게 된다. 또 기업 입장에서는 경영권을 방어할 수 있다. 그러나 장기적으로 봤을 때는 주가 하락 등 기업의 가치를 떨어뜨릴 수 있으며 도덕적해이, 외국인 투자 위축 등을 가져와 오히려 독약이 될 수 있다. 현재 포이즌 필은 미국·일본·프랑스·독일 등에서 시행 중이며, 우리나라는 도입돼 있지 않다.

공정위, 공시대상기업집단 88곳 지정
쿠팡 김범석 의장 동일인 미지정

공정거래위원회가 5월 14일 88개 기업집단을 자산총액 5조 원 이상(작년 말 기준)인 공시대상기업집단으로 지정했다. 이는 지난해(82개) 대비 6개 기업이 증가한 수치다. 그중 자산 10.4조 원 이상인 상호출자제한기업집단은 38개로 지난해와 동일했다. 한편, 이번 지정에서는 BTS 등이 소속된하이브가 엔터테인먼트 회사 중에서 처음 대기업으로 지정됐으며, 전자상거래 플랫폼 기업인 쿠팡은 1년 사이 자산총액이 6조 원 이상 늘어났으나 김범석 의장은 4년째 동일인 지정을 피했다.

신규 지정 재벌 규제의 기준이 되는 공시대상기업집단은 계열사 자산총액이 5조 원 이상인 기업집단으로 공정거래위원회가 지정한다. 공시대상기업집단으로 지정되면 기업집단 현황, 대규모 내부거래, 비상장 회사의 중요사항, 주식 소유 현황 등을 공시해야 하며 총수 일가 일감몰아주기 규제를받는다. 이번 지정에서는 현대해상화재보험, 영원, 대신증권, 하이브, 소노인터내셔널, 원익, 파라다이스 등 7개 집단이 신규 지정됐고 지정 제외된 집단은 없다(2023년 5월 82개 공시대상기업집단지정, 그해 7월 대우조선해양 제외). 특히 올해는 케이팝의 세계화로 엔터테인먼트 업계가 급격히성장했다. BTS 등 글로벌 팬덤을 보유하고 있는 가수들이 속한 하이브가 자산총액 약 5조 2500억 원으로 엔터테인먼트 산업주력집단 중 최초로 공시대상기업집단에 포함됐으며, 하이브의 지분31.57%를 가지고 있는 최대 주주 방시혁 의장이 동일인으로 지정됐다.

상호출자제한기업집단 지정 기준은 올해부터 명목 국내총생산액(GDP)의 0.5% 이상으로 변경됐으며 지난해 6월, 2021년 명목 GDP 확정치가 2080.2조 원으로 발표되면서 자산총액 10.4조 원이됐다. 이에 따라 올해는 교보생명보험, 에코프로 등 2개 집단이 신규 지정되고, 한국앤컴퍼니(구 한국타이어)가 제외됐다. 상호출자제한기업집단으로 지정되면 공시대상기업집단에 적용되는 의무와 더불어 상호출자 금지, 순환출자 금지, 채무보증 금지, 금융·보험사 의결권 제한 등의 규제를 받는다.

공시대상기업집단 신규 지정 사유

기업집단	업종	주요 사유
현대해상화재보험	보험	IFRS 17 등 회계기준 변경으로 공정자산 증가
영원	유통, 패션	소속회사 수 증가 및 영업실적 증가
대신증권	증권	계열사 중간배당 및 증자로 자산 증가
하이브	엔터테인먼트	계열사 영업실적 증가 및 차입금 증가
소노인터내셔널	호텔·관광	토지장부금액 상승, 선수금 증가
원익	반도체, 2차전지	투자주식 취득, 계열사 매출채권 증가
파라다이스	카지노·관광	사업이익 증가, 신규사업 준비에 따른 현금성자산 증가

자료: 공정거래위원회

쿠팡 동일인 지정 논란 쿠팡은 2021년 기업집단에 처음 포함된 후 지난해 상호출자제한기업으로 지정된 데 이어 1년 새 자산총액이 6조 원 이상 증가했다. 그러나 그동안 쿠팡의 실질적 총수인 김범석 의장은 동일인으로 지정되지 않은 데 이어 올해도 지정을 피했다. 공정거래위원회는 통상 마찰 최소화를 위해 외국인이 총수일 경우 법인을 동일인으로 지정해 왔는데, 김 의장은 미국 국적을 가지고 있어 그동안 법인인 쿠팡이 동일인으로 지정돼 왔다. 그러나 쿠팡이 국내 소비자를 대상으로 기업활동을 하기 때문에 역차별 논란이 불거졌다. 이로 인해 공정위는 「독점규제 및 공정거래에 관한 법률 시행령」과 「동일인 판단기준 및 확인절차에 관한 지침」을 개정해 올해 처음 적용함에 따라 내외국인을 구별하지 않고 동일인으로 지정할 수 있게 됐다. 하지만 ▷동일인이 자연인이든 법인이든 기업집단 범위가 같고 ▷기업집단을 지배하는 자연인이 최상단 회사 외의 국내 계열사에 출자하지 않고 ▷자연인의 친족이 국내 계열사에 출자하거나 경영에 참여하지 않고 ▷자연인·친족과 국내 계열사 간 채무 보증이나 자금 대차가 없는 경우 법인을 동일인으로 삼을 수 있다는 예외규정이 시행되면서 쿠팡Inc를 제외한 계열사 지분이 없는 김 의장은 다시 동일인 지정을 피하게 됐다.

💡 기업집단을 사실상 지배하는 법인이나 자연인을 뜻하는 동일인은 1987년 기업집단 도입 시 마련된 제도로, 동일인이 법인이 아닌 자연인일 경우 공정거래법의 사익편취 조항이 적용되기 때문에 지정 여부를 두고 매년 큰 이슈가 된다.

공정위, 쿠팡 검색 순위 조작 판단
사상 최대 과징금 1400억 원 결정

공정거래위원회가 이커머스 업체 쿠팡의 검색 순위 알고리즘 조작 등의 혐의에 대해 과징금 1400억 원을 부과하고 쿠팡 법인을 검찰에 고발하기로 했다고 6월 13일 밝혔다. 이 과징금 규모는 국내 단일기업 기준 역대 최고액이다. 다만 이번 과징금은 공정위 조사가 마무리된 지난해 7월까지가 기준이며, 지난해 8월부터 올 6월 13일까지 매출액을 기준으로 추가될 예정이다. 이에 쿠팡은 이 조치가 혁신에 반한다며 반발, 행정소송을 예고했다.

회사 차원의 조직적 조작 판단 공정위는 공정거래법상 위계에 의한 고객 유인행위 혐의로 쿠팡에 과징금 1400억 원을 부과했다. 쿠팡은 중개상품의 거래를 연결해주는 플랫폼이면서 직매입 상품·PB(자체브랜드) 상품을 판매하고 있는데 공정위는 이중적 지위를 가진 쿠팡이 플랫폼 기능을 통해 상대적으로 수익성이 높은 직매입 상품·PB 상품이 중개 상품보다 우대를 받도록 인위적으로 조작했다고 봤다. 소비자가 상품을 검색하면 쿠팡랭킹 순서로 노출되는데 이 순위는 객관적 판매량, 가격,

구매후기 수 등을 반영해 결정된다. 공정위는 여기에 쿠팡이 직매입 상품·PB 상품 검색 결과를 최상단으로 배치하기 위해 인위적으로 알고리즘을 추가 적용했다고 판단했다. 또 쿠팡은 2019년부터 지난해 7월까지 직원을 동원해 PB 상품에만 구매 후기를 작성하도록 해 회사 차원에서 조직적으로 알고리즘 조작, 임직원 후기 작성이 이뤄졌다고 봤다. 이에 검찰에 쿠팡 법인을 형사 고발했으며, 검찰 수사에 따라 쿠팡은 과징금과 별도로 최대 1억 5000만 원의 벌금형에 처해질 수 있다.

한편, 쿠팡은 PB 상품 등은 소비자 선호도가 높아 순위가 높아진 것으로 알고리즘 조작이 아니며, 임직원 후기 작성도 고객에게 정보를 제공하는 마케팅 차원이라고 주장했다. 또한 쿠팡은 직매입 등에 따른 비용 절감으로 로켓배송 등을 운영해 왔으나 이번 제재로 이러한 시스템을 운영하기 어려워졌다며 행정소송 의사를 밝혔다.

> **PB 상품(Private Brand Products)** 유통업체가 제조업체에 제품 생산을 위탁하면 제품이 생산된 뒤에 유통업체 브랜드로 내놓는 상품을 일컫는다. PL(Private Label) 상품, 자가상표, 자체기획상품, 유통업자 브랜드라고도 불린다. 그 상품이 해당 점포에서만 판매된다는 점에서 전국 어디에서나 제품을 구매할 수 있는 제조업체의 브랜드(NB·National Brand) 제품과 차이가 있다. PB 상품은 마케팅이나 유통비용이 절약돼 제조사 고유 브랜드 제품보다 저렴한 것이 특징이다. 이처럼 가격경쟁력을 가진 PB 상품은 유통업이 제조업을 지배하는 대표 사례로 꼽히기도 한다.

최태원 SK그룹 회장-노소영 아트센터 나비 관장
역대 최대 규모 재산분할

서울고법 가사2부(재판장 김시철)는 5월 30일 열린 최태원 SK그룹 회장과 노소영 아트센터 나비 관장의 이혼 소송 2심에서 「최 회장은 노 관장에게 재산분할로 1조 3808억 1700만 원을, 위자료로 20억 원을 지급하라」고 판결했다. 이는 1심에서 재산분할 대상으로 인정되지 않았던 최 회장 보유 주식에 대해 노 관장의 기여분이 있다고 판단한 것이다. 그러나 이번 판결에 대해 최 회장 측이 상고하겠다는 의사를 밝히면서 최종 결론은 대법원에서 가려지게 됐다.

이혼 소송부터 2심 판결까지 최 회장과 노 관장은 노태우 전 대통령이 취임한 1988년 결혼했으나 2015년 최 회장이 혼외자의 존재와 함께 이혼 의사를 밝히면서 파경을 맞았다. 2017년 최 회장이 이혼 조정 신청을 했으나 조정에 이르지 못했고, 이에 이혼 소송이 시작됐다. 노 관장은 2019년 12월 최 회장이 보유한 그룹 지주사 SK(주) 주식 중 42.29%(650만 주)를 재산분할로 요구하는 소송을 냈고, 2022년 12월 1심 재판부는 노 관장이 주식의 형성, 유지, 가치 상승 등에 기여했다고 보기 어렵다고 판단해 해당 주식을 재산분할 대상에서 제외하고 최 회장에게 재산분할 665억 원, 위자료 1억 원의 현금을 지급하라고 판결했다. 이에 노 관장은 항소했고 재산분할 청구 액수를 약 2조 원, 위자료 청구 액수를 30억 원으로 증액했다. 이 과정에서 노 관장은 1990년대 부친인 노 전 대

최 회장-노 관장 이혼 소송 재산분할 관련 법원 판단

1심	위자료 1억 원, 재산분할 655억 원 (최 회장이 보유한 SK 지분은 분할 대상이 아님)
2심	위자료 20억 원, 재산분할 1조 3808억 원 (SK 지분 등 최 회장의 재산 모두가 분할 대상. 총 재산 약 4조 원의 분할 비율은 최태원 65%, 노소영 35%)

자료: 법원

> **특유재산(特有財産)** 혼인 전부터 부부가 각자 소유하고 있던 재산이나 혼인 중에 부부 일방이 상속·증여·유증으로 취득한 재산 등을 뜻한다. 배우자의 기여가 없기 때문에 이혼 시 재산분할 대상이 아니다. 다만, 일방이 그 특유재산의 유지·증가를 위해 기여했다면 그 증가분에 대해 재산분할에 포함시킬 수 있다.

통령의 비자금 중 약 343억 원이 최 회장과 그 부친인 최종현 SK 선대 회장에게 전달됐고 1992년 증권사 인수, 1994년 SK 주식 매입 등에 사용됐다고 주장했다. 반면, 최 회장은 노 전 대통령의 비자금이 SK에 유입된 바 없다고 반박했다. 2심 재판부는 SK 주식을 최 회장의 특유재산으로 봤던 1심과 달리 부부간의 공동재산으로 인정했다. 이에 따라 부부의 재산 총액을 약 4조 115억 원으로 보고 그중 35%를 노 관장에게 지급해야 한다고 판단했다.

💡 한편, 최 회장 측은 6월 17일 항소심 재판부의 재산 분할에 영향을 미친 주가가치 산정에 오류가 있어 노 관장의 내조 기여가 과대하게 계산됐다고 주장했다. 재판부는 SK(주)의 모태인 대한텔레콤(현 SK C&C)의 주식가치 산정 시 1998년 5월 주당 100원으로 계산했는데, 최 회장 측에 따르면 두 차례 액면분할을 고려해 주당 1000원으로 계산하는 것이 맞다는 것이다. 재판부는 주당 가치 100원을 근거로 최 회장의 기여 부분을 355배로 판단했는데, 최 회장 측의 주장에 따라 335배를 33.6배로 경정(법원이 판결 이후 계산이나 표현의 오류를 고치는 것) 처리했다. 다만, 재판부는 판결 결과까지 달라지지는 않는다고 보고 주문까지 수정하지는 않았다.

한국 국가경쟁력 67개국 중 20위
역대 최고 기록

기획재정부에 따르면 스위스 국제경영개발대학원(IMD)이 6월 18일 발표한 국가경쟁력 평가에서 한국이 67개국 중 20위를 기록했다. 이는 지난해보다 8계단 올라선 것으로, 1997년 평가 대상에 포함된 이래 최고 순위다. 한편, 국가경쟁력 1위는 싱가포르였으며 스위스, 덴마크, 아일랜드, 홍콩 순이었다.

4대 분야별 순위 IMD는 매년 6월 경제협력개발기구(OECD) 회원국과 신흥국 등을 대상으로 〈세계경쟁력연감〉을 발표하며, 국가경쟁력은 기업을 경영하기 좋은 환경을 만들어 줄 수 있는 역량 4대 분야(기업 효율성, 인프라, 경제성과, 정부 효율성)를 평가해 순위를 매긴다. 한국은 ▷기업 효율성 분야가 33위에서 23위로 크게 상승했는데, 이는 세부 항목 중 생산성·효율성(41→33위), 노동시장(39→31위), 금융(36→29위), 경영관행(35→28위), 태도·가치관(18→11위) 등 5개 부문에서 순위가 상승했기 때문이다. ▷인프라 분야도 16위에서 11위로 올라갔는데 구체적으로는 기본 인프라(23→14위), 기술 인프라(23→16위), 과학 인프라(2→1위), 교육(26→19위) 등의 부문 순위가 오르고 보건·환경 부문은 한 계단(29→30위) 낮아졌다. 반면 ▷경제성과 분야는 세부 항목에서 국내경제가 11위에서 7위로 올랐으나 국제무역은 42위에서 47위로 떨어지면서 14위에서 16위로 내려갔다. 또 ▷정부 효율성 분야는 조세정책 부문 순위가 26위에서 34위로 급락하면서 38위에서 39위로 소폭 하락했다.

한국의 국가경쟁력 순위
(2024년 기준 67개국)

2017년	29위
2018년	27위
2019년	28위
2020년	23위
2021년	23위
2022년	27위
2023년	28위
2024년	20위

자료: 기획재정부

한국은행, 2023년 국제수지 발표
대(對)미 수출 최대 흑자·대중 수출 최대 적자

한국은행이 6월 19일 발표한 「2023년 지역별 국제수지(잠정)」에 따르면 지난해 경상수지는 354억 9000만 달러 흑자로 2022년(258억 3000만 달러 흑자)보다 흑자 폭이 확대됐다. 거래 상대 국가별로는 대(對)미국 경상수지 흑자가 1년 사이 689억 7000만 달러에서 912억 5000만 달러로 222억 8000

만 달러 늘었는데, 이는 1998년 지역별 경상수지가 집계된 이래 가장 큰 대미 흑자 규모다. 상품수지는 승용차 수출 호조로 821억 6000만 달러 흑자를 냈으며 본원소득수지는 미국의 고금리 정책 기조로 이자 수입이 늘면서 186억 8000만 달러 흑자를 기록했다. 반면 지난해 대(對)중 경상수지는 309억 8000만 달러 적자로, 역대 최대 적자를 기록했다. 이는 지난 2022년 적자로 돌아선 후 2년 연속 적자이자 적자 폭도 확대된 것이다. 이는 정보기술(IT) 업황 부진에 따라 반도체 수출이 크게 감소하면서 상품수지가 336억 달러의 역대 최대 적자를 낸 것이 영향을 미쳤다.

주요 국가별 한국 경상수지 현황
(단위: 억 달러)

구분	2022년	2023년 (잠정)
전체	258	355
대미국	690	913
대중국	−85	−310
대일본	−177	−169
대EU	55	64
대동남아	775	517
대중동	−884	−737

자료: 한국은행

한국 가계부채비율 34개국 중 1위
3년 반 만에 90%대로 떨어져

5월 9일 국제금융협회(IIF)의 세계부채(Global Debt) 보고서에 따르면 올해 1분기 기준 세계 34개국의 GDP 대비 가계부채비율을 조사한 결과 한국이 98.9%로 1위를 차지했다. 이로써 한국은 2020년부터 4년째 세계 최대 가계부채 국가가 됐으며, 홍콩(92.5%)·태국(91.8%)·영국(78.1%)·미국(71.8%)이 뒤를 이었다. 그러나 한국의 가계부채비율은 코로나19가 시작된 2020년 3분기에 100.5%를 기록한 뒤 3년 반 만에 90%대로 떨어졌다. 이 비율이 100%를 넘으면 한 국가의 경제 규모보다 가계 빚이 더 크다는 의미다. 또 전년 대비 내림폭이 −2.6%p(101.5→98.9%)로 홍콩(−3.8%p), 영국(−3.8%p), 미국(−2.8%p)에 이어 네 번째로 커 개선세를 보였다.

주요국 가계부채비율(단위: %, 2024년 1분기 34개국 기준, GDP 대비)

순위	국가	가계부채비율
1	대한민국	98.9
2	홍콩	92.5
3	태국	91.8
4	영국	78.1
5	미국	71.8
34	파키스탄	2.1

자료: 국제금융협회(IIF)

한국 50대 브랜드 가치 총액 214조 원
1위는 삼성전자

세계 최대 브랜드 컨설팅그룹인 인터브랜드가 5월 23일 열린 「베스트 코리아 브랜드 2024」에서 한국을 대표하는 톱 50대 브랜드의 가치 총액이 214조 1946억 원으로 전년 대비 6.6% 증가했다고 발표했다. 1위에는 브랜드 가치가 전년 대비 6.9% 성장한 109조 1235억 원의 삼성전자가, 2위에는 20.9% 성장한 24조 3682억 원의 현대자동차가 이름을 올렸다. 이어 3위 기아(8조 4271억 원, 전년 대비 9.5% 상승), 4위 네이버(7조 2215억 원, 7% 상승), 5위 LG전자(5조 5775억 원, 54.5% 상승) 순이었다. 최상위 5개 브랜드의 가치 총액은 154조 7181억 원으로 50대 브랜드 전체 총액의 72.2%에 달했다. 올해 괄목할 만한 성과를 보인 브랜드로는 전년 대비 54.5% 증가한 LG전자에 이어 LG에너지솔루션(43위, 28.5% 증가), 카카오뱅크(39위, 26.8% 증가), 쿠팡(11위, 24.3% 증가) 등이 있었으며 CJ올리브영(33위·7230억 원)과 아성다이소(49위·4117억 원), LG이노텍(50위·4056억 원)이 올해 50대 브랜드에 새롭게 진입했다.

💡 인터브랜드는 매년 세계 100대 브랜드를 선정해 가치를 평가하고 있으며, 2013년부터 매년 50대 베스트 코리아 브랜드를 발표하고 있다.

한국 근로자 평균임금 4만 8922달러
남녀 임금 격차는 31%

5월 23일 경제협력개발기구(OECD)에 따르면 2022년 기준 한국 근로자 평균임금은 4만 8922달러로, OECD 회원국 평균(5만 3416달러)의 91.6%에 달해 역대 가장 높았다. 한국은 2019년 89.7%에서 2020년 90.4%로 90% 선을 처음 넘어섰고 2021년 90.6%로 평균과의 격차를 점차 줄이고 있다. 2022년 한국 평균임금은 OECD 38개 회원국 중 19위였으며 1위는 아이슬란드(7만 9473달러), 2위 룩셈부르크(7만 8310달러), 3위 미국(7만 7463달러) 순이었다. 일본은 4만 1509달러로 25위를 기록했으며 평균임금이 가장 낮은 국가는 1만 6685달러인 멕시코로 나타났다.

한국 성별임금 격차는 2022년 기준 31.2%로 OECD 회원국 중 1위에 올랐다. 일본은 21.3%, 미국은 17.0%로 한국과 크게 차이가 났다. 이는 출산 및 육아 등으로 경력이 단절된 여성이 많고 여성들이 주로 종사하는 일자리가 상대적으로 저임금인 곳이 많기 때문인 것으로 풀이됐다.

연도별 한국과 OECD 평균임금 추이

연도	한국(달러)	OECD 평균(달러)	순위	OECD 평균 대비 비중(%)
2022	4만 8922	5만 3416	19	91.6
2021	4만 9143	5만 4258	20	90.6
2020	4만 8294	5만 3448	20	90.4
2019	4만 7207	5만 2654	19	89.7
2018	4만 5640	5만 1768	21	88.2
2017	4만 4119	5만 1154	22	86.2

자료: 경제협력개발기구(OECD)

한국 1인당 국민총소득, 인구 5000만 넘는 국가 중 6위
처음으로 일본 제쳐

한국은행이 6월 5일 발표한 「2024년 1/4분기 국민소득(잠정)」 통계에 따르면 한국의 1인당 국민총소득(GNI)이 3만 6194달러로 나타났다. 이는 인구 5000만 명이 넘는 국가 중 미국·독일·영국·프랑스·이탈리아에 이어 6번째로 높은 것으로, 한국은 처음으로 일본(3만 5793달러)을 앞섰다. 1인당 GNI는 국민이 국내와 해외에서 벌어들인 돈(명목 GNI)을 국내 거주 총 인구수로 나눈 것으로, 국민의 전반적인 생활 수준을 파악할 때 주로 사용하는 지표다.

한편, 이번 통계는 한국은행이 사회 변화에 따라 국민계정 통계의 기준 연도를 2015년에서 2020년으로 개편한 데 따른 것이다. 이 밖에도 지난해 기준 명목 국내총생산(GDP)은 2401조 원으로 개편 전(2236조 원)보다 7.4% 증가해 개편 전 세계 14위에서 12위로 상승하는 등 관련 지표들이 개선됐다.

1인당 GNI 추이(단위: 달러, 명목 국민총소득 기준)

2013년	2만 8621
2015년	3만 247
2017년	3만 3431
2019년	3만 4094
2021년	3만 7898
2023년	3만 6194

자료: 한국은행

통계청, 가계동향조사 결과 발표
적자 가구 비율 최대

통계청이 5월 26일 발표한 「2024년 1분기 가계동향조사 결과」에 따르면 올해 1분기 전체 가구 중 적자 가구 비율(가구의 처분 가능 소득보다 소비지출이 많은 가구 비중)이 26.8%에 달하는 것으로 집계됐다. 이는 전년 동기 대비 0.1%p 증가한 수준이다. 소득 분위별로는 상위 20~40%인 4분위 가구의 적자 가구 비율이 전년보다 2.2%p 증가해 18.2%를 기록했다. 3분위(소득 상위 40~60%) 가구의 적자 가구 비율은 17.1%, 5분위(소득 상위 20% 이상) 가구의 적자 가구 비율은 9.4%였다. 1분위(소득 하위 20%) 가구의 적자 가구 비율은 60.3%로 전년 동기 대비 2.0%p 감소했으나 직전 분기보다는 4.5%p 증가했다.

올해 1분기 가구 실질소득은 2006년 통계 작성 이래 가장 큰 폭으로 감소했다. 올해 1분기 가구당 (1인 이상 가구·농림어가 포함) 월평균 소득은 512만 2000원으로 1년 전보다 1.4% 증가했다. 이는 지난해 대기업 실적 부진에 따른 상여금 감소 영향으로 근로소득이 줄어든 데 따른 것이다. 반면 사업소득은 임대소득 증가, 농업소득 증대 등의 영향을 받아 87만 5000원으로 8.9% 늘었다. 가구 월평균 소비지출은 290만 8000원으로 1년 전보다 3.0% 늘었고, 비소비지출은 이자 비용 증가 등이 영향을 미쳐 1.2% 늘어난 107만 6000원으로 집계됐다.

2025년 APEC 정상회의,
경주 개최 사실상 확정

6월 20일 외교부에 따르면 아시아태평양경제협력체(APEC) 정상회의 개최도시선정위원회가 이날 4차 회의에서 경주를 내년 APEC 정상회의 개최도시로 APEC 정상회의 준비위원회에 건의하기로 의결했다. APEC 정상회의는 한국·미국·일본·중국·러시아·아세안 6국(말레이시아·인도네시아·태국·싱가포르·필리핀·브루나이) 등 아태 지역 21개국 정상들이 모이는 연례회의다. 앞서 선정위는 지난 5월 회의에서 경주와 함께 인천·제주 등 3개 지자체를 후보도시로 선정했고, 후보도시 현장실사 계획에 따라 현장실사단을 구성해 현장실사를 진행해 왔다.

> **아시아태평양경제협력체(APEC·Asia Pacific Economic Cooperation)** 1989년 1월 환태평양 지역의 주요 경제실체 간 경제협력과 무역증진을 목표로 결성된 아시아·태평양 지역 최초의 범정부 간 협력 기구이다. 의사 결정은 컨센서스 방식에 따르며, 비구속적 이행을 원칙으로 함으로써 회원국의 자발적 참여 또는 이행을 중시하고 있다. 싱가포르에 사무국을 두고 있으며, 매년 회원국을 돌면서 정상회의를 개최한다.

〰〰〰〰〰〰〰〰〰〰〰〰〰〰〰〰〰〰〰〰〰〰〰〰〰〰〰〰

2025학년도 의대 신입생 4610명 선발(전년 대비 1497명 증가)
의협, 「집단 휴진 결의」 등 의정 갈등 지속

교육부가 5월 30일 전국 39개 의과대학의 2025학년도 모집인원을 전년 대비 1497명 늘어난 4610명으로 확정하는 내용 등을 담은 「2025학년도 대입전형 시행계획」 주요 사항을 발표했다. 이는 학부 기준으로, 정원 내 선발이 4485명(97.3%)·정원 외 선발이 125명(2.7%)이다. 이 가운데 수도권은 1326명(28.8%)을 선발하고 비수도권에서는 3284명(71.2%)을 뽑는다. 여기에 의학전문대학원인 차의과대의 85명(정원 내 80명·정원 외 5명)을 합하면 전체 40개 의대 정원은 올해(3155명)보다 1540명 늘어난 4695명이 된다.

앞서 지난 5월 24일 대교협이 전국 39개 의대 모집인원을 포함한 「2025학년도 대학입학전형 시행계획 변경사항」을 승인하면서 27년 만의 의대 증원이 확정된 바 있다. 그러나 이와 같은 의대 증원 확정에도 현장을 이탈한 대다수 전공의들이 복귀하지 않으면서 의정 갈등은 계속되고 있다. 특히 대한의사협회(의협)가 6월 18일 하루 동안 전국 개원의까지 참여하는 집단 휴진(총파업)을 단행하는 등 양측의 대치는 더욱 심화되고 있다.

2025학년도 의대 모집인원, 어떻게 달라지나

구분	수시(학생부교과·종합, 논술, 기타)	정시(수능)	총인원
2024학년도	1952명(62.7%)	1161명(37.3%)	3113명
2025학년도	3118명(67.6%) → 1166명 증가	1492명(32.4%) → 331명 증가	4610명 → 1497명 증가

정부의 의대 증원 발표(2월) 이후 상황은?

정부, 의대 증원안 의결과 전공의들의 이탈　정부가 2월 6일 보건의료정책심의위원회를 열고 내년도 대학 입시부터 전국 의과대학 입학 정원을 현재보다 2000명 늘린 5058명으로 정하는 의대 증원안을 의결했다. 의대 증원이 확정되면 1998년 이후 27년 만에 이뤄지는 것으로, 3507명이던 의대 정원은 2000년 의약분업 당시 의사단체의 요구에 따라 2006년 3058명으로 줄어든 이후 지금까지 동결돼 왔다. 정부에 따르면 2000명 증원은 2029년까지 5년간 유지되며, 그 이후에는 고령화 속도 등에 따라 재조정된다. 그러나 이와 같은 정부의 의대 증원 발표 이후 대형병원 전공의(인턴, 레지던트)들이 파업을 결의하는 등 의사들의 단체행동이 시작됐다. 특히 2월 20일부터 빅5(서울대·세브란스·서울아산·삼성서울·서울성모병원)를 비롯해 전국 주요 100개 수련병원 전공의 9275명이 사직서를 제출하고 8024명이 근무지를 이탈(2월 22일 기준)하면서 의료 파행이 본격화됐다.

정부, 보건의료 재난경보 「심각」 상향　정부는 전공의들의 무더기 병원 이탈로 환자 생명·건강에 피해가 발생할 수 있다며 2월 23일 오전 8시부터 보건의료 재난경보 단계를 최상위인 「심각」으로 상향하고, 모든 의료기관에 비대면 진료를 허용한다고 밝혔다. 코로나19 대유행 등 감염병 재난이 아닌 보건의료 정책에 반발하는 집단행동으로 보건의료 재난경보가 최상위로 올라간 것은 처음 있는 일이었다. 단계 격상에 따라 대응 기구도 복지부 장관이 주재하던 중앙사고수습본부(중수본)에서 국무총리를 본부장으로 한 중앙재난안전대책본부(중대본)로 격상됐다.

> **일반의·전공의·전문의** 대학교 의예과에서 2년 동안 학문의 기초를 쌓는 단계(예과)를 거친 뒤 의학과(본과)에서 4년을 공부하는 총 6년 과정을 끝내면 의사 국가시험을 보게 된다. 이 의사 국가시험에 합격하면 「일반의」가 되는데, 일반의는 병원을 개원하고 환자를 치료할 수 있다. 의사면허 취득 후 개업하지 않고 인턴과 레지던트 과정을 거치는 의사를 「전공의」라고 하는데, 인턴은 전공 진료과목을 정하기 전에 수련병원에서 모든 과목의 치료 과정에 참여하는 수련기간으로 1년이 소요된다. 이 인턴 과정을 이수한 후 의료기관, 의과대학, 의학전문대학원 및 그 밖의 보건관계기관 등의 수련병원이나 수련기관에서 전문과목 중 1과목을 전공으로 선택해 3~4년 동안 수련하게 되는데, 이것이 「레지던트」이다. 이 수련 기간이 모두 끝나고 전문과목에 응시해 합격하면 「전문의」가 된다.

정부, 2000명 증원 의대별 배정 교육부가 3월 20일 2000명 증원에 대한 대학별 배정 결과를 발표했다. 이 증원 배분 결과에 따르면 증원 인원의 82%(1639명)가 비수도권 대학에, 18%(361명)가 경인지역에 배정됐으며, 서울시에 있는 8개 대학은 증원 대상에서 제외됐다. 이에 따라 총 의대 정원은 3058명에서 5058명으로 늘어나는데, ▷비수도권 27개교 정원은 2023명에서 1639명 늘어난 3662명(72.4%)이 되며 ▷수도권 13개교 정원은 1035명에서 361명 늘어 1396명(27.6%)이 된다. 그러나 해당 방안 발표 이후 전국 의대생들까지 휴학계를 내면서 집단행동은 장기화에 들어섰고, 3월 25일에는 전국 의대 교수들이 2000명 증원 철회를 요구하며 집단 사직서 제출을 시작했다.

尹 대통령, 전공의 대표 면담 윤석열 대통령이 4월 4일 박단 대한전공의협의회(대전협) 비상대책위원장을 만나 140분간 면담하고 전공의들이 강력 반발하고 있는 2000명 증원 문제 등을 논의했다. 전공의들의 의료 현장 이탈이 7주째를 맞은 가운데 윤 대통령이 전공의를 직접 면담한 것은 처음 있는 일이었다. 그러나 이 면담 이후 보건복지부는 2000명 증원을 포함한 의료개혁을 반드시 완수하겠다는 방침을 밝히면서 의정 간 간극만 확인됐다는 평가가 나왔다.

정부, 외국면허 의사의 국내 진료 허용 보건복지부가 5월 8일 외국 의사 면허를 가진 사람도 우리나라에서 진료·수술 등의 의료 행위를 할 수 있도록 하는 내용 등을 담은 「의료법 시행규칙」 일부 개정안을 20일까지 입법예고한다고 밝혔다. 시행규칙이 통과되면 외국 의료인 면허 소지자는 한국에서 치러지는 국가시험인 의사 국시 등을 통과하지 않아도 한시적으로 국내에서 의료행위가 가능해진다. 현재는 복지부가 인정하는 나라에서 복지부가 지정한 외국 의대를 졸업한 후 해당국의 의사 면허를 얻고, 국내 의사 예비시험과 국시를 통과해야 국내 의사 면허를 받을 수 있다. 이번 방안은 지난 2월 집단으로 사직서를 낸 전공의들의 빈자리를 메우기 위한 조치로, 외국 의사들은 정부 승인을 거쳐 수련 병원 등 대형 병원에 배치될 전망이다. 다만 복지부는 해당 외국 의사들의 병원 배치 전 복지부 심사를 거치게 된다고 밝혔다.

법원, 「의대 증원 집행정지」 각하·기각 서울고법 행정7부가 5월 16일 의대 교수와 전공의, 의대생 등 18명이 보건복지부와 교육부 장관을 상대로 낸 「의대 증원 처분 집행정지 신청」에서 1심과 마찬가지로 집행정지 신청 자격을 인정하지 않았다(각하). 다만 의대생에게는 1심과 달리 집행정지를 신청할 자격이 있다고 인정했으나, 집행정지를 인용하면 공공복리에 중대한 영향이 미칠 우려가 있다며 해당 청구를 기각했다. 이날 법원의 판결에 따라 전국 의대 40곳의 모집인원이 올해 3058명에서 내년 4547~4567명으로 늘어나면서 27년 만의 의대 증원이 현실화됐다. 의사단체는 즉각 재항고 의사를 밝혔지만, 법조계에서는 대법원 결정 기간을 고려할 때 이미 모집요강 발표가 마무리된 다음이어서 해당 증원 방침을 원점으로 돌리기에는 어려워졌다는 관측이 제기됐다.

의대 증원 집행정지 신청에 대한 1·2심 판단

구분	1심	2심
결정	각하	각하/기각
신청인의 적격성	의대 교수, 전공의, 의대 재학생, 의대 준비생 모두 당사자가 아니라 적격성 없음	• 의대 재학생은 학습권 침해될 수 있어 당사자로 인정되고 적격성 있음 • 의대 교수, 전공의, 의대 준비생은 당사자가 아니라 적격성 없음
집행정지 요건	판단하지 않음(당사자가 아니니 판단 자체를 하지 않은 것)	• 대규모 증원 시 정상적 의대 교육이 어려워지는 등 회복 어려운 손해 예방을 위해 집행정지 필요성은 인정 • 다만 집행정지를 인용하면 「공공복리」에 중대한 영향이 우려됨

대교협, 의대 입학정원 증원 확정　대교협이 5월 24일 의대 증원을 반영한 「2025학년도 대입전형 시행계획 변경안」을 심의·확정했다. 이는 전국 대학 40곳 의대 정원을 종전 3058명에서 1509명 늘어난 4567명으로 확정한 것으로, 이로써 1998년 제주대 의대가 신설된 지 27년 만에 의대 증원이 이뤄지게 됐다. 의대 정원은 2006년 이후 19년간 3058명으로 동결돼 왔는데, 정부는 앞서 2018년과 2020년에도 의대 증원을 추진했으나 의료계의 거센 저항에 부딪혀 실패한 바 있다. 정부는 지난 2월 2000명 규모의 의대 증원 계획을 발표한 후 의료계의 반발이 커지자, 각 대학이 증원분의 50~100% 선에서 모집 인원을 조절할 수 있도록 허용한 바 있다. 이에 대학들이 내년 증원 인원을 1509명으로 줄였고, 대교협은 이러한 증원안을 이날 확정한 것이다.

의대 입학정원 확대를 둘러싼 주요 일지

2월 6일	복지부, 의대 2000명 증원 발표
20일	전공의들, 병원 이탈 본격화
22~3월 4일	의대 증원 수요조사 진행(의대 40곳, 총 3401명 신청)
3월 20일	교육부, 대학별 배분 결과 발표
25일	전국 의대 교수 사직서 제출 본격화
4월 19일	정부, 내년도에 한해 자율감축 허용 발표
5월 16일	서울고법, 의대 증원 집행정지 신청 각하·기각
24일	대교협, 「대입전형 시행계획」 변경 승인
30일	교육부·대교협, 「대입전형 시행계획」 주요 내용 발표
31일	각 대학, 홈페이지에 수시 모집요강 공개

정부, 전공의 업무개시명령 등 해제　정부가 집단 사직서를 내고 병원을 이탈한 전공의들과 수련병원을 대상으로 내렸던 진료유지명령, 업무개시명령, 사직서 수리금지명령 등 각종 행정명령을 6월 4일 모두 철회했다. 정부는 지난 2월 19~20일 집단 사직서 제출과 함께 의료현장을 떠난 전공의들에게 「업무개시명령」과 「진료유지명령」을, 수련병원에는 「집단 사직서 수리 금지」라는 행정명령을 내린 바 있다. 그러나 정부의 철회 조치에 따라 전공의들은 개별 의향에 따라 복귀 여부를 결정할 수 있는데, 이는 전공의들에게 「사직」과 「빠른 복귀 후 전문의 취득」이라는 선택지를 제시함으로써 의료현장 복귀를 유도하려는 취지로 해석된다.

💡 지난 2월 19일 병원을 떠난 전공의는 전국 1만여 명 가운데 1630명이었고, 다음 날인 20일에는 추가로 6183명이 이탈했다. 2월 19일 떠난 전공의는 5월 20일이 복귀 시한이었고, 다음 날 이탈한 전공의는 21일이 복귀 시한이었다. 수련 공백이 3개월이 넘으면 내년 초 전문의 시험을 보는 것이 불가능해 전문의 자격 취득 시기가 1년 늦춰지게 된다.

의협, 「6월 18일 집단 휴진」 총파업 선언 대한의사협회(의협)가 6월 18일 하루 동안 전국 개원의까지 참여하는 집단 휴진(총파업)을 하기로 결의했다고 9일 밝혔다. 이러한 전체 의사의 집단 휴진은 2000·2014·2020년에 이어 4번째인데, 정부는 「불법 집단행동」이라며 강대강 대치를 예고했다. 그리고 정부는 6월 10일 전국 개원의를 대상으로 진료명령과 휴진신고명령을 내렸는데, 이들 명령에 불응할 경우 병의원은 15일 업무정지, 의사는 1년 이내 면허정지 처분을 받을 수 있다. 복지부는 또 6월 18일 당일 모든 개원의에게 업무개시명령을 내리기로 했는데, 이 명령을 따르지 않으면 업무·면허 정지에 더해 3년 이하의 징역 또는 3000만 원 이하의 벌금에 처해질 수 있다. 아울러 복지부는 의협이 집단휴진 동참을 강요한 정황이 드러날 경우 공정거래위원회에 신고한다는 방침인데, 공정위에서 위법성이 인정될 경우 의협은 10억 원 이내 과징금과 3년 이하의 징역 또는 2억 원 이하의 벌금에 처해질 수 있다.

💡 의협의 집단 휴진 선언에 이어 이른바 빅5로 불리는 대형병원이 휴진 대열에 동참하면서 환자들의 우려가 높아지고 있다. 서울대병원·서울대의대 교수들은 6월 17일부터 응급실·중환자실 등 필수 부서를 제외한 무기한 휴진을 결의했으며, 이에 앞서 세브란스병원 등을 수련병원으로 둔 연세대의대 교수들은 27일부터 무기한 휴진에 돌입하기로 했다. 여기에 가톨릭의대와 서울아산병원 교수들도 6월 18일 의협의 집단 휴진에 동참한다는 방침을 밝혔다.

정부, 의협 집단 휴진 참여율 14.9% 의협이 6월 18일 전국 의사 총궐기대회를 열고 4년 만에 전면 휴진에 돌입한 가운데, 정부가 집단 휴진 대응을 위해 이날 오전 9시 의사들을 상대로 업무개시명령을 발령했다. 보건복지부는 이날 동네병원 3만 6059곳 중 5379곳(14.9%)이 휴진에 동참한 것으로 파악됐다고 밝혔으며, 향후 현장 채증 결과에 따라 불법 휴진이 최종 확정된 의료기관에 대해 법과 원칙에 따라 엄중히 집행할 것이라고 밝혔다. 이번 휴진율은 지난 2020년 8월 14일 휴진율(32.6%)의 절반 수준으로, 다만 사전에 정부에 휴진을 신고한 비율인 4.02%보다는 3배 이상 높았다. 하지만 정부의 강경 대응에도 의협은 총궐기대회에서 ▷의대 증원안(2025학년도 포함) 재논의 ▷필수의료 정책 패키지 쟁점사안 수정·보완 ▷전공의·의대생 관련 모든 행정명령과 처분 즉각 소급취소 등의 요구를 정부가 수용하지 않을 경우 6월 27일부터 무기한 휴진에 들어갈 것이라고 밝혔다.

> **업무개시명령〔業務開始命令〕** 특정 직군 종사자들의 휴업, 파업 등이 국가 경제 또는 국민 생활에 심각한 위기를 초래하거나 초래할 것으로 판단될 때 정부에서 강제적으로 업무에 복귀하도록 내리는 명령을 가리킨다. 이는 1994년 「의료법」과 「약사법」이 개정되면서 처음으로 도입됐으며, 2004년에는 「화물자동차 운수사업법」에 규정됐다. 의료 분야에서는 이번 발동 전까지 ▷2000년 의약분업 사태 ▷2014년 원격의료 반대 ▷2020년 의대 정원 확대 반대 사태 등에서 업무개시명령이 내려진 바 있다.

역대 의사 파업은?

구분	2000년	2014년	2020년	2024년
쟁점	의약분업 반대	원격의료 도입 및 영리병원 추진 반대	의대 증원 반대	의대 증원 반대
정부 대응	파업 주도 의협 간부 9명 의료법 및 공정거래법 위반 혐의 기소, 유죄 판결	파업 주도 의협 간부 2명 의료법 및 공정거래법 위반 혐의 기소, 무죄 판결	업무개시명령 미이행 전공의 10명 고발	개원의 업무개시명령, 공정위에 의협 신고
결과	의약분업 통과, 의대정원 10% 감축	무산	연기	진행 중

저고위, 육아휴직급여 100만 원 인상 등
「저출생 추세 반전을 위한 대책」 발표

대통령 직속 저출산고령사회위원회(저고위)가 6월 19일 현재의 저출생 상황을 「인구 국가비상사태」로 선언하며, 「저출생 추세 반전을 위한 대책」을 발표했다. 이번 대책은 윤석열 정부 들어 두 번째로 나온 종합대책으로, 정부는 경제협력개발기구(OECD) 국가 중 최하위(지난해 기준 0.72명)로 떨어진 합계출산율을 2030년까지 1.0명으로 끌어올리겠다는 목표를 제시했다. 이번 대책은 일·가정 양립, 양육, 주거 등 3개 분야에 중점을 두고 15대 핵심 과제로 구성됐다.

「저출생 추세 반전을 위한 대책」 주요 내용

일·가정 양립 정부는 현재 통상임금의 80%, 월 최대 150만 원인 육아휴직 급여를 첫 3개월간 통상임금의 100%, 250만 원으로 확대한다. 이후 3개월간은 최대 200만 원, 나머지 6개월은 160만 원까지 지급한다는 방침으로, 이렇게 되면 1년간 휴직한 근로자가 받을 수 있는 최대 금액은 1800만 원에서 2310만 원으로 늘어나게 된다. 또 육아휴직 기간 자체도 1년에서 6개월을 추가해 부모 합산 3년간 활용할 수 있도록 법 개정을 재추진하며, 유연한 육아휴직을 위해 연중 1번은 2주짜리 단기 육아휴직을 쓸 수 있도록 한다는 방침이다. 여기에 근로시간 단축근로자의 업무를 분담한 동료를 위해 지원금을 월 최대 20만 원까지 지급하며, 출산휴가·단축근무 근로자를 대신할 대체인력에 대한 고용지원금을 월 80만 원에서 120만 원으로 인상한다는 계획이다.

주거 및 결혼·출산 신규 출산 가구에는 특별공급 재당첨 기회를 1회 더 부여하고, 본인 및 배우자의 청약당첨 이력은 배제해주기로 했다. 민간분양은 신혼특공 물량 내 신생아 우선공급 비율을 20%에서 35%로 늘리며, 공공분양 일반공급에는 신생아 우선공급을 신설해 전체 50%를 할당한다. 신생아 특례대출의 경우 내년 1월부터 출산하는 가구를 대상으로 소득기준을 연 2억 5000만 원까지 3년간 한시적으로 추가 완화한다.

자녀 출산·양육 가정에 대한 세제 인센티브를 확대해 첫째와 둘째, 셋째에 대해 각각 15만 원, 20만 원, 30만 원이던 세액공제 금액을 25만 원, 30만 원, 40만 원으로 높인다. 난임 지원책으로는 가임력 보존을 위해 정자와 난자 등 생식세포의 동결·보존비 지원이 이뤄진다. 아이를 낳고 싶어하는 난임 부부에 대해서는 난임 시술의 건강보험 본인부담률을 30%로 줄이고, 난임시술 지원 횟수를 여성 1인당에서 출산당 25회로 늘린다.

저출생 추세 반전대책 주요 내용

일·가정 양립	• 연 1회 2주 단위 육아휴직 허용 • 육아휴직 급여 상한 월 150만 원 → 250만 원 인상 • 출산휴가-육아휴직 통합신청제 및 자동허용제 도입
주거	• 출산 시 1회 특별공급 기회 추가 • 신생아특례대출 소득 기준 2억 5000만 원까지 인상 • 출산가구 주택 연간 7만 채→12만 채 공급 확대
결혼 및 출산	• 100만 원 규모의 결혼 특별세액공제 신설 • 자녀 세액공제 금액 확대: 첫째 25만 원, 둘째 30만 원, 셋째 40만 원 • 난임시술 지원 1인당 25회 → 출산당 25회로 확대

정부, 배우자 출산휴가 20일 확대 등
「사회이동성 개선방안」 발표

정부가 5월 1일 열린 비상경제장관회의에서 배우자 출산휴가를 근무일 기준 10일에서 20일로 확대하고 국민연금 일부 조기수령을 추진하는 내용 등을 담은 「사회이동성 개선방안」을 발표했다. 이동성이란 취업·교육·생계 지원을 바탕으로 한 자산 확대와 이를 통한 계층 이동을 포괄하는 개념이다. 이번 방안은 ▷양질의 일자리를 통한 소득 상향 기회 확충 ▷능력·노력에 기반한 교육 기회 확대 ▷맞춤형 자산형성 지원·활용도 제고 등 3대 방향 아래 60여 개 정책으로 구성됐다.

「사회이동성 개선방안」 주요 내용

여성의 경제활동 참여 확대 현재 통상임금 80%(월 상한 150만 원)인 육아휴직 급여는 단계적으로 인상하며, 현행 근무일 기준 10일(2주)인 남편의 출산휴가 기간을 20일(4주)로 늘리는 방안을 추진한다. 특히 남성의 육아휴직과 출산휴가는 배우자 임신 중에도 쓸 수 있도록 한다는 방침이다. 또 육아기 근로시간 단축 대상(8세→12세)·기간(부모 1인당 최대 24개월→36개월)·급여(통상임금 100% 지원 주 5시간→주 10시간)도 확대한다. 아울러 경력단절 여성이 재취업할 경우 기업은 통합고용세액공제 우대 지원 대상이 되는데, 기존에 있던 업종 제한을 폐지하고 경력단절 남성도 대상에 포함시키기로 했다.

청년 취업 적극 지원 등 직업계고생, 대학생 관련 교육부 정보를 고용노동부 구직·취업정보와 연계해 일자리 매칭, 직업훈련 등을 적극 찾아가 서비스하는 「청년고용올케어플랫폼」을 구축한다. 이는 약 141만 명에 달하는 국가장학금 신청자가 장학금 신청 시 고용서비스 제공을 사전 동의하면 취업 정보나 컨설팅 서비스를 지원하는 방식이다. 또 기업의 근로자용 훈련 프로그램을 청년에게 개방하도록 촉진, 이로 인해 발생하는 비용에는 인력개발비 세액공제를 적용한다. 군인도 역량개발을 할 수 있도록 원격강좌·복무경력 이수인정 학점·대학을 확대하며, 장병내일준비적금 납입한도도 월 40만 원에서 내년부터 55만 원으로 상향한다. 이 밖에 저소득층 우수학생을 조기에 발굴·지원하기 위해 꿈사다리 장학금 지원 대상을 초등학생까지 넓히고, 취업연계 장학금인 희망사다리 장학금도 저소득층 학생을 우선 선발한다.

자산형성 기회 확대 유형별로 구분된 개인종합자산관리계좌(ISA) 통합 또는 1인 1계좌 원칙 폐지 등 종합적 개선방안을 검토하고, 손익통산(손익을 합산해 순이익에만 과세하는 것) 확대를 추진한다. 전액 단위로만 조기수급할 수 있는 국민연금은 소득공백기를 보완하기 위해 일부만 수령할 수 있도록 개선한다. 기초연금을 받는 65세 이상 1주택자(부부 합산)가 10년 이상 장기 보유한 주택·토지·건물을 팔아 얻은 차익을 연금계좌에 넣으면 납입액(한도 1억 원)에 대해 양도소득세를 경감해 주는 「부동산 연금화 촉진 세제」 도입도 추진된다.

사회이동성 개선방안 주요 내용

양질의 일자리 통한 소득 상향 기회 확충	• 청년 고용 인프라 강화, 전(全) 주기 맞춤형 지원 강화(청년고용올케어플랫폼, 개방형 기업트레이닝 등) • 여성 경력단절 예방, 경력단절인 재취업 지원(육아휴직 급여 단계 인상, 배우자 출산휴가 10일 확대 등) • 중장년 전직 지원 강화, 고령자 계속고용 촉진, 직무·성과 중심의 임금 개편 지원(중장년 내일센터 확충, 계속고용장려금 요건 완화 등)

능력·노력에 기반한 교육 기회 확대	•초중고 저소득층 지원, 교육 분야 확대(꿈사다리 장학금, 초등학생까지 확대 등) •직업계고 산업수요 맞춤형 교육 지원(공공기관 고졸채용 비중 확대 등) •대학생 저소득층 지원 강화(취업연계장학금, 저소득층 우선 선발 등)
맞춤형 자산형성 지원 및 활용도 제고	•ISA 활용 자산 형성 지원(납입·비과세한도 확대, 통합형 도입 등) •연금소득 기반 확충(국민연금 급여 일부 조기수급 등) •고정자산 연금화 촉진(부동산 연금화 촉진세제 도입 등)

연금개혁, 21대 국회 처리 불발
모수개혁 vs 구조개혁 둘러싼 입장차

여야가 5월 29일까지 연금개혁안 합의에 이르지 못하면서 21대 국회 막판 쟁점으로 떠오른 연금개혁이 끝내 불발됐다. 앞서 여야는 국회 연금개혁특별위원회 산하 공론화위원회가 제시한 보험료율을 현행 9%에서 13%로 올리는 데 뜻을 모았으나, 소득대체율 인상을 두고 이견을 보였다. 그러다 이재명 민주당 대표가 5월 25일 국민의힘이 언급한 소득대체율 44%안을 전격적으로 수용한다고 밝히면서 합의 가능성이 점쳐졌으나, 국민의힘이 다시 모수개혁과 구조개혁 동시 처리 입장을 고수하면서 21대 국회에서의 연금개혁은 결국 무산됐다.

그러나 일각에서는 22대 국회에서도 여야 이견으로 연금개혁 합의 처리는 결코 쉽지 않을 것이라는 관측을 내놓고 있다. 이에 복잡하고 장기간을 요하는 구조개혁 논의는 일단 미뤄두고 모수개혁부터 이뤄 기금 고갈 시점을 조금이라도 늦출 필요가 있다는 지적이 이어지고 있다.

모수개혁 vs 구조개혁 국민연금 개혁은 연금 제도를 어느 범위까지 변경하느냐에 따라 크게 「모수개혁」과 「구조개혁」으로 나뉜다. 모수개혁에서의 「모수(母數·Parameter)」는 보험료율(소득 대비 내는 돈 비율)·소득대체율(받는 돈 비율)·연금 수령연령 등의 주요 변수들로, 모수개혁은 이러한 변수들을 조정하는 것이 핵심이다. 해당 조정에 따라 국민연금 기금의 장기 지속 여부가 결정되는데, 현재 보험료율은 9%이고 소득대체율은 40%이다. 그러나 모수개혁만 할 경우 국민연금 적립금의 고갈 시기는 다소 늦출 수 있으나, 기금 소진 후 막대한 누적 적자가 쌓이는 것은 막을 수 없다는 한계가 있다.

구조개혁은 모수개혁만으로는 연금 재정의 지속 가능성을 담보할 수 없기에 기초연금 및 각종 특수직역(공무원 등) 연금 등과 연계하거나 연금의 지속 가능성을 보장하는 제도적 장치를 마련하는 등 연금의 구조 자체를 바꾸는 것을 뜻한다. 우리나라의 연금제도는 기초·국민·퇴직·직역(공무원, 사학, 군인 등) 등 다층적인 노후소득 보장체계로 구성돼 있는데, 구조개혁은 이들을 연계해 보장성을 따진 뒤 연금 시스템을 근본적으로 바꾸자는 것이다. 이는 연금제도의 틀 자체를 바꾸는 것이기에 모수개혁보다 훨씬 복잡하고 시간이 오래 걸릴 수밖에 없다.

> **보험료율** 국민연금 가입자가 소득 대비 납부하는 보험료의 비율을 말한다. 근로자 1인 이상 고용 사업장의 경우 근로자 월급에서 4.5%가 공제되고 회사 측이 4.5%를 더해 총 9%를 납부한다. 1인 자영업자와 프리랜서 등 지역 가입자의 경우 월소득의 9%를 개인이 모두 부담한다.
>
> **소득대체율** 국민연금 가입자가 보험료를 납부한 기간의 평균소득 대비 연금 수령액의 비율을 말한다. 이는 제도 도입 당시 70%였지만 1998년 첫 개혁으로 60%로 조정됐고, 2007년 2차 개혁을 통해 2028년까지 단계적으로 40%로 하향하기로 결정한 바 있다. 올해 소득대체율은 42%이다.

도시 일용근로자 월 근무일 22 → 20일
대법, 21년 만에 기준 변경

대법원 2부가 4월 25일 근로복지공단이 삼성화재해상보험을 상대로 구상금 지급을 청구한 사건에서 원심 판결을 파기환송하면서 도시 일용근로자의 근로일수를 기존 22일에서 20일로 줄였다. 도시 일용근로자란 기능을 필요로 하지 않는 일반 잡역에 종사하면서 단순 육체노동을 하는 사람으로, 일실수입 산정 과정에서 많이 사용되는 개념이다. 이번에 제시한 20일은 21년 만에 이뤄진 기준 변경으로, 일용근로자의 월평균 가동일수(근로일수)는 손해배상금 산정이나 보험금 지급 등의 기준이 된다는 점에서 향후 유사 소송이나 배상금 산정 기준에 영향을 미칠 것으로 전망된다.

대법 판결에 이르기까지 이번 대법원의 판결은 근로복지공단이 삼성화재해상보험을 상대로 구상금 지급을 청구한 데 따른 것으로, 이 소송은 2014년 7월 경남 창원의 한 철거 공사 현장에서 일용직 근로자 A씨가 추락해 골절상을 입은 사고에서 시작됐다. 공단은 이를 업무상 재해로 인정하고 A씨에게 약 3억 5000만 원을 지급했으며, 이어 보험사인 삼성화재를 상대로 손해배상액 중 7900여만 원을 부담하라며 소송을 제기했다. 이후 1심부터 대법원에 이르기까지 삼성화재의 손해배상 책임은 모두 인정됐으나, 구체적인 배상금을 따지는 과정에서 피해자의 일실수입을 얼마로 볼 것인지가 쟁점이 됐다.

일실수입은 사고로 인해 피해자에게 장해가 발생했을 때 사고가 나지 않았다면 장래에 얻을 수 있었으리라고 기대할 수 있는 수입으로, 대한건설협회의 시중노임 단가에 평균 가동일수를 곱해 월별로 산정한다. 평균 가동일수는 그간 대법원이 판례를 통해 기준을 설정해 왔는데 1992년에는 월평균 25일, 2003년에는 월평균 22일로 정했고 최근까지 그대로 유지돼 왔다. 앞서 1심은 피해자의 근로내역을 바탕으로 월 가동일수를 19일로 설정해 일실수입을 계산했으나 2심은 종전 대법원 판례에 따라 22일로 정했다. 그러나 대법원은 이번 판결에서 연간 공휴일이 늘어나고 근로자들의 월평균 근로일이 줄어드는 사회적·경제적 변화를 고려해야 한다며 원심 판결을 파기했다.

알레르기 비염·소화불량 한약 건보
4월 29일부터 시행

보건복지부가 4월 29일부터 알레르기 비염이나 소화불량 등의 질환도 첩약(한약) 건강보험 혜택이 적용되는 「첩약 건강보험 적용 2단계 시범사업」을 실시한다고 28일 밝혔다. 첩약은 여러 한약재를 섞어 만든 치료용 탕약으로, 복지부는 지난 2020년 11월부터 1단계 시범사업 대상인 생리통과 안면신경마비, 뇌혈관질환 후유증 3개 질환에 대해 건보 혜택을 제공해 왔다. 그러나 이번 사업부터는 알레르기 비염과 기능성 소화불량, 요추추간판탈출증(척추 디스크) 3개 질환이 추가돼 총 6개의 질환에 대한 혜택을 받을 수 있게 된다.

2단계 시범사업 주요 내용 기존에는 환자들이 한 해 동안 3개 질환 중 1개에 대해서만 최대 10일까지 한약 비용의 절반 수준으로 건보 혜택을 받았으나, 이번부터는 6개 질환 중 2개 질환에 대해 각각 10일씩 최대 20일까지 혜택을 받을 수 있다. 질환별로 연간 20일을 초과하면 건강보험 수가로 적용되지만 전액 본인부담이다. 또 1단계 시범사업에서는 한의원만 참여했으나 2단계 사업부터는 한의원과 한방병원, 한방 진료과목을 운영하는 종합병원까지 확대됐다. 이와 함께 환자 본인부담률은 일괄적으로 50%를 적용하던 것에서 한의원 30%, 한방병원·병원 40%, 종합병원 50%로 개선됐다.

첩약 건강보험 적용 시범사업 개관

구분	1단계	2단계
시행일자	2020년 11월 20일~2024년 4월 28일	2024년 4월 29일~2026년 12월 31일
대상 질환	월경통, 안면신경마비, 뇌혈관질환 후유증(65세 이상)	1단계+알레르기 비염, 기능성 소화불량, 요추추간판 탈출증
대상 기관	한의원	한의원, 한방병원, 한방진료 종합병원

홍삼·비타민 등 건강기능식품 개인 간 거래
당근마켓 등 중고거래 가능

식품의약품안전처가 건강기능식품의 소규모 개인 간 거래에 대한 합리적 개선 방안을 마련하기 위해 5월 8일부터 1년간 「건강기능식품 개인 간 거래 시범사업」을 시작한다고 7일 밝혔다. 현재 건강기능식품은 영업 신고를 한 건강기능식품 판매업자와 약국만 판매가 가능하지만, 이번 시범사업은 안전성과 유통 건전성이 확보됐다고 식약처가 판단한 당근마켓과 번개장터 등 중고거래 플랫폼에서 허용된다. 단 다른 형태의 온·오프라인상 개인 간 거래는 허용되지 않는다. 식약처는 1년간 시범사업을 시행한 뒤 결과를 분석해 제도화 여부를 결정한다는 계획이다.

거래 제품 요건은? 거래 제품은 ▷미개봉 상태여야 하며 ▷제품명·건강기능식품 도안 등 제품 표시사항을 모두 확인할 수 있어야 하고 ▷소비기한이 6개월 이상 남아 있고 ▷보관 기준이 실온 또는 상온인 제품이어야 한다. 냉장 보관이 필요한 제품은 실온이나 상온에 보관했을 경우 기능성분 함량 등에 부정적 영향을 미칠 수 있어 거래 대상에서 제외됐다. 또한 영리를 목적으로 한 과도한 개인 판매를 방지하기 위해 개인별 거래(판매) 가능 횟수를 연간 10회 이하, 누적 30만 원 이하로 제한했다. 이 밖에 개인이 자가 소비를 목적으로 해외직구 또는 구매대행을 통해 국내에 반입한 식품도 거래 대상에서 제외된다.

통계청, 「2022~2052년 시·도 장래인구추계」 발표
2045년부터 모든 광역지자체 인구수 자연감소 시작

통계청이 5월 28일 발표한 「장래인구추계(시도 편) 2022년~2052년」에 따르면 최근의 인구 변동 추세가 지속된다면 2045년부터 전국 17개 모든 시도에서 출생아 수보다 사망자 수가 많은 인구 자연감소가 시작(중위 추계 기준)된다. 시도별 인구 이동까지 고려한 전체 인구는 2052년 경기·세종을 제외한 전 지역에서 2022년보다 감소한다. 이러한 결과는 2022년 인구총조사를 기초로 최근까지의 시도별 인구변동요인(출생·사망·이동) 추이를 반영해 향후 30년간 시도별 장래인구를 전망한 데 따른 것이다.
한편, 국제연합(UN)은 65살 이상 인구의 비율이 7% 이상인 경우 고령화사회, 14% 이상은 고령사회, 20% 이상은 초고령사회로 분류한다.

「2022~2052년 시·도 장래인구추계」 주요 내용　보고서에 따르면 2022년 대비 2052년 시도별 총인구는 세종과 경기를 제외한 15개 시도에서 감소하는데, 인구가 가장 많이 줄어드는 지역은 서울로 나타났다. 서울은 2052년에 793만 명으로 2022년(942만 명) 대비 149만 명(15.8%) 감소할 것으로 전망된다.

고령인구와 중위연령　출생아 수가 줄어들고 노년층의 기대수명은 늘어나면서 2052년에는 세종·경기·인천·제주·광주·대전·울산·강원·충북·충남·경남 등 11개 시도에서 65세 이상 고령인구 비중이 2022년 대비 2배 이상 늘어날 것으로 추산된다. 특히 전남(49.6%)과 경북(49.4%)은 고령인구가 전체의 절반에 이를 것으로 전망됐다. 이에 중위연령(전체 인구를 연령순으로 나열할 때 중앙값)도 2022년 44.9세에서 2052년 58.8세로 높아지는데, 특히 전남·경북 등 9개 시도에서는 중위연령이 60세를 넘어설 것으로 예측됐다.

생산연령인구와 노령화지수 등　2022년 3674만 명이던 생산연령인구(15~64세)는 2052년 2380만 명으로 약 1300만 명 감소하는데, 2022년 대비 2052년 생산연령인구 감소율이 가장 높은 지역은 울산(−49.9%)과 경남(−47.8%)으로 예측됐다. 또 노령화지수(유소년 인구 100명당 고령인구)는 2022년 151명에서 2052년 522.4명으로 약 3.5배 높아지며, 총부양비(생산연령인구 100명이 부양하는 유소년 및 고령인구)는 2022년 40.6명에서 2052년 94.4명에 달할 것으로 전망됐다. 특히 2052년 수도권(서울, 경기, 인천)과 대전·세종·제주·광주를 제외한 10개 시도에서 부양자보다 피부양자가 더 많아지게 된다. 아울러 유소년 인구(0~14세)는 2022년 대비 2052년 모든 시도에서 감소하며, 울산·경남·전남·경북 등 4개 시도에서는 50% 이상 감소할 전망이다. 또 전국 학령인구(6~21세)는 2022년 750만 명에서 2052년 424만 명으로 30년 새 44% 감소할 것으로 전망된다.

시도별 총인구 증감(※ 2022년 대비 2052년)

지역	인구 증감	지역	인구 증감
세종	16만 명 증가	전남	28만 명 감소
경기	12만 명 증가	광주	29만 명 감소
충남	–	울산	29만 명 감소
인천	1만 명 감소	전북	33만 명 감소
제주	3만 명 감소	경북	46만 명 감소
충북	8만 명 감소	대구	58만 명 감소
강원	9만 명 감소	경남	69만 명 감소
대전	22만 명 감소	부산	85만 명 감소
		서울	149만 명 감소

1분기 합계출산율, 처음으로 0.7명대 추락
출생아수 6.2% 감소해 역대 최저

통계청이 5월 29일 발표한 「3월 인구동향」에 따르면 지난 3월 출생아 수는 1만 9669명으로 지난해 같은 기간보다 1549명(7.3%) 감소했다. 1981년 통계 작성 이래 3월 기준으로 출생아 수가 2만 명을 밑돈 것은 이번이 처음이다. 1분기 출생아 수(6만 474명)는 1년 전보다 3994명(6.2%) 줄어든 가운데, 여자 1명이 평생 낳을 것으로 예상되는 평균 출생아 수를 뜻하는 합계출산율은 0.76명으로 집계됐다. 이는 지난해 같은 기간(0.82명)보다 0.06명 줄어든 것으로, 1분기 기준 역대 처음으로 0.8명선이 붕괴된 것이다.

한편, 출생아가 연말로 갈수록 줄어드는 점을 고려하면 올해 합계출산율은 지난해 수준(0.72명)을 밑돌 가능성이 크다는 전망이 나온다. 실제 지난해 분기당 합계출산율은 1분기 0.82명, 2분기와 3분기에는 각각 0.71명, 4분기 0.65명으로 점점 낮아진 바 있다. 통계청이 장래인구추계에서 전망한 올해 합계출산율은 0.68명(중위 시나리오 기준)이다.

WMO, 「2023년 아시아 지역 기후현황 보고서」 발표
아시아의 온난화 속도, 세계 평균보다 빨랐다

세계기상기구(WMO)가 4월 23일 공개한 「2023년 아시아지역 기후현황 보고서」에 따르면 아시아는 세계 평균보다 더 빠르게 온난화가 진행되면서 1961~1990년 이후 온난화 추세가 거의 2배로 증가했다. WMO는 전 세계를 ▷아시아 ▷아프리카 ▷남미 ▷북중미 및 카리브해 ▷남서 태평양 ▷유럽 등 여섯 지역으로 나눠 지역별 기후 현황을 매년 발표하고 있다.

WMO 보고서 주요 내용 보고서에 따르면 지난해 아시아 지역의 연평균 지표 근처(지표 1.2~2m) 온도는 2020년에 이어 기록상 둘째로 높았다. 2023년은 1991~2020년 평균보다 섭씨 0.91도 높았고, 1961~1990년 평균보다는 1.87도 높아 가파른 온도 상승을 보였다. 또 지난해 아시아의 해수면 온도는 사상 최고치에 이르렀는데, 특히 일본 열도 남쪽으로 흐르는 구로시오 해류를 비롯해 아라비아해·필리핀해의 온도는 전 지구 평균보다 3배 이상 빠른 속도로 표층 해양(0~700m) 온난화가 진행됐다. 그리고 히말라야 동부와 중앙아시아 톈산산맥 일대에서는 이상고온으로 빙하 소실이 가속화됐으며, 극지방을 빼면 얼음이 가장 많은 티베트고원 지역에서도 지난해 관찰된 빙하 22개 중 20개의 질량이 줄어든 것으로 나타났다. WMO는 이와 같은 아시아 지역의 급격한 온난화가 홍수와 가뭄 등의 자연재해로 이어졌다고 설명했다. WMO에 따르면 지난해 아시아에서 홍수·폭풍 등 물과 관련된 재해는 최소 79건 발생했고, 이로 인해 2000명 이상이 사망하고 900만 명 이상이 피해를 입었다. 또 많은 지역에서 폭염이 나타났는데, 일본에서는 지난해 8월 기온이 38도를 오르내리며 125년 통계 사상 가장 높은 온도를 기록했고, 중국은 전국 기상 관측소의 약 70%에서 40도가 넘는 기록이 나왔다.

WMO, 「5년 내 기온 1.5도 더 오를 확률 80%」 세계기상기구(WMO)가 6월 5일 발표한 「전 지구 1년~10년 기후 업데이트(GADCU) 보고서」에 따르면, 2024~2028년 전 지구 평균 기온은 산업화(1850~1900년) 이전 대비 1.1~1.9도 높을 것으로 예상된다. 이 기간 1.5도를 넘어서는 해가 나타날 확률은 80%로 나타났다. 역사상 가장 더운 해로 기록된 지난해 지구 기온 상승폭은 1.45도인데, 특히 엘니뇨 현상(동태평양 해수면 온도가 평년보다 높은 상태)의 영향이 강했던 지난해 6월~올해 5월에 측정된 최근 1년치 평균 기온은 1.63도로 1.5도를 넘었다.

올해는 지구를 달궜던 엘니뇨가 쇠퇴하고 라니냐(동태평양 해수면 온도가 평년보다 낮은 상태)가 시작될 가능성이 큰 데도, 보고서는 5년 내 2023년 기온 기록이 깨질 가능성이 86%에 달한다고 밝혔다. 이는 온실가스 배출에 따른 기후변화 영향이 더 강해진다는 뜻이다. 보고서는 또 향후 5년간 북극의 온난화가 지구 평균 온난화보다 3배 이상 빠를 것으로 예측했는데, 특히 북극 온난화는 해수면 상승과 지구 기상 시스템 변동을 야기할 수 있어 그 문제가 심각하다.

> **엘니뇨(El Nino)와 라니냐(La Nina)** 엘니뇨는 열대 동태평양 적도 부근 해수면 온도가 5개월 이상 평년보다 0.5도 이상 높은 상태가 지속되는 경우로, 엘니뇨 현상이 발생해 동태평양 쪽의 바닷물 온도가 높아지면 공기가 동태평양에서 서태평양으로 흐른다. 라니냐는 엘니뇨 현상과 반대로 동태평양 해수면 온도가 5개월 이상 평년보다 0.5도 이상 낮은 경우를 말한다. 엘니뇨와 라니냐는 번갈아 가며 2~7년 주기로 발생하는데, 최근에는 지구 온난화와 맞물리며 고온·가뭄·홍수·폭설 등 이상기후에 영향을 미치고 있다.

전북 부안서 규모 4.8 지진-역대 16번째 강진
2017년 포항 지진 이후 6년 만의 최대 내륙 지진

6월 12일 오전 8시 26분 49초경 전북 부안군 남남서쪽 4km 지점에서 규모 4.8의 지진이 발생했다. 이는 올해 발생한 최대 규모의 지진으로, 기상청에 따르면 진앙은 북위 35.70도·동경 126.71도 지점으로, 진원의 깊이는 8km로 추정됐다. 당초 기상청은 지진파 중 속도가 빠른 P파를 자동 분석해 지진 규모를 4.7로 추정했다가 추가 분석을 거쳐 4.8로 조정했다. 여기에 지진이 발생하기 28분 전인 오전 7시 58분경 규모 0.5의 전진(前震)을 시작으로 본진 후에도 오후 8시까지 17차례 크고 작은 여진이 발생했다.

한편, 이번 지진은 진원의 깊이가 깊지 않아 전국 대부분 지역에서 흔들림이 감지됐는데, 전북의 최대 계기진도가 5(거의 모든 사람이 느끼고 그릇·창문이 깨지는 정도)로 예측된 것 외에도 ▷전남은 4(실내에 많은 사람이 느끼고 그릇과 창문이 흔들리는 정도) ▷경남·경북·광주·대전·세종·인천·충남·충북은 3(실내, 건물 위층의 사람은 현저히 느끼고 정차한 차가 약간 흔들리는 정도)으로 추산됐다.

> **진원(Hypocenter)과 진앙(Epicenter)** 진원은 지진 발생 시 땅 속 깊은 곳에서 암석의 파괴가 처음 일어난 지점을 말한다. 즉, 최초로 지진파가 발생된 점을 말하며 진앙의 위도, 경도와 진원 깊이로 나타낸다. 그리고 진앙은 진원의 바로 위 지표면의 지점을 말한다.
>
> **지진파(Seismic Wave)** 지진 발생 시 암석의 파괴가 일어난 진원역으로부터 매질(媒質)인 지구의 내부 또는 표면을 따라 전파되는 탄성파를 가리킨다. 지진파는 매질 내부를 3차원적으로 전달하는 「중심파」와 지구 표면을 따라서 전파되는 「표면파」로 구분된다. 중심파에는 P파와 S파의 2종류가 있는데, ▷P파는 지진이 발생했을 때 암석을 통해 가장 빨리 도달하는 파이며 ▷S파는 P파에 이어 두 번째로 도달하는 지진파이다. 그리고 L파는 주로 지표면을 따라 전파되는 표면파로 진폭이 매우 커서 지진이 일어날 때 막대한 인명 및 재산 피해를 일으킨다.

호남 내륙에서 발생한 첫 「규모 4.0 이상」 지진 이번 부안 지진은 올해 한반도와 주변 해역에서 발생한 지진 중 최대 규모로, 기상청이 지진 계기관측을 시작한 1978년 이후로는 16번째 규모를 기록했다.

또 내륙 지진으로는 2017년 11월 포항(규모 5.4)에 이어 6년 만에 최대로 나타났다. 무엇보다 이번 지진은 기존에 강한 지진이 드물었던 호남 지역에서 발생했다는 것이 특징으로, 지진 계측이 시작된 1978년 이후 이 지역에서 규모 4.0 이상의 지진은 한 번도 발생하지 않았다.

한편, 국내에서 발생한 가장 강한 지진은 2016년 9월 12일 경북 경주시 남남서쪽 8.7km에서 발생한 규모 5.8의 지진이다.

💡 이번 부안 지진은 지난 2016년 경주 지진(규모 5.8)처럼 「주향이동단층」으로 발생한 것으로 분석됐다. 주향이동단층은 땅속 두 판이 서로 반대 방향으로 수평 이동하면서 뒤틀리는 현상으로, 단층 이동은 주향이동단층 외에도 ▷두 판이 멀어지면서 비교적 완만한 계단 모양의 층이 생기는 「정단층」 ▷두 판이 가까워지면서 충돌해 한쪽 판 위로 다른 판이 밀려 올라가는 「역단층」 등으로 나뉜다.

2011년 이후 발생한 규모 4.0 이상 지진

규모	발생 연도	장소
5.8	2016	경북 경주시
5.4	2017	경북 포항시
5.1	2016	경북 경주시
	2014	충남 태안군 해역
5.0	2016	울산 동구 해역
4.9	2021	제주 서귀포시 해역
	2013	인천 백령도 해역
	2013	전남 신안군 해역
4.8	2024	전북 부안군
4.6	2018	경북 포항시
4.5	2023	강원 동해시 해역
	2016	경북 경주시

문화시사

2024.
4.~ 6.

숀 베이커 감독의 〈아노라〉, 제77회 칸영화제 황금종려상 수상

숀 베이커 감독의 〈아노라〉가 5월 25일 폐막한 「제77회 칸국제영화제」에서 최고작품상인 황금종려 상을 수상했다. 〈아노라〉는 스트립 클럽에서 일하는 콜걸 아노라가 러시아 백만장자의 아들 이반을 만나 결혼하지만, 반대하는 시부모로부터 위협을 당하며 벌어지는 이야기를 담은 작품이다. 베이커 감독은 성 노동자나 미혼모, 위기 가정의 아동 등 사회적 약자들을 조명해 왔는데, 칸영화제 황금 종려상 수상은 이번이 처음이다. 그는 〈탠저린〉(2015)으로 주목받은 뒤 〈플로리다 프로젝트〉(2017) 로 칸영화제 감독 주간에 초청됐고, 2021년에는 〈레드 로켓〉으로 경쟁 부문에 진출한 바 있다.
한편, 이번 칸영화제는 사상 최초로 여우주연상을 4명이 공동 수상하고, 성전환 여배우가 수상자 에 포함되는 등 여성주의가 중심이 됐다는 평가다. 여기에 올해 칸영화제 심사위원단 9명은 심사위 원장인 그레타 거위그 감독을 포함해 여성이 5명, 남성이 4명으로 구성됐다.

> **칸영화제(Cannes Film Festival)** 프랑스 국립영화센터가 1946년부터 프랑스 휴양도시 칸에서 개최하고 있는 국제 경 쟁영화제이다. 베를린영화제, 베니스영화제와 함께 「세계 3대 영화제」로 꼽히지만 그중에서도 가장 권위 있는 시상식으로 불린다. 시상은 최고상인 황금종려상을 비롯해 ▷심사위원대상 ▷심사위원상 ▷감독상 ▷각본상 ▷남우주연상 ▷여 우주연상 등의 경쟁 부문과, ▷주목할 만한 시선 ▷황금카메라상 ▷시네파운데이션 등의 비경쟁 부문으로 나뉜다.

기타 주요 수상 내용 2등상인 심사위원대상은 인도 출신의 여성 감독 파얄 카파디아의 〈올 위 이매진 애즈 라이트〉가 수상했는데, 이 작품은 신분과 계급이 다른 여성 간호사 3명이 여행을 떠나며 겪은 애정과 상실의 파동을 담아냈다. 자크 오디아르 감독의 〈에밀리아 페레스〉는 3등상인 심사위원상을 비롯해 여우주연상도 수상했는데, 칸영화제에서 한 영화가 두 개의 주요 부문을 수상한 것은 매우 이 례적인 일이다. 여기에 이 영화는 출연한 여배 우 4명(아드리아나 파스, 카를라 소피아 가스 콘, 설리나 고메스, 조이 살다나)이 여우주연 상을 공동 수상하는 기록까지 남겼다. 〈에밀리 아 페레스〉는 당국의 추적을 피하기 위해 성전 환 수술을 하려는 멕시코 카르텔 보스와 그를 돕는 여자들의 이야기를 담아낸 작품이다. 이 밖에 감독상은 〈그랜드 투어〉를 연출한 미겔 고메스 감독이, 각본상은 〈더 서브스턴스〉의 여성 감독 코랄리 파르자가 수상했다.

제77회 칸영화제 주요 수상 내용

구분	수상자(작)
황금종려상	숀 베이커, 〈아노라〉
심사위원대상	파얄 카파디아, 〈올 위 이매진 애즈 라이트〉
심사위원상	자크 오디아르, 〈에밀리아 페레스〉
감독상	미겔 고메스, 〈그랜드 투어〉
각본상	코랄리 파르자, 〈더 서브스턴스〉
남우주연상	제시 플레먼스, 〈카인즈 오브 카인드니스〉
여우주연상	아드리아나 파스 · 카를라 소피아 가스콘 · 설 리나 고메스 · 조이 살다나, 〈에밀리아 페레스〉

💡 이번 칸영화제에서는 도널드 트럼프 전 미국 대통령이 1970~1980년대 뉴욕의 부동산 거물이 되는 과정을 다룬 전기 영화 〈더 어프렌티스〉가 경쟁부문에 진출해 처음 상영됐다. 이 영화는 이번 칸 현지에서 가장 논쟁적인 작품이 됐는데, 영화 후반부에는 트럼프가 이혼한 전 부인 이바나를 상대로 강제 성관계를 갖는 장면과 살을 빼기 위해 마약을 복용하고 성형 수술을 하는 장면 등이 나온다. 미국 연예매체 〈버라이어티〉 등에 따르면 트럼프 측은 해당 영화가 자신을 악의적으로 묘사했다고 주장하며 법적 대응을 예고했다.

〈무빙〉·〈서울의 봄〉, 제60회 백상예술대상 TV·영화 부문 대상 수상

디즈니플러스의 〈무빙〉과 영화 〈서울의 봄〉을 연출한 김성수 감독이 5월 7일 열린 「제60회 백상예술대상」에서 각각 TV와 영화 부문 대상을 수상했다. 초능력자들의 이야기를 다룬 〈무빙〉은 대상을 비롯해 극본상(강풀)과 남자신인상(이정하) 등 3관왕을 기록했는데, OTT 오리지널 시리즈가 대상을 받은 것은 2022년 넷플릭스 〈오징어 게임〉 이후 두 번째. 또 12·12 군사반란을 소재로 하며 지난해 천만 관객을 동원한 영화 〈서울의 봄〉도 대상을 비롯해 작품상과 남자 최우수연기상(황정민)을 차지하며 3관왕에 올랐다.

> **백상예술대상(百想藝術大償)** 지난해 3월 1일부터 당해 2월 말까지 방영·상영·공연된 TV·영화·연극 부문의 작품과 제작진, 출연자에게 시상하는 국내 유일의 종합예술상으로, 1965년 제정됐다. 1965~1973년에는 영화와 연극 부문에서만 시상하다가 1974년 TV 부문이 신설됐으며, 2002년부터는 연극 부문을 제외하고 TV와 영화에만 수여하다 2019년에 이르러 18년 만에 연극 부문이 부활했다. 시상식은 매년 3~5월 열리며, TV 부문 15개, 영화 부문 12개, 연극 부문 4개 상이 수여된다. 대상은 TV·영화 부문에서 각각 1작품이나 개인 1명을 선정해 수여하며, 연극 부문에서는 대상 격인 백상연극상을 수여한다.

주요 수상 내용 올해 첫 천만 영화가 된 〈파묘〉는 ▷영화 부문 감독상(장재현) ▷여자 최우수연기상(김고은) ▷남자 신인연기상(이도현) ▷예술상(김병인 음향감독)을 받아 4관왕을 기록, 최다 수상작에 이름을 올렸다. TV 부문에서는 MBC 드라마 〈연인〉이 드라마 작품상과 남자 최우수연기상(남궁민)을 받았고, 넷플릭스 오리지널 시리즈 〈마스크걸〉은 안재홍과 염혜란이 각각 남녀조연상을 수상했다. 또 온라인 동영상 플랫폼까지 후보 영역을 넓힌 예능 부문에서는 유튜브 〈공부왕 찐천재 홍진경〉의 홍진경과 유튜브 〈채널 십오야〉의 나영석 PD가 예능상을 수상했다.

제60회 백상예술대상 주요 수상 내용

TV		영화	
구분	수상자(작)	구분	수상자(작)
대상	〈무빙〉	대상	김성수, 〈서울의 봄〉
드라마 작품상	〈연인〉	작품상	〈서울의 봄〉
예능 작품상	〈태어난 김에 세계일주2〉	감독상	장재현, 〈파묘〉
극본상	강풀, 〈무빙〉	각본상(시나리오상)	유재선, 〈잠〉
최우수연기상	•남궁민, 〈연인〉 •이하늬, 〈밤에 피는 꽃〉	최우수연기상	•황정민, 〈서울의 봄〉 •김고은, 〈파묘〉
예능상	•나영석(유튜브 〈채널 십오야〉) •홍진경(유튜브 〈공부왕 찐천재〉)	예술상	김병인, 〈파묘〉

5월 17일부터 「국가유산기본법」 시행
62년 만에 문화·자연·무형유산으로 체계 개편

1962년 제정된 기존 문화재보호법을 대체하는 「국가유산기본법」이 5월 17일부터 시행됨에 따라 약 62년 동안 사용됐던 문화재라는 용어가 「국가유산」으로 공식 변경됐다. 국가유산은 「인위적이거나 자연적으로 형성된 국가적·민족적 또는 세계적 유산으로서 역사적·예술적·학술적 또는 경관적 가치가 큰 우리나라의 소중한 유산」을 뜻한다. 이는 문화재(財)가 재화 개념에 가까워 사람이나 자연물을 포괄하기 어렵다는 한계점이 지적된 데 따라 유네스코 등 국제적으로 통용되는 기준인 「유산(遺産·Heritage)」 개념이 적용된 것이다.

국가유산 체계 전환 및 정책 변화, 어떻게? 국가유산 체계전환에 따라 국가유산은 문화유산·자연유산·무형유산으로 나뉘게 되는데, ▷문화유산은 국보·보물 등의 유형문화재와 민속문화재·사적을 ▷자연유산은 천연기념물·명승을 ▷무형유산은 전통공연·예술·생활습관 등 무형문화재를 포괄한다. 이에 맞춰 문화재 정책을 총괄하는 국가기관인 문화재청도 「국가유산청」으로 새롭게 출범하면서 보존·규제 위주의 정책에서 벗어나 활용과 산업적 진흥 등 미래 가치 창출에 방점을 두는 「K-헤리티지」 육성에 나설 방침이다. 이에 따라 국가유산청의 영문 명칭도 활용 서비스를 강조하는 「Cultural Heritage Service(KHS)」로 바뀐다. 또한 앞서 국가유산 주변 500m에 일률적으로 적용하던 규제에서 벗어나 유산의 개별 특성 및 지리적 여건 등을 고려하도록 「역사문화환경 보존지역」의 합리적 재조정을 추진한다. 이 밖에 국가유산청은 제작된 지 50년이 지난 일반 동산문화유산의 국외반출에 대한 규제 완화와 미래가치를 지닌 50년 미만의 건설·제작·형성된 현대문화유산을 발굴하고 보존·관리하는 「예비문화유산 제도」 시행 등도 공포했다.

문화재 → 국가유산 체계 개편은 어떻게?

문화재		국가유산
•유형문화재 •기념물(사적지류) •민속문화재	변경 후 ➡	문화유산 •유형문화유산 •기념물(사적지류) •민속문화유산
기념물(명승, 천연기념물)		자연유산 •명승 •천연기념물
무형문화재		무형유산

일제강점기에 훼손됐던 「수원 화성행궁」,
119년 만에 복원 마무리

경기 수원시가 일제강점기에 철거됐던 「수원 화성행궁」을 119년 만에 완전한 모습으로 복원했다고 4월 23일 밝혔다. 이로써 화성행궁은 복원사업을 착수한 1989년 이후 35년 만에 완전한 모습을 되찾게 됐다. 수원시는 화성행궁의 중심 건물인 봉수당을 시작으로 482칸을 복원하면서 2002년 1단계 복원사업을 완료했고, 이후 2013년 신풍초등학교 이전 등의 절차를 거쳐 우화관과 낙남헌 동행각, 별주를 복원하는 2단계 사업을 마친 바 있다.

수원 화성행궁, 복원사업에 이르기까지 수원 화성행궁은 1789년 정조가 아버지 사도세자의 묘소를 현재의 화성시 융릉으로 이전하면서 건립한 곳으로, 평상시에는 관청으로 사용하다가 왕이 수원에 행차할 때는 왕과 수행 관원들이 머무는 궁실로 이

▲ 복원한 수원화성의 우화관(출처: 수원특례시)

용됐다. 수원화성 축조과정이 기록된《화성성역의궤》에 따르면 화성행궁은 약 600칸 규모로, 조선시대 지방에 건립된 행궁 중 최대 규모이다. 이는 19세기 말까지 궁실이자 관청으로 제 기능을 했으나 1905년 학교와 병원, 경찰서 등이 들어서면서 훼손되기 시작했으며, 1923년에는 일제가 화성행궁 일대를 허물고 경기도립병원을 신축했다. 그러다 1989년 의료원을 현대식 건물로 지으려 하자 수원화성행궁 복원추진위원회가 만들어져 이에 대응한 것을 계기로 35년에 걸친 복원사업이 시작된 것이다.

강제노역 日 사도광산, 유네스코 세계유산 전문가 심사에서 등재 「보류」

일본 문화청이 유네스코의 세계유산 전문가 자문기구인 국제기념물유적협의회(ICOMOS·이코모스)가 일제강점기 조선인 강제노역 현장인 사도광산의 세계유산 등재와 관련해 「보류(Refer)」를 권고하면서 추가 자료 제출을 요구했다고 6월 6일 밝혔다. 이코모스는 등재 심사 대상에 대해 서류심사와 현장실사 등을 거쳐 「등재 권고, 보류, 반려, 등재 불가」 등 4가지 권고안 중 하나를 결정한다. 보류는 일부 미비한 자료가 있어 추가 자료 제출을 요구하는 것으로, 자료를 보완하면 당해 또는 다음 연도에 열리는 유네스코 세계유산위원회(WHC) 회의에서 세계유산으로 등재될 가능성이 높다. 세계유산 등재 여부는 등재 심사를 담당하는 이코모스의 권고를 바탕으로 21개국으로 구성된 세계유산위 위원국의 만장일치로 최종 결정된다.

사도광산(佐渡金山)은 어떤 곳? 일본 니가타현에 있는 사도광산은 1601년에 발굴돼 1989년까지 운영된 일본에서 가장 오래된 광산으로, 니가타현에 위치하고 있다. 에도시대(1603~1867) 도쿠가와 막부의 관리 하에 본격적으로 개발돼 일본 최대 금·은 생산지로서 도쿠가와 막부의 금고 역할을 했고, 태평양전쟁이 본격화된 이후에는 구리·철·아연 등 전쟁 물자를 채굴하고 조달하는 광산으로 활용됐다. 그러다 1989년 광산 고갈로 인해 채굴이 중단됐고 현재는 일부가 박물관으로 조성돼 관광지로서의 역할을 하고 있다.

그러나 사도광산은 태평양전쟁 당시 전쟁물자 확보를 위한 광산으로 주로 활용되며 이 시기 조선인 노동자들을 대거 강제노역에 동원한 역사적 비극의 현장이라는 점에서 일본의 세계유산 등재 추진은 논란이 됐다. 그러자 일본 정부는 유산의 대상 기간을 16~19세기 중반으로 한정해 조선인 강제노역을 의도적으로 배제하면서 비판을 받았다. 우리 정부는 사도광산에서 일제강점기 조선인 강제노역이 이뤄졌다는 사실을 알 수 있도록 전체 역사를 반영해야 한다는 입장이다. 일본 정부는 앞서 2022년 2월 한국 정부의 반발에도 사도광산을 세계유산으로 정식 추천했으나, 유네스코는 일본이 제출한 추천서에 미비점이 있다고 판단해 제출된 서류를 토대로 한 심사 작업을 진행하지 않았다.

일본 정부의 사도광산 세계유산 등재 전개 과정

시기	내용
2022. 2. 1.	일본 정부, 일제강점기를 제외한 내용으로 유네스코 세계유산위원회에 추천서 제출
4.~12.	유네스코 자문기구인 국제기념물유적협의회(ICOMOS) 서류심사 및 현지실사, 보충자료 요구
2023. 1. 20.	일본 정부, 자료 보강 뒤 재신청
2024. 6. 6.	ICOMOS, 보류 권고
7. 21.~31.	인도 뉴델리에서 개최되는 유네스코 세계유산위원회에서 등재 여부 결정

한국계 우일연 작가, 美 최고 권위 퓰리처상
도서 부문 한국계 첫 수상

미국 퓰리처상 선정위원회가 5월 6일 《주인 노예 남편 아내(Master Slave Husband Wife)》를 쓴 한국계 미국인 우일연 작가를 「제108회 퓰리처상」 전기(傳記) 부문 공동수상자로 결정했다고 밝혔다. 우 작가는 미국 국적의 한인 2세로, 예일대를 졸업하고 컬럼비아대에서 영문학 박사학위를 받았다. 미국 최대 권위를 가진 퓰리처상 도서 부문에서 한국계 인사가 퓰리처상을 수상한 것은 이번이 처음이다.

《주인 노예 남편 아내》는 노예제도가 있었던 1848년 미국 남부 조지아주에서 노예제가 폐지된 북쪽으로의 탈출을 감행한 노예 크래프트 부부의 이야기를 다룬 논픽션 작품이다. 이는 지난해 1월 출간됐으며, 그해 NYT가 선정한 「2023년 최고의 책 10권」에 선정된 바 있다.

> **퓰리처상(Pulitzer Prize)** 　1917년 헝가리 출신 미국 저널리스트인 조셉 퓰리처(Joseph Pulitzer, 1847~1911)의 유언에 따라 창설된 미국에서 가장 권위 있는 보도·문학·음악상으로, 조셉 퓰리처의 유산을 기금으로 뉴욕 컬럼비아대 저널리즘스쿨 내에 설립됐다. 퓰리처상은 공공보도·보도사진 등 언론에 해당하는 14개 부문과 문학·드라마·음악 등 예술에 해당하는 7개 부문에서 그해 가장 우수한 업적을 이룬 인물을 선정해 수여한다. 다만 문학과 음악 부문은 꼭 미국 시민이어야 하며, 언론 부문 수상자는 꼭 미국인일 필요는 없으나 미국 신문사에서 활동해야 한다는 조건이 있다.

김기영 감독 〈하녀〉,
영화인들이 뽑은 역대 한국 영화 1위

한국영상자료원이 5월 31일 발표한 「한국 영화 100선」에 따르면 고(故) 김기영 감독(1919~1998)의 〈하녀〉(1960)가 영화인들이 선정한 역대 최고의 한국 영화 1위에 올랐다. 이번 조사는 지난해 6~8월 영화계 관계자 240명을 대상으로 진행된 것으로, 1943년부터 2022년까지 80년간 제작·개봉된 국내 장편영화 가운데 선정했다.

영상자료원은 2006년과 2014년 역대 최고 영화 100편을 선정한 데 이어 세 번째로 이번 조사를 실시했는데, 〈하녀〉는 2014년 조사에서도 1위에 오른 바 있다. 2위와 3위는 봉준호 감독의 〈살인의 추억〉(2003), 〈기생충〉(2019)이 각각 차지했으며, 유현목 감독의 〈오발탄〉(1961)이 4위에 올랐다. 박찬욱 감독의 〈올드보이〉(2003)와 〈헤어질 결심〉(2022)은 각각 5위와 공동 8위를 차지했다. 이 밖에 ▷6위는 하길종 감독의 〈바보들의 행진〉(1975) ▷7위는 이창동 감독의 〈시〉(2010) ▷공동 8위에는 허진호 감독의 〈8월의 크리스마스〉(1998) ▷10위는 홍상수 감독의 〈돼지가 우물에 빠진 날〉(1996)이 차지했다.

역대 최고 한국 영화 상위 10위

순위	영화명	감독	순위	영화명	감독
1	하녀	김기영	6	바보들의 행진	하길종
2	살인의 추억	봉준호	7	시	이창동
3	기생충	봉준호	8	8월의 크리스마스	허진호
4	오발탄	유현목	8	헤어질 결심	박찬욱
5	올드보이	박찬욱	10	돼지가 우물에 빠진 날	홍상수

영화 〈범죄도시4〉,
한국 영화 시리즈 최초로 트리플 천만 기록

배우 마동석 주연의 액션 영화 〈범죄도시4〉가 개봉 22일 만인 5월 15일 누적 관객 수 1000만 명을 돌파하며 한국 시리즈 영화 최초로 「트리플 천만」을 달성했다. 〈범죄도시4〉는 괴력의 형사 마석도가 필리핀에 근거지를 둔 온라인 불법 도박 조직을 소탕하는 이야기로, 〈범죄도시2〉(1269만 명)·〈범죄도시3〉(1068만 명)에 이은 시리즈에서 세 번째 천만 영화가 됐다. 지금까지 국내 개봉작 중 세 편의 천만 영화를 기록한 시리즈는 할리우드 영화 〈어벤져스〉 1~4편이 유일하며, 한국 영화로는 〈범죄도시〉 시리즈가 처음이다.

또한 〈범죄도시4〉는 역대 개봉작으로는 33번째 천만 영화가 됐으며, 한국 영화 중에서는 24번째 천만 영화라는 기록도 썼다. 여기다 주연배우 마동석은 〈부산행〉(2016) ▷〈신과 함께-죄와 벌〉(2017) ▷〈신과 함께-인과 연〉(2018) ▷〈범죄도시2·3〉에 이어 이번 작품까지 모두 여섯 편의 천만 영화에 출연, 한국 배우로는 최다 기록을 세우게 됐다.

문체부, 웹툰·웹소설 등 연재물
저작권 등록 수수료 인하

문화체육관광부가 저작권 등록 시 창작자의 비용 부담을 덜고 업무상저작물 참여자도 저작권등록부에 성명을 기재하도록 개정한 「저작권법 시행규칙」이 5월 7일부터 시행됐다고 밝혔다. 이에 따르면 웹툰과 웹소설 등 순차적으로 내용을 공개하는 저작물(순차저작물)의 경우 최초 저작권 등록 후 두 번째부터는 수수료가 기존 2~3만 원에서 1만 원으로 인하된다. 또한 저작권 등록 수수료 면제 대상도 확대되는데, 기존에는 「국민기초생활 보장법」에 따라 생계급여 또는 의료급여 수급자에 한해 저작권 등록 수수료를 면제했지만, 장애인·국가유공자 및 5·18 민주유공자 등의 저작권 등록 수수료도 면제된다. 다만 등록 수수료 면제 횟수는 연간 10회까지다. 아울러 업무상저작물 작성에 참여한 사람도 저작권등록부에 기재되는데, 저작권등록 신청명세서와 프로그램등록 신청명세서 서식에 업무상저작물 작성에 참여한 사람의 성명과 생년월일 기재란을 신설하도록 했다.

세븐틴, K팝 가수 최초로
유네스코 청년 친선대사로 임명

그룹 세븐틴이 K팝 가수 가운데 최초로 「유네스코 청년 친선대사(Goodwill Ambassador for Youth)」에 임명된다고 소속사 플레디스엔터테인먼트가 6월 11일 밝혔다. 유네스코가 청년 친선대사를 임명한 사례도 이번이 처음인데, 세븐틴은 오는 5월 26일 프랑스 파리 유네스코 본부에서 열리는 청년 친선대사 임명식에 참석할 예정이다.

한편, 유네스코는 각 분야에서 세계적인 명성을 지닌 인사를 친선대사로 임명하고 있는데, 이는 유네스코의 이념과 활동에 대한 전 세계인들의 관심과 참여를 높이기 위한 목적이다. 예컨대 세계적인 성악가 플라시도 도밍고를 비롯해 레알 마드리드 소속 축구선수 비니시우스 주니오르, 스페인 배우 로시 데 팔마 등이 유네스코 친선대사로 활동한 바 있다.

∿∿

한국 남자축구, U-23 아시안컵 8강전 패배
10회 연속 올림픽 출전 무산

황선홍 감독이 지휘한 대한민국 U-23(23세 이하) 축구대표팀이 4월 26일 카타르 도하에서 열린 인도네시아와의 「2024 아시아축구연맹(AFC) U-23 아시안컵」 8강전에서 2-2로 비긴 뒤 승부차기에 돌입했지만 10-11로 패배했다. 이번 패배로 한국 남자축구의 2024 파리올림픽 진출이 좌절됐다. 아시아 최종예선을 겸한 이번 대회에서는 3위 안에 들어야 파리올림픽 본선으로 직행하고, 4위는 아프리카 기니와의 대륙 간 플레이오프(PO)를 거쳐 본선에 진출할 수 있었다. 한국 남자축구는 1988년 서울올림픽을 시작으로 2020년 도쿄올림픽까지 9회 연속 올림픽에 진출해 왔으나, 이번 경기에서 패배하며 사상 최초의 10회 연속 올림픽 본선 진출에는 실패했다. 한국 남자축구가 올림픽에 출전하지 못하는 것은 1984년 로스앤젤레스(LA) 대회 이후 40년 만이다.

단체 구기종목은 여자 핸드볼만 올림픽 참가 한국 남자축구가 파리올림픽 출전권을 따내지 못하면서 우리나라는 1976년 몬트리올 올림픽 이후 48년 만에 하계올림픽 출전 선수가 200명 아래로 내려가게 됐다. 이번 파리올림픽에서 열리는 8개 구기종목(핸드볼, 수구, 농구, 하키, 축구, 핸드볼, 럭비, 배구) 중 한국이 출전하는 종목은 여자 핸드볼이 유일하다. 헨리크 시그넬(스웨덴) 감독이 지휘하는 한국 여자 핸드볼은 지난해 8월 아시아 지역 예선을 통과해 올림픽 남녀 핸드볼 사상 최초로 11회 연속 본선 진출에 성공한 바 있다.

한국 축구대표팀, 싱가포르 7-0 완파
2026 북중미 월드컵 아시아 최종 예선 진출

김도훈 감독이 임시로 지휘봉을 잡은 한국 축구대표팀이 6월 6일 싱가포르 내셔널 스타디움에서 열린 「2026 북중미 월드컵 아시아 2차 예선 C조」 5차전 원정경기에서 싱가포르에 7-0의 대승을 거뒀다. 한국은 이날 승리에 따라 4승 1무(승점 13)로 1위를 지키며 6월 11일 중국과의 아시아 지역 2차 예선 최종전 결과와 상관없이 아시아 3차 예선 진출을 확정지었다. 36개국이 9개 조로 나뉘어 진행된 이번 아시아 지역 2차 예선에서는 각 조 2위까지 총 18개 팀이 3차 예선에 진출한다.
한편, 2026 북중미 월드컵부터는 참가국이 기존 32개국에서 48개국으로 대폭 늘어나면서 아시아 축구연맹(AFC)에 할당된 월드컵 본선 진출 티켓도 4.5장에서 8.5장으로 늘었다. 이처럼 본선 진출국의 수가 1988년 프랑스 월드컵 이후 28년 만에 확대되며 총경기 수는 현행 64경기에서 총 104경기로 증가하고, 대회 기간도 최소 한 주는 더 늘어날 전망이다.

맨체스터 시티, EPL 4연패 신기록 달성
136년 EPL 역사상 최초 기록

펩 과르디올라 감독이 이끄는 맨체스터 시티(맨시티)가 5월 20일 열린 「2023~2024시즌 잉글랜드 프리미어리그(EPL)」 최종 38라운드 홈경기에서 웨스트햄 유타이티드를 3-1로 꺾고 승점 91(28승 7무 3패)을 기록, 마지막까지 경쟁을 펼친 아스널(승점 89)을 2점 차로 따돌리며 우승을 차지했다. 이로써 맨시티는 2020~2021시즌부터 4시즌 연속 우승이라는 대기록을 썼는데, 1992년 출범한 EPL에서 4연패를 달성한 것은 맨시티가 처음이다. 종전 EPL 연속 우승 기록은 알렉스 퍼거슨 전 감독이 지휘했던 맨체스터 유나이티드(1999~2001년, 2007~2009년)가 거둔 두 차례의 3연패였다. 여기다 2017~2018시즌부터 7시즌 동안 EPL에서 6차례 정상에 올라 통산 8회 우승을 달성한 맨시티는 맨유(13회)에 이어 역대 2위 우승 기록도 남기게 됐다. 한편, 맨시티의 간판 스트라이커 엘링 홀란은 이번 시즌 27골을 기록해 지난 시즌에 이어 2연속 득점왕에 이름을 올렸다.

2023~2024시즌 유럽 5대 리그 우승팀　5월 20일 맨시티의 EPL 4연패 신기록을 비롯해 ▷독일 분데스리가(레버쿠젠) ▷스페인 라리가(레알 마드리드) ▷이탈리아 세리에A(인터밀란) ▷프랑스 리그1(파리생제르맹) 등 2023~2024시즌 유럽 5대 리그 우승팀이 모두 결정됐다.

레버쿠젠, 분데스리가 최초로 무패 우승 달성　레버쿠젠이 5월 18일 아우크스부르크와의 「2023~2024시즌 분데스리가」 최종 34라운드에서 2-1로 승리, 이번 시즌을 28승 6무(승점90)로 마치면서 무패 우승을 달성했다. 1963~1964시즌 시작된 분데스리가에서 무패 우승을 거둔 팀은 레버쿠젠이 처음이다. 레버쿠젠은 이번 대회 기준으로 시즌 리그 34경기를 포함해 공식전 51경기에서 한 번도 패하지 않았는데, 이는 1995년 이후로 유럽 5대 리그 팀 역대 최다 연속 무패 기록이기도 하다. 여기다 레버쿠젠은 ▷AC밀란(이탈리아·1991~1992) ▷아스널(잉글랜드·2003~2004) ▷유벤투스(이탈리아·2011~2012)에 이어 유럽 클럽대항전 창설 이후 역대 4번째로 리그에서 무패 우승을 달성한 팀이라는 기록도 남겼다.

레알 마드리드, 2년 만에 라리가 정상 탈환　레알 마드리드가 5월 4일 열린 「2023~2024시즌 라리가」 34라운드에서 카디스를 3-0으로 꺾고 승점 87(27승 6무 1패)을 기록, 2위 지로나(승점 74)와 13점 차로 벌리며 남은 경기와 상관없이 우승을 확정했다. 이로써 레알은 2년 만에 정상을 탈환한 데 이어 통산 36번째 우승을 달성하며 역대 최다 우승 기록을 경신했다. 레알 마드리드의 36회 우승은 유럽 5대 리그 최다 우승과 타이 기록에 해당하는데, 이탈리아 세리에A의 유벤투스가 리그 우승 36회를 차지한 바 있다.

💡 미국 경제 전문지 《포브스》는 5월 23일 레알 마드리드가 66억 달러(약 9조 400억 원)의 가치를 지닌 것으로 집계돼 세계에서 가장 구단 가치가 높은 축구 클럽에 3년 연속 선정됐다고 밝혔다.

인터밀란, 이탈리아 세리에A 우승　인터밀란이 4월 23일 열린 「2023~2024시즌 세리에A」에서 AC밀란을 상대로 2-1의 승리를 거뒀다. 이로써 인터밀란은 승점 86(27승 5무 1패)을 따내며 AC밀란(승점 69)을 따돌리고 2020~2021시즌 이후 3년 만에 리그 우승을 확정지었다. 특히 이날 우승으로 통산 20번째 정상에 오른 인터밀란은 AC밀란(19회 우승)을 밀어내고 세리에A에서 유벤투스(36회)에 이어 두 번째로 많은 우승 횟수를 기록하게 됐다.

스포츠시사

파리 생제르맹, 3연속 프랑스 리그1 우승 이강인(23)이 속한 파리 생제르맹(PSG)이 4월 28일 열린 르 아브르와의 「2023~2024시즌 리그1」에서 3-3으로 비긴 가운데, 다음 날인 29일 AS모나코가 리옹에 2-3으로 패하면서 이번 시즌 우승을 확정했다. PSG는 2위 AS모나코(승점 58)와 12점 차로 벌리면서 남은 3경기와 상관없이 리그 우승을 확정, 리그 3연패이자 통산 12번째 우승을 차지하게 됐다. 특히 이강인은 4월 28일 경기 후반에 투입, 추가시간 결정적인 동점골 어시스트로 우승 확정에 기여했다. 한국 선수가 유럽 5대 리그에서 우승한 것은 박지성(맨체스터 유나이티드·4회), 정우영(바이에른 뮌헨·1회), 김민재(나폴리·1회)에 이어 이강인이 네 번째다.

레알 마드리드, UEFA 챔피언스리그 우승
15번째 정상 차지

레알 마드리드가 6월 2일 영국 런던 웸블리 스타디움에서 열린 「2023~2024시즌 유럽축구연맹(UEFA) 챔피언스리그(UCL)」 결승전에서 보루시아 도르트문트(독일)를 2-0으로 꺾고 우승컵 「빅이어」를 차지했다. 이로써 레알은 지난 2021~2022시즌 이후 2년 만이자 통산 15번째 UCL 우승을 차지하며 최다 우승 기록을 갖게 됐는데, 이는 2위 AC밀란(이탈리아·7회)의 2배가 넘는 것이다. 또 레알은 조별리그 6전 전승을 포함해 이번 대회 13경기에서 9승 4무의 기록을 남겼는데, 올 시즌 스페인 라리가 우승도 차지한 바 있어 더블(2관왕)에도 오르게 됐다. 아울러 이날 레알의 승리를 지휘한 카를로 안첼로티 감독은 통산 7번째 UCL 결승에 올라 5회 우승이라는 역대 최다 기록을 남기게 됐다. 안첼로티 감독은 AC밀란 사령탑으로 두 차례(2003, 2007년), 레알 지휘봉을 잡은 뒤 세 차례(2014, 2022, 2024년) 챔스리그 정상에 올랐다.

레알, 음바페 영입 발표 레알 마드리드가 6월 4일 홈페이지를 통해 파리 생제르맹(PSG)에서 활약하던 킬리안 음바페(25·프랑스) 영입을 공식 발표했다. 음바페는 PSG와 프랑스 대표팀을 상징하는 스타로, 2017~2018시즌부터 7시즌 동안 PSG의 주포 역할을 하며 308경기 256골을 기록했다. 프랑스 대표팀에서는 2018년 러시아 월드컵 우승에 앞장섰으며, 2022 카타르 월드컵 때에도 결승전에서만 3골을 기록하며 아르헨티나와 치열한 연장접전을 펼친 바 있다. 음바페는 자유계약(FA) 신분으로 이적료 없이 PSG를 떠나 레알 마드리드에서 2028~2029시즌까지 활약하게 된다.

> **UEFA 챔피언스리그(UCL·UEFA Champions League)** 유럽축구연맹(UEFA) 주관 아래 유럽 각국의 프로축구리그 우승팀과 상위팀들끼리 벌이는 축구대회를 말한다. 원래 전통적인 토너먼트 방식으로만 진행되던 대회는 1992~1993시즌 조별 라운드와 토너먼트를 혼합한 방식으로 정식 출범했다. 1999부터 32개 팀이 참여하고 있으며, 대회 우승팀은 유럽 챔피언으로서 라틴아메리카 지역 우승팀과 세계 클럽 최강전을 갖는다. UEFA 챔피언스리그 결승전은 단판 승부로 치러지는데 반드시 5성급 경기장에서 치르는 것이 원칙이다. 현재까지 스페인의 레알 마드리드가 통산 15회 우승으로 최다 우승 기록을 갖고 있으며 그 뒤를 AC 밀란(7승), 리버풀 FC(6승), 바이에른 뮌헨(6승), FC 바르셀로나(5승)가 잇고 있다. 챔스 공인구는 「피날레(Finale)」, 우승컵은 「빅이어(Big Ears)」이다.
>
> **빅이어(Big ears cup)** UEFA 챔피언스리그 우승팀에게 수여되는 우승컵(유러피언 챔피언 클럽스컵)의 별칭이다. 큰 귀가 달린 듯한 디자인 때문에 붙여진 이름으로, 우승팀에게는 팀 이름이 새겨진 빅이어의 복제품이 수여된다. 다만 「5회 우승 또는 3년 연속 우승」이라는 조건을 충족해 빅이어를 영구 소장한 팀은 ▷레알 마드리드(통산 5회 우승 조건 충족, 1960) ▷AFC 아약스(3년 연속 우승 조건 충족, 1973) ▷FC 바이에른 뮌헨(3년 연속 우승 조건 충족, 1976) ▷AC 밀란(통산 5회 우승 조건 충족, 1994) ▷리버풀 FC(통산 5회 우승 조건 충족, 2005) ▷FC 바르셀로나(통산 5회 우승 조건 충족, 2015) 등 6개 팀이 있다.

이탈리아 아탈란타,
창단 첫 UEFA 유로파리그 우승

아탈란타(이탈리아)가 5월 23일 아일랜드 더블린에서 열린 「2023~2024시즌 유럽축구연맹(UEFA) 유로파리그」 결승전에서 레버쿠젠(독일)에 3-0으로 완승했다. 이로써 1907년 창단된 아탈란타는 역사상 처음으로 유럽 클럽대항전 정상에 오르게 됐다. 또한 아탈란타가 정규리그와 컵대회를 통틀어 우승한 것은 1962~1963시즌 코파 이탈리아(이탈리아 FA컵) 이후 61년 만이다. 특히 이날 대회에서 해트트릭을 기록하며 팀의 승리를 이끈 공격수 아데몰라 루크먼(27·나이지리아)은 유럽 클럽대항전 역사를 통틀어 결승전에서 해트트릭을 기록한 여섯 번째 선수라는 기록을 남겼다.
한편, 레버쿠젠은 이번 대회 전까지 51경기 무패(42승 9무) 행진을 이어가며 1987~1988시즌 이후 두 번째 우승에 도전했지만 아탈란타에 패배하며 준우승에 그치게 됐다.

> **유럽축구연맹(UEFA) 유로파리그**　유럽축구연맹(UEFA)이 주관하는 유럽 클럽대항전 중 최고에 해당하는 UEFA 챔피언스리그 다음으로 규모가 큰 대회로, 1971년부터 시작됐다. 각국의 리그와 컵대회 성적으로 출전 자격이 부여되는데, ▷유럽 각국의 1부 리그 상위권에 해당하는 팀 ▷각국 컵대회 우승팀 ▷특정 국가의 리그컵 우승팀 ▷UEFA 챔피언스리그 PO에서 탈락한 10팀 ▷UEFA 페어플레이리그의 상위권 3개 클럽 등이 이에 해당한다.

맨체스터 유나이티드,
8년 만에 FA컵 우승

맨체스터 유나이티드(맨유)가 5월 25일 런던 웸블리 스타디움에서 열린 「2023~2024시즌 FA컵」 결승전에서 지역 라이벌 맨체스터 시티(맨시티)를 상대로 2-1로 승리, 2015~2016시즌 이후 8년 만에 우승컵을 차지했다. 이로써 맨유는 FA컵 통산 13번째 정상에 오르며 FA컵 최다 우승 기록을 보유하고 있는 아스널(14회)을 단 1회 차이로 추격하게 됐다.
한편, 이번 시즌 EPL에서 사상 최초로 리그 4연패를 달성한 맨시티는 잉글랜드 클럽 최초로 2년 연속 「더블(EPL+FA컵 동시 우승)」에 도전했지만 맨유에 가로막혀 새로운 역사를 쓰는 데는 실패했다.

> **잉글랜드 FA컵(England Football Association Cup)**　잉글랜드축구협회가 주관하며, 1871~1872시즌을 시작으로 이어지고 있는 세계에서 가장 오래된 축구협회 축구대회다. 잉글랜드축구협회에 속한 모든 클럽들이 참여해 챔피언을 가리는데, ▷프리미어리그 ▷챔피언십 ▷디비전 1·2 등의 프로팀 ▷내셔널 ▷북부 ▷남부 ▷콘퍼런스 ▷5개 지역리그 ▷아마추어 클럽 등 모두 12개 리그의 클럽들이 출전해 단판 토너먼트 방식으로 승패를 가린다.

손흥민, EPL 통산 3번째
「10골-10도움」 달성

손흥민(32·토트넘 홋스퍼)이 5월 20일 열린 셰필드 유나이티드와의 「2023~2024시즌 잉글랜드 프리미어리그(EPL) 최종 38라운드」 원정경기에서 개인 통산 3번째 「10골-10도움」을 달성하며 이번 시즌을 마무리했다. 이날 경기 전까지 17골 9도움을 기록 중이던 손흥민은 전반 14분 데얀 클루세브스키의 선제골을 어시스트하며 새로운 역사를 쓰게 됐다. 손흥민이 10골-10도움을 기록한 것은

2019~2020시즌(11골-10도움)·2020~2021시즌(17골-10도움)에 이어 이번이 세 번째다. 이로써 손흥민은 아시아 선수로는 최초이자 ▷웨인 루니, 모하메드 살라(이상 5회) ▷에리크 캉토나, 프랭크 램퍼드(이상 4회) ▷디디에 드로그바(3회)에 이어 EPL에서 10골-10도움을 세 차례 이상 작성한 여섯 번째 선수에 이름을 올리게 됐다.

한편, 이날 경기에서 승점 3점을 추가한 토트넘은 6위(승점 63) 첼시의 추격을 따돌리고 5위(승점 66)를 지키며 다음 시즌 유럽축구연맹(UEFA) 유로파리그(UEL) 진출을 확정했다.

브라이슨 디섐보, US오픈 우승
4년 만에 US오픈 탈환

브라이슨 디섐보(31·미국)가 6월 17일 미국 노스캐롤라이나주 파인허스트 골프장(파70·7519야드)에서 막을 내린 US오픈에서 최종합계 6언더파 274타를 기록하며 우승을 차지했다. 이로써 디섐보는 2020년 첫 번째 우승 이후 4년 만에 US오픈 정상을 탈환하면서 메이저 2승 포함 PGA 투어 통산 9승을 기록했다. 반면 2011년 이 대회 우승자인 로리 매킬로이(35·북아일랜드)는 디섐보에게 패하며 2년 연속 준우승에 그쳤다.

2016년 데뷔한 디섐보는 이번 대회까지 PGA 투어에서 통산 9승을 거둔 선수로, 특히 평균 320야드의 폭발적인 드라이브샷 비거리를 앞세워 브룩스 켑카(34)·카메론 챔프(29·이상 미국) 등과 함께 장타 시대를 열었던 인물이다. 2022년에는 사우디아라비아 국부펀드가 주도하는 LIV 골프리그로 이적해 지난해 2승을 거둔 바 있다. 그리고 디섐보는 이번 US오픈 우승으로 지난해 PGA 챔피언십의 브룩스 켑카(미국) 우승 이후 LIV 소속 선수의 두 번째 메이저 대회 우승을 기록하게 됐다.

> **US오픈(US Open)** 남자 골프 경기의 4대 메이저 대회 중 하나로, 1895년 처음 개최됐다. 현재처럼 18홀을 4일간 도는 방식은 1965년부터 시행됐으며, 2002년부터는 1~2라운드의 경우 1번 홀과 10번 홀에서 동시에 티오프(tee off)한다.

잰더 쇼플리, PGA챔피언십 우승
역대 메이저 대회 최소타·최다 언더파 신기록

잰더 쇼플리(31·미국)가 5월 20일 미국 켄터키주 루이빌 발할라 골프클럽(파71)에서 열린 「제106회 PGA챔피언십」에서 최종합계 21언더파 263타를 기록하며 2위 브라이슨 디섐보(31·미국)를 1타 차로 제치고 우승을 차지했다. 특히 쇼플리는 이번 대회에서 「21언더파 263타」로 우승하며 역대 메이저 대회 최소타·최다 언더파 신기록을 세웠는데, 종전 메이저 대회 최소타는 264타, 최다 언더파는 20언더파였다. 여기다 2018년 디오픈과 2019년 마스터스에서 기록했던 공동 2위가

> **PGA챔피언십(PGA Championship)** 1916년 미국에서 미국프로골프협회가 조직돼 시작된 경기로, 마스터스·US오픈·디오픈 챔피언십과 함께 「골프 4대 메이저 대회」로 꼽는다. 상위권에 속해 있는 선수를 초청해 경기를 진행하며, 코스마다 출전한 선수들의 국기를 걸어놓는 것이 특징이다. 특히 2008년 우리나라의 양용은 선수가 아시아인 최초로 우승컵을 차지한 메이저 대회로도 잘 알려져 있다.

메이저 대회 최고 성적이었던 쇼플리는 1~4라운드 내내 선두를 유지한 「와이어 투 와이어」 우승으로 메이저 대회 첫 우승을 거두게 됐다.

로즈 장, 코그니전트 파운더스컵 우승
고진영·김세영은 공동 12위

로즈 장(21·미국)이 5월 13일 미국 뉴저지주 클리프턴의 어퍼 몽클레어CC(파72·6536야드)에서 열린 LPGA 투어 「코그니전트 파운더스컵」 최종 라운드에서 합계 24언더파 264타를 기록, 우승을 차지했다. 스탠퍼드대에서 최장기간 아마추어 세계랭킹 1위로 군림한 로즈 장은 지난해 프로 데뷔전인 LPGA 투어 미즈호 아메리카스 오픈(6월)에서 우승하며 72년 만의 대기록을 작성한 데 이어 이번에는 여자골프 세계 1위 넬리 코르다의 6연승을 막으며 11개월 만에 통산 2승을 수확했다.

한편, 5연속 우승으로 LPGA 투어 최다 연승 타이 기록을 세우고 신기록에 도전했던 넬리 코르다는 공동 7위로 대회를 마쳤다. 또 지난해 우승자였던 고진영(29)은 2016년 챔피언이었던 김세영(31)과 공동 12위를 기록하며 톱10에 진입에 실패했다.

> **코그니전트 파운더스컵(Cognizant Founders Cup)** 미국여자프로골프(LPGA) 투어를 창설한 「파운더스(Fouders·창설자)」 13명의 업적을 기리고, LPGA-USGA 걸스 골프 프로그램 기부를 통해 유망한 미래 세대에 투자하기 위해 창설된 대회이다. 2011년 RR 도넬리 LPGA 파운더스컵으로 시작된 대회는 ▷JTBC 파운더스컵(2014~2016년) ▷뱅크 오브 호프 파운더스컵(2017~2019년) ▷볼빅 파운더스컵(2020년)을 거쳐 현재에 이르고 있다. 특히 대회는 창립자와 전설들이 18번 그린 뒤에 앉아 경기를 마친 LPGA 투어 선수들에게 인사를 건네는 「파운더스 퍼치」 전통으로 유명하다. 한편, 이 대회의 초대 챔피언은 캐리 웹(호주)이며, 2015년 김효주가 한국 선수 중 처음으로 우승을 차지한 데 이어 김세영(2016), 박인비(2018), 고진영(2019·2021·2023년)이 이 대회 우승을 차지한 바 있다.

사소 유카, US여자오픈 우승
3년 만에 패권 탈환

사소 유카(23·일본)가 6월 3일 미국 펜실베이니아주 랭커스터의 랭커스터 컨트리클럽(파70·6천583야드)에서 열린 US여자오픈 골프대회 최종 라운드에서 최종합계 4언더파 276타를 기록하며 우승을 차지했다. 이로써 사소는 2021년 이후 3년 만에 US여자오픈 우승을 차지하며, US여자오픈에서만 미국여자프로골프(LPGA) 투어 2승을 거뒀다. 사소는 2021년 US여자오픈에서 19세 11개월 17일의 나이로 이 대회 역대 최연소 타이 기록으로 우승했는데, 이는 앞서 2008년 박인비(36)가 세운 최연소 기록과 날짜까지 같은 것이다.

사소는 아버지가 일본인·어머니는 필리핀인으로, 필리핀 대표로 2018년 아시안게임 개인·단체전 2관왕에 올랐고 2021년에는 도쿄올림픽에 출전했다. 2021년 US여자오픈에서는 필리핀 국적으로 나서 필리핀 선수 최초의 메이저 대회 우승 기록을 남기기도 했다. 그러다 일본 법에 의해 이중 국적을 포기해야 하는 시기가 다가오자 2021년 말부터 일본 국적으로 대회에 나섰는데, 일본 국적 선수가 US여자오픈 우승을 차지한 것은 이번이 처음이다.

> **US 여자오픈(U.S. Women's Open)** 미국여자프로골프(LPGA) 투어 5대 메이저 대회 중 하나로, 1946년 창설됐다. 이 대회는 매년 4일간 치러지며, 지역 예선을 통과한 150명의 선수에게만 출전권이 주어져 우승하기 어려운 대회로도 명성이 자자하다. 만일 모든 경기가 치러진 뒤에 우승자가 나오지 않으면 다시 18홀을 경기하며, 또다시 승부가 나지 않으면 72홀 스트로크 방식의 서든데스로 우승자를 가린다. 특히 US 여자오픈은 1998년 박세리 선수가 20홀 연장이라는 기록적인 승부를 통해 우승하면서 물속 「맨발 투혼」의 명장면을 연출한 바 있다.

최경주, SK텔레콤 오픈 우승
KPGA 투어 역대 최고령 우승 기록

최경주(54)가 5월 19일 제주도 서귀포 핀크스골프클럽 동·서 코스(파71)에서 열린 「2024 KPGA 투어 SK텔레콤 오픈」 2차 연장에서 박상현(41)을 제치고 정상에 올랐다. 특히 1970년 5월 19일생으로 이날 대회에서 만 54세를 맞이한 최경주는 KPGA 투어 역대 최고령 우승 신기록을 19년 만에 새로 작성했다. 종전 기록은 최상호(69)가 2005년 KT&G 매경오픈에서 세운 50세 4개월 25일이다. 또한 지난 2003·2005·2008년 SK텔레콤 오픈 정상을 밟았던 최경주는 16년 만에 정상을 탈환하며 이 대회 최다 우승 기록을 4회로 올렸다. 여기다 최경주는 KPGA 투어 통산 17번째 우승을 기록, 미국프로골프(PGA) 투어에서 작성한 8승을 비롯해 해외 투어 13승을 합쳐 프로 통산 30승 고지 달성에도 성공했다.

박민지, 셀트리온 퀸즈 마스터즈 우승
단일 대회 4연패 역사 작성

박민지(26)가 6월 9일 강원도 양양군 설해원 골프장에서 열린 「셀트리온 퀸즈 마스터즈」 최종 3라운드에서 최종합계 13언더파 203타를 기록, 우승을 차지했다. 이로써 박민지는 지난 2021년 이후 이 대회 4년 연속 우승의 위업을 달성, 한국여자프로골프(KLPGA) 투어 역사를 새로 썼다. 지난 1978년 출범한 KLPGA 투어 역사상 단일 대회 3연패는 박민지와 고(故) 구옥희, 강수연(48), 박세리(47), 김해림(35)까지 5명이 기록한 바 있으나 4연패는 박민지가 최초다. 박민지는 단일 대회 최다 우승(연속 우승 포함) 부문에서도 1990·1992·1994·1996년 KLPGA 선수권 챔피언 고우순(60)과 나란히 공동 1위(4승)로 올라섰다. 더불어 투어 통산 19승을 달성하며 구옥희와 신지애(36)의 통산 우승 공동 1위(20승) 기록까지 1승만을 남겨 두게 됐다.

알카라스·시비옹테크,
프랑스오픈 남녀단식 각각 우승

프랑스 파리 스타드 롤랑가로스에서 6월 10일 열린 프랑스오픈 남자단식에서 스페인의 신예 카를로스 알카라스(21)가 우승을 차지하면서 대회 첫 우승은 물론 메이저 대회 통산 세 번째 우승을 차지했다. 특히 알카라스의 우승으로 프랑스오픈을 20년 가까이 지배했던 빅3 시대(나달, 조코비치, 페더러)가 끝났다는 평가가 나오기도 했다. 그리고 이보다 앞선 6월 8일 열린 여자단식 결승에서는 세계 1위 이가 시비옹테크(19·폴란드)가 우승하면서 대회 3연패의 위업을 달성했다.

> **프랑스오픈(French Open)** 매년 프랑스 파리에서 열리는 국제테니스대회로, 윔블던(전영오픈)·US오픈·호주오픈과 함께 「테니스의 4대 메이저 대회」로 불린다. 프랑스오픈은 4대 대회 중 클레이코트에서 열리는 유일한 대회로, 이 대회 우승자는 「클레이코트 전문가」로 불릴 정도로 클레이코트 토너먼트 중 최고의 권위를 자랑한다. 대회는 빨간 벽돌가루로 만든 「앙투카(en-tout-cas)」라는 코트에서 치러진다.

알카라스, 프랑스오픈 남자단식 우승 카를로스 알카라스(21)가 6월 10일 열린 프랑스오픈 남자단식 결승에서 알렉산더 츠베레프(27·독일)에 3-2의 역전승을 거두며 우승을 차지했다. 이로써 알카라스는 2022년 US오픈과 지난해 윔블던에 이어 메이저 대회 통산 3번째 정상에 올랐는데, 프랑스오픈에서 우승한 것은 이번이 처음이다. 알카라스는 앞으로 호주오픈에서만 우승하면 4대 메이저 대회를 모두 석권하는 「커리어 그랜드슬램」을 이루게 된다. 또 2003년 5월생인 알카라스는 이번 대회 우승으로 하드코트(US오픈)와 잔디코트(윔블던), 클레이코트(프랑스오픈) 메이저 대회에서 모두 정상을 밟은 최연소 선수로도 이름을 남겼다.

프랑스오픈, 테니스 세대교체의 신호탄? 알카라스의 이날 우승으로 프랑스오픈을 20년 가까이 지배했던 빅3 시대가 막을 내렸다는 평가가 나왔는데, 그동안 프랑스오픈에서는 ▷라파엘 나달(38·스페인) ▷노박 조코비치(37·세르비아) ▷로저 페더러(43·은퇴·스위스) 등 3명의 스타가 치열한 우승 경쟁을 벌여 왔다. 실제로 2005년부터 지난해까지 이 대회에서 빅3 외의 선수가 우승한 것은 단 한 차례(2015년 스타니슬라스 바브린카)에 불과했다. 그런데 올해 대회에서는 이러한 판도에 큰 변화가 일었는데, 나달이 1회전에서 일찌감치 탈락한 데다 디펜딩 챔피언 조코비치는 8강전을 앞두고 무릎 부상으로 기권한 바 있다.(※ 페더러는 지난 2022년 은퇴)

프랑스오픈 남자단식 역대 결과는?	
연도	우승
2015	스타니슬라스 바브린카
2016	노박 조코비치
2017	라파엘 나달
2018	라파엘 나달
2019	라파엘 나달
2020	라파엘 나달
2021	노박 조코비치
2022	라파엘 나달
2023	노박 조코비치
2024	카를로스 알카라스

시비옹테크, 프랑스오픈 여자단식 3연패 세계 1위 이가 시비옹테크(19·폴란드)가 6월 8일 열린 프랑스오픈 여자단식 결승에서 자스민 파올리니(28·이탈리아)를 2-0으로 꺾고 우승, 프랑스오픈 3연패를 달성했다. 프랑스오픈 여자단식 3연패는 모니카 셀레스(1990~1992년), 쥐스틴 에냉(2005~2007년)에 이어 역대 3번째이자 17년 만이다. 여기에 시비옹테크는 2022년 US오픈 우승을 포함해 다섯 번째 메이저 정상에 등극했는데, 1990년 이후 태어난 남녀 선수 가운데 메이저 5회 우승은 2001년생인 시비옹테크가 유일하다. 이로써 시비옹테크는 여자단식 현역 선수 중 메이저 대회 최다 우승자인 비너스 윌리엄스의 기록(7회)에도 가까이 다가섰다.

조코비치, 프랑스오픈 16강전에서 메이저 370승
무릎 부상으로 8강전은 기권

노박 조코비치(37·세르비아)가 6월 4일 프랑스 파리의 스타드 롤랑가로스에서 열린 프랑스오픈 16강전 프란치스코 세룬돌로(26·아르헨티나)와의 경기에서 3-2로 승리하며, 메이저 대회 통산 370승의 기록을 썼다. 이로써 조코비치는 369승의 페더러(43·은퇴·스위스)를 제치고 이 부문 역대 1위로 올라섰으며, 통산 59번째로 메이저 대회 8강에 올라 이 부문에서도 페더러를 제치고 역대 1위가 됐다. 조코비치는 이 외에도 메이저 대회 최다 우승(24회)·결승 진출(36회)·4강 진출(48회) 등의 부문에서 1위를 달리고 있다.

8강전은 부상으로 기권 하지만 조코비치는 16강전에서 4시간 49분에 걸친 혈투로 무릎 부상을 입었고, 결국 8강전을 앞두고 기권했다. 조코비치는 이번 대회에서 자신의 25번째 메이저 대회 우승이자 프랑스오픈 2년 연속 우승에 도전했었다. 메이저 대회에서 남자 최다인 24승이라는

조코비치의 기록들	
24회	최다 우승
36회	최다 결승 진출
48회	최다 4강 진출
59회	최다 8강 진출
370승	최다 승

기록을 갖고 있는 조코비치는 앞으로 1승만 추가하면 남녀 통틀어 최다인 메이저 25승 고지에 올라서게 된다. 한편, 조코비치의 기권으로 올해 프랑스오픈 결승전은 2004년 이후 20년 만에 조코비치·나달·페더러 등 빅3가 없는 경기로 치러지게 됐다.

💡 AP통신이 6월 19일 조코비치의 파리올림픽 출전을 세르비아 올림픽위원회를 통해 확인했다고 보도했다. 조코비치가 올해 파리올림픽에 나올 경우 통산 5번째 올림픽 출전이 된다. 그는 2008년 베이징올림픽 단식 동메달이 최고 성적이며 2012년 런던과 2021년 도쿄올림픽에서는 3-4위전에서 패한 바 있다. 올해 파리올림픽 테니스 종목은 7월 27일 시작되는데, 장소는 프랑스오픈이 열렸던 파리의 스타드 롤랑가로스이다.

부산 KCC, 프로농구 챔프전 정상
프로농구 최초 정규리그 5위로 챔피언 등극

프로농구 부산 KCC가 5월 5일 수원 KT아레나에서 열린 「2023~2024시즌 프로농구 챔피언결정전」(7전4선승제) 5차전에서 수원 KT를 88-70으로 꺾으며 시리즈 전적 4승 1패로 정상에 올랐다. KCC가 챔프전 정상을 차지한 것은 전신인 현대 시절을 포함해 통산 6번째이자 2010~2011시즌 이후 13년 만이다. 특히 KCC는 1997년 출범한 프로농구 역사상 처음으로 「정규리그 5위 팀의 우승」이라는 기록도 남겼다. 앞서 KCC는 6강 플레이오프(PO)에서 정규리그 4위 SK를 이겼고, 4강 PO에서는 정규리그 1위 DB마저 제치며 챔프전에 오른 바 있다. 여기에 챔프전 5경기에서 평균 18.8점을 넣은 KCC의 허웅(31)은 기자단 투표 총 84표 중 31표를 받아 최우수선수(MVP)에 선정됐다. 한편, 2006~2007시즌 이후 17년 만에 챔프전 무대에 오른 KT는 창단 후 첫 우승에 도전했으나 준우승에 그치게 됐다.

보스턴, 16년 만에 NBA 우승
역대 최다 18번째 우승 기록

보스턴이 6월 18일 열린 「2023~2024시즌 미국프로농구(NBA) 챔피언 결정전」(7전 4승제) 5차전에서 댈러스에 106-88로 승리, 시리즈 전적 4승1패를 기록하면서 통산 18번째 우승을 차지했다. 이로써 보스턴은 지난 2008년 17번째 우승을 차지한 지 16년 만에 NBA 최다 우승 단독 1위 팀 타이틀을 되찾았다. 보스턴이 2008년 이후 한 번도 우승하지 못한 15년간 LA레이커스가 3번 우승(총 17회 우승)하면서 지난 시즌까지는 두 팀이 공동 1위 기록을 보유하고 있었다. 한편, 챔피언 결정전 최우수선수(MVP)는 평균 20.8득점, 5.4리바운드, 5.0도움을 기록한 제일런 브라운(28)이 차지했다. 또 이번 시즌부터 보스턴 정식 사령탑이 된 조 마줄라 감독(36)은 1968~1969시즌 보스턴 「플레잉 감독」으로 우승한 빌 러셀(당시 35세) 이후 최연소 NBA 우승 감독이 됐다.

> **미국프로농구(NBA·National Basketball Association)** 1949년 설립된 NBA는 현재 30개의 프로팀을 2개의 콘퍼런스가 각각 3개씩, 총 6개의 디비전으로 나뉘어 매년 정규 시즌에서 홈앤드어웨이 방식으로 팀당 82게임을 치르고 있다. 지역별로는 각각 15팀으로 구성된 동부 콘퍼런스와 서부 콘퍼런스로 나뉜다. 정규 시즌이 끝나면 시즌챔피언을 가리는 플레이오프전이 시작되는데, 콘퍼런스별로 상위 8개 팀이 플레이오프에 진출해 토너먼트 방식으로 각 콘퍼런스 챔피언을 가리고 이 두 팀이 챔피언 결정전을 갖는다. 그리고 우승팀에게는 「래리 오브라이언 트로피(Larry O'Brien Championship Trophy)」가 수여된다.

카미 리타, 에베레스트 30회 등정
역대 최다 기록 경신

셰르파(등반 안내인) 카미 리타(54·네팔)가 5월 12일 높이 9000m에 육박(8848m)하는 세계 최고봉 에베레스트 29회 등정에 성공하며 자신의 최다 등정 횟수(28회) 기록을 경신한 데 이어, 22일 또다시 에베레스트에 오르면서 30회 등정 신기록을 세웠다. 리타는 이로써 역대 산악인 가운데 가장 많이 에베레스트 정상에 오른 인물이 됐다. 리타는 셰르파였던 아버지를 따라 1994년 5월 처음으로 에베레스트에 등정한 이후 매년 등정에 성공하고 있어 「에베레스트 맨」이라 불린다. 그는 앞서 2019년 5월과 2023년 5월에도 일주일 동안 두 차례 에베레스트 정상을 밟은 바 있다.

한편, 「셰르파(Sherpa)」는 네팔의 종족 중 하나이자 성(姓)으로, 네팔 히말라야의 산악 등반 안내인을 이르는 말로 널리 사용된다. 셰르파는 단순한 가이드가 아니라 전반적인 준비상황을 비롯해 등정루트 선정에서부터 정상공격 시간 등의 최종 설정까지 모든 것을 조언하는 역할을 담당한다. 현재 셰르파 없이 히말라야를 오르는 원정대는 거의 없는데, 그만큼 셰르파가 등반에 있어 중요한 결정을 내리는 등 실질적인 등반을 맡고 있기 때문이다.

💡 AFP통신 등에 따르면 30대 네팔 여성 산악인 푼조 라마가 5월 23일 14시간 31분 만에 에베레스트 정상을 밟으며 여성 최단시간 등정 신기록을 세웠다. 라마는 이로써 2021년 홍콩 여성 산악인 창인홍이 세운 종전 기록 25시간 50분을 약 11시간 단축했다. 라마는 앞서 2018년에는 39시간 6분 만에 에베레스트 등정에 성공. 당시 신기록을 달성한 바 있다. 남성을 포함한 에베레스트 등정 최단시간 기록은 10시간 56분으로 네팔 산악인 라크파 겔루 셰르파가 2003년에 세운 바 있다.

산악인 엄홍길, 17년 만에
히말라야 미답봉 「쥬갈1봉」 등정 성공

한국-네팔 수교 50주년을 기념하기 위해 꾸려진 엄홍길(64) 대장의 「2024 한국-네팔 우정 원정대」가 5월 3일 세계 최초로 네팔 히말라야 미답봉(未踏峯·아직 아무도 오르지 않은 산봉우리)인 「쥬갈1봉(6590m)」 등정에 성공했다. 원정대 17명 중 쥬갈1봉 등정에 성공한 3명은 엄홍길 대장을 비롯해 히말라야 9좌 최단 등정 기네스 세계기록 보유자이자 14차례 에베레스트 등정자인 락파 덴디(36)와 람바 바부(35) 등이다.

쥬갈1봉은 네팔 정부가 60여 년 만에 처음 공개한 등정지(미답봉)로, 네팔 수도 카투만두에서 북동쪽으로 145km 떨어진 쥬갈 히말라야의 험준한 산군에 둘러싸인 봉우리다. 이는 6500m급이지만 8000m급과 비교되는 험준한 지형으로 구성돼 있다. 특히 엄 대장은 지난 2007년 히말라야 8000m급 16좌(봉우리) 완등에 성공한 뒤 6000m 이상 고산 등정을 중단했지만, 한국과 네팔 수교 50주년을 맞아 17년 만에 등정에 나선 것이어서 그 의미를 더했다.

엄홍길은 누구? 1960년 9월 14일 경상남도 고성에서 태어났으며, 박영석에 이어 대한민국에서 두 번째이자 인류 역사상 9번째로 히말라야 8000m급 14좌에 완등했다. 이후 2007년 5월 31일 끊임없는 도전으로 38번의 실패를 딛고 세계 최초로 히말라야 8400m의 로체샤르도 완등에 성공하면서 16좌 완등에 성공했다. 2008년부터는 엄홍길휴먼재단을 설립해 이사장을 맡고 있으며, 국내·외 청소년 교육사업과 소외계층을 위한 다양한 지원사업을 펼치고 있다.

「페이커」 이상혁, LoL 전설의 전당
초대 헌액자 선정

「페이커」 이상혁(28·T1)이 5월 23일 올해 신설된 「리그 오브 레전드(LoL) 전설의 전당」 초대 헌액 자로 선정됐다. 전설의 전당은 다른 스포츠에서도 운영되고 있는 명예의 전당을 e스포츠만의 방식 으로 재해석한 형태로, 게임과 스포츠, 커뮤니티 등에서 긍정적인 영향을 끼친 한 명의 프로선수를 뽑아 업적을 기리기 위해 마련된 것이다.

운영사 라이엇게임즈는 페이커를 초대 헌액자로 선정한 이유에 대해 12년 동안 프로로 활동하면서 ▷한국 리그 통산 10회 ▷월드 챔피언십 4회 ▷미드 시즌 인비테이셔널 2회 등 세계대회 통산 6회 우승을 기록해 역사상 가장 많은 우승컵을 들어올린 선수인 것은 물론, LoL 역사상 가장 상징적이 고 영향력 있는 인물이라고 설명했다. 한편, 리그 오브 레전드는 e스포츠 업계와 각 지역의 전문가 로 구성된 투표단이 국제적 지위와 기록을 고려해 매년 한 명씩 프로선수를 선정해 전설의 전당에 이름을 올릴 예정이다.

2024 파리하계올림픽 한 달여 앞으로
7월 26일~8월 11일 개최

오는 7월 26일부터 8월 11일까지 프랑스 파리에서 제33회 하계올림픽이 열리게 된다. 이번 파리올림 픽은 1900년과 1924년에 이어 세 번째이자 100년 만에 파리에서 열리는 올림픽이다. 이에 따라 프 랑스 파리는 영국 런던(1908, 1948, 2012년)에 이어 두 번째로 하계올림픽을 세 번(1900, 1924년) 유치하는 도시가 될 전망이다. 무엇보다 이번 파리올림픽은 지난 2019년 시작돼 전 세계를 덮쳤 던 코로나19의 엔데믹(풍토병화) 이후 열리는 첫 올림픽이라는 점에서도 많은 주목을 받고 있다. 직전 도쿄올림픽이 코로나19로 인해 무관중 대회로 치러졌다는 점에서 이번 대회는 2015년 리우올림픽 이후 8년 만에 관중이 입장하는 하계올림픽이 되기 때문이다. 「완전히 개방된 대회(Games Wide Open)」를 슬로건으로 내건 2024 파리올림픽에는 전 세계 200여 개국에서 참여한 선수들이 32개 종목·329개 금메달을 놓고 경쟁을 펼치게 된다.

2024 파리하계올림픽 개관

날짜	2024년 7월 26일~8월 11일(17일간)
개폐막식 장소	• 개막식: 파리 센강(근대 올림픽 최초로 야외 개막식. 참가 선수들이 160여 척의 배를 타고 센강을 따라 수상 퍼레이드를 펼침) • 폐막식: 스타드 드 프랑스(Stade de France)
마스코트	프리주(Phryge): 프랑스혁명 당시 시민군이 썼 던 「프리기아 모자」에서 유래
슬로건	완전히 개방된 대회(Games Wide Open)
정식종목	32개(329개 세부종목)

2024 파리올림픽, 관전 포인트는?

파리 명소들의 경기장 재탄생 파리올림픽에서는 프랑스를 대표하는 문화·자연·체육 유산들이 경기 장으로 재탄생하면서 주목을 받을 것으로 보인다. 대표적으로 ▷파리의 상징인 에펠탑 아래에서 비 치발리볼과 장애인 축구 경기가 열리며 ▷베르사유 궁전에서 승마·장애인 승마·근대5종이 ▷콩코 르드 광장에서 BMX자유형·스케이트보드 경기가 ▷나폴레옹 유해가 안치된 앵발리드 광장에서 양 궁·장애인 양궁 경기 등이 열린다. 특히 개막식의 경우 각국 선수단이 주경기장을 걸어서 입장하는 대신, 160여 척의 배를 타고 센강을 따라 6km를 이동하는 등 모두에게 열린 행사로 개최된다.

새롭게 도입된 4개의 정식종목 파리올림픽에서는 브레이킹 댄스, 서핑, 스케이트보드, 스포츠 클라이밍 등 4개 종목이 정식종목으로 채택됐다. 이 가운데 브레이킹 댄스는 1970년대 미국 뉴욕에서 발생한 스트릿댄스의 일종으로, 힙합 음악의 브레이크 비트에 맞춰 춤을 추는 것이다. 이는 남녀부 각각 1개의 금메달이 걸려 있는데, 5명의 심사위원이 6개 항목(창의성, 개성, 기술, 다양성, 공연성, 음악성)을 평가해 승부를 가리게 된다. 또 스포츠 클라이밍은 인공으로 만든 암벽을 오르는 스포츠로, 리드·볼더링·스피드 등 3가지 세부종목의 합산으로 메달을 결정한다.

사상 최초의 성평등 올림픽 파리올림픽은 사상 처음으로 남녀 선수 출전 비율을 50%씩으로 맞추면서 여성 선수 출전 비율이 도쿄올림픽의 48.8%보다 높아졌다. 국제올림픽위원회(IOC)는 이를 위해 선수 출전 규모를 1만 500명으로 줄이면서 여성 선수 출전 종목과 혼성 종목을 늘렸는데, 32개 정식종목 중 28개 종목이 남녀 동수로 성별 균형을 이룬다. 아울러 그동안 남자 마라톤이 올림픽의 대미를 장식해 왔으나, 파리올림픽 마지막날에는 마라톤과 농구, 레슬링, 역도, 사이클 등 여자 경기만 펼쳐진다. 파리올림픽은 「100% 성평등 대회」라는 목표에 맞춰 세부종목에도 작지 않은 변화가 있다. 우선 육상에서 새로운 혼성종목이 신설됐는데, 도쿄올림픽까지 정식종목이었던 경보 남자 50km가 폐지된 대신 남녀 1명씩 팀을 이뤄 42.195km를 걷는 경보 혼성 계주가 도입된다. 또 「금남(禁男)의 종목」이던 수영 아티스틱스위밍에 남자 선수 출전이 허용되는데, 기존에 8명이 팀을 이뤄 출전하던 팀 종목이 혼성종목으로 변경되면서 최대 2명의 남자 선수가 출전하게 된다.

파리올림픽 마스코트 「프리주(Phryge)」 2024 파리올림픽 마스코트 「프리주」는 절대왕정을 전복시키기 위해 발발했던 프랑스혁명 당시 시민군이 쓴 프리기아 모자에서 유래한 것이다. 프리기아 모자는 고대 로마 시절 노예가 해방된 뒤 쓴 모자여서 「자유의 모자」로 통용돼 왔다. 프리주는 자유·평등·박애를 뜻하는 프랑스의 삼색기(파랑·빨강·하양)로 꾸며졌다. 파리올림픽 마스코트는 익살스러운 표정의 프리기아 모자에 스니커즈를 단정하게 신은 프리주이며, 패럴림픽 마스코트는 오른쪽 다리에 의족 블레이드를 단 것이 특징이다.

우리 대표팀의 목표 순위는? 대한체육회가 예상하는 파리올림픽 출전 우리나라 선수의 최대치는 170~180명 수준으로, 이는 50명을 파견한 1976년 몬트리올 올림픽 이래 48년 만의 최소 규모이다. 이러한 규모는 여자 핸드볼을 제외한 모든 단체 구기종목에서 올림픽 출전권을 획득하지 못한 데 따른 것이다. 이번 파리올림픽에는 야구가 정식종목에서 제외된 데다 7개 구기종목 가운데 남녀축구, 남녀농구, 남녀배구, 남녀하키, 남녀럭비, 남녀수구, 남자핸드볼 등의 단체종목이 올림픽 출전권을 확보하지 못했다. 우리 선수단은 이번 파리올림픽에서 「금메달 5개·종합순위 15위」 이내를 목표로 하계올림픽 도전을 이어가게 된다.

IOC, 파리올림픽 참가 러시아·벨라루스 선수명단 발표 국제올림픽위원회(IOC)가 6월 15일 파리올림픽에 출전할 수 있는 개인중립선수(AIN) 명단에 러시아 선수 14명과 벨라루스 선수 11명 등 총 25명을 확정했다. IOC는 앞서 우크라이나를 침공한 러시아와 조력국 벨라루스에 대해 개인 중립 자격으로만 올림픽에 참가할 수 있도록 허용했으며, 단체전 출전은 막은 바 있다. 이에 올림픽 참가를 원하는 선수들은 전쟁을 지지하지 않으며 자국 군대와 관계가 없다는 것을 증명해야 했는데, 이를 통과한 인원이 이날 확정된 것이다. 이날 명단에 이름을 올린 선수들은 레슬링, 역도, 체조, 사이클 등 4개 종목에서 출전한다. 다만 중립 자격 선수들은 프랑스 센강에서 열릴 예정인 개막식에 참석할 수 없는 것은 물론, 메달을 땄을 경우 시상식에서는 국가가 아닌 IOC에서 정한 AIN 깃발이 게시되고 AIN 국가가 연주된다. 또 AIN의 메달은 메달 순위에 집계되지 않는다.

중국 「창어 6호」,
세계 최초 달 뒷면 샘플 채취 성공

중국 국가우주국(CNSA)이 달 착륙선 「창어 6호」가 6월 2일 달 뒷면 토양·암석 샘플을 채취하는 데 성공, 6월 4일 오전 7시 38분 달 표면에서 이륙했다고 밝혔다. 지난 5월 3일 발사된 창어 6호는 한 달 뒤인 6월 2일 달 뒷면에 착륙, 2019년 세계 최초로 달 뒷면 착륙에 성공한 창어 4호에 이어 두 번째로 달 뒷면 탐사에 나선 바 있다. 지금까지 채취된 달 샘플은 모두 달 앞면의 것이었으므로, 창어 6호가 6월 25일 무사히 귀환하면 인류 최초의 달 뒷면 샘플 채취라는 기록을 세우게 된다. 특히 달의 뒷면은 앞면과 지형적 차이가 크고 고유한 특성을 가져 샘플을 획득하면 달의 내부 구조와 진화 과정 등을 더 깊이 연구할 수 있을 것이라는 분석이다.

전 세계 달 탐사 현황은? 달에는 헬륨3나 우라늄, 희토류 등의 희귀자원이 다량 매장돼 있는 것으로 알려져 세계 각국에서 달 탐사 주도권을 쥐기 위한 경쟁이 활발하게 벌어지고 있다. 먼저 중국의 경우 2003년 「창어 프로젝트」라는 달 탐사 계획을 수립, 2013년 창어 3호를 달에 착륙시킨 데 이어 2019년 창어 4호를 인류 최초로 달 뒷면에 착륙시킨 바 있다. 이후 2026년에 창어 7호를, 2028년에 창어 8호를 발사해 2030년까지 달 유인 착륙을 시도할 계획이다.

또 다른 우주 강국인 미국은 미국항공우주국(NASA)의 주도 아래 1969년 아폴로 11호 이후 50년 만에 달로 사람을 보내는 「아르테미스 프로젝트」를 추진 중이다. 이는 우리나라를 비롯해 캐나다·호주 등 세계 21개국의 우주기구와 관련 민간 기업들이 참여하는 대규모 국제 프로젝트로, 2026년 유색인종과 여성 등 우주비행사 4명을 달에 보내는 것을 골자로 한다. 이 밖에도 인도의 「찬드라얀 3호」가 지난 8월 인류 최초로 달 남극에 착륙했으며, 올해 1월에는 일본의 「슬림」이 달 착륙에 성공한 바 있다. 한편, 우리나라는 2032년 달 착륙을 목표로 달 착륙선 개발을 위한 프로젝트를 추진 중이다.

전 세계 달 착륙 성공 현황

러시아(구 소련)	1966년 2월 3일 「루나 9호」 인류 최초 달 착륙 성공
미국	1969년 7월 20일 「아폴로 11호」 인류 최초 유인 달 착륙 성공
중국	• 2013년 12월 14일 「창어 3호」 달 착륙 성공 • 2019년 1월 3일 「창어 4호」 인류 최초 달 뒷면 착륙 성공 • 2024년 6월 2일 「창어 6호」 인류 최초 달 뒷면 샘플 채취 성공
인도	2023년 8월 23일 「찬드라얀 3호」 인류 최초 달 남극 착륙 성공
일본	2024년 1월 20일 「슬림」 달 착륙 성공

💡 아르테미스 프로젝트는 총 3단계로 진행되는데, 1단계인 아르테미스 1호 발사는 우주발사시스템(SLS) 로켓과 오리온 캡슐의 안전성과 기능을 검증하는 것을 주요 목적으로 한다. 이후 2단계인 아르테미스 2호에서는 2024년 우주비행사 4명을 태운 오리온 캡슐이 달 궤도를 돌아 지구로 귀환하는 유인비행이 이뤄지게 된다. 이후 3단계인 아르테미스 3호는 우주비행사 4명 중 2명이 달의 남극에 착륙해 일주일간 탐사활동을 벌인 뒤 이륙해 귀환하는 것이다.

AI 패권 경쟁, 「AI 음성비서」 대전으로 돌입
오픈AI 「GPT-4o」 공개 - 구글 「아스트라」 예고

5월 13일 오픈AI가 온라인 신제품 발표 행사를 열고 사람처럼 보고 듣고 말하는 AI 음성비서 「GPT-4o」를 공개했다. 하루 뒤인 5월 14일에는 구글이 자사의 최신 AI 모델 「제미나이(Gemini)」를 기반으로 하는 AI 음성비서 서비스 「프로젝트 아스트라(Project Astra)」를 발표했다. 여기다 6월 10일 애플이 자사의 음성비서 「시리(Siri)」에 챗GPT를 접목하겠다고 밝히면서 글로벌 빅테크들 간 AI 경쟁이 음성비서 대전으로 본격 진입했음을 알렸다.

> **멀티모달(Multi-Modal)** 다양한 모드, 즉 시각·청각 등을 활용해 텍스트뿐만 아니라 이미지·음성·영상 등으로 상호작용하는 것을 말한다. 대체로 텍스트나 이미지 중 한 가지 유형만을 처리할 수 있었던 기존 AI와는 달리, 보고 들은 정보를 사람처럼 맥락으로 이해해 다양한 형태로 응답할 수 있다. 예컨대 이미지를 보고 텍스트를 생성하거나, 입력된 텍스트를 기반으로 이미지를 생성해내는 식이다. 최근 빅테크들의 잇따른 AI 음성비서 서비스 공개를 두고 지난해부터 본격적으로 등장한 멀티모달 AI 경쟁의 연장선상에 있는 것이라는 분석이 나온다. 다양한 형태의 데이터를 동시에 처리할 수 있는 멀티모달의 특성을 AI 비서에 적용하면 마치 사람처럼 자연스럽게 반응할 수 있는 서비스를 만들어낼 수 있기 때문이다.

오픈AI, 말하는 AI 「GPT-4o」 출시 「GPT-4o」는 오픈AI의 이전 모델인 GPT-4의 업그레이드 버전으로, 텍스트·오디오·이미지 등 모든 데이터를 처리할 수 있다는 점에서 모든 것을 뜻하는 「Omni(옴니)」의 약자가 붙었다. GPT-4o는 사람처럼 실시간으로 대화를 나눌 수 있는데, 오픈AI에 따르면 GPT-4o의 응답 시간은 평균 320ms(밀리초·1000분의 1초)로, 이는 5.4초인 GPT-4보다 앞서며 320ms인 인간과 같다. 이 모델은 카메라를 통해 사물을 인식하고, 스피커를 통해 소리를 들을 수 있으며, 영어·한국어 등 50개 언어의 실시간 통역도 가능하다. 여기다 총 5가지(▷코브 ▷쥬니퍼 ▷엠버 ▷브리즈 ▷스카이) 목소리를 골라 사용할 수 있고, 감정 인식 기능을 갖춰 상황에 맞는 감정을 표현할 수도 있다. GPT-4o는 5월 13일부터 챗GPT에 순차적으로 적용돼 누구나 무료로 사용할 수 있으며, 핵심 기능인 음성대화 모드는 몇 주 내에 도입, 순차적인 업데이트를 거칠 예정이다.

💡 **모방 논란으로 GPT-4o 음성 서비스 일시 중단** GPT-4o가 공개되자 일각에선 GPT-4o의 다섯 가지 음성 중 하나인 「스카이(Sky)」가 영화배우 스칼렛 요한슨과 유사하다는 지적이 나왔다. 여기다 요한슨 측이 지난해 오픈AI의 성우 제안을 거절했다는 사실을 밝히면서 음성모방 논란이 거세졌다. 이에 오픈AI는 스카이의 목소리가 다른 성우의 것이라고 해명했으나, 의혹이 거세지자 5월 20일 스카이의 사용을 일시 중단했다.

구글, AI 비서 「프로젝트 아스트라」 공개 구글이 발표한 「프로젝트 아스트라」는 GPT-4o와 마찬가지로 다양한 형태의 데이터를 한 번에 처리할 수 있는 멀티모달 기반의 음성 AI 비서 「아스트라(Astra)」를 만들기 위한 계획이다. 사람처럼 보고 들으며, 음성으로 대화를 나눌 수 있는 AI 서비스가 이용자의 개인 비서 역할을 수행하는 것을 골자로 한다. 예컨대 구글 G메일과 구글 문서 등에 입력된 데이터를 토대로 이용자의 스케줄을 짜주는 식이다. 아스트라는 연말에 공식 출시될 예정으로, 구글은 이후 제미나이 앱과 자사 제품 전반에 아스트라 기능을 추가할 계획이라고 밝혔다.
또한 구글은 프로젝트 아스트라와 함께 최신 제미나이 모델을 탑재한 검색엔진 기능 「AI 개요(AI Overview)」도 공개했다. AI 개요는 키워드 중심으로 검색어를 입력했던 기존의 검색 방식에서 벗어나, 복잡한 대화 형태나 사진·동영상 등으로도 검색이 가능하다. 이후 검색 외에도 구글맵이나 G메일 등 자사 서비스 전반에 생성형 AI를 접목해 「제미나이 생태계」를 구축하겠다는 설명이다. 새 검색 기능은 미국을 시작으로 연말까지 10억 명 이상의 사용자에게 순차적으로 적용될 예정이다.

애플, 음성비서 「시리」에 GPT-4o 탑재 애플은 6월 10일 「세계 개발자 회의(WWDC) 2024」에서 자사의 모든 기기에 AI 시스템을 적용하겠다는 내용의 「애플 인텔리전스(Apple Intelligence)」를 발표했다. 구체적으로 아이폰과 아이패드·맥 OS에 생성형 AI 모델을 도입해 통화 중 녹음을 하면 요약본을 생성해 주거나, 계산식을 적으면 알아서 답과 관련 그래프를 제공하겠다는 등의 내용이다. 특히 오픈AI와의 협업을 통해 자체 음성비서 서비스 「시리(Siri)」에 챗GPT를 적용, 올해 말 시리에 GPT-4o를 포함한 다른 AI 기능을 추가할 것이라고 밝혔다. 이를 통해 시리는 이용자의 스마트폰에 저장된 각종 정보를 이해하고 더 고도화된 AI 비서 기능을 제공할 수 있게 됐다.

AI 음성비서 경쟁, 국내 기업들은? 글로벌 빅테크 기업들 간 AI 음성비서 경쟁이 격화되고 있는 가운데, 국내 빅테크 기업들도 이러한 흐름에 합류를 예고했다. 삼성전자는 오는 7월부터 자사의 음성비서 서비스 「빅스비」에 거대언어모델(LLM) 기반의 생성형 AI를 접목할 예정이다. 우선 가전제품에 이를 적용해 빅스비로 조작 가능한 AI 가전을 실현한 후, 갤럭시 스마트폰 제품에 순차적으로 탑재하기로 했다. 네이버도 연내 멀티모달 기능을 탑재한 AI 검색 모델을 공개하겠다고 밝혔는데, 한국어 특화 언어모델이라는 점에 차별점을 두고 한국 이용자에 더 적합한 검색 결과를 내놓겠다는 계획이다.

MS, 「빌드 2024」 개최
AI PC 「코파일럿+PC」 - sLLM 「파이-3 비전」 공개

마이크로소프트(MS)가 5월 21~23일 미국 워싱턴주 레드먼드에서 연례 개발자 행사 「빌드(Build) 2024」를 열고 60여 개에 이르는 새로운 기능과 서비스를 발표했다. 특히 이번 행사에서는 새로운 인공지능(AI) PC 모델인 「코파일럿+PC」와 멀티모달 소형대규모언어모델(sLLM) 「파이-3 비전」이 공개돼 눈길을 끌었다. 여기다 MS는 오픈AI와의 협업을 통해 GPT-4o의 기능을 자사 클라우드 서비스 「애저」에서 사용할 수 있게 된다고 밝혔다.

💡 MS는 지난 2019년부터 오픈AI와 파트너십을 체결, 지금까지 총 130억 달러(약 17조 7060억 원)를 투자해 왔다. 이에 따라 MS는 오픈 AI의 거대언어모델(LLM)인 GPT의 독점 라이선스를 확보할 수 있었고, 자사의 애저 서비스를 오픈 AI에 독점적으로 제공하고 있는 것으로 알려졌다.

AI PC 「코파일럿+PC」공개 「코파일럿+PC」는 MS의 생성형 AI인 코파일럿을 윈도에 결합한 인공지능(AI) PC의 새로운 모델이다. 기존의 AI 기기는 인터넷을 통해 외부 클라우드에 접속해야 AI 기능을 사용할 수 있었으나, 코파일럿+PC는 디바이스 자체에 AI 반도체를 탑재해 인터넷 연결 없이도 AI 기능을 구동할 수 있다는 것이 특징이다. 데이터를 클라우드로 보내지 않는 「온 디바이스 AI」방식으로 구동되기 때문에 개인정보 보호 면에서도 안전하다. 또한 「리콜(Recall)」기능을 통해 과거에 본 문서나 이미지, 웹사이트 등을 기억하고 필요한 정보를 찾아줄 수도 있다. 여기에 40개 이상의 언어를 오프라인 상태에서도 즉각 영어 자막으로 번역할 수 있는 실시간 번역 기능도 추가됐다.

> **코파일럿(Copilot)** 마이크로소프트(MS)가 2023년 3월 16일 공개한 인공지능(AI) 서비스로, 오픈AI의 AI 모델 GPT-4를 기반으로 한다. Microsoft 365 등 MS가 지원하는 다양한 제품과 서비스에 통합돼 있으며, 텍스트와 이미지·동영상을 포함한 다양한 종류의 콘텐츠를 처리·생성할 수 있다.
>
> **온 디바이스 AI(On-Device Artificial Intelligence)** 기기 자체에 탑재돼 외부 서버나 클라우드에 연결되지 않고도 서비스를 제공할 수 있는 내장형 인공지능(AI) 기술이다. 기존 AI 서비스는 클라우드 서버로부터 데이터와 연산을 지원받는 방식으로 구동돼 통신이 불안정하면 서비스 이용이 제한적일 수밖에 없다는 한계가 있었다. 그러나 온 디바이스 AI는 기기 자체적으로 정보를 처리하기 때문에 인터넷 연결이나 통신 상태로부터 자유롭다. 또한 개인정보를 담은 데이터를 외부 서버로 전송하지 않아도 된다는 점에서 보안과 비용 측면에서도 이점이 있다. 아울러 기기 내부에서 데이터를 처리해 정보 처리 속도가 빠르고, 사용자에 대한 정보를 직접 파악할 수 있어 맞춤형 서비스를 제공하기에도 유리하다.

sLLM 「파이-3 비전」출시 파이-3 비전은 지난 4월 공개된 MS의 소형대규모언어모델(sLLM) 「파이-3」에 멀티모달 기능이 추가된 업그레이드 모델이다. 이는 이미지 분석 기능을 갖춰 글을 읽고 그림을 인식할 수 있다. 파이-3 비전의 파라미터는 42억 개로, 운영 비용은 비슷한 성능을 지닌 다른 모델 대비 10분의 1에 그치는 것으로 알려졌다. 특히 스마트폰 등의 모바일 기기에서 온 디바이스 AI로 작동 가능한 것이 특징이다. 파이-3 비전은 프리뷰 버전으로 제공되다가 곧 애저에 공개될 예정이다. 행사에서는 파이-3 비전 외에 파라미터 70억 개 규모의 「파이-3 스몰」과 140억 개 규모의 「파이-3 미디엄」도 정식 출시됐다.

> **소형대규모언어모델(sLLM·small Large Language Model)** 방대한 양의 텍스트 데이터를 학습해 자연어를 구사하는 대규모언어모델(LLM)의 소형 버전이다. 통상 매개변수(파라미터)가 많을수록 LLM의 성능이 향상하는 것으로 여겨지나, 그만큼 학습과 운용에 필요한 시간과 비용도 커진다는 한계가 있다. 이를 해결하기 위해 제안된 것이 sLLM으로, 수천억 개에 달했던 기존 LLM의 매개변수 규모를 수십억~수백억 개로 줄여 추론 학습 비용을 절약한다. 외부 서버를 활용할 필요 없이 전용 서버에 데이터를 저장할 수 있어 보안성이 뛰어나며, 기업의 자체 서버나 스마트폰에 sLLM을 넣어 편의성을 높일 수도 있다.

구글 딥마인드,
단백질 구조 파악 AI 「알파폴드3」 공개

구글 딥마인드가 지난 5월 8일 단백질 구조 파악 인공지능(AI)의 최신 버전 「알파폴드3(AlphaFold3)」를 공개했다. 알파폴드는 신경망을 활용해 자기학습과정을 거쳐 기존에 존재하는 단백질의 구조를 파악하고, 이를 바탕으로 새로운 단백질의 구조를 예측하는 AI 모델이다. 2018년 「알파폴드1」이, 2020년 「알파폴드2」가 공개된 바 있다. 이번에 나온 알파폴드3는 알파폴드1·2의 업그레이드 버전으로, 이전 버전보다 50% 개선된 정확도를 갖춘 것으로 알려졌다. 여기다 인체 내 단백질 구조 예측을 넘어 거의 모든 생명체의 분자 구조를 예측할 수 있으며, 분자 간 상호작용을 모델링할 수 있어 다양한 질병 치료 연구와 신약 개발에 기여할 것으로 전망된다.

한편, 구글 딥마인드는 알파폴드3의 공개와 함께 비상업용 무료 연구 플랫폼인 「알파폴드 서버(AlphaFold Server)」도 함께 발표, 전 세계 과학자들이 편리하게 알파폴드3를 이용할 수 있도록 했다.

> **구글 딥마인드(Google DeepMind)** 영국의 인공지능(AI) 프로그램 개발 회사로, 2010년 딥마인드라는 사명으로 설립된 후 2014년 구글로 인수됐다. 구글 딥마인드는 AI 바둑 프로그램인 「알파고」를 개발한 알파벳의 자회사로도 잘 알려져 있는데, 2015년 개발된 알파고는 2016년 우리나라 바둑기사인 이세돌 9단과의 경기에서 4대 1로 승리를 거두며 화제를 모은 바 있다. 이 밖에도 딥마인드는 신경과학을 기반으로 한 다양한 AI 개발을 목표로 연구 활동을 이어오고 있다.

AI, 단백질 구조 예측에도 탁월 단백질 구조 파악 인공지능(AI)은 특히 표적 항암제의 개발 속도를 높일 수 있을 것으로 기대를 모으고 있다. 세포는 단백질이나 유전자(DNA) 등 수십억 개 분자의 복잡한 상호작용으로 구성되기 때문에, 암세포에만 작용하는 표적 항암제를 개발하려면 암세포와 표적 항암제의 단백질 구조를 정확히 파악해야 한다. 그러나 이를 예측하는 것이 쉽지 않아, 지금까지는 암세포와 항암제에 X선 등을 쏘고 그에 대한 반응을 일일이 확인해야 했다. 그러나 AI를 활용하면 보다 짧은 시간 안에 더 정확하게 단백질 구조를 예측할 수 있는데, 일례로 「알파폴드2」는 과학자들이 수 년 동안 풀지 못한 세포의 단백질 구조를 1시간 만에 해결하며 말라리아 백신 개발 등에 큰 역할을 한 바 있다.

단백질 구조 파악 AI 개발 현황

프로그램명(개발사)	내용
알파폴드(구글 딥마인드)	• 2018년 처음 출시돼 2020년 알파폴드2, 2024년 5월 알파폴드3 공개 • 모든 생물학적 분자 형태와 상호작용 예측 가능
바이오니모(엔비디아)	• 2024년 1월 공개 • 단백질 구조 예측, 단백질 서열 생성 등 신약 개발용 모델링 가능
에보디프(MS)	• 2023년 9월 공개 • 단백질 서열을 기반으로 새로운 단백질 생성 가능
로제타폴드(워싱턴대)	• 2024년 3월 공개 • 단백질과 비단백질 화합물 간 상호작용 분석 가능
로제타폴드 올 아톰(서울대)	• 2024년 4월 공개 • 소분자, 핵산 등과 상호작용하는 단백질 복합체 구조 예측 가능

EU, 세계 최초 「AI법」 최종 승인
서울 정상회의 - 미·중 비공개 회담서도 AI 논의

최근 생성형 인공지능(AI)의 급속한 발달로 그 부작용에 대한 우려의 목소리가 높아지고 있는 가운데, 유럽연합(EU)이 5월 21일 세계 최초의 AI 규제 법안인 「AI법」의 시행을 최종 승인했다. 이는 6월부터 EU 27개 회원국에 정식 발효됐으며, 11월부터 일부 조항이 우선 시행되는 것을 시작으로 2026년 이후 전면 시행될 예정이다. 각 분야에서의 AI 기술 허용 범위와 규제 대상 등을 최초로 규정한 법안인 만큼, 사실상 전 세계 AI 규제의 가이드라인으로 작용할 것이라는 관측이 나온다.

이 밖에도 세계 곳곳에서 AI를 둘러싼 다양한 규제책을 마련하려는 움직임이 일고 있다. 5월 21~22일에는 한국과 영국의 공동 주재로 「AI 서울 정상회의」가 열려 한국과 미국·영국 등 10개국이 구체적인 AI 규제 방안에 대해 의견을 모았다. 한편, 앞선 5월 14일에는 미국과 중국이 「AI 공동 관리 회의」를 비공개로 개최, AI 기술이 군사적 위협이 되지 않도록 관리하기 위한 논의에 착수했다.

> **생성형 AI** 기존 인공지능(AI)에서 한 단계 진화한 차세대 AI로, 스스로 학습한 알고리즘을 통해 텍스트·이미지·영상 등을 이용자가 원하는 형태로 만들어주는 기술을 말한다. 이는 기존 AI보다 수백 배 이상의 데이터를 학습해 학습·판단 능력을 인간의 뇌에 가깝게 향상시켰다. 그러나 최근 생성형 AI의 학습에 사용되는 데이터의 저작권 침해나, 생성형 AI 를 악용한 가짜뉴스 유포 등의 논란이 이어지며 이를 규제할 방안이 필요하다는 목소리가 나오고 있다.

EU AI법 주요 내용 EU의 AI법은 AI 기술을 위험도에 따라 ▷허용할 수 없는 위험 ▷고위험 ▷제한된 위험 ▷저위험 등 4단계 등급으로 나눠 차등 규제하고, 기술 개발 과정에서의 투명성·책임성·안정성을 보장하는 것을 골자로 한다. 우선 생체정보를 인식해 정치·종교적 신념 등 이용자의 민감 정보를 알아내거나, 이용자의 특성에 따라 점수를 매기는 사회 평가 시스템 등의 「허용할 수 없는 위험」 등급은 범죄 수사를 위한 예외적인 경우를 제외하고 전면 금지된다. 의료·교육과 같은 공공서비스, 핵심 인프라 관리·운영 시스템 등의 「고위험」 등급은 지속적인 위험 평가와 위험관리 시스템 구축 등의 의무를 부여받는다. 생성형 AI 기술과 딥페이크 등은 「제한된 위험」으로 분류되며, 관련 기업들은 콘텐츠가 생성형 AI나 딥페이크임을 반드시 표시해야 한다. 「저위험」에는 비디오 게임이나 스팸 필터 앱 등 현재 EU에서 허용되는 대부분의 AI 기술이 포함된다.

이 밖에 범용 AI(AGI·사람과 유사한 수준 또는 그 이상의 지능을 갖춘 AI) 개발업체에는 EU 저작권법을 반드시 준수하고 AI의 학습에 사용한 콘텐츠를 명시해야 하는 「투명성 의무」가 부여된다. 특히 이 법은 위반 시 경중에 따라 최대 3500만 유로(약 518억 8000만 원) 또는 전 세계 매출액의 7%까지 벌금으로 부과할 수 있다는 강력한 처벌 조항을 담았다.

AI법에 따른 AI 위험 분류

허용할 수 없는 위험	• 생체정보를 인식해 이용자의 성적 취향, 정치·종교적 신념, 인종 등 민감한 정보를 알아내는 AI • 중대범죄 용의자 수색 등 예외적인 경우를 제외하고 전면 금지
고위험	• 생명 및 건강에 위험을 일으킬 수 있는 인프라부터 시험 채점 등 교육·직업훈련, 이력서 분류 등 고용 및 근로자 관리, 신용조회 등 공공·민간 서비스 관련 AI • 사람에 의한 지속적인 위험 평가 시행 및 위험관리 시스템 구축
제한된 위험	• 생성형 AI와 딥페이크 등 • AI로 조작된 콘텐츠라는 사실 표기 의무
저위험	비디오 게임이나 스팸 필터 앱 등 현재 EU에서 허용되는 대부분의 AI 기술

AI 서울 정상회의, 혁신·포용적 AI 사용 합의 5월 21~22일 이틀간 진행된 AI 서울 정상회의는 지난해 11월 열린 「제1차 AI 안전성 정상회의」의 후속으로, G7과 EU를 비롯한 28개 정부와 국내외 유명 AI 기업 총수들이 참석했다. 우선 21일 열린 온라인 회의에서는 ▷안전 ▷혁신 ▷포용이라는 AI 거버넌스의 3대 목표를 제시, 이를 위해 각국 AI 안전연구소 간 네트워크를 조성하고 글로벌 협력을 촉진하겠다는 내용의 「서울 선언」이 채택됐다. 구체적으로 서울 선언에는 ▷상호 운용성을 지닌 보안 조치의 중요성 ▷각국의 AI 안전연구소 간 네트워크 확대 및 글로벌 협력 촉진 ▷안전·혁신·포용적인 AI 생태계를 조성하기 위한 정책 개발 및 거버넌스 구축 의지 ▷기업들을 비롯한 다양한 이해관계자들의 참여 필요성 등이 포함됐다. 이어 22일에는 안전하고 신뢰할 수 있는 방식으로 AI를 설계·개발·배포·사용할 수 있는 환경을 조성하고, 디지털 격차를 해소하기 위해 공동으로 노력하겠다는 내용의 「서울 장관 성명」이 채택됐다. 또한 구글·마이크로소프트(MS)·네이버 등 국내외 14개 기업이 AI 생

성 콘텐츠에 워터마크를 붙이겠다는 등의 내용을 담은 「프론티어 AI 안전 서약」을 발표하기도 했다. 프론티어 AI란 인간의 통제를 벗어나 스스로 생각하고 추론하며 전쟁에 활용되는 등 인류에게 심각한 위험을 초래할 수 있을 정도로 고도의 기능을 갖춘 AI의 기초 모델을 말한다. 이번 서울 정상회의에서 논의된 내용은 내년에 프랑스에서 열리는 제3차 AI 안전성 정상회의에서 이어질 전망이다.

> **AI 안전성 정상회의(AI Safety Summit)**　주요 7개국(G7)을 비롯한 각국 정상과 정부 대표, AI 개발 경쟁을 선도하는 테크 기업 임원, 전문가 등이 모여 AI의 위험성을 공유하고 공동 대책을 논의하기 위해 마련한 회의다. 제1차 회의는 지난해 11월 1~2일 영국 버킹엄셔 블레츨리 파크에서 열렸는데, 미국·중국·유럽연합(EU)을 포함한 28개 정부가 AI 안전에 관한 첫 공동선언문인 「블레츨리 선언(Bletchley Declaration)」에 서명해 주목을 받았다. 해당 선언은 AI 기술 발전의 위험과 대응 조처의 필요성을 바탕으로, 각국이 관련 정책을 통해 서로 협력해야 한다는 내용을 담았다.
>
> **블레츨리 선언(Bletchley declaration)**　프론티어 AI로 불리는 고성능 범용 모델의 실존적 위험에 대응하기 위해 ▷AI에 대한 적절한 평가 지표 ▷안전 테스트를 위한 도구 개발 ▷고성능 AI 위험 식별 및 과학적 이해 구축 등에 대한 국제협력 방침 등의 내용이 포함됐다. 구체적으로 AI가 심각한 피해를 초래할 수 있다며 AI 안전과 관련해 공동으로 협력한다고 밝혔으며, 고도의 능력을 갖춘 AI를 뜻하는 프론티어 AI가 잠재적으로 파국적 피해를 초래할 수도 있다고 동의했다.

제1·2차 AI 안전성 정상회의 요약

AI 안전성 정상회의(제1차)	명칭	AI 서울 정상회의(제2차)
2023년 11월 1~2일	개최일시	2024년 5월 21~22일
영국	개최국	한국·영국 공동
블레츨리 선언문 채택 • 고성능 AI의 위험성 식별 방안 구축 • AI 위험 대응 및 정책 수립에 국제 협력 합의	핵심 내용	• AI 안전성과 혁신, 포용을 위한 글로벌 협력을 강조하는 내용의 서울 선언 채택 • 안전한 AI 환경을 조성하겠다는 내용의 서울 장관 성명 채택
주요 AI 강국들이 처음으로 AI의 위험성과 공동대응 필요성에 동의	특징	제1차 회의의 핵심 키워드였던 안전성에 혁신과 포용이라는 키워드 추가

미·중, AI 위험 공동 관리 논의 착수　미국과 중국은 5월 14일 스위스 제네바에서 AI 기술의 위험성을 공동으로 관리하기 위한 비공개 회담을 열었다. 이는 지난해 11월 미·중 정상회담의 합의에 따른 것으로, 당시 조 바이든 미국 대통령과 시진핑 중국 국가주석은 첨단 AI 시스템의 안전성을 향상시킬 필요성이 있다고 동의한 바 있다. 미국 측 대표로는 타룬 차브라 대통령 특보 겸 백악관 기술·국가안보 담당 선임국장이 참석했으며, 중국 측에서는 양타오 외교부 북미·오세아니아 국장이 참석했다. 이번 회담의 구체적인 내용은 공개되지 않았으나, 자율무기체계·사이버보안 등 AI로 발생할 수 있는 각종 안보 위험과 규제 방안 등에 대해 의견을 교환한 것으로 알려졌다. 전문가들은 이번 회의에 대해 양대 패권국이 처음으로 AI에 관한 의견을 교환한 자리라는 점에서 의미가 있으며, 그 이면에는 AI의 군사적 활용 가능성을 서로 견제하겠다는 의도가 깔려 있을 것이라는 분석을 내놨다.

전 세계 인공지능(AI) 관련 규제 현황

G7	2023년 10월, 기업이 AI의 위험성을 주기적으로 점검해야 한다는 내용의 「AI 기업 행동강령」 합의
중국	2023년 8월, 생성형 AI의 신뢰성과 투명성 향상을 목표로 「생성형 AI 서비스 관리를 위한 잠정 방법」 시행
미국	2023년 10월, AI의 안전성과 보안을 골자로 하는 「안전하고 신뢰할 수 있는 AI 행동명령」 발동
유럽연합(EU)	2024년 5월, AI의 위험성 구분 기준과 처벌 규정을 담은 「AI법」 최종 승인
UN	2024년 3월, 회원국 만장일치로 최초의 AI 글로벌 결의안 채택
한국	국가인공지능센터 설치 등의 내용을 담은 「AI 산업 육성·신뢰 기반 조성에 관한 법안」이 21대 국회에 발의됐으나 폐기

미국, 「틱톡 금지법」 본격 발효
9개월 내 매각 안 하면 미국서 퇴출

중국 숏폼 플랫폼인 틱톡(TikTok)의 미국 사업권을 강제 매각하는 내용의 「틱톡 금지법」이 4월 24일 조 바이든 미국 대통령의 서명에 따라 즉시 발효됐다. 이날 발효된 틱톡 금지법의 정식 명칭은 「외국의 적대적 앱으로부터의 미국인 보호법」으로, 미국 내에서 외국의 적이 통제하는 앱의 배포·유지·업데이트를 불법화하는 내용을 담고 있는데, 여기에는 틱톡과 그 모회사인 바이트댄스 등이 포함됐다. 이에 따라 바이트댄스는 270일 안에 틱톡의 미국 사업권을 매각해야 하며, 이를 따르지 않으면 미국 내에서 틱톡 서비스가 강제로 중지된다. 그러나 법안이 발효된 지 13일 만인 5월 7일 바이트댄스가 미국 정부를 상대로 법적 소송을 제기하면서, 틱톡을 둘러싼 갈등이 당분간 계속될 것으로 보인다.

> **틱톡(TikTok)** 중국의 바이트댄스사가 서비스하는 글로벌 숏폼 모바일 비디오 플랫폼으로, 15초~3분짜리 짧은 동영상을 제작하고 공유하는 기능을 제공한다. 영상의 길이가 짧아 단시간에 눈길을 끄는 춤이나 노래 또는 재미있고 유쾌한 흥미 위주의 영상이 주를 이룬다. 다양한 음악과 배경화면, 이모티콘 등 특수효과를 이용해 쉽게 영상을 만들 수 있는 편집 기능을 제공하며, 영상 등록이나 유통도 유튜브에 비해 간단한 편이다.

바이트댄스, 미 정부에 소송 제기 바이트댄스는 해당 법안이 수정헌법 1조에 따른 표현의 자유를 침해한다며 5월 7일 미국 컬럼비아특별구 연방순회항소법원에 소송을 냈다. 이번 소송으로 법률 집행정지 가처분 등이 예상되면서 법안이 실제로 시행되기까지는 상당한 시간이 소요될 것으로 보인다. 여기에 미국 내 틱톡 크리에이터 8명이 5월 14일 워싱턴DC 항소법원에 미국 정부를 상대로 추가 소송을 제기하면서 법안의 위헌 여부를 둘러싼 논쟁도 지속될 전망이다.

한편, 틱톡과 미국 정부는 서비스 금지 시도와 관련해 다수의 법적 분쟁을 이어가고 있는데, 앞선 2020년에는 트럼프 행정부가 틱톡 금지를 시도했다가 워싱턴DC 연방법원의 제동으로 무산된 바 있다. 2023년 몬태나주도 틱톡 사용을 금지하는 법안을 추진했으나 대법원이 표현의 자유 침해를 이유로 이를 중단했으며, 현재는 법원의 명령에 이의를 제기한 상태다.

미국 정부와 틱톡 간 분쟁

2017년	틱톡 글로벌 서비스 시작
2019년	12월 미 국방부, 군인 등 틱톡 사용 금지 조치
2020년	• 트럼프, 미국 내 틱톡 사용 금지 행정명령 서명 • 네브래스카주, 주 정부 기기서 틱톡 사용 금지
2021년	바이든, 틱톡 사용 금지 행정명령 폐기
2022년	• 의회, 연방정부 소유 기기서 틱톡 사용 금지 법안 통과 • 사우스다코타 등 14개 주에서 틱톡 사용 금지 동참
2023년	• 백악관, 연방정부 모든 전자장비 시스템에서 틱톡 삭제 지침 • 몬태나주, 주 내 틱톡 사용 전면 금지 법안 통과
2024년	「틱톡 금지법」 발효

전 세계의 틱톡 제재 한때 틱톡 이용자만 1억 5000만 명을 기록했던 인도는 지난 2020년 중국과의 국경 갈등을 이유로 자국 내 틱톡 사용을 영구적으로 금지했으며, 대만은 2022년 12월 정부 기기에서 틱톡 사용을 금지했다. 캐나다와 유럽연합(EU) 집행위원회·유럽의회 역시 안보를 이유로 2023년 업무용 기기에서 틱톡 사용을 금지했으며, 벨기에·덴마크 등도 여기에 동참했다. 이 밖에 인도네시아와 파키스탄 등에서도 틱톡의 콘텐츠가 사용자에게 부정적인 영향을 미칠 수 있다며 틱톡 금지를 발표한 바 있다.

틱톡 금지법, 데이터 주권 문제 신호탄? 틱톡에 대한 미국 정부의 제재는 최근 확산되고 있는 플랫폼 경쟁에서 자국의 데이터 주권을 지키고자 하는 의도로 풀이된다. 인터넷 기술이 전 세계적으로 확산됨에 따라 데이터의 중요성이 강조되면서 글로벌 기업에 맞서 자국의 산업과 데이터를 보호해야 한다는 움직임이 일고 있는 것이다. 실제로 틱톡은 미국에서만 1억 7000만 명이 사용하는 인기 매체지만, 틱톡이 중국 기업 산하에 있는 한 미국인 이용자의 정보를 중국 정부에 넘길 가능성이 크고, 이는 국가 안보에 위협이 될 수 있다는 지적이 계속돼 왔다. 중국 역시 데이터 주권을 보호하기 위한 여러 조치를 단행해 왔는데, 애플은 지난 4월 중국 인터넷 관리 당국의 요청에 따라 중국 앱스토어에서 미국의 사회관계망서비스(SNS)인 왓츠앱과 스레드 등을 삭제한 바 있다. 이처럼 전 세계적으로 자국의 데이터 주권을 보호하려는 움직임이 거세지는 상황에서 이번 틱톡과 미국 정부 간 분쟁의 결과가 글로벌 IT 기업을 상대로 한 각종 규제에 어떤 영향을 미칠지 귀추가 주목된다.

> **데이터 주권(Data Sovereignty)** 개인이나 국가가 자신이 소유한 데이터의 사용 범위나 방법·목적 등에 대해 결정할 수 있는 권리를 말한다. 인터넷 기술이 발전함에 따라 소수의 인터넷 서비스 기업이 데이터를 독점하면서, 개인정보 침해나 정보 독과점과 같은 문제가 발생하자 대두된 개념이다. 데이터의 수집이나 사용이 일부 국가나 기업에 의해 독점되면 권력의 집중 등 사회적 문제가 야기될 수 있으므로, 데이터의 소유·처리·사용 등에 관한 권한을 개인이나 국가에 부여함으로써 무분별한 데이터 수집을 방지하겠다는 목적이다. 구체적으로 자신의 데이터에 접근할 수 있는 권리, 데이터를 수정하거나 삭제할 권리, 데이터가 특정 목적으로 사용되는 데 동의하거나 이전의 동의를 철회할 수 있는 권리 등을 포함한다.

💡 한편, 미국 뉴욕주는 6월 7일 틱톡이나 유튜브 등의 소셜미디어가 18세 미만 미성년자에게 알고리즘을 통해 중독성 게시물을 추천하는 것을 금지하는 내용의 「소셜미디어 알고리즘 제한법」을 통과시켰다. 이는 소셜미디어의 폐해로부터 미성년자를 보호하고 개인정보 유출을 막기 위한 취지로, 소셜미디어가 기존의 알고리즘 방식이 아닌 시간순으로 게시물을 표시하고, 자정부터 오후 6시 사이에 미성년자에게 추천 게시물에 대한 알림을 보내려면 부모의 동의를 받아야 한다는 내용을 담았다. 이를 어기면 해당 소셜미디어 운영사에 건당 최대 5000달러(약 690만 원)의 벌금을 부과할 수 있다. 이 법안은 뉴욕주 법무부가 구체적인 시행방안을 수립하고 180일 후에 발효될 예정이다.

한국판 NASA 「우주항공청」 출범
「스페이스 광개토 프로젝트」 추진 예정

「한국판 NASA」로 불리는 우주항공청이 5월 27일 경남 사천에 개청했다. 초대 우주항공청장으로는 윤영빈 서울대 항공우주공학과 교수가, 차장으로는 노경원 과학기술정보통신부 연구개발정책실장이, 우주항공임무본부장으로는 존 리 전 미국항공우주국(NASA) 본부장이 부임했다.

우주항공청의 역할은 ▷국가 우주항공 정책 수립 ▷연구개발(R&D) 수행 및 인력 양성 ▷산업 육성 ▷국제 협력 등 크게 4가지로, 대표적으로 2032년 달에 우리 탐사선을 착륙시키고 2045년 화성에 태극기를 꽂는다는 내용의 「스페이스 광개토 프로젝트」를 추진할 방침이다. 한편, 윤석열 대통령은 우주항공청이 출범한 5월 27일을 국가기념일인 「우주항공의 날」로 지정하겠다고 밝히기도 했다.

우주항공청(KASA·Korea Aero Space Administration) 개관

설립지	경남 사천시
설립 시기	2024년 5월 27일
총 정원	293명(초기에는 110명만 근무하다가 연내 나머지 채용 계획)
소속 및 감독	과학기술정보통신부 소속, 대통령 직속 국가우주위원회에서 감독
소속 기관	한국항공우주연구원, 한국천문연구원
담당 업무	국가 우주정책, R&D, 우주산업 육성, 국제 협력 등

우주항공청 핵심 임무　제1회 국가우주위원회 회의에서 논의된 우주항공청의 핵심 임무 중 하나는 「스페이스 광개토 프로젝트」이다. 이는 2032년 달 기지 확보 등을 위해 달 착륙선을 개발하고, 2045년 화성 탐사를 위한 임무를 발굴한다는 내용으로, 구체적인 실행 방안은 추후 우주항공청이 수립할 「우주탐사 로드맵」을 통해 발표될 예정이다. 또한 우주항공청은 고도 500km 저궤도에 500kg 크기의 위성을 실어 올릴 수 있는 재사용 발사체와 태양 관측 탐사선, 첨단 항공엔진 등의 개발에 착수하겠다고 밝혔다. 여기다 전남 고흥 나로우주센터에 민간 로켓 발사장을 만들고, 다른 지역에 제2우주센터를 구축하는 방안도 추진한다. 또 우주 선도국이 아직 진출하지 않은 「제4라그랑주점(L4)」과 2029년 지구에 초근접하는 소행성인 「아포피스」도 탐사하기로 했다. 정부는 이를 위해 우주 관련 예산을 연간 1조 5000억 원 이상으로 확대하고, 2045년까지 민간을 포함해 약 100조 원의 투자를 이끌어낸다는 방침이다.

> **라그랑주점(Lagrangian Point)**　태양과 지구의 중력이 균형을 이루는 곳으로, L1부터 L5까지 총 5개 지점이 있다. 라그랑주점에서는 중력이 0에 가까워지기 때문에 태양이나 지구 어느 한 쪽의 영향을 받지 않고 안정적으로 우주 탐사를 진행할 수 있다. 따라서 연료를 아낄 수 있어 우주정거장이나 관측 위성 등을 설치하기 유리한 장소로 꼽힌다. 이번에 우주항공청이 탐사 목표로 삼은 L4는 지금까지 탐사가 이뤄지지 않았는데, 이곳은 지구와 달을 한꺼번에 볼 수 있어 우주 연구의 새로운 전략적 요충지로 떠오르고 있다.
>
> **아포피스(Apophis)**　2029년 4월 지구로부터 3만 1000km 떨어진 지점까지 접근할 것으로 예상되는 지름 390m 규모의 소행성이다. 소행성이 이 같은 거리로 지구에 접근하는 것은 2만 년에 한 번 일어나는 드문 현상으로, 이때 일어날 다양한 물리 작용이 학계에서 주목받고 있다. 2004년 미국 과학자들에 의해 처음 발견된 이 소행성은 지구와의 충돌 확률이 역대 최고인 2.7%로, 지구와 충돌할 경우 히로시마 원자폭탄의 10만 배에 달하는 폭발을 일으킬 것으로 예측됐다. 그러나 미국항공우주국(NASA)의 정밀 분석 결과 아포피스가 지구와 충돌할 가능성은 없다는 결론이 나왔다.

우주항공청, 「2025년도 월력요항」 발표　우주항공청(우주청)이 6월 20일 발표한 「2025년도 월력요항」에 따르면 2025년 달력에 빨간색으로 표기되는 공휴일은 일요일과 대체공휴일을 포함해 68일로 올해와 같다. 추석 연휴의 경우 10월 3일 개천절부터 9일 한글날까지 7일간 이어지는 황금연휴가 된다. 월력요항은 관공서의 공휴일·지방공휴일·기념일·24절기 등의 자료를 표기해 달력 제작의 기준이 되는 자료로, 천문법에 따라 관보에 게재된다. 종래 과학기술정보통신부가 매년 발표했으나 지난 5월 우주항공청 출범에 따라 천문법이 개정되면서 우주청 소관 사항이 됐다. 아울러 우주청은 내년 광복 80주년을 맞아 2025년 월력요항에 대한민국국기법에 의해 지정된 국기 게양일을 새로 표기했는데, 여기에는 3·1절, 제헌절, 광복절 등 국경일과 현충일, 국군의 날 등이 포함된다.

국내 첫 초소형 군집위성 「네온샛」,
1호 발사 성공

한국의 첫 초소형 군집위성인 네온샛 1호가 4월 24일 오전 7시 32분 뉴질랜드 마히아 발사장에서 미국 발사체 기업 로켓랩의 일렉트론 로켓에 실려 발사됐다. 과학기술정보통신부에 따르면 네온샛 1호는 발사 약 50분 뒤인 오전 8시 22분 지상 약 500km 높이의 궤도에 성공적으로 안착했으며, 이후 오전 11시 57분과 오후 2시 13분 대전 항공우주연구원 지상국과 남극 세종기지 지상국 간 교신을 완료하면서 정상적으로 작동하고 있는 것으로 확인됐다.
한국과학기술원(KAIST)은 네온샛 1호가 약 6개월간의 점검을 거쳐 11월부터 본격적인 지구 관측 임무를 수행할 것이라고 밝혔다. 이번에 발사된 네온샛 1호는 향후 3년간 500km 상공에서 해상도 흑백 1m급, 컬러 4m급의 광학 영상을 공급할 예정이다.

> **초소형 군집위성(Nano-Satellite Constellation)** 지구 관측, 통신, 우주 탐사 등 우주에서의 임무 수행을 위해 지구 궤도를 일정한 간격으로 도는 초소형 위성의 무리를 이른다. 100kg급의 초소형 크기와 무게를 지니고 있으며, 여러 대가 무리를 지어 서로 보완하며 운영된다. 이는 다수 위성을 동시에 활용하므로 같은 지점을 연속적으로 감시·관측할 수 있으며, 따라서 영상 획득 시간도 획기적으로 단축시킬 수 있다. 또 크기가 작아 중대형 위성에 비해 개발 기간이 짧고, 한 개의 발사체에 여러 대를 실을 수 있어 발사비용도 작다. 그러나 중대형 위성에 비해 성능이 떨어지고, 수명의 경우 10년 이상인 중대형 위성과 달리 1년 정도에 그친다. 현재 운영되는 대표적인 초소형 군집위성으로는 스페이스X가 2019년부터 쏘아 올리고 있는 우주 인터넷 위성 「스타링크」가 있다. 이는 2020년대 중반까지 지구 저궤도에 총 4만여 개의 소형 위성을 쏘아 올려 전 지구적 초고속 인터넷망을 구축하는 프로젝트로, 현재 6000개가 넘는 스타링크 위성이 600km 상공의 저궤도에서 지구를 돌고 있다.

네온샛(NEONSAT)은 무엇? 국내 아이돌 그룹인 방탄소년단의 이름을 딴 「B.T.S(Beginning of The Swarm·군집의 시작)」라는 임무명 아래 발사된 국내 최초의 초소형 군집위성이다. 한국과학기술원(KAIST) 인공위성연구소는 2020년부터 과학기술정보통신부와 국가정보원의 지원을 받아 「초소형위성 군집시스템 개발사업」을 진행해온 바 있다. 이번 네온샛 1호를 시작으로 2026년과 2027년 두 차례에 걸쳐 나머지 2~11호가 발사되는데, 특히 네온샛 2호부터는 미국 기업의 로켓에 실렸던 1호와 달리 한국형 발사체인 「누리호」를 통해 발

네온샛(초소형 군집위성) 개요

개발	KAIST 인공위성연구소 주도, 과학기술정보통신부·국가정보원 지원, 민간업체 쎄트렉아이 및 항공우주연구원 참여
위성 수	총 11기
크기	높이 1.2m, 폭 0.6m, 무게 100kg 내외
운용 궤도	약 500km 상공 저궤도
수명	3년
임무	• 한반도 및 주변 해역 1일 3회 이상 정밀 감시 • 재난·재해 발생 시 관심 지역 촬영
계획	• 2026년 2~5호 발사 예정 • 2027년 7~11호 발사 예정 • 2호부터는 국내 발사체 「누리호」 사용 예정

사될 방침이다. 발사된 총 11기의 네온샛은 한반도와 주변 해역을 번갈아 가며 정밀 감시하는 임무를 맡는다. 이렇게 하면 매일 3번 이상, 70만km²에 이르는 대용량 영상을 획득해 국가안보와 재난·재해에 신속히 대응할 수 있는 것으로 전해졌다.

보잉 「스타라이너」, 우주정거장 도킹
스페이스X 「스타십」도 궤도 왕복비행 성공

미국 보잉사의 유인 우주선 「스타라이너」가 6월 5일 오전 10시 52분 미 플로리다주 케이프커내버럴 우주기지에서 발사된 데 이어 6일 오후 1시 34분경 국제우주정거장(ISS) 도킹에 성공했다. 이는 지난 2022년 5월 스타라이너의 무인 시험비행 성공 이후 2년 만의 첫 유인 시험비행으로, 우주선에는 미 항공우주국(NASA) 소속 윌모어 사령관과 수니타 윌리엄스 등 2명의 우주비행사들이 탑승했다. 이들은 ISS에 머무르며 향후 우주 장기체류를 위한 연습을 시행하다가, 22일 지구로 귀환할 방침이다. 이번 비행은 스타라이너가 NASA의 프로젝트 수행을 위해 유인 수송 임무를 완수할 수 있는지를 테스트하기 위함이었는데, 비행 완료 후 NASA의 인증을 받으면 세계에서 두 번째로 유인 우주 수송에 성공한 민간 기업이 된다.

💡 NASA는 2011년 우주왕복선을 퇴역시킨 후 이를 대체할 우주선을 찾기 위해 2014년 민간 기업인 스페이스X, 보잉 등과 각각 26억 달러(약 3조 6000억 원), 42억 달러(약 5조 8000억 원)의 유인 수송 계약을 맺은 바 있다. 이에 따라 2020년 유인 우주선 「크루 드래곤」의 ISS 도킹에 성공한 스페이스X는 지금까지 9차례 NASA 소속 우주비행사들을 우주로 수송해 왔다. 보잉도 이번 임무를 성공하면 NASA의 수송 임무를 추진할 것으로 알려졌다.

민간 우주경쟁 시대 개막되다 이번 보잉의 ISS 도킹 성공으로, 민간 기업이 우주 개발을 주도하는 「뉴 스페이스」 시대에 대한 기대도 커지고 있다. 스타라이너의 도킹이 성공한 6월 6일 텍사스주 스타베이스 발사장에서는 스페이스X의 우주선 「스타십」이 발사, 66분간 지구 궤도를 비행한 뒤 성공적으로 귀환했다. 앞서 스타십은 세 차례의 시험비행에서 모두 폭발해 귀환하지 못했으나, 이번 무사 귀환으로 완전 재사용이 가능한 로켓 실현에 한 발 가까워졌다. 역대 가장 큰 로켓으로 알려진 스타십의 왕복비행 성공에 대해, 인류의 우주 진출을 위한 대형 교통수단이 마련됐다는 평가도 나왔다. 한편, 5월 19일에는 미국의 민간 우주개발 업체 블루오리진이 민간인 탑승객 6명을 태운 우주관광용 발사체 「뉴 셰퍼드」를 발사, 고도 105.7km까지 올라갔다가 귀환하면서 우주관광에 성공했다. 버진갤럭틱 역시 6월 8일 우주관광용 발사체 「유니티(VSS Unity)」가 탑승객 4명을 싣고 고도 87.5km에 이르는 궤도를 비행하고 무사 귀환하면서 우주여행의 대중화가 머지 않았음을 알렸다.

> 뉴 스페이스(New Space) 우주 개발이 정부 주도에서 민간으로 이전되는 것을 이르는 말로, 정부 주도의 「올드 스페이스(Old Space)」에 대비되는 개념이다. 이는 국가와 거대 기업이 주도해 왔던 우주항공산업이 민간·중소기업으로 옮겨지면서 나타나는 우주항공산업 생태계의 변화까지도 포함한다. 뉴 스페이스 시대를 이끌고 있다는 평가를 받는 대표적인 민간 기업으로는 ▷스페이스X(테슬라 CEO 일론 머스크가 설립) ▷블루오리진(아마존 CEO 제프 베이조스가 설립) ▷버진갤럭틱(버진그룹 회장 리처드 브랜슨이 설립) 등이 있다.

주요 민간 우주기업들

스페이스X	• 2020년 「크루 드래곤」 도킹 성공 이후 NASA 수송 임무 수행 중 • 6월 6일 「스타십」 시험비행 왕복 첫 성공 • 2050년까지 화성에 100만 명 이주 목표
블루오리진	• 5월 19일 일곱 번째 상업용 우주비행 성공 • 대규모 궤도급 우주 로켓인 「뉴글렌」 개발 중 • 달 착륙선 「블루문」 제작해 2029년까지 달에 유인 수송 목표
버진갤럭틱	• 2018년 세계 최초 상업 유인우주선 시험비행 성공 • 6월 8일 일곱 번째 상업용 우주비행 성공 • 2026년 우주여행 상용화 목표로 우주선 「델타」 개발 중
보잉	• 6월 6일 「스타라이너」 ISS 도킹 성공 • 2006년 미국 방산업체 록히드마틴과 합작해 로켓 발사체 제작사 「ULA」 설립

제11차 전력수급기본계획 공개
9년 만의 신규 원전 건설 계획 포함

제11차 전력수급기본계획(전기본) 총괄위원회가 향후 15년간(2024~2038년)의 국내 발전소 건설 계획 등을 담은 「제11차 전력수급기본계획 실무안」을 5월 31일 공개했다. 이에 따르면 2038년까지 국내에 원전 4기(▷대형원전 3기 ▷소형모듈원전 1기)가 추가로 건설될 예정으로, 신규 원전 계획이 나온 것은 2015년 박근혜 정부 이후 9년 만이다. 특히 아직 개발 중에 있는 기술인 소형모듈원전이 계획에 포함되는 것은 이번이 처음인데, 이는 최근 인공지능(AI)·전기차 확산 등으로 급격히 늘어

과학기술

난 전력 수요를 반영한 것으로 보인다.

한편, 이번 제11차 전기본 실무안은 지난 7월부터 전문가 91명의 참여하에 10개월간 작성된 것으로, 산업통상자원부가 이를 바탕으로 정부안을 마련해 공청회와 국회 보고 등을 거치게 되면 올 하반기에 최종 확정될 것으로 전망된다.

💡 **탈원전 기조 폐기**   2015년 발표된 7차 전기본에서는 경북 영덕이나 강원 삼척에 원전 2기를 설치하는 방안이 포함됐으나, 문재인 정부 들어 탈원전으로 선회하면서 2017년 말 신규 원전 2기를 비롯해 신한울 3·4호기, 천지 1·2호기 등 원전 6기에 대한 건설 계획이 취소된 바 있다. 그러다 윤석열 정부로 넘어오면서 지난해 발표된 10차 전기본에서 신한울 3·4호기 건설을 재개하기로 했으며, 이번에 새로 4기가 추가되면서 7년 만에 원전 기조로 돌아섰다. 이에 따라 2038년 기준 국내 원전은 현재 26기(26.1GW)에서 34기(35.6GW)로 확대될 전망이다.

제11차 전력수급기본계획 주요 내용   전기본 총괄위에 따르면 2038년 우리나라의 최대 전력 수요는 129.3GW에 이를 것으로 예상된다. 이는 2023년 10차 계획에서 전망한 2036년 목표 수요(118GW)보다 11GW 많은 수치로, 최근 반도체 산업을 비롯해 AI 확산에 따른 데이터 신설 등 전기화 수요 등이 급증했기 때문이다. 이에 총괄위는 2038년까지 대형원전 3기와 소형모듈원전(SMR) 1기를 신설, 여기에 원전과 신재생에너지·수소 등을 포함한 무탄소에너지(CFE) 비중은 지난해 39.1%에서 2038년 70.2%까지 끌어올릴 방침이다. 하지만 원전 1기 건설에 통상 167개월(13년 11개월)이 소요되고 주민수용 절차 등 넘어야 할 산이 많아 실현 가능성에 의문이 제기되며, SMR 역시 개발 초기 단계여서 상용화 사례가 없다는 점도 지적되고 있다.

연도별 발전원별 발전량 비중 변화(단위: %, 실적 기준)

구분	2023년 (588.2TWh)	2038년 (701.7TWh)
원전	30.7(180.5)	35.6(249.7)
신재생	9.6(56.7)	32.9(230.8)
천연가스	26.8(157.8)	11.1(78.1)
석탄	31.4(184.9)	10.36(72.0)
수소·암모니아	–	5.5(38.5)
기타	1.4(8.3)	4.6(32.5)

자료: 제11차 전력수급기본계획

전력수급기본계획(電力需給基本計劃)   산업통상자원부 장관이 2년 주기로 수립하는 중장기 국내 전력수급 계획으로, 향후 15년간의 전력수급 기본 방향을 다룬다. 구체적으로 전력 수요가 얼마나 늘어날지, 이를 위해 전력 설비를 어떻게 관리하고 추가해야 할지, 전력 수요를 어떻게 관리해야 할지 등이다. 이번 11차 계획은 2024년부터 2038년까지의 계획을 아우르고 있다.

소형모듈원전(SMR·Small Modular Reactor)   발전 용량과 크기를 300MW 이하로 줄인 소형원전으로, 모듈화된 부품을 조립해 건설된다. SMR은 외부 전력이나 냉각수 없이도 자연 냉각이 가능하고, 외부 배관 노출이 없는 일체형 구조이므로 방사성 물질 유출 위험이 적다. 또한 모듈화를 통해 설치비용과 기간을 줄일 수 있으며, 입지 제약 없이 전력 수요지 근처에 지을 수 있어 에너지 운반에 들어가는 탄소 배출 절감이 가능하다. 그러나 기존 대형원전과 비교했을 때 출력 대비 운영비용이 커 경제성이 떨어진다는 단점이 있으며, 아직은 기술력과 실증 데이터가 부족해 이르면 2030년 전후에야 상용화될 수 있을 것으로 전망된다.

개인정보위원회,
개인정보 유출 「카카오」에 151억 원 과징금 부과

개인정보보호위원회가 5월 23일 지난해 발생한 카카오의 개인정보 유출에 대해 개인정보보호법을 위반한 것으로 판단, 시정명령과 함께 과징금 151억 4196만 원과 과태료 780만 원을 부과한다고 밝혔다. 이는 개인정보위가 동법 위반으로 국내 기업에 부과한 과징금 중 가장 높은 액수로, 지난해

한 해커가 카카오톡 오픈채팅방 관련 비식별 정보를 활용해 이용자 개인정보를 수집한 사건에 대한 것이다. 위원회는 카카오가 개인정보 유출 가능성을 충분히 점검·조치하지 않았으며 유출 통지 등의 의무를 다하지 않았다고 지적했다.

한편 이번 카카오에 부과된 과징금 151억 원은 해외 기업까지 포함하면 세 번째로 큰 규모인데, 앞서 개인정보위는 이용자 행태정보 불법 수집 및 활용을 근거로 2022년 구글에 692억 원을, 메타에 308억 원을 부과한 바 있다. 구글과 메타는 이에 불복해 행정소송을 진행 중이다.

카카오 과징금 부과, 왜? 카카오톡은 오픈채팅방에 참여하는 이용자들에게 임의로 회원 일련번호를 부여하는데, 해커는 일부 오픈채팅방 이용자들의 일련번호를 알아냈다. 여기에 카카오톡 「친구」로 추가된 경우에도 일련번호를 알 수 있다는 점을 이용, 불법 해킹 프로그램으로 오픈채팅방 이용자들의 이름과 전화번호 등 개인정보를 탈취했다. 이런 방식으로 수집돼 텔레그램 등 SNS(소셜미디어)를 통해 판매된 개인정보만 최소 6만 5000건에 달하는 것으로 밝혀졌다. 개인정보위는 이 과정에서 카카오가 보안 취약점을 제대로 관리하지 않았고, 이용자의 개인정보가 유출되고 있다는 사실을 인지한 뒤에도 별도의 신고나 통지를 하지 않았음을 문제 삼았다. 그러나 카카오는 회원 일련번호로는 개인 식별이 불가능해 애초에 암호화 대상이 아니며, 개인정보위의 지적이 사실과 다른 점이 있다며 행정소송을 예고했다.

오픈 AI, 뉴스코프와 콘텐츠 사용 협약

월스트리트저널(WSJ)이 5월 22일 챗GPT의 개발사 오픈AI가 글로벌 미디어 그룹 뉴스코프와 콘텐츠 사용 협약을 맺었다고 보도했다. 이에 따르면 오픈AI는 뉴스코프에 5년간 2억 5000만 달러(약 3400억 원)를 지불함에 따라 뉴스코프 소유의 미디어 콘텐츠를 자사의 AI 훈련 과정에 합법적으로 사용할 수 있게 되며, 뉴스코프는 그 대가로 오픈AI 기술 사용권을 받게 된다. 이번 계약은 오픈AI가 지금까지 언론사와 맺은 계약 중 최대 규모로, 오픈AI는 앞서 AP통신·영국 파이낸셜타임스·프랑스 르몽드 등과 AI 훈련을 위한 콘텐츠 사용 협약을 맺은 바 있다.

한편, 최근 생성형 AI의 훈련 과정에서 기사 등의 콘텐츠가 무단으로 사용돼 저작권을 침해한다는 논란이 거세게 일자 빅테크 기업들은 언론사와의 계약을 통해 합법적으로 데이터를 수집하겠다는 전략을 세우고 있다. 특히 뉴스의 경우 정확한 최신 정보를 담고 있으며, 저속한 표현을 사용하지 않아 AI를 훈련시키기에 적합한 것으로 알려졌다.

> **뉴스코프(News Corp)** 일명 「언론 재벌」로 불리는 루퍼트 머독이 2013년 창립한 세계 최대의 미디어 그룹으로, 미국 경제 일간지 《월스트리트저널》과 영국 일간지 《더타임스》, 호주 유로방송 등을 소유하고 있다. 본래 종합 미디어 그룹 「뉴스 코퍼레이션(News Corporation)」 소속이었으나, 2013년 뉴스 코퍼레이션이 언론·출판 전문 뉴스코프와 영화·TV 전문 「21세기 폭스」로 분할되면서 현재와 같은 형태가 됐다. 한편, 21세기 폭스는 2019년 디즈니에 일부가 인수돼 현재 「폭스 코퍼레이션(Fox Corporation)」이라는 독립회사 형태로 운영 중이다.

금투세 시행 논란, 그 향방은?

5월 30일 제22대 국회 개원과 함께 금융투자소득세(금투세)가 또다시 뜨거운 감자로 부상했다. 이는 개인 주식투자자 단체인 한국주식투자자연합회(한투연)가 22대 국회 개원일인 5월 30일 서울 여의도 민주당사 앞에서 금투세 폐지를 촉구하는 촛불집회를 열면서 다시 쟁점화된 것으로, 한투연은 야당이 내년 1월로 예정된 금투세를 시행할 경우 주식시장에 자금 유출 등의 악재로 작용할 수 있다며 줄곧 반대 입장을 표명해 왔다.

금투세는 2020년 문재인 정부 당시 「자본시장 선진화 방안」의 일환으로 거론돼 관련 법안이 통과됐는데, 대주주 여부에 상관없이 주식·채권·펀드·파생상품 등 금융투자로 얻은 일정 금액(주식 5000만 원·기타 250만 원)이 넘는 소득에 대해 전면 과세하는 것이다. 현재 코스피 시장 기준으로 특정 종목을 10억 원 이상 보유하거나 주식 지분율이 일정 규모(코스피 1%, 코스닥 2%, 코넥스 4%) 이상일 경우 대주주로 분류하고 양도소득세를 부과하고 있다. 그러나 금투세는 이러한 대주주의 기준을 없애고 연간 5000만 원 이상 금융투자소득을 얻는 투자자들에게 세금을 부과하는 것이다. 구체적으로 금융투자 상품에서 실현된 모든 손익을 합쳐 주식 5000만 원, 기타(해외주식·채권·ELS 등) 250만 원을 넘기면 3억 원 이하에서는 20%, 3억 원 초과에서는 25%의 세율을 부과한다. 기획재정부에 따르면 국내 투자자 중 금투세 대상자는 약 15만 명으로 전체의 1% 정도다.

금투세는 새로운 과세 체계의 연착륙과 개인 투자자들의 적응을 위해 2023년부터 시행이 결정됐는데, 2022년 5월 취임한 윤석열 대통령이 금투세 폐지를 언급하면서 전환점을 맞은 바 있다. 그리고 이후 기준금리 인상 등에 따른 주식시장 조정 직면으로 금투세 유예 목소리가 높아졌고, 이에 당초 2023년 시행 예정이었다가 2025년으로 시기가 늦춰졌다. 그러나 금투세는 정치권에서도 찬반 입장이 극명하게 갈리고 있는데, 정부와 여당은 투자자 세부담을 줄여야 한다며 완전 폐지를 주장하고 있다. 반면 야당은 금투세 폐지를 「부자 감세」라고 비판하며 예정대로 시행하겠다는 입장이다.

금융투자소득세(금투세) 주요 내용

과세 대상	주식·채권·펀드·파생상품 등 금융투자로 발생한 양도소득
기본 공제 금액	•국내 상장주식·공모주식형 펀드: 5000만 원 •해외주식·비상장주식·채권 등: 250만 원
세율	•3억 원 이하: 20% •3억 원 초과: 25%

Tip

주식 관련 세금

「배당소득세」는 배당금에 적용되는 세금으로, 배당금은 법인이 영업활동을 하면서 당해 연도에 벌어들인 이익을 주주들에게 지분에 따라 배분하는 것이다. 「주식양도소득세」는 주식이나 출자지분 등에 대한 소유권을 다른 사람에게 넘길 때 생기는 양도차익에 부과하는 세금을 말한다. 「증권거래세」는 법인의 주식이나 지분의 소유권이 유상으로 이전되는 경우 당해 주권 또는 지분의 양도자에게 양도가액을 기준으로 부과하는 세금이다.

금투세 시행, 찬성한다

금투세 시행을 찬성하는 측에서는 「소득이 있는 곳에 세금이 있다」는 과세 형평성의 기본 원칙을 적용해야 한다는 취지를 내세운다. 이들은 금투세가 기존 금융상품 과세체계를 합리화해 장기적으로는 자본시장 발전에도 도움이 될 것이라는 주장이다. 찬성 측은 금투세 시행으로 한국증시가 상승 동력을 잃을 것이라는 우려에 대해서는 금투세 대상자는 전체 투자자의 1%에 불과하며, 오히려 이를 폐지하는 것은 상위 1%를 위한 부자감세일 뿐이라고 비판한다. 또 면세의 기본공제가 5000만 원이라는 것은 오히려 다른 자산과 비교해 지나친 혜택이며, 금투세를 시행해 재정 확충이 이뤄져야 복지 확대 등 필요한 부분의 지출 수요를 맞출 수 있다고 주장한다.

또 찬성 측은 경제협력개발기구(OECD) 회원국 대부분이 금투세와 주식양도소득세를 시행한다는 점에서 금투세 시행은 글로벌 스탠다드에도 부합한다고 말한다. 여기에 금투세 반대 측에서 제기하는 코리아 디스카운트 우려에 대해서는 한국 시장 저평가의 주요 원인은 미흡한 주주 환원 정책과 국내 기업의 열악한 지배구조 때문이며, 세제는 중요 변수가 아니라는 입장이다.

금투세 시행, 반대한다

금투세 시행을 반대하는 측에서는 금투세 도입으로 한국증시가 상승 동력을 잃을 것이라는 우려를 제기한다. 이들은 금투세 대상자가 전체 투자자의 1%라 하더라도, 이들이 과도한 과세로 인해 국내 증시에서 해외 증시로 대거 자금을 옮길 경우 투자 환경이 악화돼 개미 투자자도 덩달아 피해를 볼 것이라고 주장한다. 반대 측은 금투세가 도입되면 투자에 대한 세후 기대수익률이 줄면서 투자 심리를 위축시켜 시장 참여가 줄어들고, 투자한 사람들도 5000만 원 수익이 나기 전에 매도하는 경우가 늘어 단타성 거래가 급증할 것이라는 주장도 제기한다.

또 금투세 부과 대상에 외국인과 기관 투자자들은 제외되고 국내 개인 투자자만 포함되는 점이 역차별이라는 목소리도 있다. 금투세 반대 측은 증권거래세율이 점차 낮아지는 상황에서 외국인과 기관 투자자들만 감세 혜택을 누리고 이 감세분까지 개인이 부담하는 것이라며 불합리하다는 지적이다. 이 밖에 반대 측에서는 남북 관계, 주주 환원 부족 등의 이유로 저평가(코리아 디스카운트)된 국내 주식 시장에 금투세까지 도입되면 상황이 더욱 악화될 것이라는 주장도 있다.

나의 생각은?

시사용어

① 정치·외교·법률

개릭클럽(Garrick Club) ▼

"5월 8일 로이터통신 등에 따르면 런던 극장가 웨스트엔드에 위치한 사교클럽 개릭클럽이 전날 회원 투표에서 59.98%의 찬성률로 193년 만에 여성 회원 가입을 허용하기로 했다. 개릭클럽은 회원 자격이 남성이라는 점에서 1980년대부터 여성 가입 여부를 두고 열띤 논쟁이 일었으나 모두 실패해 왔다."

영국의 유서 깊은 남성 사교클럽으로, 1831년 윌리엄 4세의 남동생이자 서식스 공작 칭호를 받은 오거스터스 프레더릭 왕자의 후원으로 설립됐다. 클럽 이름은 18세기 영국의 배우이자 극작가였던 「데이비드 개릭」의 이름을 딴 것으로, 런던 극장가 웨스트엔드에 위치하고 있다. 개릭클럽에는 사회 각 계층 약 1500여 명의 남성이 회원으로 가입돼 있는 것으로 알려졌는데, 회원 명단은 철저히 기밀로 유지돼 왔다. 회원권은 연간 1600파운드(약 275만 원) 수준인데, 입회에만 최소 2년 이상 걸리는 등 가입 절차가 까다로운 것이 특징이다. 개릭클럽은 회원 자격이 남성이라는 점에서 1980년대부터 여성 가입 여부를 두고 열띤 논쟁이 일었고, 이에 대한 시도도 여러 차례 이뤄졌으나 모두 실패했었다. 대표적으로 2015년 여성 가입 허용을 두고 진행된 투표에서는 50.5%가 찬성했으나 당시에는 과반이 아닌 3분의 2 이상이 찬성해야 가결되는 조건으로 인해 무산된 바 있다. 그러다 지난 3월 《가디언》에서 개릭클럽의 일부 회원(60명) 명단을 입수해 발표한 이후 여성의 클럽 가입을 허용해야 한다는 여론이 재점화됐다. 당시 가디언에서 공개한 60여 명의 회원 중에는 찰스 3세 국왕을 포함해 올리버 다우든 전 국무장관, 리처드 무어 MI6(비밀정보국) 국장 등 법조계·정계 고위 인사를 비롯해 배우 베네딕트 컴버배치와 팝스타 스팅 등 유명인사들이 다수 포함돼 있었다. 클럽 회원은 백인 비율이 압도적으로 많았고 50세 이상이 대다수였는데, 평소 사회적 다양성을 외쳤던 인물들이 실제로는 남성 엘리트주의에 동조한 것으로 비쳐지면서 비난이 일기도 했다.

국제해양법재판소(ITLOS·International Tribunal for the Law of the Sea) ▼

"국제해양법재판소가 5월 21일 온실가스를 해양 오염물질로 규정하면서 유엔해양법협약 당사국들은 해양 생태계를 파괴하는 기후변화를 막기 위해 지구 온도가 산업화 이전 대비 1.5도 이상 오르지 않도록 온실가스를 감축할 의무가 있다는 입장을 내놓았다. 국제해양법재판소가 협약 당사국들의 기후위기 대응 책임을 직접적으로 밝힌 것은 이번이 처음이다."

유엔 해양법협약의 해석 및 운영에 관련된 분쟁을 해결하기 위해 1995년 설립된 국제사법기구이다. 재판소는 독일 함부르크에 있으며, 재판관은 당사국 총회에서 21명을 선출한다. 재판은 단심으로, 분쟁당사국들이 서로 합의한 상태에서 제소를 해 재판이 이뤄지거나 한 국가가 일방적으로 제소했을 때 제소당한 국가가 이에 응해 이뤄진다. 국제해양법재판소는 해양 대륙붕 경계, 어업권, 해양환경 보호, 선박 나포 문제 등을 주로 다루는데, 가장 큰 현안은 「배타적경제수역(EEZ·Exclusive Economic Zone)」를 둘러싼 문제이다. EEZ는 자국 연안으로부터 200해리(370.4km)까지의 모든 자원에 대해 독점적 권리를 행사할 수 있는 유엔 국제해양법상의 수역을 말한다.

나토식 핵공유 ▼

핵기획그룹(NPG·Nuclear Planning Group)을 근간으로 하는 미국과 유럽 동맹국들의 핵 운용 방식을 말한다. 나토 회원국들은 NPG를 중심으로 유사시 타격계획을 공동으로 발전시키고, 미국과 동맹국들의 공군기가 유사시 함께 핵 공격을 실행할 수 있도록 훈련하고 있다. 나토식 핵공유에서 「핵공유」란 전술핵무기에 대한 소유권 및 최종 승인권은 미국이 가지고 있고, 그 운반 수단(폭격기)은 전술핵 배치국이 제공하는 방식을 말한다. 이에 나토 회원국 중 핵무기 비보유국인 독일·이탈리아·벨기에·네덜란드·터키에는 약 150~200기의 미국 전술핵무기(B-61)가 배치돼 있다. B-61은 전략폭격기 등에 탑재할 수 있는 기종으로 무게 350kg의 소형이지만, 히로시마 원폭 위력의 최대 3배가 넘는 50kt의 폭발력을 지니고 있다.

NPG는 미국과 유럽의 나토 동맹국들이 가입한 기구로, 모든 회원국들의 국방장관들로 구성돼 있다. 이는 1957년 옛 소련이 세계 최초로 대륙간탄도미사일(ICBM)을 완성하면서 그 출범이 논의되기 시작해 1966년 발족됐다. 기구의 결정은 미국과 회원국 간 만장일치제를 원칙으로 하지만 핵무기 사용 여부의 최종 권한은 미국에 있다. 그럼에도 나토의 핵공유 전략에 따라 나토의 회원국 전투기들은 정례적으로 전술핵무기 인수, 인계, 장착, 발진 훈련 등을 실시하고 있다.

누산타라(Nusantara) ▼

"조코 위도도(조코위) 인도네시아 대통령이 독립기념일인 오는 8월 17일 보르네오섬에 위치한 누산타라를 새 수도로 공식 선포할 예정이다. 프라보워 수비안토 차기 대통령은 10월 취임식에 맞춰 공무원 6000여 명과 함께 누산타라로 이주한다는 방침이다."

인도네시아 새 수도의 명칭으로, 인도네시아 의회는 지난 2022년 1월 수도를 현재의 자바섬 「자카르타」에서 보르네오섬 동(東)칼리만탄으로 이전하는 법안을 통과시킨 바 있다. 누산타라는 고대 자바어로 「군도(群島, 많은 섬)」라는 뜻을 지니고 있는데, 인도네시아는 1만 7000여 개의 섬으로 이뤄진 나라다. 인도네시아의 수도 이전은 현재 수도인 자카르타가 있는 자바섬에 인도네시아 전체 인구의 60%가 집중돼 있어 인구 과밀과 경제력 편중과 같은 문제가 심각하기 때문이다. 게다가 자카르타는 무분별한 지하수 개발과 고층건물 급증 등에 따라 매년 평균 7.5cm씩 지반이 내려앉고 있어, 도시 면적의 40%가 해수면보다 낮아진 상태다. 이에 조코위 대통령은 2019년 수도 이전 계획을 발표했으나 코로나19 대유행으로 실행이 계속 미뤄졌다. 그러다 2021년 9월 관련 법안의 의회 제출이 이뤄졌고, 2022년 1월 18일 심의 결과 과반수 찬성으로 법안이 통과됐다. 조코위 대통령은 동칼리만탄에 행정수도를 건설하고, 자카르타는 경제와 산업 중심지로서 그 역할을 분산한다는 계획이다. 조코위 정부는 향후 25만 6000헥타르(2560km²)의 산림 등을 개척해 이 가운데 5만 6000헥타르(560km²)만 수도 중심부로 건설해 2024년 1단계 이주를 목표로 하고 있다.

디엔비엔푸 전투(Battle of Dien Bien Phu) ▼

"5월 7일 베트남 디엔비엔푸시에서 열린 「디엔비엔푸 전투 승리 70주년 기념식」에 당시 패전국이었던 프랑스 정부 대표단이 참여했다. 이는 베트남이 한때의 침략국이자 패전국인 프랑스 정부 대표단을 기념식에 초청했고 프랑스가 이를 받아들인 데 따른 것이다. 이처럼 프랑스의 참여가 실제 성사되면서 진영에 치우치지 않고 교역과 안보 분야에서 실리를 챙기자는 베트남 특유의 「대나무 외교」 전략이 재조명됐다."

1954년 3~5월 베트남 북부 디엔비엔푸에서 벌어진 베트남군과 프랑스군의 전투로, 당시 베트남을 비롯해 인도차이나 지역을 식민지배하던 프랑스가 베트남군이 라오스로 들어가는 보급로를 차단해 게릴라들을 섬멸시키겠다며 이 지역에 진지를 설치하면서 시작된 것이다. 당시 프랑스의 앙리 나바르 사령관은 디엔비엔푸 지역에 강력한 전초기지를 만들어 베트남 부대를 유인한다는 목표로, 이곳의 활주로를 점령하고 1만 5000여 명의 최정예 병력을 집중시켰다. 이 프랑스 부대의 집결을 지켜본 베트남군은 오직 게릴라전으로 이곳을 공격하기로 결정하고, 5개 사단에 디엔비엔푸로 이동할 것을 명령했다. 여기에 식량·탄약·중화기 등 각종 장비의 운반은 민간인들이 맡았는데, 군인과 민간인들의 4개월에 걸친 작업 끝에 디엔비엔푸 보급품 운반이 완료되게 된다. 베트남군은 이러한 준비 끝에 1954년 3월 13일 밤 디엔비엔푸 기지를 공격하고, 개전과 동시에 디엔비엔푸 요새를 포위하고 비행장 활주로를 포격하면서 프랑스 공중전력을 무력화시켰다. 이후 5월 7일까지 45일간 이어진 전투에서 프랑스는 막강한 화력으로 맞섰으나 물자 부족 등에 시달리며 결국 항복하게 되었다. 이 전투 이후 프랑스군은 베트남 철수를 결정하게 되고, 이로써 프랑스의 베트남 식민 통치는 막을 내리게 되었다. 이 디엔비엔푸 전투에서 3000여 명의 프랑스군이 전사하고 1만 1000여 명이 포로로 잡혀 수용소로 끌려갔으며, 베트남에서도 4000여 명의 전사자가 발생했다.

대나무 외교(Bamboo Diplomacy) 미국이나 중국 중 어디에도 치우치지 않는 베트남의 외교 방식으로, 2016년 응우옌푸쫑 베트남 서기장이 베트남의 외교정책 노선을 설명하며 처음 사용한 데서 시작됐다. 대나무 외교는 중국 등과 정치적 노선(공산주의)을 같이하면서도 이를 견제하려는 미국과의 관계도 발전시켜 나가는 등 자국의 위상과 국익을 극대화하고자 한다는 점에서 「실용외교」라고도 불린다.

베오그라드 중국대사관 오폭 사건(1999) ▼

"유럽 3개국(프랑스, 세르비아, 헝가리) 순방에 나선 시진핑 중국 국가주석이 세르비아 방문 전인 5월 7일 세르비아 일간지 《폴리티카》 기고문을 통해 「우리는 25년 전 오늘 나토가 무지막지하게 유고슬라비아 주재 중국대사관을 폭격한 것을 잊어선 안 된다.」며 다시는 역사적 비극이 재연되지 않도록 하겠다고 밝혔다. 시 주석은 지난 2016년 6월 세르비아 방문 시 폭격을 당했던 옛 중국대사관 터를 찾았으나 이때에는 1999년 폭격에 대한 비판을 자제한 바 있다."

1999년 5월 7일 「코소보 전쟁」 당시 미국이 이끄는 나토(NATO) 공군 스텔스기가 유고슬라비아 연방공화국 수도였던 베오그라드의 중국 대사관을 폭격해 중국인 3명과 세르비아인 14명이 사망하는 등 20여 명의 사상자가 발생했던 사건을 말한다. 당시 유고슬라비아는 세르비아를 비롯해 크로아티아, 마케도니아, 몬테네그로, 슬로베니아, 보스니아 등 6개국이 모인 연방국가였다. 그런데 다수 세력이던 세르비아계가 무슬림인 알바니아계가 많은 코소보의 자치권 요구를 무력 진압하면서 1998년 코소보 전쟁이 발생하게 된다. 이에 미국이 주도하는 나토는 알바니아계 민족이 학살당하는 것을 막기 위해 이 전쟁에 개입했으며, 1999년 3월부터 6월 10일까지 항공기를 이용한 폭격 등 공중작전을 전개했다. 그러던 중 1999년 5월 7일 베오그라드의 유고슬라비아군 시설을 향해 폭격을 가했으나 이것이 중국 대사관에 명중하면서 중국인 3명과 세르비아인 14명이 사망하게 됐다. 해당 폭격 이후 미국은 오폭이라고 해명했으나 중국은 고의적인 폭격이라며 거세게 반발해 양국 관계가 한동안 경색되기도 했다.

신전략무기감축협정(뉴스타트, New START)
▼

1991년 7월 미국과 옛 소련이 핵탄두와 대륙간탄도미사일(ICBM) 등의 감축에 합의한 「전략무기감축협정(스타트·START)」의 맥을 잇는 협정이다. 즉, 스타트가 체결된 지 20년 후인 2010년 4월 버락 오바마 전 미국 대통령과 드미트리 메드베데프 전 러시아 대통령 간에 체결된 새로운 포괄 핵무기 감축 협정으로, 2011년 2월 5일 발효됐다. 이는 미·러 양국이 실전 배치 핵탄두 수를 1550개 이하로 줄이고, 핵탄두를 운반하는 ICBM·잠수함발사탄도미사일(SLBM)·전략폭격기 등을 700기 이하로 줄이는 것을 주요 내용으로 한다. 당시 협정은 10년 기한으로 체결됐지만, 양국이 합의하면 5년간 연장된다는 부가 조항을 명시했다. 그리고 미국과 러시아는 협정 기한 종료를 앞둔 2021년 2월 3일 뉴스타트를 5년 연장하는 데 합의했다. 하지만 연장 조약에 러시아 신무기 억제 등은 포함되지 않았고, 세계 3위 핵보유국인 중국을 협상에 참여시키지 못한 것이 한계로 지적된 바 있다. 그런데 러시아가 지난해 뉴스타트 참여 중단을 선언함에 따라 해당 협정은 2026년 2월 종료될 예정이다.

남아프리카공화국의 극단적 인종차별정책으로, 남아공 소수 백인 정권이 영국 식민지 시절부터 존재했던 인종차별을 1948년 「아파르트헤이트」라는 인종 간 분리 정책으로 제도화하면서 시작됐다. 이어 1949년에는 인종 간 혼인금지법이 제정됐고, 이듬해인 1950년에는 인종별 거주지역 분리를 규정한 집단지구법이 만들어졌다. 이 밖에 흑인 등 토착민에 대한 직업 제한, 노동조합 결성 금지, 도시 외곽 지역의 토지 소유 금지, 백인과 흑인이 같은 버스를 타지 못하는 승차 분리, 공공시설 사용제한, 선거인명부의 차별적 작성 등 각종 흑백 차별정책이 실시됐다. 이에 1974년 11월 유엔이 총회 의결로 남아공의 회원 자격을 정지하고 미국을 포함한 여러 나라가 경제제재를 취했음에도 남아공 백인 정권은 40년 넘게 아파르트헤이트를 포기하지 않았다. 그러다 1989년 9월 마지막 백인 대통령 프레데리크 빌렘 데클레르크가 당선되면서 아파르트헤이트는 전환점을 맞게 되는데, 데클레르크는 아파르트헤이트를 포기하고 남아공이 국제사회에서 고립된 상황을 벗어나는 정책을 추진하게 된다. 이에 1990년 2월 흑인 저항운동의 상징 인물인 넬슨 만델라 아프리카국민회의(ANC) 부의장을 석방했으며, 1992년에는 백인들을 대상으로 국민투표를 실시해 아파르트헤이트 폐지를 결정했다. 그리고 만델라가 1994년 5월 처음으로 실시된 자유 총선거에서 최초의 흑인 대통령으로 당선되면서 아파르트헤이트는 비로소 철폐됐다.

미국 맥도널 더글러스가 개발한 다목적 3세대 전투기로, 1961년 실전 배치됐으며 1970년대까지 당대 최고의 전투기로 평가된 기종이다. 특히 냉전 시기 우리나라 등 미국의 주요 동맹국에 수출됐는데, 미국은 1969년 8월 베트남전에 참전한 한국에 군사원조로 F-4D 6대를 지원하기로 약속했고 그해 8월 4대의 F-4D가 한국에 처음 상륙했다. 이후 대한민국 공군은 F-4D, F-4E, RF-4C 등 여러 형식의 팬텀 전투기를 꾸준히 도입했는데, 특히 1974년 도입된 F-4E 5대에는 국민들이 모은 방위성금 163억 원 중 71억 원이 투입되기도 했다. 당시 박정희 대통령은 국민 성금으로 구매한 팬텀 전투기들에 「필승편대」라는 이름을 붙였는데, 해당 명칭은 현재 제10전투비행단 153전투비행대 소속 F-4E 4기 편대가 물려받아 사용하고 있다. F-4 팬텀은 수평 꼬리날개 사이로 두 개의 엔진이 내뿜는 불길이 도깨비 얼굴을 연상시킨다는 이유로 「하늘의 도깨비」라는 별명으로 불리기도 했는데, 특히 당시로서는 획기적인 레이더 공대공미사일을 갖추고 있었다. 팬텀은 1971년 소흑산도에 출현한 간첩선 격침 작전에 투입됐고, 1983년 북한 이웅평 대위가 미그-19기를 몰고 연평도 상공으로 귀순했을 때도 작전을 수행했다. 한국의 팬텀 계열 전투기는 한때 최대 190대에 달하기도 했으나, 순차적으로 퇴역해 2024년 현재는 F-4E가 10대 남짓 운용되고 있다.

팬텀은 6월 7일 퇴역식 이후 전국 곳곳에 전시될 예정인데, 이 중 일부는 공군 기지 활주로 주변에 배치해 북한군의 유도탄이나 각종 탐지 장비를 교란하기 위한 「디코이(Decoy)」 역할을 맡게 된다. 그리고 한국항공우주산업(KAI)에서 개발하는 「KF-21(보라매)」이 팬텀 전투기의 뒤를 이어 대한민국 영공 수호 임무를 하게 된다.

오랑우탄 외교 ▼

"조하리 압둘 가니 말레이시아 플랜테이션·원자재부 장관이 5월 7일 사회관계망서비스(SNS)를 통해 자국의 팜유 주요 수입국들에 오랑우탄을 선물로 줄 것이라며, 「오랑우탄 외교」를 통해 우리가 생물다양성 보존을 위해 최선을 다하고 있음을 국제사회에 증명할 것」이라고 밝혔다. 그러면서 판다 외교를 성공적으로 실현한 중국과 같이 「오랑우탄 외교」를 실현하기를 바라고 있다고 덧붙였다."

말레이시아 정부가 중국의 판다외교처럼 자국의 팜유 주요 수입국들에 오랑우탄을 선물로 줄 것이라며 밝힌 외교 방식이다. 이 오랑우탄 외교는 지난해 유럽연합(EU)이 삼림벌채 지역에서 생산된 주요 상품에 대해 고강도 규제에 나선 뒤 나온 정책이다. EU는 산림 황폐화를 막는다는 명분으로 삼림벌채와 관련된 팜유, 커피, 고무 등에 대한 수입과 판매를 사실상 금지한 바 있다. 이에 세계 최대 팜유 생산국인 인도네시아와 말레이시아는 팜유 생산으로 환경이 파괴된다는 주장은 근거가 없으며 EU의 수입 규제는 차별적인 조치라며 반발해 왔다. 팜유는 팜나무에서 추출되는 식물성 기름으로 값이 저렴해 아이스크림, 마가린, 비누, 립스틱 등 다양한 상품 제조에 사용되고 있다. 한편 말레이시아의 「오랑우탄 외교」 방침이 제기되자 환경단체들은 팜유 농장을 조성하는 과정에서 열대우림이 무분별하게 파괴돼 오랑우탄과 같은 멸종위기종의 서식지가 사라지고 있다며, 팜유를 수입하는 대가로 오랑우탄을 선물하는 것은 기만적이라며 비판하고 나섰다.

저출생대응기획부 ▼

"윤석열 대통령이 5월 9일 가진 취임 2주년 기자회견에서 향후 임기 3년간 추진할 핵심 정책으로 「저출생 극복」을 꼽으면서 이를 총괄할 부총리급 전담 부처 신설 계획을 공식화했다."

윤석열 대통령이 5월 9일 가진 취임 2주년 기자회견에서 저출산·고령화 문제에 대비하기 위해 신설을 공식화한 부총리급 정부 부처를 말한다. 저출생대응기획부는 지난해 4분기 0.65명까지 떨어진 합계출생률을 끌어올릴 수 있도록 저출생 정책을 추진력 있게 이끌어가는 것을 목표로 하며, 저출생대응부 장관은 사회부총리를 겸한다. 여기에 윤 대통령은 5월 13일 저출생 문제를 전담할 「저출생수석비서관실」을 대통령실에 신설하라고 지시했다. 신설될 저출생수석실은 정책실장 산하에 배속될 것으로 전망되는데, 해당 수석실이 추가되면 대통령실은 최근 민정수석실 부활로 3실장·7수석 체제로 확대된 데 이어 3실장·8수석 체제로 그 규모가 확대된다.

저출생대응기획부 신설 개요

현행	대통령 직속 저출산고령사회위원회 위원장 윤석열 대통령, 부위원장 장관급·비상근직
역할	저출생·고령화 정책의 컨트롤타워, 저출생 문제에 대한 대응 강화
기능	교육·노동·복지 정책 수립, 국가 어젠다 확립
장관	부총리급·상근직, 사회부총리 겸임
요건	정부조직법 개정 필요, 야당(다수 의석)에 입법 협조 및 국회 협력 요청

전술핵(戰術核) ▼

"최근 미국 내에서 한반도 전술핵 재배치 필요성이 거론되고 있는 가운데, 미국 국무부가 5월 30일 이 같은 계획이 없다며 선을 그었다. 앞서 5월 29일 상원 군사위원회의 공화당 간사인 로저 위커 상원의원은 미국의 국방력을 강화하기 위해 국방 예산을 550억 달러(약 75조원) 증액하는 계획을 공개하며, 미국 전술핵무기를 한반도에 재배치하고 북대서양조약기구(NATO·나토)처럼 한국과 핵무기를 공유하는 방안을 제안한 바 있다. 우리나라의 경우 1991년 노태우 당시 대통령이 한반도 비핵화를 선언한 뒤 주한미군이 보유하고 있던 전술핵무기가 국내에서 모두 철수한 바 있다."

주로 국지전(한정된 지역에서 일어나는 전쟁)에서 사용되는 무기로, 전선에서 적을 궤멸시키거나 전세를 역전시키기 위해 쓰인다. 원자포나 방공미사일인 핵탄두를 장착한 나이키·허큘리스 등이 해당된다. 전술핵은 대도시 전체를 초토화시킬 수 있는 위력을 지닌 전략핵과 구분되는 개념으로, 전략핵과 전술핵은 위력에 따라 구분된다. 즉, 전략핵이 대도시와 전략시설을 초토화하는 데 비해 전술핵은 국지전에서 목표물을 정밀 타격하는 용도로 사용된다. 예컨대 전술핵이 핵가방이나 핵지뢰 같은 소형 핵무기를 포괄하는 개념이라면, 전략핵은 대륙간탄도미사일(ICBM)·잠수함발사탄도미사일(SRBM)이나 전략폭격기로 운용된다. 전술핵은 미사일 사거리가 짧고 파괴력도 작은 편이지만 가벼워서 기동성이 뛰어나다는 장점이 있다.

채텀하우스(Chatham House) ▼

외교·안보 분야의 세계 최정상급 싱크탱크 중 하나로 평가받고 있는 「영국 왕립국제문제연구소(RIIA·Royal Institute of International Affairs)」의 별칭이다. 1920년 빅터 벌머 토머스에 의해 설립됐으며, 1926년 칙령으로 정식 왕립연구소로 승격돼 현재에 이르고 있다. 채텀하우스에는 100명이 넘는 연구원이 있으며 1년 동안 쓰는 예산이 1300만 파운드(약 228억 원)가 넘는데, 이를 자체 수익 사업과 기부금으로 충당해 정부 지원금이나 세금은 사용하지 않는다. 이것이 정부는 물론 특정 정당이나 이익단체로부터 자유로운 독립성을 유지할 수 있는 이유이다. 특히 연구소의 보도 준칙인 이른바 「채텀하우스 룰(Chatham House Rule)」로도 유명한데, 이

는 토론의 내용은 보도하되 발언자는 물론 참석자의 신분도 공개하지 않는다는 원칙을 말한다.

한·미 전문가들이 제15회 아시안리더십콘퍼런스(ALC) 개막을 하루 앞둔 5월 21일 사전 행사로 마련된 채텀하우스 토론회에서 미 대선 이후 양국 관계와 미·중 경쟁 속 한국의 선택을 놓고 의견을 나눴다. 이날 토론은 양국의 전현직 정치인과 정부 당국자, 전략국제문제연구소(CSIS), 브루킹스연구소 등의 소속 한반도 전문가 25명이 참여해 3시간 동안 진행됐다.

프리덤 엣지(Freedom Edge) ▼

"신원식 국방부장관, 로이드 오스틴 미국 국방장관, 기하라 미노루 일본 방위상이 6월 2일 싱가포르에서 3국 국방장관 회의를 가졌다. 3국 국방장관은 이 회의에서 올여름 새로운 영역의 3자훈련인 「프리덤 엣지」를 최초로 실시하기로 했으며, 한미일 안보협력을 제도화하기 위해 「한미일 안보협력 체계(TSCF)」를 연내 작성하기로 했다."

한국과 미국, 일본이 올여름 최초로 실시하기로 합의한 훈련으로 공중·수중·해상·사이버 등 다양한 영역에서 동시다발적으로 진행하는 다영역 훈련을 말한다. 이들 3개국이 훈련 명칭인 「프리덤 엣지」는 한미연습인 「프리덤 실드(Freedom Shield)」와 미일연습인 「킨 엣지(Keen Edge)」의 각각 앞뒤 단어를 따서 만들어진 것으로, 한미와 한일로 나눠 하던 훈련을 하나로 합친다는 의미를 담고 있다. 한·미·일은 지난해 캠프 데이비드 정상회담을 계기로 첫 연합 공중훈련(지난해 10월)과 첫 연합 해상훈련(올해 1월)을 실시한 바 있으나, 프리덤 엣지를 통해 훈련 규모를 더 키우고 영역도 다양화하기로 한 것이다.

현재 한국과 미국, 일본과 미국은 각각 현존하는 위협과 안보상황을 반영한 연습 시나리오를 기반으로 지·해·공·사이버·우주자산 등을 활용한 대규모 다영역 연합연습을 시행하고 있으나, 3국이 함께하는 본격적인 다영역 훈련은 없는 상태다. 그러나 한미일은 2023년 8월 열린 3국 정상회담에서 다영역 훈련의 정례적 실시에 합의한 이후 이를 각급 회의를 거쳐 구체화했고, 이번 한미일 국방장관회의를 통해 그 실시에 합의한 것이다.

한미 핵협의그룹(NCG·Nuclear Consultative Group) ▼

"한국과 미국이 6월 10일 서울 용산구 국방부 청사에서 제3차 핵협의그룹(NCG) 회의를 가진 뒤 북한이 핵 공격을 해올 경우 한국의 재래식 전력과 미국의 핵전력으로 공동 대응하는 내용의 공동지침 작성을 사실상 완료했다는 등의 내용이 담긴 공동 언론성명을 발표했다."

북한의 핵 위협에 대한 한미 공동의 핵전략과 기획을 통해 대북 확장억제를 강화하기 위한 양자 협의체로, 2023년 4월 한미 정상회담에서 채택한 「워싱턴 선언」에 따라 출범했다. 미국이 확장억제 기획 및 실행에 동맹국을 참여시키는 것은 사실상 북대서양조약기구(NATO·나토)의 핵기획그룹(NPG·Nuclear Planning Group)에 이어 처음인데, 양국은 당시 차관보급 협의체인 NCG를 연 4회 가동한다는 방침을 밝힌 바 있다. 이후 한미는 지난 2월 미국 펜타곤에서 NCG를 기존 국가안전보장회의(NSC)에서 국방부 주도로 전환하는 내용 등을 담은 NCG 프레임워크 문서에 서명한 바 있다.

한일 초계기 갈등 ▼

"신원식 국방부 장관과 기하라 미노루 일본 방위상이 6월 1일 싱가포르에서 열리고 있는 제1차 아시아안보회의(샹그릴라 대화)를 계기로 회담을 가진 뒤 초계기 갈등에 대한 양측의 재발 방지대책 합의문 내용을 담은 공동언론 발표문을 결과물로 내놓았다."

2018년 12월 20일 한국 함정 광개토대왕함에 일본 해상자위대의 초계기가 접근, 위협 비행하면서 시작된 한일 간 갈등을 말한다. 일본 정부는 광개토대왕함이 일본 초계기에 사격통제 레이더를 가동했다고 비난한 데 이어 12월 28일에는 일방적으로 해당 동영상을 공개하면서 한일 간 레이더 갈등을 점화시켰다. 이에 우리 국방부는 2019년 1월 4일 일본의 주장을 부정하는 반박 동영상을 공개한 데 이어 7일에는 6개 언어판의 동영상을 추가 공개하면서 일본 측의 일방적 여론 확산에 대응했다. 그러나 일본 방위성은 2019년 1월 22일 한국과의 초계기 논란

에 대한 실무 협의를 중단한다고 일방적으로 발표한 데 이어, 발표 하루 만인 23일에는 대조영함에 근접하는 위협 비행을 강행하면서 한일 레이더 갈등을 다시 확산시켰다. 그리고 이 사건의 여파로 한일 국방당국 간 교류가 4년 넘게 중단됐다. 그러다 한국 국방부 장관과 일본 방위상이 2023년 6월 4일 싱가포르 샹그릴라 호텔에서 열린 제20차 아시아안보회의를 계기로 회담을 가진 뒤 한일 간 초계기 갈등에 대해 재발 방지 대책을 마련하는 데 중점을 두기로 했다고 밝히며 갈등 진화에 나선 바 있다.

> 초계기(哨戒機, Patrol Aircraft) 해상공역을 비행하면서 경계 및 정찰 임무를 수행하는 항공기로, ▷적외선 탐지장치 ▷음향 탐지기 ▷자기 탐지기 등은 물론 인공위성과의 통신 능력 등을 갖추고 있다.

해적위험지수(海賊危險指數) ▼

"해양수산부가 5월 23일 서아프리카, 소말리아·아덴만, 말라카·싱가포르, 필리핀, 남아메리카, 카리브해, 벵골만 등 주요 해역 7곳의 해적 피해 위험도를 수치화한 「해적위험지수」를 개발해 24일부터 업계에 제공한다고 발표했다."

전 세계 해적피해 취약 해역의 위험도를 수치화한 것으로, 해양수산부가 5월 24일부터 해양안전종합정보시스템(GICOMS) 누리집(www.gicoms.go.kr)을 통해 매주 공개하는 지수다. 해적위험지수는 해수부가 해적행위가 보고되는 서아프리카, 소말리아·아덴만, 말라카·싱가포르, 필리핀, 남아메리카, 카리브해, 벵골만 등 세계 주요 해역 7곳의 해적피해 위험도를 수치화해 개발한 것이다. 해수부는 이 지수를 업계에 제공해 해적들의 위험도를 주기적으로 확인할 수 있도록 하고, 선박 운항 안전과 적절한 해적 피해 예방 활동을 지원한다. 지수는 해적피해 위험도에 따라 4단계(매우높음-높음-보통-낮음)와 특별위험경보로 구분되는데, 위험 단계와 권고사항은 매주 최신화해 공개된다. 이 가운데 특별위험경보가 발령되면 매우 위험 단계와 동일한 안전조치를 이행하면서 경보가 발령된 해역의 진입 금지 등 정부의 긴급 조치 명령(권고)을 준수해야 한다.

헤즈볼라(Hezbollah) ▼

"이스라엘군이 6월 18일 성명을 통해 레바논 남부의 이슬람 무장단체 헤즈볼라와의 전쟁 계획을 공개적으로 언급하면서 양측의 전면전 가능성 우려가 높아지고 있다. 헤즈볼라는 지난 8개월여 동안 레바논 국경에 인접한 이스라엘 북부를 공격해 왔고, 이스라엘은 도발 중단을 요구하며 확전 가능성을 경고해 왔다. 하지만 헤즈볼라는 가자지구에서 이스라엘 공격에 따른 민간인 희생이 계속되는 한 공격을 멈추지 않겠다는 입장이다."

1983년 창설된 레바논의 이슬람 시아파 무장세력이자 정당조직으로, 이란의 지원을 받는 것으로 알려져 있다. 이스라엘의 점령으로부터 레바논 영토 해방, 레바논에 시아 이슬람국가 건설, 서구 국가의 영향력 행사 배제, 레바논인들의 생활수준 향상 등을 목표로 하고 있다. 레바논 동부에 본부를 두고 있는 헤즈볼라는 약 4000명의 게릴라조직 등 7개의 비밀결사조직을 거느리고 있으며 이 조직을 통해 납치·테러 등의 무장투쟁을 벌이고 있다. 대표적으로 1983년 10월 베이루트 내 미 해병대 막사 폭탄 테러, 1985년 미 TWA기 납치사건, 1992년의 아르헨티나 이스라엘 대사관 폭탄 공격사건 등 미국·이스라엘을 대상으로 한 테러행위를 자행해 왔다. 한편, 헤즈볼라는 자국 정치에 큰 영향을 미치는 이슬람 정당이자 이란의 전폭적 지원을 받는 무장단체라는 점에서 하마스와 비슷하다. 그러나 자체 주장 병력 규모가 10만 명으로, 전쟁 전 하마스(2만 여명)의 5배 수준에 이르는 등 그 규모 자체가 다르다.

> **저항의 축(Resistance Axis)** 이슬람권 언론이 미국이 만들어낸 「악의 축(axis of evil)」에 반감을 드러내며 만든 용어로, 당초 미국과 미국의 동맹에 반대·저항하는 국가들이라는 뜻이었다. 그러다 점차 시아파의 맹주 이란이 지원하는 반(反)이스라엘 무장단체들을 가리키는 말로 진화했다. 저항의 축에는 ▷팔레스타인 가자지구의 하마스와 팔레스타인 이슬라믹 지하드 ▷레바논의 무장단체 헤즈볼라 ▷이라크 시아파 무장정파(민병대) ▷시리아 바샤르 알아사드 정권 ▷예멘의 후티 반군 등이 포함되는데, 이란은 자국과 이들 세력들을 미국과 이스라엘에 맞서는 「저항의 축」으로 일컫고 있다.

황푸군관학교(黃埔軍官學校) ▼

"중화민국 초기 군장교 양성기관인 황푸군관학교 개교 100주년을 두고 대만과 중국이 6월 16일과 17일 각각 기념행사를 열며 정통성 경쟁을 벌였다. 중국은 국공합작과 통일을 강조한 반면 대만은 중국의 위협으로부터의 대만 수호와 국방력 강화에 중점을 두었다."

중국 국민당의 지도자였던 쑨원(孫文, 1866~1925)이 1924년 6월 16일 중국 광둥성 광저우시 황푸에 세운 군사학교이다. 이는 쑨원이 당시 코민테른(Comintern, 1919년 구소련 모스크바에서 창설된 공산주의 국제연합)의 지원을 받아 소련 군대의 군사 조직을 본떠 설립한 것으로, 제1차 국공합작의 성과로 설립된 국민혁명군 간부를 조직하기 위해 세워졌다. 설립 이후 당시 국민당의 장제스(蔣介石, 대만 초대 총통)가 초대 교장을 맡았고, 공산당의 저우언라이(周恩來, 전 중국 총리)는 정치부 교관을 맡았다. 그러나 학교는 항일전쟁과 국공내전 등을 거치며 우한·난징·청두 등으로 옮기게 되는데, 황푸의 군관학교는 1929년 9월 7기생을 배출한 뒤 1931년 10월 폐쇄됐다. 이후 1949년 국민당이 내전에서 패한 뒤에는 대만으로 옮겨갔는데, 장제스는 1950년 황푸군관학교를 계승하겠다는 목표로 가오슝 평산에 대만육군사관학교를 설립했다. 특히 황푸군관학교는 한국 독립운동과도 인연이 깊은데, 1919년 3·1운동 이후 국내 활동이 어려워진 독립운동가들이 군사훈련을 받기 위해 이곳에 입교했기 때문이다. 이곳에서 김원봉·양림·박건웅 등 200명이 넘는(우한분교 한인 졸업생까지 포함) 한국인들이 교육생과 교관으로 활동했는데, 이곳 출신 한국인들은 신흥무관학교·의열단 등 무장독립단체 설립과 광복군 창설에 큰 역할을 했다.

② 경영·경제

경제성장률(Rate of Economic Growth) ▼

"한국은행 경제연구원이 5월 26일 발표한 「혁신과 경제성장, 우리나라 기업의 혁신활동 분석 및 평가」 보고서에서 출산율의 극적인 반등, 생산성의 큰 폭 개선 등 획기적인 변화가 없다면 우리 경제가 2040년대 마이너스 성장 국면으로 진입할 것이라고 경고했다. 이에 따르면 한국의 연평균 경제성장률은 2020년대 2.1%, 2030년대 0.6%에 이어 2040년대에는 −0.1%까지 떨어질 전망이다."

실질 국내총생산(GDP)의 연간 증가율을 백분율로 나타낸 것으로 일정기간 중 한 나라의 경제규모, 즉 국민소득 규모가 얼마나 커졌는가를 파악하기 위한 지표다. 1년 동안 경제활동을 한 각 영역이 창출한 부가가치가 전년도와 비교해 얼마만큼 증가했는지 판가름할 수 있으며, 그 나라의 경제가 이룬 경제성과를 측정하는 중요한 척도가 된다. 경제성장률에는 실질성장률과 명목성장률이 있는데 인플레이션이 심할수록 후자의 수치가 낮아진다.

관계형 금융(Relationship Banking) ▼

금융회사가 기업 등과의 거래 시 정량적 수치(재무비율, 신용등급 등) 외에도 돈을 빌려준 회사와의 지속적 거래, 관찰, 현장 방문, 접촉 등 거래를 통해 얻은 정성적·사적 정보를 이용해 대출자격을 평가하는 것을 말한다. 이러한 비계량적 정보를 기반으로 지분 투자, 3년 이상 장기 대출, 경영 컨설팅 등을 지원하게 된다. 관계형 금융은 2014년 11월 제조업, 정보통신기술업에 한정 도입됐으며 2016년 4월 1일부터 그 대상을 부동산업을 제외한 전 업종으로 확대했다.

글로벌 최저한세(Global Minimum Corporate Tax) ▼

다국적 기업의 소득에 대해 특정 국가에서 15%의 최저한세율보다 낮은 세율을 적용하는 경우 최종 모기업의 거주지국 등 다른 국가에 추가 과세권을 부여하는 제도를 말한다. 이는 국가 간 조세 경쟁을 활용해 다국적 기업이 저율과세 국가를 찾아다니며 조세를 회피하는 것을 방지하기 위해 경제협력개발기구(OECD)와 주요 20개국(G20)의 포괄적 이행체계에서 합의된 것이다. 우리나라에서는 글로벌 최저한세 도입을 위한 「국제조세조정에 관한 법률」 개정안이 2022년 12월 국회를 통과했으며 올해부터 시행됐다. 적용 대상은 직전 4개 사업연도 중 2개년 이상의 연결 재무제표상 매출이 7억 5000만 유로(약 1조 원) 이상인 다국적 기업이다. 이는 국가별로 계산한 실효세율(조정대상 조세를 글로벌 최저한세 소득으로 나눈 값)을 기준으로 15%에 미달하는 만큼 추가 과세한다. 다만 정부기관, 국제기구, 비영리기구, 연금펀드, 투자펀드 등은 적용 대상에서 제외된다.

한편, 필라2로 불리는 글로벌 최저한세 제도는 OECD가 추진하는 국제조세 개편의 두 축 중 하나로, 디지털세를 뜻하는 필라1의 경우 다국적 기업들이 본사가 속한 국가뿐 아니라 실제 매출이 발생한 국가에도 세금을 내도록 하는 국제조세 규약이다. 이는 구글 등 일부 정보기술(IT) 기업이 세율이 낮은 국가에 본사를 두고 조세를 회피한다는 지적이 제기되자 이를 막기 위해 도입됐다.

글로벌 혁신특구 ▼

"정부가 5월 30일 규제자유특구위원회를 열고 부산시(차세대 해양 모빌리티), 강원도(AI 헬스케어), 충청북도(첨단재생바이오), 전라남도(직류산업) 등 4곳의 글로벌 혁신특구 지정을 의결했다. 이로써 글로벌 혁신특구는 지난해 5월 도입을 발표한 지 11개월 만에 첫 지정됐다."

미래 기술 분야의 신제품을 개발하고 해외 진출을 지원하기 위한 지역으로, 기존 규제자유특구를 확장한 것이다. 바이오 기업, 연구소, 대학, 종합병원이 서로 긴밀하게 협력하는 보스턴 바이오 클러스터를 벤치마킹한 것으로 알려져 있다. 규제자유특구는 규제로 인해 시험이 불가능한 혁신기술을 제약 없이 테스트할 수 있는 지역으로, 2019년 4월 처음 도입됐다. 이곳은 규제 샌드박스가 적용됐으나 신기술 실증을 위해서는 하나씩 실증특례를 받아야 한다는 점이 한계로 지적돼 왔다. 반면, 글로벌 혁신특구는 신제품의 기준, 요건 등이 없거나 현행 법령 적용이 어려워도 실증이 허용되며, 실증 후에는 임시 허가를 신속하게 부여해 사업을 지원하게 된다. 또한 글로벌 혁신특구에서는 법률에 명시된 금지 행위가 아니면 신기술 실증을 원칙적으로 모두 허용하는 네거티브 방식이 적용된다.

한편, 첫 글로벌 혁신특구로는 부산시(차세대 해양 모빌리티), 강원도(AI 헬스케어), 충청북도(첨단재생바이오), 전라남도(직류산업) 등 4곳이 지정됐다. 먼저 부산에서는 친환경·스마트화 선박기술 실증이 이뤄진다. 강원에는 분산형 임상, 원격협진 시스템의 실증을 허용해 안정성을 검증하며, 충북에서는 첨단재생의료의 체계적 안정성을 검증한다. 전남에서는 직류배전망 플랫폼의 정밀 실증을 진행한다.

기업의 지속 가능한 공급망실사지침
(CSDDD·Corporate Sustainability Due Diligence Directive) ▼

기업이 전체 공급망에서 발생할 수 있는 강제노동이나 삼림벌채 등 인권이나 환경 피해를 방지하기 위해 준수해야 하는 각종 의무를 규정한 유럽연합(EU) 차원의 가이드라인이다. 4월 유럽의회에서 가결됐으며 향후 EU 27개국을 대표하는 장관급 이사회의 최종 승인을 거쳐 관보에 게재, 발효되면 그로부터 2년 내에 EU 각 회원국의 국내 입법을 진행하게 된다. 이에 따라 2027~2029년 발효될 전망이며 기업 규모에 따라 순차적으로 적용될 예정이다. 지침 발효 후 ▷3년부터는 직원 수 5000명·순매출액 15억 유로(2조 2000억 원) 이상 ▷4년 후부터는 3000명·9억 유로(1조 3200

억 원) ▷5년 후부터는 1000명·4억 5000만 유로(6600억 원) 이상의 기업에 적용된다.

적용 대상 기업들은 공급망 내 인권·환경과 관련된 실재적·잠재적 부정적 영향 요인을 평가하고 이를 예방·완화·제거하는 조처를 취하는 등 경영 전반에 대한 실사 계획을 수립해야 한다. 규정을 위반한 때에는 과징금이 부과되는데, CSDDD에는 각 회원국이 국내법을 제정할 때 규정 위반에 대한 과징금 상한을 전 세계 연 매출액의 최소 5% 이상으로 정하도록 했다.

기준금리(Base Rate) ▼

"미국 연방준비제도이사회(연준)가 연방공개시장위원회(FOMC) 정례회의 후 만장일치로 기준금리(5.25~5.50%) 유지를 결정했다고 6월 12일 밝혔다. 이는 7회 연속 금리를 동결한 것으로, 한국(3.50%)과의 금리 차이는 최대 2%포인트가 유지됐다."

중앙은행이 다른 금융기관과 거래할 때 기준으로 삼는 정책 금리로, 한국은행이 금융기관과 환매조건부증권(RP) 매매, 자금조정 예금 및 대출 등의 거래를 할 때 기준이 되는 금리를 말한다. 중앙은행은 기준금리를 정해 각종 금리의 기준이 되도록 하는데, 그 수준은 국내외 경제 상황 변화에 맞춰 유동적으로 조정한다. 우리나라의 경우 한국은행이 기준금리를 인상하면 시중은행의 금리도 함께 오르고, 기준금리를 인하하면 시중은행의 금리도 내려간다. 기준금리를 올리게 되면 콜금리 등 단기시장금리가 즉시 상승하고 은행 예금 및 대출 금리도 대체로 상승하며, 장기시장금리도 상승 압력을 받게 된다. 그리고 이와 같은 금리 상승은 예금이자 수입은 증가시키지만 대출이자가 늘어나므로 가계의 저축 증가와 소비 감소로 이어진다. 또 기업도 이자부담으로 인해 투자를 줄이게 되므로 경제 성장이 둔화되고 물가가 낮아지게 된다. 아울러 기준금리는 환율에도 영향을 미치는데, 만약 다른 나라의 금리가 변동하지 않은 상태에서 우리나라의 금리가 올라가면 국내 원화표시 자산의 수익률이 상대적으로 높아져 해외자본이 유입된다. 이는 곧 원화 가치의 상승으로 이어지고, 원화표시 수입품 가격을 하락시켜 수입품에 대한 수요를 증가시키게 된다. 반면 기준금리를 내리게 되면 시중은행 이자도 같이 내려가기 때문에, 은행 예금이자 수입은 줄어든다. 하지만 은행들은 기업과 개인에게 더 싸게 돈을 대출해 줄 수 있기 때문에 여러 경제주체의 투자와 소비가 늘어나게 된다. 이에 시장에 유동성이 공급되면서 경제성장이 활성화되지만 물가가 오르는 인플레이션 현상이 발생하게 된다.

기후플레이션(Climateflation) ▼

기후변화로 인한 자연재해나 극한 날씨로 농작물 생산이 감소해 식료품 물가가 상승하는 현상을 이르는 말이다. 즉, 기후변화로 인해 인간이 감당해야 할 직간접적 경제적 비용이 상승하는 것을 가리킨다. 실제로 전 세계적으로 커피와 카카오, 설탕, 올리브유 등이 극한기후로 인해 작황이 부진해지면서 가격이 치솟고 있다. 인스턴트 커피에 들어가는 로부스타 커피는 주생산지인 베트남과 인도네시아에 엘니뇨로 인한 극심한 가뭄이 덮치면서 생산량이 급격히 줄었고, 초콜릿의 원료인 카카오는 전 세계 코코아의 70%가 생산되는 서아프리카에서 엘니뇨에 따른 폭우와 폭염으로 생산량이 급감했다. 또 올리브는 세계 최대 생산국인 이탈리아, 그리스 등에 극심한 폭염과 가뭄이 찾아들면서 수확량이 급격히 줄었다.

내부통제 책무구조도(Responsibilities Map) ▼

"금융위원회가 금융권 내부통제를 강화한 책무구조도를 도입하는 내용의 「금융회사의 지배구조에 관한 법률(지배구조법)」 시행령 개정안이 국무회의에서 의결됐다고 6월 11일 밝혔다. 개정안은 6월 중 공포돼 7월 3일부터 시행된다."

금융사 임원에게 담당 업무에 따른 내부통제 책무를 배분해 책임소재를 보다 분명히 하도록 하는 문서를 말한다. 이는 금융회사의 주요 업무에 대한 최종책임자를 특정해 내부통제 책임을 회피하지 못하도록 하고 내부통제에 대한 조직 전반의 관심을 제고하려는 것이 목적이다. 이에 따라 금융회사의 법령준수, 건전경영, 소비자보호 등에 영향을 줄 수 있는 업무별 내부통제 책임이 책무구조도상 임원에게 부여된다.

책무구조도는 대표이사가 작성해 이사회의 심의·의결을 거쳐 확정되며, 이렇게 확정된 책무구조도는 금융당국에 제출해야 한다. 만약 대표이사가 책무구조도 작성을 미흡하게 했거나 실제 권한 행사자와 책무구조도상 임원이 불일치하는 등 거짓으로 작성했을 경우에는 제재를 받게 된다. 책무구조도에 기재된 임원은 자신의 책임 범위 내에서 내부통제가 적절히 이뤄질 수 있도록 ▷내부통제기준의 적정성 ▷임직원의 기준 준수여부 및 기준의 작동여부 등을 상시 점검하는 내부통제 관리의무를 이행해야 한다. 특히 대표이사는 내부통제 총괄 책임자로 전사적 내부통제 체계를 구축하고 각 임원의 통제활동을 감독하는 등 총괄 관리를 해야 한다.

넥스트레이드(Nextrade) ▼

자본시장 인프라의 질적 발전을 위해 추진 중인 첫 번째 다자간매매체결회사(ATS·Alternative Trading System)를 말한다. 자본시장법에 따르면 다자간매매체결회사는 「정보통신망이나 전자정보처리장치를 이용해 동시에 다수의 자를 거래상대방 또는 각 당사자로 해 매매가격의 결정방법으로 증권시장에 상장된 주권 등의 매매 또는 그 중개·주선이나 대리 업무를 하는 투자매매업자 또는 투자중개업자」로 정의된다. 금융투자협회와 주요 증권사 등 34곳이 출자한 넥스트레이드는 현재 한국거래소가 독점하고 있는 증권시장을 경쟁을 통해 효율적이고 편리한 복수시장 체제로 전환하기 위해 추진 중이다. 2022년 11월 설립됐으며 2023년 7월 금융위원회 예비인가를 획득했고, 2025년 초부터 거래 업무를 수행할 예정이다.

넥스트레이드에서는 기존 한국거래소 운영시간인 오전 9시~3시 30분에 프리마켓 오전 8시~8시 50분, 애프터마켓 오후 3시 30분~8시가 추가돼 일일 12시간 주식 거래를 할 수 있다. 다만 시세조종을 막기 위해 한국거래소의 시가 예상체결가 표출시간과 종가 단일가매매 시간은 변경된다. 한국거래소의 시가 단일가매매 시간은 현행 8시 30분~9시를 유지하되 예상체결가 표출시간을 8시 50분~9시로 단축하고 이 10분간 넥스트레이드는 일시적으로 거래를 중단한다. 한국거래소의 종가 단일가매매는 15시 25분~15시 30분의 5분으로 단축하고 이 5분간 넥스트레이드의 거래가 중단된다. 호가 유형도 다양해지는데, 최우선 매도와 매수 호가의 중간 가격에 체결되는 「중간가호가」, 시장 가격이 투자자가 미리 정해놓은 가격 수준에 도달하면 지정가로 주문되는 「스톱지정가호가」 유형이 도입된다. 넥스트레이드에서는 유동성이 높은 800여 개 유가증권 및 코스닥시장 종목이 거래되며 금융당국은 현행 규정을 수정해 상장지수펀드(ETF), 상장지수증권(ETN) 거래도 허용할 방침이다.

다운사이징(Downsizing) ▼

인력을 감축해 기업의 능률을 높이는 경영을 일컫는다. 이 명칭은 1980년대 초 메인프레임보다 작고 유연하고 빠르며 우수하고 신뢰성 있는 컴퓨터를 개발할 것을 주창한 IBM 왓슨 연구소의 헨리 다운사이징의 이름에서 따왔다. 실적이 악화돼 직원을 해고한다는 인상을 줄 수 있어 최근에는 「라이트사이징(Right Sizing)」이라고도 부른다.

등대공장(Lighthouse Factory) ▼

어두운 밤, 등대가 불빛을 비춰 배들을 안내하듯이 사물인터넷(IoT)과 인공지능(AI), 빅데이터 등

4차 산업혁명의 핵심기술을 적극적으로 도입해 제조업의 미래를 혁신적으로 이끌고 있는 공장을 뜻한다. 다보스포럼이라고도 부르는 세계경제포럼(WEF)이 전 세계 공장들을 대상으로 2018년 처음 등대공장을 선정했으며 매년 두 차례에 걸쳐 발표하고 있다. 대표적인 등대공장으로는 독일의 BMW, 사우디아라비아의 아람코, 미국의 존슨앤존슨, 핀란드의 노키아, 프랑스의 르노그룹, 인도의 타타스틸 등이 있다. 한국에서는 처음으로 2019년 7월 포스코가 등대공장에 선정된 이래 LG전자와 LS산전 공장이 선정된 바 있다.

라스트 마일 딜리버리(Last Mile Delivery) ▼

유통업체의 택배 상품이 목적지에 전달되기까지의 모든 과정과 요소를 뜻하는 말로, 유통업체들이 서비스 차별화를 위해 속도보다 배송 품질에 주안점을 두면서 확장된 배송 개념이다. 라스트 마일은 원래 사형수가 집행장까지 걸어가는 거리를 가리키는 말인데, 유통업에 있어서의 라스트 마일은 고객과의 마지막 접점을 의미한다. 라스트 마일 딜리버리는 유통업계의 미래전략으로 서비스 측면에서 안전성과 편의성이 높은 새로운 배송 서비스를 제공하는 것과 기술적 측면에서 물류와 IT기술의 만남, 감성적 측면에서 고객만족과 감동 등을 모두 포함한다. 배송기사의 근무시간을 줄여 친절배송의 품질을 끌어 올리는 것, 배송 박스에 손편지나 스티커 등을 넣는 것, 편의점을 통한 택배수령 서비스, 공공 인프라를 활용한 무인택배함 서비스 등이 모두 이에 해당한다.

리쇼어링(Reshoring) ▼

"산업통상자원부가 5월 7일 유턴 기업 지원 정책 간담회를 열고 리쇼어링 기업 지원을 강화하는 내용의 「유턴 지원 전략2.0」을 발표했다. 현재 정부는 기업이 국내로 복귀할 경우 유턴 기업으로 인정해 보조금 최대 300억 원 등의 인센티브를 주고 있다. 여기에 지원 강화를 위해 국내 기업이 해외에서 벌어들인 돈을 국내로 들여오는 자본 리쇼어링으로 국

내에 투자하는 경우도 유턴 투자로 인정하는 방안을 추진할 계획이다. 또한 유턴 인정 업종에 유통업을 추가하고 보조금 상한을 400억 원으로 증액, 연구개발 관련 비용 50억 원 추가 지원 등의 혜택을 주기로 했다."

비용 등을 이유로 해외에 나간 자국 기업이 다시 국내로 돌아오는 현상으로, 기업의 생산기지 해외이전을 뜻하는 오프쇼어링(Off-shoring)에 반대되는 개념이다. 우리나라의 경우 해외진출 국내복귀기업(유턴 기업)이라는 명칭을 사용한다. 과거 선진국에 위치한 기업들은 인건비 상승 등 고비용의 문제를 해결하기 위해 인건비가 비교적 저렴한 중국·인도 등 개도국으로 생산기지를 이전했는데, 여기서 오프쇼어링이라는 개념이 생겨났다. 하지만 이후 신흥시장국의 임금 상승으로 이곳에서도 비용 문제에 직면하자, 다시 기지를 본국으로 이전하는 리쇼어링이 활발해지고 있다. 특히 이 같은 움직임은 2008년 글로벌 금융위기 이후 극심한 경기침체와 실업사태에 직면한 많은 국가에서 국내경제 활성화와 일자리 창출을 위해 대대적으로 추진된 바 있다. 우리나라에서는 2013년 6월 「해외진출기업의 국내복귀 지원에 관한 법률」을 제정함으로써 유턴 기업 지원에 관한 법적 근거를 마련했다. 유턴 기업으로 선정되면 ▷청산컨설팅 지원 ▷산업단지 및 경제자유구역 우선입주 ▷국내 입지·설비투자 보조금, 고용보조금, 해외인력에 대한 비자 지원 ▷자금융자 ▷신용보증 ▷수출보증 등 다양한 지원을 받을 수 있다.

한편, 국립국어원은 리쇼어링을 「국내 복귀」로, 오프쇼어링은 「국외 이전」으로 순화해 쓸 것을 권하고 있다.

리츠(REITs·Real Estate Investment Trusts)
▼

"국토교통부가 6월 17일 열린 경제관계장관회의에서 「국민소득 증진 및 부동산 산업 선진화를 위한 리츠 활성화 방안」을 발표했다. 현재 국내 리츠 자산 규모는 98조 원 정도로, 다른 국가들에 비해 그 규모가 작은 편인데, 이에 정부는 리츠가 부동산을 직접 개발해 임대·운영할 수 있도록 「프로젝트 리츠」를 도입할 방침이다."

소액투자자들로부터 모은 자금으로 부동산이나 부동산 관련 대출에 투자한 뒤, 수익을 투자자들에게 배당하는 부동산투자회사 또는 부동산투자신탁을 의미한다. 자금을 모아 직접 부동산을 매입해 개발 임대사업을 하거나, 부동산을 담보로 발행되는 주택저당증권(MBS)에 투자하거나, 부동산 개발에 자금을 지원하는 프로젝트 파이낸싱(PF)에 참여하는 등 부동산을 통해 자금을 운용하게 된다. 리츠는 투자자에게 정기적으로 배당수익을 제공해야 하기 때문에 주로 안정적인 임대 수익이 발생하는 상업용 부동산에 투자한다. 리츠의 지분은 일종의 주식에 해당하며, 대부분 증권거래소에 상장된다. 이에 따라 투자자는 법인의 형태로 설립되는 개별 투자상품의 지분(주식)을 소유하는 입장이라 할 수 있다. 리츠는 일반인도 소액자금으로 부동산에 간접적으로 투자할 수 있고, 주식 형태로 거래되기 때문에 언제든지 투자자금 매각이 가능해 손쉽게 현금화할 수 있다. 또한 주식과는 달리 부동산이라는 실물자산에 투자했기 때문에 가격이 안정적이다.

한편, 정부가 추진 중인 「프로젝트 리츠」는 부동산 개발 단계의 특성을 고려해 규제를 완화한 형태다. 프로젝트 리츠에는 인가제가 아닌 등록제를 적용해 사업 지연과 비용 부담을 줄여준다. 또 1인 주식 투자한도 제한(50%)을 없애고 공시·보고 의무는 최소화하며, 주식 공모 시기는 준공 후 5년 내(현재 2년 내)로 늦춘다. 이 밖에도 국토부가 승인하는 자산에 폭넓게 투자할 수 있도록 시행령을 개정해 투자 대상을 확대하고 부동산 금융 투자 확대를 지원할 방침이다.

미국 생물보안법(Biosecure Act)
▼

중국 바이오 기업을 제한하기 위해 추진 중인 미국의 법으로, 미국 정부와 산하 기관, 정부 예산을 지원받는 기업이 중국의 바이오 기업과 거래하는 것을 금지하는 내용이 골자다. 규제 대상 바이오 기업으로는 우시바이오로직스, 우시앱텍, BGI 등 5개 기업이 포함됐다. 이는 미국 국민의 유전자 분석 정보, 지식재산권(IP) 등 안보적 중요성이 커진 바이오 데이터가 중국으로 넘어가 악의적으로 이용되는 것을 막기 위함이다. 해당 법안은 3월 미국 상원에 이어 5월 하원 상임위원회를 통과했다. 향후 본회의 의결과 대통령 서명 절차를 거쳐 연내 시행될 예정이다. 법이 시행되면 2032년 1월 1일 이후에는 미국에서 법안에 명시된 중국 기업들이 장비와 서비스 계약을 할 수 없게 된다.

한편, 생물보안법이 시행되면 중국 바이오 기업들 대신 위탁개발생산(CDMO) 기업들에 반사 수혜가 예상된다. CDMO는 고객의 주문을 받아 바이오의약품을 대신 개발·생산하는 방식으로, 위탁 개발인 CDO(Contract Development Organization)와 위탁 생산인 CMO(Contract Manufacturing Organization)가 포함된다.

밈 주식(Meme Stock) ▼

온라인상에서 입소문을 타 개인투자자들이 몰리는 주식을 가리키는 용어다. 여기서 「밈(Meme)」은 영국의 저명한 진화생물학자 리처드 도킨스(Richard Dawkins)가 1976년에 펴낸 《이기적인 유전자》라는 책에서 등장한 말로, 유전적 방법이 아닌 모방을 통해 습득되는 문화요소라는 뜻을 갖고 있다. 특히 대중문화계에서는 인터넷에서 유행하는 특정 문화요소를 모방 혹은 재가공한 콘텐츠를 의미하는 말로 사용된다. 밈 주식은 미국 온라인 커뮤니티인 레딧(Reddit)에 개설된 주식 토론방에서 공매도에 반발하는 개인투자자들이 기관에 대응해 집중 매수하는 종목이 나타난 것이 그 시작이다. 이들은 종목과 관련된 재미있는 사진이나 동영상을 공유했고, 이는 다른 사회관계망서비스(SNS) 등으로 확산되며 해당 종목에 대한 매수를 급증시켰다. 대표적인 밈 주식으로는 ▷게임 유통업체 게임스톱 ▷영화관 체인 AMC ▷주방용품 소매업체 베드 배스 앤드 비욘드 등이 꼽힌다. 밈 주식은 기업 가치와 상관없이 개인투자자들의 반발성 매수에 따라 주가가 급등락한다는 특징이 있다. 즉, 해당 주식이 기업의 실적·신규제품 개발 등에 의해 급락을 거듭하는 것이 아니라 온라인 커뮤니티나 소셜미디어상에서 오가는 이야기를 기반으로 거래되는 것이다. 이처럼 기업 가치와 상관없는 투자가 이뤄지게 되면 주가 하락을 맞을 가능성이 높기 때문에, 투자에 앞서 이에 대한 주의가 요구된다. 실제로 밈 주식의 경우 한때 급등을 보이다가 관심이 사라지게 되면 다시 본래 가격대로 하락하는 경우가 많다.

분산에너지법 ▼

"산업통상자원부가 차등 전기요금제 시행 근거를 담은 「분산에너지 활성화 특별법(분산에너지법)」이 6월 14일부터 시행된다고 13일 밝혔다. 이에 따라 2026년부터 지역별로 소비자들이 부담하는 전기요금이 다르게 매겨질 전망인데, 전문가들은 지역 내 전기 소비보다 발전량이 월등히 많은 부산과 충남 등에서는 전기요금이 내려가고, 다른 지역에서 생산된 전기를 대거 끌어다 쓰는 서울 등 수도권의 전기요금은 오를 가능성이 높을 것으로 예상하고 있다."

장거리 송전망에 기반한 중앙집중형 전력체계에서 비롯되는 문제점을 보완하고 수요지 인근에서 전력을 생산해 소비가 가능한 지산지소(地産地消)형 분산에너지 시스템 구축을 촉진하기 위해 지난해 6월 제정된 법률이다. 법 시행에 맞춰 도입된 시행령과 시행규칙상 설비용량이 40MW(메가와트) 이하인 모든 중소형 발전설비와 500MW 이하인 집단에너지 발전설비가 분산에너지 발전원으로 규정됐다. 분산에너지 설치의무제도의 적용 범위는 「연 20만MWh(메가와트시) 이상 전력사용시설 및 100만m² 이상의 도시개발사업」으로, 전력계통영향평가제도의 적용 범위는 「계약전력 10MW 이상의 전력사용시설」로 각각 설정됐다. 특히 분산에너지 특화지역으로 지정된 곳에서는 발전 사업자가 전기 공급 독점 사업자인 한국전력을 거치지 않고 소비자에게 전력을 팔 수 있도록 하는 예외도 인정한다. 무엇보다 분산에너지법은 국가 균형 발전 등을 위해 송전·배전 비용 등을 고려해 전기요금을 달리 정할 수 있다고 규정해 지역별로 전기요금을 달리 책정할 수 있도록 했다.

불독본드(Bulldog Bond) ▼

외국 기업이 영국에서 발행하는 파운드화(GBP) 표시 채권으로, 영국이 불독의 원산이라는 점에서 붙은 명칭이다. 1979년 10월 영국이 외환관리 규제를 철폐하자 이듬해인 1980년 덴마크 정부가 발행하며 처음 등장했다. 불독본드의 가격은 보통 유사한 영국 국채에 프리미엄을 붙여 결정하는데, 공모채나 사모사채 모두 런던증권거래소에 상장된다.

한편, 불독본드는 미국의 양키본드, 일본의 사무라이 본드와 함께 3대 국제 채권으로 여겨진다. 양키본드는 미국 금융시장에 발행되는 달러 표시 채권으로, 미국 재무부 증권금리를 기준으로 일정한 가산금리를 얹어 발행금리가 결정된다. 사무라이 본드는 외국기관이 일본 내 투자가를 대상으로 일본에서 발행하는 엔화표시 채권으로, 엔화 액면으로 발행해 원리금 상환이나 지급을 엔화로 계산한다. 이처럼 발행지의 법정 통화로 발행되는 외국채의 종류로는 이들 3대 채권 외에도 ▷아리랑본드(Arirang Bond, 한국) ▷렘브란트본드(Rembrant Bond, 네덜란드) ▷캥거루본드(Kangaroo Bond, 호주) ▷메이플본드(Maple Bond, 캐나다) 등이 있다.

블록딜(Block Deal) ▼

거래소 시장 시작 전후에 대량의 주식을 보유한 매도자와 이를 매수할 수 있는 매수자 간에 거래를 체결시켜 주는 제도다. 이는 거래소 시장에서 한꺼번에 대량의 주식이 거래될 경우 발생할 수 있는 주식시장에서의 주가 급등락을 막기 위한 방안이다. 주로 시장가격에 영향을 미치지 않도록 기관 또는 외국인 등을 대상으로 장 시작 전이나 마감 후의 시간 외 매매를 통해 거래한다.

한편, 블록딜로 인한 개인 투자자의 피해를 막기 위해 블록딜 사전공시 의무제가 6월 24일부터 시행됐다. 이에 따라 유가증권시장과 코스닥 상장사 임원이나 지분율이 10% 이상인 주요 주주가 발행 주식 수 1% 이상을 거래할 때는 가격, 수량, 기간을 블록딜 90일 이전부터 30일 전까지 공시해야 한다. 이를 어길 경우 최대 20억 원의 과징금이 부과된다.

사전청약(事前請約) ▼

"국토교통부가 사전청약제도 폐지 수순을 위한 「공공 사전청약 신규 시행 중단」 설명회를 5월 14일 개최했다. 사전청약은 지구 조성 자체가 완료되지 않은 상태에서 청약을 받는데 이 과정에서 국가유산이 발굴되거나 법정 보호종이 발견되는 등 위험요인들이 한계점으로 노출됐다. 이에 국토부는 사전청약 당첨자들이 일정에 맞춰 본청약을 할 수 없는 상황들이 많다며 제도를 계속 시행하기는 어렵다고 판단해 중단한다고 밝혔다. 추후 규칙을 개정해 제도 자체를 폐지할 방침이다."

본청약 1~2년 전 일부 물량에 대해 먼저 청약을 진행하는 제도로, 민간 사전청약과 공공 사전청약으로 구분된다. 이는 주택착공에 맞춰 진행되던 분양 시기를 앞당겨 공급함으로써 청약을 기다리는 무주택 실수요자들에게 양질의 주택을 제공하기 위한 목적으로 도입됐다. 사전청약 때는 단지 위치, 개략적인 설계도, 예상 분양가 등의 정보를 제공한다.

사전청약제는 2009년 이명박 정부가 보금자리주택에 처음 적용했으나 본청약 시기까지 수년이 걸리면서 시장 안정화에 크게 기여하지 못해 폐지됐었다. 그러다 2021년 7월 문재인 정부 때 집값 급상승으로 인한 젊은 층의 패닉바이잉을 막기 위해 재도입됐고, 그해 11월에는 공공분양 아파트에서 민간 아파트까지로 제도가 확대됐다. 사전청약 신청 자격은 본청약과 동일해 ▷무주택 세대 구성원 ▷해당 지역 거주요건 등을 갖춰야 하며, 사전청약 우선공급 의무 거주기간은 본청약 시점까지 충족되면 된다. 사전청약 당첨자는 본청약까지 자격을 유지하면 100% 당첨된다. 사전청약에 당첨되면 다른 분양주택의 사전청약 신청이 제한되지만 다른 지역의 본청약은 신청할 수 있다. 그러나 본청약에 당첨될 경우 사전청약으로 당첨된 주택에 입주할 수 없다. 하지만 사전청약제 도입 이후 토지 보상 지연, 사업승인 변경, 공사비 인상 여파 등으로 본청약 일정이 계속 밀리는 문제가 발생했다. 여기다 사전청약 당첨자들의 대기 기간이 길어지면서 이탈하는 사례가 늘어나 민간분양의 경우 2022년 11월에 사전청약이 중단됐다.

상속세(Inheritance Tax) ▼

"성태윤 대통령실 정책실장이 6월 16일 KBS 일요진단에 출연해 상속세율을 경제협력개발기구(OECD) 평균 수준으로 낮추고 유산취득세, 자본이득세 형태로 바꾸는 것이 필요하다고 밝혔다. 성 실장은 우리나라 상속세 최고 세율은 대주주 할증을 포함할 경우 최고 60%로 OECD 평균인 26%에 비해 매우 높기 때문에 30% 내외까지 인하가 필요하다는 입장이다. 또 상속세가 가업 승계에 큰 문제가 되는 만큼 유산취득세, 자본이득세 도입을 검토해야 한다고 말했다."

상속개시(피상속인의 사망 또는 실종)라는 사실에 따라 피상속인으로부터 상속인에게 이전하는 재산에 대해 그 재산가액을 과세표준으로 해 상속인에게 과세하는 조세를 말한다. 상속은 유언에서 따로 지정한 경우 유언을 따르지만, 별도의 유언이 없는 경우 직계비속과 배우자가 1순위가 되고 직계존속과 배우자가 2순위, 형제자매가 3순위, 4촌 이내 방계혈족이 4순위가 된다. 현행 상속세제도는 피상속인의 유산액을 과세표준으로 해 과세하는 유산세체계를 채택하고 있으며, 불로취득재산이라는 점에서 고율의 누진세를 적용하고 있다.

한편, 한국의 상속세 최고세율은 대주주 할증을 포함했을 때 60%로 높은 편인데, 이러한 높은 세율은 가업 승계에 어려움을 주기 때문에 상속세를 폐지하고 유산취득세, 자본이득세를 도입하자는 움직임이 있다. 유산취득세는 피상속인이 아닌 상속인의 입장에서 과세하는 것으로, 상속자산 전체가 아니라 각 상속인이 실제 상속받는 유산에 대해 취득세를 부과하는 방식이다. 자본이득세는 주식, 부동산 등의 자산을 상속 시점이 아니라 매각해 이득을 얻는(현금화하는) 시점에 그 이득에 대해 세금을 매기는 방식이다. 현재 한국을 비롯해 미국, 프랑스, 독일, 일본 등이 상속세를 유지하고 있으며 호주, 캐나다, 멕시코, 이스라엘 등은 상속세를 폐지했다.

세계국채지수(WGBI·World Government Bond Index) ▼

블룸버그-버클레이즈 글로벌 종합지수와 JP모던 신흥국 국채지수와 함께 세계 3대 채권지수 중 하나로, 전 세계 투자기관들이 국채를 사들일 때 지표가 되는 지수다. 영국 런던증권거래소(LSE) 파이낸셜타임스 스톡익스체인지(FTSE) 러셀이 발표하며 미국, 영국, 중국 등 주요 24개국의 국채가 편입돼 있다. WGBI 편입을 위해서는 발행 잔액 500억 달러(액면가 기준) 이상, 신용등급 스탠더드앤드푸어스(S&P) 기준 A- 이상, 외국인 투자자의 시장접근성의 요건을 갖춰야 한다. WGBI 편입 절차로는 먼저 WGBI를 관리하는 파이낸셜타임스 스톡익스체인지(FTSE)와의 협의를 통해 관찰대상국 목록에 포함돼야 한다. 이후 FTSE가 시장접근성 개선 가능성 확인, 관찰대상국 목록 조정 등을 거치고 6개월 이상 검토해 매년 9월 열리는 연례 심사에서 편입 여부를 결정하게 된다. WGBI에 편입되면 외국계 자금이 국내 채권시장에 유입돼 국채 금리 안정을 꾀할 수 있고, 국채의 신뢰도가 높아지는 효과를 얻을 수 있다. 반면 외국인 채권 자금이 증가하면 위기가 발생했을 때 자금이 급격히 빠져나가면서 시장변동성이 확대될 수 있다.

우리나라의 경우 2022년부터 WGBI 편입을 추진해 그해 9월 WGBI 관찰대상국에 포함됐다. 하지만 편입 요건 중 발행 잔액과 신용등급은 달성했으나 정성 조건인 외국인 투자자의 시장접근성은 충족하지 못한 상태다. 현재 명목 국내총생산(GDP) 기준 세계 10대국 가운데 WGBI에 편입되지 않은 나라는 한국과 인도뿐이다.

슈링크플레이션(Shrinkflation) ▼

"공정거래위원회가 슈링크플레이션 행위 제재를 위한 「사업자의 부당 소비자거래행위 지정 고시 개정안」을 5월 3일 발표했다. 8월 3일부터 시행될 예정인 이 개정안에 따르면 식품(우유·커피·치즈·라면·생수·과자 등), 생활용품(화장지·샴푸 등) 제조업자는 용량 축소 시 변경된 날로부터 3개월 이상 제품 포장 등에 표시하거나 제조사 홈페이지 또는 판매장소에 해당 내용을 게시해야 한다. 제조업자가 소비자에게 알리지 않고 용량을 줄일 경우 처음 위반 시 500만 원, 반복 위반 시 1000만 원의 과태료가 부과된다. 다만, 용량을 줄이면서 가격을 낮춰 단위 가격에 변동이 없거나 용량 변동 비율이 5% 이하인 경우에는 고지 의무에서 제외된다."

「줄어들다(Shrink)」와 「인플레이션(Inflation)」을 합친 말로, 기존 제품의 가격은 그대로 유지하면서 제품의 크기나 수량 등을 줄여 사실상 가격 인상 효과를 노리는 판매 방식을 말한다. 2015년 영국의 경제학자 피파 맘그렌(Pippa Malmgren)이 제안한 용어로 「패키지 다운사이징(Package Downsizing)」이라고도 불린다. 슈링크플레이션은 주로 가공식품 제조업계들이 인플레이션 상황에서 가격 인상의 대안으로 자주 사용하는 방식이기도 하다. 기업은 원자재 가격이 상승할 때 가격 인상, 가격이 낮은 원재료로의 변경, 제품 용량 축소 등을 추진할 수 있는데, 슈링크플레이션은 이 가운데 가장 위험부담이 적다. 즉, 성분 변경이나 가격인상의 경우 고객 이탈이 일어날 가능성이 크지만, 제품 용량을 줄일 경우 소비자가 눈치만 채지 못한다면 지속적 이윤 창출이 가능하기 때문이다. 이에 슈링크플레이션은 꼼수 방식으로 여겨진다. 국내에서는 과거 질소 과자 논란이 대표적 슈링크플레이션에 속한다. 과자 봉지 안에 질소를 충전하면 포장지가 부풀어 오르는데, 「질소 과자」는 포장지 내에 실질 내용물인 과자보다 질소가 많은 것을 빗대며 등장한 말이다.

스트레스 DSR(Stress DSR) ▼

"정부가 지난 2월 도입한 스트레스 DSR 1단계에 이어 7월 1일부터 2단계가 시작된다. 이에 따라 고정금리가 아닌 변동금리로 대출을 받은 경우 금융사에서 대출 한도가 추가로 줄어들게 됐다."

변동금리 대출 등을 이용하는 차주가 대출 이용 기간 중 금리 상승으로 인해 원리금 상환 부담이 상승할 가능성을 감안, 총부채원리금상환비율(DSR·Debt Service Ratio) 산정 시 일정수준의 가산금리(스트레스 금리)를 부과하는 것을 말한다. 2월 6일부터 전 금융권의 변동금리·혼합형·주기형 대출에 대해 스트레스 DSR 제도가 시행됐다. 이에 따라 변동금리 대출에는 과거 5년 이내에 가장 높았던 수준의 가계대출 금리와 현 시점(매년 5, 11월 기준) 금리를 비교해 결정되는 단계별 스트레스 금리가 그대로 적용된다. 변동금리에 비해 금리 변동 위험 수준이 낮은 혼합형·주기형 대출에 대해서는 이보다 완화된 수준으로 가산금리를 적용한다. 혼합형 대출은 전체 대출 만기 중 고정금리 기간이 차지하는 비중이 높을수록 낮은 수준(30년 만기 기준 20~60%)의 스트레스 금리가 더해지며, 주기형 대출 역시 금리 변동 주기가 길수록 낮은 스트레스 금리(30년 만기 기준 10~30%)를 받는다. 다만 금융위는 대출한도 축소 부담을 완화하기 위해 제도 시행 첫해인 올해 상반기 중에는 스트레스 금리의 25%, 하반기 중에는 50%만 적용하고, 2025년부터 100% 적용할 계획이다.

한편, 스트레스 금리는 금리 상승 가능성을 고려한 가산금리로, 주택담보대출 시 대출 한도를 산정하는 데 주로 쓰인다. 이는 상승가능금리라고도 하며, 매년 12월 은행연합회가 은행과 협의하여 제시한다.

스트레스 DSR 단계별 시행

구분		1단계	2단계	3단계
시행 시기		2024년 2월	2024년 7월	2025년 1월 (잠정)
적용 대상	은행권	주택담보대출	주택담보대출 +신용대출	주택담보대출 +신용대출 +기타대출 등
	2금융권	–	주택담보대출	주택담보대출 +신용대출 +기타대출 등
스트레스 금리		25% 적용	50% 적용	100% 적용

자료: 금융위원회

스트림플레이션(Streamflation) ▼

스트리밍(Streaming)과 인플레이션을 합친 말로, 넷플릭스·디즈니 플러스·애플TV 등 온라인 동영상 서비스(OTT)들의 구독료가 연달아 인상되면서 나온 용어다. OTT 기업들은 출시 초기에 저렴한 구독료를 내세우며 가입자를 확보했는데, 이후 이용자 수 정체, 시장 내 경쟁 심화, 콘텐츠 제작비용 상승 등으로 인한 누적된 적자를 메꾸기 위해 줄줄이 요금제를 인상했다. 대표적으로 세계 최대 OTT 넷플릭스는 최근 무광고 요금제 가운데 가장 저렴한 월 9.99달러짜리를 아예 없애버리는 방식으로 요금 인상 효과를 꾀한 바 있다.

우라늄(Uranium) ▼

"조 바이든 미국 대통령이 5월 13일 러시아 우라늄의 미국 수입을 금지하는 법안에 서명했다. 우라늄은 원자력발전 연료로 사용되는데, 미국 내 93개 상업 원자로에서 쓰는 농축 우라늄의 20%가 러시아산이다. 이번 조치는 우크라이나와 전쟁 중인 러시아의 자금줄을 막기 위한 것으로, 미국은 앞서 러시아 제재를 위해 러시아산 원유와 천연가스의 수입을 금지한 바 있다."

원자번호 92, 원소기호 U, 원자량 238.029(전체 우라늄의 99%)의 은백색을 띠는 금속이다. 1789년 독일의 화학자 클라프로트가 피치블렌드(Pitchblende)라는 우라늄 광물에서 우라늄을 처음 발견했다. 우라늄이라는 명칭은 1781년 당시 천문학상의 대발견으로 간주됐던, 윌리엄 허셜(William Herschel)에 의해 밝혀진 토성 바깥쪽의 새로운 행성인 천왕성(Uranus)의 발견을 기념한 것이다. 자연 상태에서 존재하는 우라늄은 우라늄^{234}(존재비율 0.0054%), 우라늄^{235}(존재비율 0.7024%), 우라늄^{238}(존재비율 99.2742%) 등 3종류가 있으며 이외 인공적으로 만든 질량이 다른 동위원소를 포함하면 217에서 240까지 26종이 존재한다. 이 중에서 핵분열을 일으켜 원자력발전이나 핵무기 제조에 사용되는 것은 우라늄^{235}로, 우라늄농축은 이 우라늄^{235}의 비중을 높이기 위한 것이다.

인도·중동·유럽 경제회랑 ▼

"주요 7개국(G7) 정상이 6월 14일 발표한 공동성명에서 인도·중동·유럽 경제회랑(IMEC)에 대한 협력과 투자 심화를 촉진하겠다고 선언했다. G7 정상은 IMEC를 포함한 글로벌 인프라·투자 파트너십(PGI)의 효과적 실행을 위해 사무국 조직 설립, 민간 투자 유치 환경 개선, 개발 금융과 공동 자금 조달 강화 등에 합의했다."

미국의 주도로 인도와 중동, 유럽의 철도·항구 등 인프라와 데이터망을 연결하는 구상으로, 해당 지역 국가들의 연결성을 높여 중국의 경제적·정치적·군사적 영향력 확대를 저지하려는 미국의 새로운 이니셔티브 구상이다. 즉, IMEC는 중국의 일대일로(一帶一路)에 대응하기 위한 미국의 대중 견제 포석이자 새로운 대중 공동 전선이라 할 수 있다. 2023년 9월 9일 인도 뉴델리에서 열린 주요 20개국(G20) 정상회의에서 미국, 인도, 사우디아라비아, 아랍에미리트(UAE), 프랑스, 독일, 이탈리아, 유럽연합(EU) 정상들이 IMEC를 추진하는 양해각서(MOU)를 체결하면서 본격적으로 추진되고 있다. IMEC는 인도와 아라비아만을 연결하는 동쪽 회랑, 아라비아만과 유럽을 연결하는 북쪽 회랑 등 두 개의 별도 회랑으로 구성된다. 구체적으로 인도에서 UAE 두바이항까지는 해상을 통해 상품과 에너지를 수송한 뒤 UAE에서 철로와 해상으로 사우디 등 중동을 거쳐 유럽까지 잇는 경제 통로를 구축하겠다는 것이다. 참여국들은 철도 항만은 물론 이 노선을 따라 전기와 디지털 연결을 위한 케이블, 수소 수출을 위한 파이프, 통신망 등도 설치할 계획이다. 이를 위해 미국은 사우디, UAE와 대륙 횡단「녹색 회랑」구축을 위한 MOU를 체결한 바 있다.

IMEC 개관

참여국	미국, 인도, 사우디아라비아, UAE, EU, 프랑스, 독일, 이탈리아
주요 내용	• 철도와 항만 등 인프라 통해 에너지 수송, 청정에너지 개발, 무역 촉진 등 • 동쪽 회랑(인도–중동), 북쪽 회랑(중동–유럽) 구성 • 아시아, 유럽, 중동의 혁신적 경제 통합 모색

전세보증금반환보증보험(專貰保證金返還保證保險) ▼

전세계약 종료 후 임대인이 임차인에게 임대보증금을 반환하지 않을 경우 주택도시보증공사(HUG)가 이를 대위변제하는 보증 상품이다. 보증 대상 전세보증금은 수도권 7억 원 이하, 그 외 지역은 5억 원 이하이며 대상 주택은 단독·다가구·연립·다세대·아파트·주거용 오피스텔 등이다. 보증 신청 기한은 신규 전세계약의 경우 전세계약서상 잔금지급일과 전입신고일 중 늦은 날로부터 전세계약의 1/2이 경과하기 전, 갱신 전세계약의 경우 갱신 전세계약서상 전세계약기간의 1/2이 경과하기 전이다. 보증금액은 보증한도 내에서 보증신청인이 신청한 금액이며, 보증한도는 보증대상 주택가격과 주택 유형별 담보인증비율을 곱한 금액에서 선순위채권을 뺀 금액이다. 다만 보증한도는 주택가격의 90%를 초과할 수 없다.

전환사채(CB·Convertible Bond) ▼

일정한 조건에 따라 채권을 발행한 회사의 주식으로 전환할 수 있는 권리가 부여된 채권으로서 전환 전에는 사채로서의 확정이자를 받을 수 있고 전환 후에는 주식으로서의 이익을 얻을 수 있는, 사채와 주식의 중간 형태를 취한 채권이다. 채권을 주식으로 전환하는 방식은 전환사채 발행 당시에 미리 결정해 두는데, 보통 채권과 주식을 얼마의 비율로 교환할 것인가 하는 전환가격을 정해두게 된다. 이때 전환사채의 주식으로의 전환은 통상 사채 발행 후 3개월부터 가능하다. 전환사채 보유자는 주식시장이 활황을 보여 주가가 전환가격을 웃돌게 될 경우 주식으로 전환해 시세차익을 누릴 수 있다. 반면 주식시장 침체로 주가가 전환가격보다 낮아지게 되면 만기까지 보유해 발행회사가 발행 당시 확정한 만기보장수익률만큼의 이자를 지급받게 된다. 이때 이자율은 일반적으로 보통 회사채에 비해 낮은 편이다.

제네바 모터쇼(Geneva Motor Show) ▼

"제네바 국제모터쇼 재단이 5월 31일 재단 해체 소식과 함께 내년부터 제네바 모터쇼가 영구적으로 중단될 것임을 알렸다. 제네바 모터쇼는 전성기에는 120여 개 업체와 1만여 명의 취재진, 60만 명의 방문객이 찾는 대형 행사였으나, 2020년부터 코로나19 및 러시아-우크라이나 전쟁 등을 이유로 지난해까지 4년 연속 개최가 취소된 바 있다. 올해 2월 다시 막을 열었으나, 35개 업체가 참석했던 직전의 2019년 행사와 달리 6개의 업체만 참여했던 것으로 알려졌다."

1905년부터 스위스 제네바에서 열리고 있는 모터쇼로, 주요 자동차 업체들이 새로운 기술과 디자인을 선보인다. 뮌헨 국제 모빌리티쇼(IAA, 구 프랑크푸르트 모터쇼), 파리 모터쇼, 북미국제오토쇼, 도쿄 모터쇼와 함께 세계 5대 모터쇼로 꼽히는데, 완성차 업체가 없는 국가에서 열리는 것은 제네바 모터쇼가 유일하다. 제네바 모터쇼는 2019년 개최 이후 코로나19 사태, 러시아-우크라이나 전쟁 등을 이유로 4년 연속 취소됐고 올해 5년 만에 본 개최지인 제네바에서 열렸으나 메르세데스-벤츠, BMW, 현대차그룹 등 주요 완성차 업체들이 불참하면서 방문객도 급감했다. 여기다 전기차·자율주행차 등 미래차 시대가 도래하면서 글로벌 완성차 업체들이 미국 라스베이거스에서 매년 1월 열리는 세계 최대 IT박람회인 CES로 눈을 돌리면서 부진을 면치 못해 왔다. 이에 제네바 모터쇼 조직위원회는 5월 31일 내년부터 모터쇼 개최를 무기한 중단한다고 밝히면서 제네바 모터쇼는 120년 만에 막을 내리게 됐다. 다만 지난해 10월 처음으로 개최됐던 제네바 모터쇼의 일련인 「제네바 모터쇼 카타르」는 제네바 모터쇼의 폐지와는 관계없이 내년에도 개최될 것으로 알려졌다.

세계 5대 모터쇼

명칭	개최지	개최 주기	특징
뮌헨 모터쇼	독일 뮌헨	1년	1897년 개최된 세계 최초의 모터쇼
파리 모터쇼	프랑스 파리	2년 (짝수 해)	화려한 콘셉트카나 쇼카 대신 양산차 위주로 진행

북 미 국 제 오 토쇼	미국 디트 로이트	1년	미국에서 유일하게 세 계자동차공업연합회 (OICA)의 공인을 받 은 모터쇼
도쿄 모터쇼	일본 도쿄 빅사이트	2년	아시아 지역에서 개최 되는 국제 모터쇼 중 유 일한 세계 5대 모터쇼
제네바 모터쇼	스위스 제네바	1년	2025년 이후 폐지

종합부동산세(종부세, 綜合不動産稅) ▼

"헌법재판소가 5월 30일 옛 종합부동산세법 제7조 1항, 제8조 1항 등에 대한 헌법소원 심판 청구 사건에 대해 이 조항들이 헌법에 위반되지 않는다며 기각했다. 이 조항들은 문재인 정부 당시 종부세 납부 대상을 확대한 것으로, 7조 1항은 주택 공시가격 합산 금액이 6억 원이 넘는 주택 소유주를 종부세 납부 대상으로 명시했으며, 8조 1항은 공시가격 합산액에서 6억 원을 공제한 금액에 대통령령으로 공정시장가액 비율을 곱해 종부세 과세표준을 정한다고 규정했다. 청구인들은 해당 조항이 납세의무자, 과세표준 등에 대한 구체적 내용을 법률에 명시하지 않고 포괄적으로 대통령령으로 위임해 조세법률주의를 위반했다며 위헌소원을 청구했다. 또 조정대상지역 내 2주택 소유 시 세율이 지나치게 높아 과잉금지원칙과 평등 원칙에 위배된다고 주장해 왔다."

부동산 보유 정도에 따라 조세의 부담 비율을 달리해 납세의 형평성을 제고한 국세로, 주택에 대한 종부세와 토지에 대한 종부세를 합한 금액이다. 부동산 투기수요를 억제해 부동산 가격을 안정시키기 위한 목적으로 2005년 6월부터 시행됐다. 이는 지방자치단체가 부과하는 종합토지세 외에 일정 기준을 초과하는 주택과 토지 소유자에 대해 국세청이 별도로 누진세율을 적용해 부과하는 세금이다. 즉, 과세기준일(매년 6월 1일) 현재 국내에 소재한 재산세 과세 대상인 주택 및 토지를 유형별로 구분해 인별로 합산한 결과, 그 공시가격 합계액이 각 유형별로 공제금액을 초과하는 경우 그 초과분에 대해 과세된다. 이는 1차로 부동산 소재지 관할 시·군·구에서 관내 부동산을 과세유형별로 구분해 재산세를 부과하고, 2차로 각 유형별 공제액을 초과하는 부분에 대해 주소지(본점 소재지) 관할세무서에서 종부세를 부과한다.

대통령실은 6월 16일 종부세에 대해 「주택 가격 안정 효과는

낮은 반면 세 부담이 임차인에게 전가된다며 폐지 또는 전면 개편이 필요하다」고 밝혔다. 이에 일반적 주택 보유자와 보유 주택 가액 총합이 아주 높지 않은 다주택자에 대한 종부세를 없애고, 초고가 1주택 보유자와 보유주택 가액 총합이 아주 높은 다주택자만 종부세를 내게 하는 방안이 논의되고 있다.

주가연계증권(ELS·Equity Linked Security) ▼

주가 또는 지수의 변동에 따라 만기 지급액이 결정되는 증권으로, 투자자는 만기 시에 원금+α 또는 원금의 일정 비율을 받게 된다. 통상 1~3개의 지수를 기초자산으로 삼아 만기까지 일정 수준 이상을 유지하면 원금에 약정이자를 주는데, 만기 전이라도 중도상환 시점에 일정 수준 이상으로 기초자산 가격이 유지되면 수익을 낼 수 있다. 그러나 자금의 운용이 굉장히 복잡한 데다 자칫하면 2~3년의 만기일까지 상환을 받는 것이 불가능하거나 원금 손실 가능성도 있기 때문에 장외파생상품에 대한 영업허가를 받은 증권사에서만 이를 판매할 수 있다.

> **주가연계파생결합사채(ELB·Equity Linked Bond)** 자본시장통합법 개정안 시행에 따라 2013년 9월부터 등장한 금융상품으로, 기존 원금보장형 주가연계증권(ELS)이 주가연계파생결합사채(ELB)로 재분류돼 은행에서도 팔 수 있도록 변경한 것이다. ELB는 원금보장형이기 때문에 위험이 적고, 약정 조건에 따라 추가적 수익을 올릴 수 있다는 장점이 있다. 그러나 ELS에 비해 고수익 구간이 제한적이어서 수익은 낮은 편이다. 또한 만기가 1년 이상인 경우가 많고 중도 해지할 경우 손실이 발생하기 때문에 장기 투자에 적합하다.

중앙은행 디지털화폐(CBDC·Central Bank Digital Currency) ▼

중앙은행을 뜻하는 「Central Bank」와 디지털 화폐(Digital Currency)를 합친 용어로, 실물 명목화폐를 대체하거나 보완하기 위해 각국 중앙은행이 발행한 디지털화폐를 뜻한다. 여기서 디지털화폐는 내장된 칩 속에 돈의 액수가 기록돼 있어, 물품이나 서비스 구매 시 사용액만큼 차감되

는 전자화폐를 가리킨다. CBDC는 블록체인이나 분산원장기술 등을 이용해 전자적 형태로 저장한다는 점에서 가상자산과 유사하지만, 중앙은행이 보증한다는 점에서 비트코인 등의 민간 가상자산보다 안정성이 높다. 또 국가가 보증하기 때문에 일반 지폐처럼 가치 변동이 거의 없다는 점에서, 실시간으로 가격 변동이 큰 가상자산과 차이가 있다. CBDC는 전자적 형태로 발행되므로 현금과 달리 거래의 익명성을 제한할 수 있으며, 정책 목적에 따라 이자 지급·보유한도 설정·이용시간 조절이 가능하다는 장점이 있다.

한편, 국내에서는 한국은행이 2023년 10월부터 CBDC 활용성 테스트를 진행하는 등 상용화를 위한 노력을 하고 있는데, 올 4분기에는 최대 10만 명의 일반 국민을 대상으로 실거래 테스트에 나설 예정이다. 이는 공공바우처(보육료 등 용도가 정해진 보조금)를 CBDC에 구현해 참가자들이 실생활에서 직접 써보는 방식이다.

최고인공지능책임자(CAIO·Chief AI Officer) ▼

기업의 인공지능(AI) 기술 관련 전반을 책임지기 위해 마련된 직책이다. 그동안은 최고기술책임자(CTO)나 최고정보책임자(CIO)가 해당 업무를 수행해 왔으나 AI가 기업 활동 전반에 미치는 영향력이 확대되면서 전문 인력의 필요성이 대두됐다. CAIO는 AI를 통해 업무 효율성을 높이거나 새로운 수익원을 찾아내고, AI 적용으로 인해 발생할 수 있는 윤리적·법적 문제나 안전한 이용 등을 관리·감독한다. 이 때문에 AI 관련 지식 및 기술뿐만 아니라 법률, 규제, 경영 전략 등 다양한 분야에 대한 능력을 갖춰야 한다.

커넥티드 카(Connected Car) ▼

"미국 정부가 5월 15일 미국 소비자 정보 유출에 의한 국가안보 위험 우려에 따라 중국산 커넥티드 카 관련 규정을 올 가을 발표하겠다고 밝혔다. 이는 중국산 커넥티드 카에 들어 있는 수많은 센서와 칩이 중국에서 생산되는 소프트웨어로 제어돼 미국인의 운전 패턴, 차 안에서의 대화, 목적지 등 수많은 데이터가 중국으로 넘어갈 수 있다는 우려에 따른 것이다."

정보통신기술과 자동차를 연결시킨 것으로 양방향 인터넷, 모바일 서비스 등이 가능한 차량을 말한다. 외부에서 원격으로 시동을 걸거나 히터 등을 켤 수 있으며 날씨, 뉴스, 교통정보 등의 정보를 운전자가 실시간으로 받아 볼 수 있다. 또한 영상, 음악 등 각종 콘텐츠를 실시간으로 이용할 수 있으며 음성으로 지도 찾기, 전화 걸기 등이 가능하다.

K-패스 ▼

월 15회 이상 정기적으로 시내버스·지하철 등의 대중교통을 이용할 경우 지출 금액의 일정 비율(일반인 20%, 청년층 30%, 저소득층 53%)을 환급받을 수 있는 교통카드다. 5월 1일부터 시작됐는데, 일반인(만 35세 이상) 20%, 청년층(만 19~34세) 30%, 저소득층(기초생활수급자·차상위) 53%의 할인을 받을 수 있다. 대중교통을 월 15회 이상 이용해야 하며, 최대 60회분에 해당하는 대중교통비가 적립돼 다음 달에 환급된다. 다만 가입 첫 달은 월 15회 미만 사용하더라도 환급되고, 이후부터는 월 15회 이상 이용해야 한다. 환급률은 월 지출액 중 20만 원을 기점으로 다르게 계산되는데, 지출 총액 중 20만 원까지는 환급률이 그대로 적용되지만 20만 원 초과분에 대해서는 50%만 환급률이 적용된다. K-패스를 이용하려면 카드사를 통해 전용 카드를 발급받은 뒤 회원 가입을 해야 하는데, 각 카드사별로 카드 이용실적에 따라 추가 혜택을 제공하기 때문에 절감 효과가 더욱 커질 수 있다. 환급 방식은 발급받은 카드에 따라 차이가 있는데, 체크카드는 카드와 연결된 계좌로 입금되는 반면 신용카드는 익월 결제대금에서 적립액만큼 자동 차감된다. 그리고 선불형 충전식 카드는 해당 카드·페이사의 앱에서 적립액만큼 다시 충전할 수 있다. 알뜰교통카드를 사용 중인 이용자는 별도의 카드 재발급 없이 회원 전환 절차를 거쳐 K-패스 혜택을 받을 수 있다.

K패스 개관

대상	시내버스, 지하철 등 대중교통
지급	다음 달에 이용자에게 직접 환급(현금, 마일리지, 카드공제 등)
환급비율	일반: 20% / 청년(만 19~34세): 30% / 저소득층: 53%

큐싱(Qshing) ▼

QR코드(Quick Response Code)와 「낚는다(Fishing)」의 합성어로, QR코드를 찍으면 악성 링크로 접속되거나 직접 악성코드가 심어지는 금융범죄 기법이다. 스마트폰의 문자메시지를 이용한 휴대폰 해킹을 뜻하는 스미싱(Smishing)에서 진화된 것으로, 정상 QR코드를 다른 QR코드로 바꾸거나 기존 QR코드 위에 다른 코드를 덮는 방식으로 이뤄진다. 이렇게 생성된 불법 QR코드는 사용자에게 악성 앱을 내려받도록 한 후 보안카드 등의 개인정보를 빼내 자금이체나 소액결제를 한다.

태그리스(Tagless) ▼

"서울시가 비접촉 대중교통 결제(태그리스) 시스템 상용화와 수도권 확대를 위해 시 차원의 기술 표준을 수립한다고 4월 29일 밝혔다. 그동안은 각 개발사가 독자적으로 기술 상용화를 진행해 호환이 되지 않아 경기버스와의 환승에 어려움이 있었다. 이에 시는 협의체를 통해 교통 운영기관들과 함께 기술 표준을 정립할 방침이다. 한편, 서울시는 지난해 8월 우이신설선에 세계 최초로 상용화한 태그리스 서비스를 적용해 운영하고 있다. 또한 내년 상반기부터 시내버스에도 단계적으로 서비스를 도입할 예정이며, 내년 하반기 서울지하철 1~8호선에 태그리스 기술을 도입하기 위한 실증사업을 진행 중이다."

대중교통 승·하차 시 교통카드 단말기에 카드나 휴대전화를 접촉시키지 않아도 자동으로 사용자의 정보를 인식해 요금을 결제하는 비접촉식 결제 시스템을 말한다. 근거리 무선 네트워킹 기술인 블루투스를 기반으로 하며, 주로 하이패스 등의 도로 통행이나 대중교통 요금을 지불할 때 활용된다. 일반적으로 스마트폰에 태그리스 결제 전용 애플리케이션(앱)을 설치하고, 블루투스 기능을 켜놓은 상태에서 개찰구를 통과하면 대중교통 내에 설치된 근거리 무선통신 장치가 이를 인식해 자동으로 요금을 결제하는 원리다. 태그리스 결제 서비스를 도입하면 사전에 카드나 스마트폰을 꺼내고 단말기 태그를 위해 멈춰 서지 않아도 된다는 것이 가장 큰 장점이다. 이렇게 하면 요금 결제를 위한 대기 행렬과 역사 혼잡도를 줄일 수 있고, 요금 지불을 위해 무거운 짐이나 물건을 내려놓지 않아도 된다. 또한 휠체어 이용자나 시각장애인 등 교통약자도 기존의 방식보다 쉽게 개찰구를 통과할 수 있다. 이러한 장점 때문에 태그리스는 전 세계에서 「핸즈오프(Hands-off)」, 「콘택트리스(Contactless)」 등 다양한 명칭 아래 이를 도입·상용화하기 위한 노력이 이어지고 있다.

테라·루나 폭락 사태 ▼

"6월 12일 로이터 등 주요 외신들에 따르면 가상자산 테라·루나 폭락 사태의 핵심 인물로 지목된 권도형 테라폼랩스 대표가 미국 증권거래위원회(SEC)로부터 제기된 민사소송에서 44억 7000만 달러(약 6조 1000억 원) 규모의 환수금 및 벌금 납부에 합의했다. 앞서 SEC는 권 씨가 테라는 안전하다며 투자자들을 속여 거액의 투자 손실을 입혔다며 민사소송을 제기한 바 있다. 권 씨는 폭락 사태 이후 도피행각을 벌이다 지난해 3월 몬테네그로에서 체포된 후 현지 구금 중이다."

2022년 5월 권도형 대표의 블록체인 기업 테라폼랩스가 발행한 김치코인 「테라」의 가치가 1달러 이하로 떨어지면서 테라는 물론 루나까지 동반 폭락한 사태를 말한다. 테라는 코인 1개당 가치가 1달러에 고정(페깅)되는 스테이블 코인이며, 루나는 테라의 가치를 뒷받침하기 위해 발행된 것이다. 그러나 알고리즘으로 발행량을 조절해 가격을 유지하는 불안정한 시스템이 코인의 동반 폭락을 일으키며 피해가 확산됐다. 테라폼랩스는 이러한 우려 속에서 테라 2.0, 루나 2.0을 출시하며 반전을 꾀했으나 이마저도 급락세가 지속됐고, 이는 전 세계 가상자산 시장에 악재로 작용했다. 이후 미국 증권거래위원회(SEC)는 2022년 2월 테라폼랩스 공동창업자인 권 씨와 테라폼랩스가 「수백만 달러의 암호화 자산 증권 사기를 조직했다」며 민사소송을 제기했고, 뉴욕 연방 검찰은 한 달 뒤 사기·시세 조종 등 8개 혐의로 그를 기소했다. 권 씨는 사태가 터지기 직전인 2022년 4월 싱가포르로 출국한 뒤 잠적했으며, 이후 아랍에미리트(UAE)와 세르비아를 거쳐 몬테네그로로 넘어갔다. 그리고 지난해 3월 23일 현지 공항에서 가짜 코스타리카 여권을 소지하고 두바이로 가는 전용기에 탑승하려다 체포됐으며, 이때부터 한국과 미국의 권 씨에 대한 범죄인 인도청구 경쟁이 시작된 바 있다.

테일러 스위프트법(Taylor Swift Law) ▼

공연 티켓을 사들여 프리미엄을 붙인 후 고가로 되파는 행위를 제한하기 위해 미국 미네소타주에서 제정된 법으로 내년 1월 1일부터 시행된다. 티켓 판매자가 기본 가격에 더해지는 수수료를 처음부터 공개하도록 하고, 재판매자가 티켓 1장을 초과해서 판매할 수 없게 규제하는 것이 핵심이다. 이 법안은 2022년 스위프트의 콘서트 티켓을 구매하려다 전문 리셀러들이 티켓 대량 구매를 위해 봇(Bot)을 통해 동시 접속하면서 티켓 판매 사이트인 티켓마스터가 다운돼 티켓을 구매하지 못한 경험이 있는 민주당 소속 주의원인 켈리 몰러가 발의했다. 정식 명칭은 「하우스 파일 1989」인데, 이는 스위프트의 인기 앨범 이름이자 스위프트가 태어난 해를 뜻한다.

트래블 룰(Travel Rule) ▼

자금세탁을 방지하기 위해 기존 금융권에 구축돼 있는 자금 이동 추적 시스템으로, 은행들이 해외 송금 시에 국제은행간통신협회(SWIFT)가 요구하는 형식에 따라 송금자의 정보 등을 기록하는 것을 뜻한다. 2019년에는 국제자금세탁방지기구(FATF)가 트래블 룰 대상에 가상자산을 추가해 가상자산 전송 시 수신자 정보를 수집해야 하는 의무를 가상자산사업자(VASP)에 부과하고 있다. 국내에서는 가상자산 거래의 투명성을 제고하고 불법행위에 대응하기 위한 가상자산 관련 규제의 일환으로 특정금융정보법에 해당 내용이 포함됐다. 이에 따라 2022년 3월 25일부터 국내에서 트래블 룰이 적용돼 가상자산사업자(VASP)가 다른 가상자산사업자에게 가상자산을 100만 원 이상 전송하는 경우 송수신인의 신원정보를 의무적으로 제공·보관해야 한다. 또 해당 기록에서 자금세탁 등이 의심되는 경우에는 금융정보분석원(FIU)에 보고해야 한다. FIU는 송수신인의 정보를 거래 종료 시부터 5년 동안 보존하도록 했고, 이를 위반할 경우 3000만 원의 과태료가 부과된다. 또 가상자산사업자가 트래블 룰 관련 의무를 위반하면 기관주의, 기관경고, 시정명령 등의 조치와 임직원 징계 조치를 받을 수 있다.

페트로달러(Petrodollar) ▼

"브릭스뉴스 등 외신이 6월 13일 사우디아라비아가 미국과의 페트로달러 협정을 갱신하지 않기로 결정. 협정이 6월 9일 만료됐다고 보도했다. 사우디는 향후 위안화, 유로, 루블, 엔 등 다양한 통화로 석유를 판매할 예정이다. 이로써 50여 년 간 미국이 달러 패권을 유지하는 데 크게 일조한 페트로달러 시대가 막을 내리게 됐다."

전 세계 주요 산유국들이 원유 및 관련 상품을 수출해서 벌어들이는 돈으로, 보통 오일달러(Oil Dollar), 오일머니(Oil Money) 등으로 불린다. 협의로는 「석유를 판매해 얻은 달러」를 뜻하지만, 좀 더 넓은 개념으로는 달러로만 석유 대금을 결제할 수 있도록 한 현재의 시스템을 가리키는 용어로도 사용된다. 그동안 국제 원유는 오로지 달러로만 거래돼 왔는데, 이것은 1970년대 사우디아라비아와 미국이 맺은 비공식 계약에 근거한다. 당시 미국이 사우디아라비아를 군사적으로 지원하는 대신 오로지 달러로만 원유를 결제한다는 약속을 받은 것이다. 미국은 페트로달러를 통해 세계 원유시장을 통제하는 것은 물론 세계 기축통화로서의 달러 가치를 유지하는 효과를 얻었다. 이는 석유가 달러로만 거래되기 때문에 수입국들은 항상 거액의 달러를 비축해야 하기 때문이다.

포괄적 경제동반자협정(CEPA·Comprehensive Economic Partnership Agreement) ▼

"윤석열 대통령과 무함마드 빈 자이드 알나하얀 아랍에미리트(UAE) 대통령이 5월 29일 정상회담을 갖고 한·UAE 포괄적 경제동반자협정(CEPA)을 공식 체결했다. 이는 한국이 중동 국가와 처음 체결한 CEPA로, 지난해 10월 협상이 타결된 지 7개월 만에 이뤄졌다. 이번 CEPA로 양국은 전체 수출입 품목의 약 90%를 개방하며, 주력 수출품 13개 품목(무기류, 의료기기 등)은 협정 발효 즉시 관세가 폐지된다."

협정당사국 사이를 보다 긴밀한 경제협력관계로 발전시키기 위해 상품·서비스 교역의 자유화뿐만 아니라 투자·경제협력 등 경제관계 전반을 포괄하는 내용의 협정을 말한다. 시장개방보다는 경제협력을 강조하고 있지만, 표현만 다를 뿐 교역 자유화의 추진이 들어간다는 점에서 자유무역협정(FTA)과 사실상 동일하다. 다만 CEPA는 상품·서비스 교역 자유화를 기본으로 하는 FTA를 넘어서 투자·경제협력까지 포괄하는 개념이라 할 수 있다.

우리나라는 2008년 9월 25일 인도와 처음으로 CEPA를 타결했으며, 이는 2009년 8월 7일 양국 간 서명을 거쳐 2010년 1월 1일부터 발효됐다. 이어 인도네시아와 2020년 정식 서명 절차를 밟았으며, 아랍국가 중 처음으로 UAE와도 올 5월 CEPA를 체결했다. 한-UAE CEPA는 양국 국회의 비준을 거쳐 최종 발효될 예정이며, 발효되면 향후 10년 동안 상품 수 기준 92.5%, 품목 수 기준 91.2%의 시장이 상호 개방된다.

플랫폼법 ▼

"한기정 공정거래위원장이 5월 16일 정부세종청사에서 열린 기자간담회에서 대형 플랫폼의 독과점을 규제하는 플랫폼공정경쟁촉진법(플랫폼법) 제정을 다시 추진한다고 밝혔다. 이는 2월 재계의 반발로 입법 추진을 보류한 지 3개월 만이다."

대형 플랫폼의 독과점을 규제하기 위해 공정거래위원회가 추진 중인 법안이다. 시장 점유율 50% 이상의 독과점 플랫폼을 지배적 사업자로 사전 지정하고 멀티호밍 제한, 최혜대우 요구, 자사우대, 끼워 팔기 등 4대 행위를 규율하는 것이 골자다. 공정위원회가 지난해 12월 입법 추진을 공식화했으나 플랫폼 업계에서 지배적 사업자 사전 지정을 두고 혁신을 막는다며 반발했고, 21대 국회에 발의됐으나 제정으로 이어지지는 못했다. 이에 공정위는 2월 전면 재검토하겠다며 플랫폼법 추진을 보류한 바 있다. 이후 공정위는 3개월 만인 5월 다시 지배적 사업자 사전 지정을 포함한 플랫폼법 추진에 나서겠다고 밝혔으며 심포지엄을 통해 의견을 수렴해 22대 국회 출범과 함께 법안 제정에 나설 예정이다.

멀티호밍(Multi-homing) 이용자가 플랫폼을 바꾸거나 동시에 여러 개의 플랫폼을 사용하는 현상을 말한다. 이는 이용자의 목적에 따라 여러 플랫폼을 선택할 수 있다는 점에서 합리적인 소비를 돕고, 플랫폼 간 경쟁을 유발해 서비스의 질을 높이도록 자극하는 요인이 되기도 한다. 그러나 독과점 플랫폼 사업자들에 의해 멀티호밍이 의도적으로 제한되는 경우가 있어 문제가 된다.

피벗(Pivot) ▼

「축을 중심으로 회전하다」는 의미로, 금융 분야에서는 각국 중앙은행이 통화정책을 전환할 때 사용하는 용어다. 캐나다은행이 6월 5일 기준금리를 0.25%p 낮춰 2년 3개월 만에, 유럽중앙은행(ECB)이 6일 기준금리를 0.25%p 낮춰 1년 11개월 만에 긴축 기조로 변경하는 피벗을 단행하면서 주목받았다.

한편, 「피벗」은 다양한 분야에서 활용되는데 「피벗경영」은 기존의 사업으로 쌓은 노하우를 이용해 새로운 영역에 진출하는 경영방식을 뜻하며, 「피벗풋」은 농구에서 볼을 가진 플레이어가 몸의 방향을 바꾸는 경우 축으로 삼는 발을 가리킨다.

해외직구(海外直購) ▼

"국무조정실이 KC 인증을 받지 않은 제품의 해외직구 금지를 추진한다고 밝힌 지 사흘 만인 5월 19일 해당 규제 대책을 철회했다. 정부는 안전성이 입증되지 않은 중국산 저가 제품이 해외직구로 수입돼 국민들이 피해를 보고 있다는 지적에 따라 KC 미인증 80품목에 대한 직구를 사실상 금지할 계획이었다. 그러나 소비자의 선택권을 과도하게 제한한다는 반발이 거세게 일자 안전성 조사 결과에서 위해성이 확인된 제품만 반입을 제한할 계획이라고 해명했고, 대통령실이 나서 혼선이 빚어진 데 대해 공식으로 사과했다."

「해외 직접 구매」의 줄임말로 더 줄여서 「직구」라고 부르기도 한다. 직구는 국내보다 외국의 판매 가격이 더 저렴한 상품, 수입되지 않는 물품 등을 합리적으로 구입하기 위해 이뤄진다. 해외직구는 보통 배송이 느리고 구입 후 애프터서비스(AS)를 받기 힘들다는 단점이 있지만, 일반적인 유통 과정을 통해 구매하는 것보다 저렴하기 때문에 직구를 이용하는 소비자는 계속 늘어나는 추세다. 특히 예전의 직구가 영어를 잘하는 이들이 많이 사용했다면, 현재는 해외직구 방법이 다양해지고 정보 공유도 활발해졌기 때문에 누구나 쉬운 이용이 가능하다. 가장 많이 이용되는 대표적 해외직구 사이트로는 아마존·이베이·아이허브 등이 있으며 직구를 한 상품은 배송 대행업체를 통해 국내에 들어오게 된다. 한편, 최근에는 국내 소비자의 해외직구와는 반대로 해외 소비자가 국내 인터넷 쇼핑몰에서 상품을 구입하는 형태인 역직구(逆直購)도 활발히 이뤄지고 있다.

한편, 해외직구를 위해서는 개인통관 고유번호가 필수적이다. 이는 관세청에 수입신고 때 개인정보 유출을 막고자 주민등록번호를 대신해 사용하는 본인 확인용 13자리 부호로, 관세청 개인통관 고유부호 사이트에서 발급이 가능하다. 해외직구로 물건을 구입하면 반드시 인천에서 통관을 거치게 되는데, 최종 결제 비용이 200달러(약 23만 4000원) 이상이면 관·부가세가 발생할 수 있다. 다만 식료품이나 기능성 화장품은 150달러 이상일 때 관·부가세가 부과되므로 이에 유의해야 한다.

KC마크(Korea Certification Mark) 각 부처별 인증기관이 다른 번거로움을 없애고 국제신뢰도 증진을 위해 이전까지 사용되던 안전·보건·환경·품질 등의 법정강제인증제도를 단일화한 국가통합인증마크다. 공산품안전인증·공산품자율안전확인·어린이보호포장·승강기부품인증·전기용품안전인증·고압가스용기점검·계량기검정·에너지소비효율등급 등 지식경제부(현 산업통상자원부) 소관 8개 인증부터 우선 도입됐고, 이후 차례로 방송통신기기·정수기 품질검사·소방용품검정 등 인증이 도입, 시행되고 있다.

핵심원자재법(CRMA·Core Raw Materials Act) ▼

핵심 원자재의 특정국(특히 중국) 수입 의존을 줄이고 유럽연합(EU) 내 가공 비중을 대폭 확대하는 등 원자재 공급망 안정·다각화 대책을 규정한 법으로 5월 23일 발효됐다. 「유럽판 인플레이션감축법(IRA)」으로 불리는 이 법은 특정국에 대한 공급망 의존도를 축소하고 역내투자를 확대하는 등으로 EU 내 원자재 공급 안정성을 확보하는 것을 목적으로 한다. 이에 따르면 2030년까지 EU 연간 전략 원자재 소비량의 10%를 EU 역내에서 추출하고 40% 가공하며 15%의 재활용 역량을 보유하는 것을 목표로 한다. 또 2030년까지 종류·가공 단계를 불문하고 특정한 제3국산 전략적 원자재 수입 비율을 역내 전체 소비량의 65% 미만으로 제한하도록 했다. 전략적 원자재는 배터리용 니켈·리튬·천연흑연·망간을 비롯해 구리, 갈륨, 영구자석용 희토류 등 총 17가지 원자재가 분류됐다. EU는 해당 규정 이행을 위해 유럽핵심원자재이사회를 구성해 원자재 전략 프로젝트를 선정하고, 인허가 우선순위를 부여해 심사기간을 단축할 방침이다. 여기에 신흥 및 개발도상국 등 제3국과 원자재 관련 파트너십을 구축해 광물 채굴 등 새로운 원자재 공급망을 확보하고, 핵심 원자재 클럽을 만들어 공급망 안정에 기여한다는 계획이다. 특히 집행위는 전기차 모터의 필수 부품으로 꼽히는 영구자석에 대해서는 별도 조항에서 「재활용 비율 및 재활용 가능 역량」에 관한 정보공개를 의무화했다.

③ 사회·노동·환경

가족친화인증(家族親和認證) ▼

저출산·고령화, 여성의 경제활동 참여 증가 등 사회 환경의 변화에 따라 근로자가 가정생활과 직장생활을 조화롭게 병행할 수 있는 가족친화적인 사회환경을 조성하기 위해 마련된 인증제도다. 「가족친화 사회환경의 조성·촉진에 관한 법률」 제15조에 따라 가족친화제도(자녀 출산 및 양육지원, 유연근무제도, 가족친화 직장문화 조성 등)를 모범적으로 운영하는 기업, 공공기관, 중앙행정기관, 지방자치단체, 대학 등에 대한 심사를 통해 여성가족부장관의 인증을 부여한다. 인증 기업에는 정부사업 참여 시 가산점·우선권 부여, 투·융자 대출 시 금리 우대, 상장기업 대상 가족친화인증정보 자율공시제도 도입 등의 각종 인센티브를 제공한다.

고준위방폐장 특별법 ▼

"21대 국회에서 자동 폐기된 「고준위 방사성폐기물 관리에 관한 특별법」이 22대 국회 개원일인 5월 30일 다시 발의됐다. 국민의힘 이인선 의원은 이날 22대 국회 1호 법안으로 해당 특별법을 대표발의했다고 밝혔다."

원자력 발전의 연료로 사용된 사용후핵연료(고준위 방사성폐기물) 저장·관리시설을 짓기 위한 특별법이다. 사용후핵연료는 열과 방사능을 방출하기 때문에 밀폐된 공간에 저장해야 하는데, 현재는 원전 부지 내 임시 저장시설에 보관하고 있다. 그러나 이 같은 임시 저장시설은 2030년 한빛 원전을 시작으로 한울(2031년), 고리(2032년) 원전 등이 차례로 포화된다. 따라서 원전 외부의 중간 저장시설이나 영구 처분시설로 옮겨야 하는데, 이를 위한 법적 근거가 「고준위방폐장 특별법」이다. 해당 법안은 원전을 가동하면서 나온 사용후핵연료를 원전 외부에 저장하거나, 영구적으로 처분할 수 있는 시설 및 중간 저장시설 등을 건설하는 내용을 담고 있다.

> **사용후핵연료** 원자로에서 연료로 사용된 뒤 배출되는 고준위 방사성 폐기물을 말한다. 사용후핵연료에는 원료가 됐던 우라늄 외에 제논·스트론튬·세슘·플루토늄 등과 같은 맹독성 방사성물질이 새로 발생한다. 즉, 원자로에서 핵분열을 거친 후에도 다량의 방사선과 뜨거운 열이 방출되므로 사람에 직접 노출되면 치명적이다. 이 때문에 재처리를 한 뒤 핵연료로 재사용하거나, 사용 후 연료봉을 깊은 물속에 담가 열을 떨어뜨리고 방사선을 차폐하게 된다.

곤충겟돈(Insectageddon) ▼

곤충과 아마겟돈(종말, Armageddon)을 합친 말로, 곤충의 감소가 지구에 끔찍한 비극을 일으킬 것이라는 의미를 담고 용어다. 곤충은 현존하는 동물계의 70%를 차지하고 있는데, 수분(受粉, 종자식물에서 수술의 화분(花粉)이 암술 머리에 옮겨 붙는 일) 매개체 역할은 물론, 많은 조류·포유류의 먹이가 되고 있다. 따라서 곤충이 감소할 경우 먹이사슬이 무너지고 이는 인간의 생존에까지 영향을 미치게 된다. 그런데 현대에 들어서 과도한 살충제 사용과 기후변화, 산림 파괴 등으로 곤충이 급감하는 상황이 벌어지면서 인류의 심각한 문제로 부상할 것으로 전망되고 있는 것이다.

실제 영국 《이코노미스트》는 2019년 「곤충겟돈은 얼마나 현실적인가」라는 기사를 통해 곤충의 감소 현상을 보도한 바 있다. 무엇보다 이러한 곤충 가운데 꿀벌의 감소가 심각한 문제가 되고 있는데, 이는 꿀벌이 생태계에서 없어서는 안 될 중요한 존재이기 때문이다. 꿀벌은 꽃의 수술에서 꽃가루를 묻혀 암술로 옮겨 열매를 맺도록 해주는 대부분의 역할을 담당하는데, 유엔식량농업기구(FAO)에 따르면 전 세계 식량의 90%를 차지하는 100대 농작물 중 70% 이상이 꿀벌의 수분으로 생산된다. 따라서 꿀벌이 급감하거나 멸종할 경우 인류는 생태계 파괴와 식량 위기에 따른 영양실조 등에 직면할 수 있다.

996 근무제 ▼

오전 9시부터 밤 9시까지 일주일에 6일 일하는 것으로, 중국 경제발전과 함께 급속히 성장한 중국 IT업계에 만연한 근무 문화를 가리킨다. 996 근무제는 중국 전자상거래 업체인 징둥닷컴이 1996년 처음으로 도입했고, 이후 알리바바·샤오미·화웨이 등이 잇따라 유사한 제도를 시행하면서 중국 IT업계의 표준 근무환경이 됐다. 중국 노동법에는 근로자의 업무시간은 하루 평균 8시간·주 44시간을 넘지 않아야 된다고 명시돼 있긴 하지만, 중국 IT기업에서는 이 996 근무제가 일상화됐다. 그러다 2019년 3월 한 프로그래머가 코드 공유 플랫폼인 「깃허브(GitHub)」에 996.ICU라는 페이지를 개설하면서 뜨거운 논란이 됐다. 996.ICU는 「996에 맞춰 일하면(工作 996) 중환자실(ICU)에서 앓는다(生病 ICU)」에서 따온 것으로, 이를 통해 장시간 근무 관행 기업을 비판하면서 큰 호응을 얻었다. 여기에 현직자들은 웹사이트에 초과 근무 현황을 공개하며 블랙리스트까지 만들었는데, 이들은 ▷897(매일 오전 8시 출근, 오후 9시 퇴근) ▷716(하루 16시간씩 주 7일) 등의 글을 올리며 초과 근무 실태를 폭로하고 나선 바 있다.

국가성평등지수(國家性平等指數) ▼

"여성가족부가 6월 7일 발표한 「2022년 국가 성평등지수」에 따르면 2022년 기준 국가성평등지수는 65.7점으로, 전년 65.5점 대비 0.2점 올랐다. 분야별로 보면 성별 불균형이 가장 적은 것은 대학 진학률 등으로 매기는 교육(95.4점)이었다. 하지만 남녀 격차가 가장 심각한 의사 결정 분야는 2021년(34.1점) 대비 3.4점이 떨어졌다."

국가의 성평등 수준을 계량적으로 측정할 수 있도록 2009년 개발된 지수로, ▷성평등한 사회참여의 정도 ▷성평등 의식·문화 및 여성의 인권·복지 등의 사항으로 구성된 성평등 지표를 통해 계산하는 지수화된 값이다. 이는 남녀의 격차(GAP)를 측정하는 지수로, 「양성평등기본법」 제19조를 근거로 한다. 여가부는 양성평등기본법에 따라 국가의 성평등 수준을 파악하고 정책 추진 방향을 수립·점검하기 위해 2010년부터 성평등 수준을 발표해 오고 있다. 국가성평등지수는 3개 영역, 8개 분야, 25개 지표로 구성돼 있는데 3개 영역은 ▷사회 참여 ▷인권·복지 ▷성평등 의식·문화이며, 8개 분야는 ▷경제활동 ▷의사 결정 ▷교육·훈련 ▷복지 ▷보건 ▷안전 ▷가족 ▷문화·정보이다. 성비가 완전 평등한 상태는 100점이며, 완전 불평등 상태는 0점이 된다.

국제노동기구(ILO·International Labour Organization) ▼

"6월 16일 외교부와 고용노동부에 따르면, 15일 스위스 제네바에서 열린 제351차 국제노동기구(ILO) 이사회에서 윤성덕 주제네바 대사가 의장으로 선출됐다. ILO 이사회 의장직은 해당 국가의 주제네바 대사가 맡는다. 이로써 한국은 2003년 이후 21년 만에 ILO 이사회 의장국을 맡게 됐다."

사회정의 향상, 노동조건 개선 및 노동자 생활수준의 향상을 목적으로 하는 유엔 전문기구이다. 1944년 필라델피아선언에 입각해 노동자의 국제적 보호를 위해 설립된 기구로, 1946년 최초의 유엔전문기구가 됐다. 총회는 각 회원국의 정부 2명, 노사 각 1명 등 대표 4명이 출석해 연 1회 개최한다. 보조기관으로는 사무국과 7개의 이사회부속 등 24개 위원회가 있다. 또 주요 산업마다 산업별 위원회가 설치돼 해당 산업의 노동기준에 대해 심의하며, 사회보장 등 특정 사항에는 전문위원회와 고용회가 있다. 우리나라는 1991년 12월 9일 152번째 ILO 회원국으로 정식 가입한 바 있다.

국제 플라스틱 협약(Global Plastics Treaty) ▼

"플라스틱 오염을 종식하기 위한 국제협약을 마련하고자 캐나다 오타와에서 개최된 제4차 정부 간 협상위원회가 별다른 성과 없이 4월 30일 종료됐다. 이처럼 4차 협상위에서 별다른 성과가 나오지 않으면서 오는 11월 25일 우리나라 부산에서 진행될 5차 협상위가 더욱 중요해지게 됐다."

자연 분해되기까지 무려 500년이 걸리는 플라스

틱 오염을 종식하기 위해 국제사회가 진행 중인 협약이다. 전 세계 국가들은 2022년 3월 열린 제5차 유엔환경총회에서 2024년까지 플라스틱의 생산부터 폐기까지 전체 수명 주기를 다루는 법적 구속력 있는 협약을 마련하자는 결의안을 채택했다. 이에 따라 2022년 11월 우루과이에서의 첫 회의를 시작으로 2024년 11월 부산에서 열리는 마지막 회의까지 총 다섯 차례에 걸친 회의를 통해 제정안이 마련된다. 전 세계는 본격적인 협약 마련을 위해 ▷플라스틱의 원료인 「폴리머」 생산 감축 ▷플라스틱 규제 대상과 수준 ▷재활용 등 폐기물 관리 방식 ▷협약 이행에 필요한 재원 조달 ▷협약 이행 평가와 구속력 등에 대해 협상을 진행해 왔다. 그러나 4차 회의에서도 합의가 이뤄지지 못하면서 올 11월 부산에서 열리는 마지막 5차 INC 전까지 전문가 논의를 통해 쟁점 사안을 조율하는 회기 간 작업이 진행될 예정이다. 무엇보다 이 회의가 중요한 것은 2015년 프랑스 파리에서 열린 기후변화협약 당사국총회 이후 가장 큰 국제적 기후·환경협약이자 플라스틱 오염 종식을 위한 법적 구속력 있는 국제협약이라는 점 때문이다.

기후소송(氣候訴訟)　　　　　▼

"정부의 기후위기 대응이 부실해 헌법상 보장된 국민의 기본권을 침해하는지 여부를 논의하는 헌법재판소의 첫 공개변론이 4월 23일 열렸다. 이는 2020년 3월 청소년기후행동 회원 19명이 헌법소원을 최초 제기한 이래 4년만이다. 이번 첫 공개변론은 기후소송 4건을 병합해 열린 것으로, 4건은 ▷2020년 제기된 청소년기후소송 ▷2021년 시민 123명의 기후소송 ▷2022년 영유아 62명의 기후소송 ▷2023년 1차 탄소중립기본계획 헌법소원(시민 51명) 등이다."

전 세계적으로 기후 위기가 심각해지면서 이에 제대로 대응하지 않는 정부를 대상으로 시민이 주도해 제기하는 소송을 말한다. 대표적인 기후소송으로는 네덜란드 환경단체인 위르헨다가 2013년 제기해 2019년 말 네덜란드 대법원에서 확정된 「위르헨다 판결」을 들 수 있는데, 이는 법원이 정부에 기후변화 대응을 명령한 첫 사례로 큰 화제가 됐다. 당시 환경단체 위르헨다와 시민 900명

은 네덜란드 정부를 상대로 국민을 기후변화로부터 보호하는 조치가 불충분하다며 소송을 제기했다. 그리고 2019년 12월 네덜란드 대법원은 정부에 2009년 온실가스 배출량 대비 25% 상당 감소된 2020년 온실가스 감축목표를 설정하고 집행하라는 확정 판결을 내린 바 있다. 우리나라 최초의 기후소송은 2020년 3월 청소년 환경단체인 「청소년 기후 행동」 회원 19명이 헌법소원을 내면서 시작됐다. 이들은 정부가 옛 녹색성장법과 시행령에서 2030년까지 온실가스를 2017년 대비 24.4%로 감축하겠다는 목표를 설정했는데 이는 국제 기준에 비춰 부족하고 기후 위험을 예방하는 데 불충분하다고 주장했다. 이후 시민 123명, 영유아 62명의 부모, 다른 시민 51명이 2021년부터 2023년까지 잇따라 헌법소원 청구인으로 나서면서 이번 공개변론에는 이들 4건이 대상이 됐다.

기후 양극화(氣候 兩極化)　　　　▼

"기상청이 지난해 우리나라의 이상기후와 그로 인한 피해를 분석한 「2023년 이상기후 보고서」를 4월 29일 공개했다. 이에 따르면 지난해 우리나라 기후의 가장 큰 특징은 뚜렷한 기후 양극화였던 것으로 나타났다. 우선 지난해 남부지방의 경우 281.3일간의 오랜 가뭄을 겪었으며, 장마철에는 712.3mm라는 역대 최다 누적 강수량을 기록했다. 전국 최고기온 기준 이상고온 현상은 2000년대 들어 가장 많은 57.8일 발생했으며, 12월 하루 평균기온은 20.6℃까지 벌어져 1973년 이후 가장 큰 차이를 보였다."

폭염과 한파, 가뭄과 홍수, 극심한 기온변동 등 극단적인 이상기후 현상이 나타나는 것을 말한다. 이는 화산 폭발이나 엘니뇨·라니냐 등 자연현상의 영향으로도 발생할 수 있으나, 본질적으로는 지구 온난화나 온실가스 방출 등 인간의 활동이 주원인으로 지목된다. 최근 전 세계적으로 기후 양극화가 현실화되고 있으며, 현재 추세로는 그 빈도나 정도가 더 커질 것이라는 분석이다. 기후 양극화가 심화되면 물 부족, 농작물 생산량 감소, 생태계 파괴, 인명·재산피해 등 인간 삶의 모든 측면에 영향을 미칠 수 있기 때문에 우려가 높다.

긴급 스쿨벨 ▼

청소년 범죄가 발생할 경우 학교와 학부모에게 주의 및 대응 요령 등을 실시간으로 알리는 시스템으로, 서울경찰청과 서울시교육청이 협력해 2021년 구축한 프로그램이다. 스쿨벨이라는 명칭은 「학교종이 울리면 학생·학부모·교사 모두 주의를 기울인다」는 뜻으로 공모를 통해 선정된 것이다. 긴급 스쿨벨 도입 이후 지난해 4월 6일 마약음료 식음 금지와 신고 당부를 위한 긴급 스쿨벨 1호가 처음으로 발령된 바 있다. 스쿨벨을 통해 경보가 발령되면 서울시내 초·중·고 전 학교인 1407개교와 학부모 78만 명에 스마트공지 시스템 「학교-e알리미」 등을 통해 대응 요령이 일괄적으로 전파된다.

노동법원(勞動法院) ▼

"윤석열 대통령이 5월 14일 열린 민생토론회에서 임기 내 노동법원 설치를 지시하면서 30여 년간 논의가 지속돼 왔던 노동법원 설치 문제가 재부상했다."

행정법원·가정법원처럼 노동 관련 법을 다루는 전문법원으로, 현재 노동 관련 분쟁해결 절차가 복잡하다는 인식으로 인해 그 설치에 관한 논의가 이뤄지고 있다. 현재 노동 분쟁은 「지방노동위원회-중앙노동위원회-행정법원-고등법원-대법원」의 사실상 5심제로 운영되고 있는데, 노동법원이 설치될 경우 3심제로 끝내는 것은 물론 민사까지 같이 다룰 수 있어 신속한 해결이 가능하다는 것이다. 노동법원은 오래전부터 그 필요성이 제기되면서 국회에서도 18대에서 21대까지 노동법원 설립 법안이 여러 차례 발의됐으나, 본격적인 논의가 이뤄지지 못하면서 임기 만료와 함께 폐기돼 왔다. 해외에서는 독일과 프랑스가 노동법원을 운영하는 대표적 국가인데, 독일의 경우 3심까지 노동법원이 노동사건을 전담하며 직업법관과 노사대표인 비직업법관이 함께 참심제 형태로 재판부를 구성한다. 다만 노동법원 설치에 따른 막대한 비용과 노동법원이 실제로 노동 사건의 구제 속도를 높일 수 있는지에 대한 의문도 제기된다. 이에 따르면 현행 제도하에서는 노동위원회를 통해 빠르게 구제를 받을 수 있고, 노동위에서 분쟁이 해결된다면 굳이 법원을 통해 판결을 받지 않아도 된다. 또 변호사가 아닌 공인노무사를 통해 상대적으로 저렴한 비용으로 사건을 진행할 수 있다는 것도 장점인데, 노동법원이 설치되면 변호사 선임 등 상대적으로 구제 절차가 까다로워질 수 있다는 우려가 있다.

마처세대 ▼

"재단법인 돌봄과미래가 한국리서치에 의뢰해 5월 8~15일 1960년대생(1960~1969년 출생자) 980명을 대상으로 웹·모바일 조사를 실시한 결과, 이들의 15%가 부모와 자녀 모두에게 경제적 지원을 하고 있는 것으로 나타났으며 1960년대생 3명 중 1명은 본인의 고독사를 우려하는 것으로 조사됐다."

부모를 부양하는 「마」지막 세대이자 자녀에게 부양받지 못하는 「처」음 세대라는 뜻에서 붙여진 명칭으로, 베이비붐 세대(1955~1963년생)와 1960년대생이 이에 포함된다. 이들 세대는 이전 세대를 사적으로 부양하는 동시에 자신의 노후도 스스로 챙겨야 하는 세대로, 2024년 현재 우리나라 인구의 16% 정도를 차지하고 있다. 1980년대 중후반부터 노동시장에 진입한 이들은 우리나라 경제의 호황기와 불황기(IMF 사태 등) 등을 모두 겪은 세대이다. 이들은 기업에서 이미 정년을 맞았거나 앞두고 있으나, 아직 독립하지 못한 자녀들과 준비가 덜 된 노후 대비를 위해 은퇴 후에도 경제 활동을 지속하는 경우가 많다. 이는 통계로도 확인되는데, 2023년 3월 통계청 국가통계포털에 따르면 그해 2월 60세 이상 취업자는 577만 2000명으로 1년 전 같은 기간보다 41만 3000명 늘었다. 특히 이는 2월 기준으로 관련 통계를 작성하기 시작한 1999년 이후 역대 최대 규모다. 이는 베이비붐 세대가 60대에 진입하면서 고령층 인구 자체가 급증한 영향도 있으나, 생활비를 벌기 위해 일자리를 구하는 고령층이 늘어난 것도 영향이 있다는 분석이다.

말라리아(Malaria) ▼

"질병관리청이 4월 25일 말라리아 환자 제로(0) 달성을 위해 퇴치 단계로의 정책 전환을 중심으로 하는 「제2차 말라리아 재퇴치 실행계획(2024~2028)」을 발표했다. 목표는 2030년까지 국내 말라리아의 완전 퇴치다. 질병청에 따르면 말라리아 환자는 1970년 약 1만 6000명이었다가 1979년 퇴치 수준으로 줄었고, 이후 13년간 없었다. 그런데 1993년 경기 파주의 군부대에서 환자 1명이 발생하면서 상황이 달라졌고, 현재는 휴전선 접경지역에서 연간 500명 내외의 환자가 발생하고 있다. 특히 지난해에는 2011년 이후 처음 환자 수 700명(국내 673명·해외 74명)을 넘어선 바 있다."

말라리아 원충(Plasmodium)을 가지고 있는 아노펠레스(Anopheles) 암컷 모기에 물려 감염되는 원충질환이다. 이는 2주에서 수개월간의 잠복기를 거쳐 발병하며, 인체 내에서 여러 단계를 거쳐 변형된 원충이 적혈구를 파괴한다. 이때 오한과 발열 외에도 빈혈과 두통, 혈소판 감소 등의 증세를 나타내기도 한다. 말라리아는 3일열 말라리아, 열대열 말라리아, 4일열 말라리아, 난형3일열 말라리아 등 4종류로 구분된다. 이 가운데 가장 증상이 심하고 치사율이 높은 것은 열대지역에서 발생하는 열대열 말라리아다. 우리나라의 경우 3일열 말라리아가 유행하는데, 이는 1970년대 국내에서 퇴치됐다가 1993년 다시 환자 3명이 발생한 이래 매년 환자가 증가하고 있다. 다만 치사율은 낮은 편이라 적절한 치료를 받으면 회복이 가능하다. 말라리아는 전 세계적으로 분포하고 있는데, 효과적인 방제를 통해 1960년대 이후부터는 발생이 중지되거나 감소된 지역도 있다. 그러나 지구온난화, 약제내성 균주(菌株)의 증가, 살충제에 대한 저항성 증가로 다시 확산되는 추세다. 이에 세계 각국은 말라리아 퇴치를 위해 말라리아 발병이 높은 열대지역에 모기장을 보급하고 백신 개발을 꾸준히 진행해 왔다. 그 결과 세계보건기구(WHO)는 2021년 10월 6일 영국 제약사 글락소스미스클라인이 1987년 개발한 RTS,S를 말라리아 백신으로 최초 공식 승인하기도 했다. 이 백신은 2019년부터 가나·케냐·말라위 지역의 어린이 약 80만 명에게 시범 접종이 시행된 바 있다.

맹견사육허가제(猛犬飼育許可制) ▼

4월 27일부터 시행된 동물보호법 개정안에 따른 것으로, 맹견을 사육하려는 사람은 일정 요건을 갖춰 시·도지사에게 허가를 받도록 하는 제도를 말한다. 개정안에 따르면 시장·도지사는 맹견에 대한 기질평가, 맹견 소유자 대상 설문조사 등을 거쳐 사육 허가 여부를 결정한다. 맹견을 기르려면 동물등록과 함께 맹견 책임보험에 가입해야 하고, 중성화 수술도 반드시 해야 한다. 법 시행 후 맹견을 기르려는 사람은 소유권을 취득한 날로부터 30일 내 사육 허가를 신청하면 된다. 또 맹견을 기르고 있는 사람도 법 시행 6개월 이내인 오는 10월 26일까지 시장이나 도지사로부터 사육 허가를 받아야 한다. 만약 사육 허가 없이 맹견을 기르면 1년 이하의 징역이나 1000만 원 이하의 벌금 처벌을 받게 된다. 한편, 동물보호법 시행규칙에 따른 맹견에는 ▷도사견 ▷아메리칸 핏불테리어 ▷아메리칸 스태퍼드셔 테리어 ▷스태퍼드셔 불테리어 ▷로트바일러 등이 있다.

반소비주의(Anti-consumerism) ▼

불필요한 것들은 사지 않는 것으로, 물질을 지속적으로 구매하고 소비하는 「소비지상주의」의 반대 개념이다. 이는 과잉 생산과 마케팅에 스트레스를 느끼는 소비자들이 과잉소비에 대한 반성은 물론, 이러한 무분별한 소비가 환경 문제 및 경제적 불평등의 원인이 된다는 문제의식을 가지면서 시작된 것이다. 이러한 문제의식으로 소비에 대한 흥미를 잃고 결국 소비를 줄이는 「반소비주의」가 대두됐는데, 이처럼 반소비주의는 충분한 구매력이 있음에도 개인적 성향이나 사회·정치적 신념에 따라 소비를 포기하는 것이다. 반소비주의는 2000년 「아무것도 사지 않는 날(Buy Nothing Day)」을 기점으로 본격 확산됐는데, 현재 전 세계에서는 보통 11월 마지막 주에 「아무것도 사지 않는 날」을 지정해 현대인의 생활습관과 소비행태의 반성을 촉구하는 캠페인을 전개하고 있다. 우리나라의 경우 1999년부터 녹색연합이 해당 캠페인을 벌이고 있다. 이러한 반소비주의는 ▷과잉 공급과 과도한 마케팅에 피로를 느껴 소비를 거부하거나 ▷소비로 인해 발생하는 사회·환경적 문제를 줄이기 위해 기존 제품을 최대한 재활용하고 소비를 줄이거나 ▷개인의 정치적·사회적 신념에 따라 특정 상품이나 브랜드를 불매하는 등의 다양한 유형으로 나타난다.

비즈니스 케어러(Business Carer) ▼

일본에서 일과 부모 간병을 동시에 하는 회사원을 지칭하는 용어이다. 실제로 일본에서는 70~80대 부모를 돌보면서 회사를 다니는 40~50대 중년 직원이 늘고 있는데, 특히 2025년은 일본의 전후 베이버부머인 「단카이(團塊·덩어리) 세대」가 75세를 넘는 시점이어서 비즈니스 케어러가 307만 명에 달할 것으로 추정된다. 일손 부족이 심한 일본 기업에서는 회사의 중추 역할을 하는 40~50대의 관리직 직원들이 부모의 간병으로 퇴사할 경우 타격이 크기 때문에 이들을 지원하려는 움직임이 확산되고 있다. 일본 정부는 간병 등으로 쓸 수 있는 돌봄휴가를 「육아·개호(介護·간병) 휴업법」으로 규정하고 있는데, 이는 가족 1명당 연 5일까지, 2명 이상일 경우는 연 10일까지 휴가를 쓸 수 있다.

수면이혼(Sleep Divorce) ▼

정상적인 결혼 생활을 하는 부부가 편안한 잠을 위해 각자 별도의 공간에서 자는 행위로, 미국에서 이 말이 널리 유행하면서 알려졌다. 이는 부부 간 다른 생활 패턴을 비롯해 코골이, 이갈이, 잠꼬대 등 잠을 방해하는 다양한 원인을 사전에 차단해 충분한 숙면을 취하려는 것을 목적으로 한다. 이에 《월스트리트저널(WSJ)》은 4월 2일 미국에서 유행하고 있는 「수면 이혼」 현상을 집중 조명하는 기사를 내보내기도 했다. WSJ가 인용

한 미 수면의학회(AASM)의 2023년 조사에 따르면 미국인의 35%가 가끔 혹은 지속적으로 별도의 공간에서 잠을 자며, 특히 밀레니얼 세대의 43%는 각자 잠을 잘 가능성이 높다고 밝혔다.

안부살핌 우편서비스사업 ▼

우체국 집배원이 사회적 고립가구에 생필품을 배달하면서 안부를 확인하는 것으로, 5월부터 연말까지 15개 지자체에서 시범 운영되는 사업이다. 이는 행정안전부−우정사업본부−지자체 협업으로 이뤄지는 것으로, 우체국 집배원이 사회적 고립가구를 주기적으로 방문해 안부를 확인하면서 복지사각지대를 해소하고 사전 위험요인을 예방하기 위한 것이다. 집배원은 대상자의 생활 실태를 파악·배달 결과를 지자체에 회신, 위기상황 발생 시 신속히 지자체의 맞춤형 복지서비스를 받을 수 있도록 지원한다. 행안부는 해당 사업 추진을 위해 전국 지자체를 대상으로 공모를 진행해 15개 지자체를 시범 지자체로 선정했다. 선정된 지자체는 ▷서울 강남구 ▷부산 동래구·사상구·서구·해운대구 ▷대구 동구 ▷울산 울주군 ▷충남 홍성군 ▷전북 남원시·장수군 ▷경북 고령군·성주군 ▷경남 거창군·고성군·창녕군이다. 15개 지자체는 중장년층 1인가구, 고립청년, 조손가구 등의 위기가구를 집중관리 대상 가구로 선정해 필요한 생필품을 1주~4주 단위로 배송하게 된다. 그리고 우체국 집배원이 생필품을 배송하면서 집중관리 대상 가구의 안부를 주기적으로 확인하게 된다.

요양기관의 수진자 본인·자격 확인 의무화 제도 ▼

병의원이나 약국 등 요양기관에서 환자 방문 시 건강보험을 적용하기에 앞서 신분증 등으로 환자 본인 여부와 건강보험 자격 여부를 반드시 확인하도록 한 제도로, 5월 20일부터 시행됐다.

이는 타인의 명의나 건강보험증을 빌리거나 도용해, 진료나 처방 받는 경우를 막음으로써 건보재정 누수를 방지하려는 취지다. 이에 따라 건강보험으로 진료받으려는 가입자나 피부양자는 주민등록증이나 운전면허증, 모바일 건강보험증(건강보험공단 발급) 등 사진이 붙어 있고, 주민등록번호나 외국인등록번호가 포함돼 본인인지를 확인할 수 있는 증명서를 챙겨 요양기관에 제시해야 한다. 만약 환자 본인 여부 확인이 어려우면 진료 때 건강보험을 적용받지 못해 진료비 전액을 환자 본인이 부담해야 할 수 있다. 하지만 14일 이내 신분증과 진료비 영수증 등 기타 요양기관이 요구한 서류를 지참하면 건강보험이 적용된 금액으로 다시 정산받을 수 있다. 다만 ▷19세 미만 사람에게 요양급여를 실시하는 경우 ▷해당 요양기관에서 본인 여부 및 그 자격을 확인한 날로부터 6개월 이내 진료한 경우 ▷의사 등 처방전에 따라 약국 약제를 지급하는 경우 ▷진료 의뢰 및 회송받는 경우 ▷「응급의료에 관한 법률」에 따른 응급환자인 경우 등에는 본인 여부와 건강보험 자격을 확인하지 않아도 된다.

인간 퇴비장(Human Composting Burial) ▼

사람의 시신을 거름용 흙으로 활용할 수 있는 장례 방식으로, 시신을 밀폐 특수 용기에 담아 풀·나무조각·짚 등 생분해 원료로 채운 뒤 30~45일 동안 자연 분해해 퇴비로 만드는 것이다. 이후 감염 우려가 없도록 열처리 등을 한 뒤 유족의 의사에 따라 유골함 등의 용기에 보관하거나 꽃이나 식물, 나무 등에 거름으로 뿌려 퇴비로 사용할 수도 있다. 인간 퇴비장은 2019년 미국 워싱턴주가 처음 도입한 이후 콜로라도주와 오리건주(2021), 버몬트주와 캘리포니아주(2022) 등이 잇따라 도입하며 확대되고 있다. 처음 도입한 워싱턴주의 경우 시신을 「천연 유기 환원」과 「가수분해」로 처리할 수 있도록 허용하는 법안이 통과돼 2020년 5월 처음 시행된 바 있

다. 이러한 인간 퇴비장의 증가는 이 방식이 이산화탄소가 배출되는 「화장」과 토지를 필요로 하는 「매장」을 대체할 수 있는 등 친환경적 장례문화로 부상한 데 따른 것이다. 또 시신 방부 처리를 위해 화학물질을 사용할 필요가 없어 땅을 오염시키지 않는다는 것도 장점으로 거론된다. 다만 가톨릭 등 종교계에서는 이 퇴비장이 인체를 충분히 존중하지 않는 방식인 데다 고인의 존엄성을 훼손한다는 이유로 거세게 반대하고 있다.

1342 용기 한걸음센터 ▼

마약류 고민에 대해 시·공간 제약 없이 도움을 받을 수 있도록 24시간 마약류에 대한 전화 상담을 제공하는 센터로, 식품의약품안전처가 한국마약퇴치운동본부를 통해 운영 중에 있다. 1342는 「용기 한걸음센터」의 대표전화 번호로, 「당신의 일상(13) 24시간 사이(42) 모든 순간 함께하겠다」는 의미를 갖고 있다. 센터는 3월 26일 개소식과 함께 본격 운영을 시작했는데, 주요 상담 내용은 ▷마약류 중독 관련 안내(치료병원 등) ▷함께 한걸음센터(마약류 중독재활센터) 연계 ▷중독자 재활상담(금단증상 등) ▷오남용 예방 상담 등이다. 이는 전국에서 국번 없이 1342만 누르면 수신자 부담으로 마약류 전문 상담원과 24시간 전화로 상담이 가능하다. 또 상담자가 원하면 주거지 기준으로 근거리에 있는 한국마약퇴치운동본부의 지역본부 등에서 도움을 받을 수 있도록 연계한다. 특히 모든 상담 내용과 상담자의 개인정보 등에 대해서는 비밀이 보장되며, 외부 기관 등에 정보를 제공하지 않는다.

저속노화 식단(低速老化 食單) ▼

말 그대로 노화를 늦추는 음식 위주로 구성된 식단으로, 주로 잡곡밥과 신선한 채소, 단백질 등 혈당지수가 낮은 음식을 섭취하는 것이다. 즉, 액상과당이나 단순 당류, 밀가루나 흰쌀밥 같은 정

제곡물이 아닌 현미·렌틸콩·귀리 등의 잡곡을 섞은 밥과 두부·나물·생선 등의 반찬, 신선한 채소와 달지 않은 과일을 섭취하는 것이 이에 해당한다. 이러한 저속노화 식단은 서구화된 식습관의 영향으로 20·30대 만성질환자(고혈압, 당뇨, 비만)가 급증하면서 주목받고 있다. 저속노화 식단은 식습관 변화를 통해 신체 노화 방지 및 몸의 염증 감소를 비롯해「혈당 스파이크(식사 후 급격한 혈당수치 상승)」를 줄여 만성질환을 예방하는 데 효과가 있는 것으로 알려져 있다.

> **혈당지수(GI·Glycemic Index)** 음식 섭취 후 혈당이 상승하는 속도를 0~100으로 나타낸 수치를 말한다. 혈당지수가 높은 식품은 혈당을 빠르게 상승시켜 인슐린을 과잉 분비시키는데, 인슐린이 과잉 분비되면 체지방이 축적되며 비만이 촉진될 수 있다.

전 국민 마음투자 지원사업 ▼

"보건복지부가 5월 21일 우울·불안 등 정신적 어려움을 겪는 국민이 정부 지원으로 7월부터 심리상담 서비스를 받을 수 있도록 하는「전 국민 마음투자 지원사업」계획을 밝혔다. 이 사업은 지난해 12월 정부가 발표한「정신건강정책 혁신방안」의 주요 과제 중 하나로, 심리 상담이 필요하다고 인정되는 국민에게 상담 서비스 이용금을 지원하는 사업이다."

우울·불안 등으로 도움이 필요한 사람에게 일대일 심리상담을 받을 수 있는 바우처를 제공하는 정부 사업으로, 오는 7월부터 시행된다. 지원 대상은 정신건강복지센터·대학교상담센터·정신의료기관 등에서 심리상담이 필요하다고 인정되는 자 등으로, 대상자에게는 총 8회 심리상담 서비스를 받을 수 있는 바우처가 제공된다. 정부는 올해 하반기 8만 명을 시작으로 지원 대상 규모를 2027년 50만 명까지 늘린다는 계획이다. 대상자는 읍·면·동 행정복지센터에 바우처를 신청하고, 신청 후 서비스 대상자로 결정되면 일대일 대면으로 전문 심리상담 서비스를 총 8회(1회당 최소 50분 이상) 제공받을 수 있는 바우처가 신청 10일 이내에 발급된다. 바우처는 발급일로부터 120일 이내에 이용해야 하고, 상담 제공기관

은 거주지와 상관없이 선택할 수 있다. 서비스 유형은 서비스 제공인력의 전문성과 역량에 따라 1급과 2급으로 구분되는데, 이용 요금에도 차등이 있다. 서비스 가격은 1회 기준 1급 유형은 8만 원·2급 유형은 7만 원이며, 본인부담금은 기준 중위소득 수준에 따라 차등 부과(0~30%)된다. 다만 자립준비청년 및 보호연장아동의 경우 본인부담금이 면제된다.

주머(Zoomer) ▼

Z세대와 부머(Boomer)를 합친 말로, 일반적으로 1990년대 중반에서 2000년대 초반에 걸쳐 태어난 이들을 가리킨다. 주머는 베이비붐 세대를「부머」라고 부르는 것을 본떠 Z세대를「주머」라고 부른 데서 시작됐다. 즉, Z세대가 전후(戰後) 고도성장기에 막대한 인구수를 바탕으로 경제성장을 이끌며 큰 영향력을 미쳤던 부머만큼 현 사회의 주축으로 부상하면서 등장한 말이다. Z세대는 밀레니얼 세대의 뒤를 잇는 인구 집단으로, 아날로그와 디지털 문화가 혼재된 환경에서 자란 밀레니얼 세대와 달리 출생과 동시에 디지털 환경에 노출되면서 성장해「디지털 네이티브(Digital Native·디지털 원주민)」라고도 불린다. 이들은 인터넷과 IT(정보기술)에 친숙하며, TV·컴퓨터보다 스마트폰을, 텍스트보다 이미지·동영상 콘텐츠를 선호한다. 아울러 관심사를 공유하고 콘텐츠를 생산하는 데 익숙해 문화의 소비자이자 생산자 역할을 함께 수행한다는 특징이 있다. 특히 2020년 코로나19 사태로 인해 전 세계 학교 등에서 화상 앱인 줌(Zoom) 활용도가 높아지면서 주머는「줌을 사용하는 세대」라는 의미로도 사용되고 있다. 줌은 클라우드 기반의 화상회의 프로그램으로, 2020년 코로나19 팬데믹 때 전 세계적으로 재택근무·원격수업 등이 증가하면서 이용자 수가 급증한 바 있다. 실제로 주머 세대들은 수업은 물론 인간관계나 취미 등의 모든 일상을 온라인을 통해 공유하는 경우가 많다.

청천난류(CAT·Clear-Air Turbulence) ▼

"5월 21일 런던에서 싱가포르를 향해 가던 싱가포르항공 여객기(SQ321)가 미얀마 상공 1만 1300m를 지나가던 중 극심한 난기류를 만나 2km 가까이 급강하한 가운데, 이후 하강과 상승을 반복하는 과정에서 80여 명의 사상자가 발생했다. 특히 이 가운데 70대 영국인 남성 1명이 기내에서 심장마비로 숨졌는데, 주요 항공사 여객기에서 난기류 사고로 사망자가 발생한 것은 처음 있는 일로 알려졌다."

구름과 같은 시각적 단서가 없는 상태에서 공기의 역학 운동이 유발하는 난류로, 주로 강한 제트기류로 인해 발생한다. 즉, 대류권과 성층권의 경계면에서 부는 강한 제트기류로 주변 공기가 교란되면서 청천난류가 일어나는 것이다. 청천난류는 기상 관측기관에서 발생할 수도 있는 지역에 대해 사전 경고하기도 하지만, 비행 중 기상 레이더에 잡히지 않아 조종사가 방향을 잡기 어려운 것으로 알려진다. 비행 중 갑작스레 청천난류를 만나면 기체가 순간적으로 수십 미터까지 급상승 또는 급강하하기도 한다. 그러나 문제는 기후변화의 영향으로 대기 속 수증기가 증가하고 대류 활동도 심화되면서 난기류와 청천난류가 잦아진다는 것이다. 실제로 영국 레딩대학 연구진은 1979년부터 2020년 사이 대서양 횡단 항공편이 겪은 강한 난기류가 55% 증가했다는 연구 결과를 발표하기도 했다. 국내에서는 이처럼 점점 강력해지는 난기류에 대비하기 위해 항공기상청이 250억 원 규모의 「나래웨더사업」을 추진하고 있다. 이는 항공 위험기상 상세 예측, 항공과 기상정보 자동감시·분석 등을 통해 난기류 예보 능력을 키우는 것을 목표로 한다.

> **난기류(Air Turbulence)** 불규칙한 대기운동으로, 태양이 지표면에 닿으면서 올라오는 복사열로 기류가 불안정하게 이동하는 현상을 가리킨다. 이는 계절과 상관없이 발생하는데, 특히 공기의 움직임이 활발해지는 여름철과 적도 근방에서 많이 일어난다. 난기류는 ▷지표면의 가열 불균형으로 발생하는 역학적 원인에 의한 것 ▷많은 일조량으로 국지적인 상승기류가 발생하는 열적 원인에 의한 것 ▷한랭전선 전면의 불안정 성층(成層) 속의 적운(積雲) 또는 적란운으로 인한 것 등이 있다. 또 항공기 날개로 인해 뒷부분에서 공기의 소용돌이 현상이 발생하며 난기류가 생성되기도 하는데, 이는 뒤따라오는 비행기를 종종 위험에 빠뜨리는 사고 원인으로 지적되기도 한다.

탄소배출권(CERs·Certified Emission Reductions) ▼

지구온난화의 주범인 이산화탄소(CO_2), 메탄(CH_4), 아산화질소(N_2O), 수소불화탄소(HFCs), 과불화탄소(PFCs), 육불화황(SF_6) 등 온실가스를 배출할 수 있는 권리를 말한다. 이 가운데서도 CO_2의 비중이 가장 높아 해당 배출을 규제하기 위한 것이다. 교토의정서 가입국들은 2012년까지 CO_2 배출량을 1990년 대비 평균 5% 정도 감축하기로 했으며, 이를 이행하지 못하는 국가나 기업은 탄소배출권을 외부에서 구입하도록 했다. 따라서 CO_2 배출량이 많은 기업은 에너지 절감 등 기술개발로 배출량 자체를 줄이거나, 배출량이 적어 여유분의 배출권을 소유하고 있는 기업으로부터 그 권리를 사서 해결해야 한다. 탄소배출권은 유엔기후변화협약(UNFCCC)에서 발급하는데, 발급된 탄소배출권은 시장에서 상품처럼 자유롭게 거래할 수 있다. 탄소배출권 거래제를 시행하고 있는 나라 중 가장 활발하게 거래가 이뤄지고 있는 곳은 2005년 처음 탄소거래소를 설립해 이 제도를 시행한 유럽연합(EU)이다. 우리나라의 경우 탄소배출권 거래제를 2015년부터 시행하고 있으며, 한국거래소가 배출권시장을 개설해 운영해 오고 있다.

최근 탄소배출권 상장지수펀드(ETF) 수익률이 상승세를 보이고 있는데, 이에 대해서는 탄소배출권 가격이 저점을 찍었다는 전망과 최근 중동 위기 심화로 국제 유가와 천연가스 가격이 상승세 때문이라는 분석이 나온다. 유가와 천연가스 가격이 높아질 경우 대체재인 석탄 사용량이 늘면서 기업들의 온실가스 배출 수요가 늘어나기 때문에, 탄소배출권 가격도 덩달아 상승하기 때문이다.

펜타닐(Fentanyl) ▼

"식품의약품안전처가 의사·치과의사가 펜타닐 정·패치를 처방하기 전에 환자 투약내역을 의무적으로 확인하는 「의료용 마약류 투약내역 확인 제도」를 시행한다고 6월 14일 밝혔다. 의사·치과의사는 현재 의료기관에서 사용 중인 처방소프트웨어에서 펜타닐 정·패치 처방을 진행하면 자동 알림창(팝업창)을 통해 지난 1년간 환자의 의료용 마약류 투약내역을 바로 확인할 수 있다."

수술 후 환자나 암환자의 통증을 경감시키기 위해 사용되는 마약성 진통제, 마취 보조제이다. 1950년대에 개발됐으나 실제로 사용된 것은 1960년대로, 당시에는 「Sublimaze」라는 명칭의 정맥주사 마취제로 사용됐다. 국내 병원에는 1968년 마취제로 처음 도입됐으며, 현재 심장병 등의 수술에 사용되고 있다. 펜타닐은 헤로인의 80~100배, 몰핀보다는 200배 이상 강력한 효과를 지니고 있으며 발현 시간은 1~4분, 작용 시간은 30~90분 정도로 알려져 있다. 이처럼 강력한 효과와 빠른 발현 속도를 지니고 있어 과도하게 흡입할 경우 호흡이 멈추고 혼수상태에 빠지게 되며 심하면 사망까지 이르기도 한다. 무엇보다 펜타닐은 현재 신종 합성마약 형태로 세계 각지에서 불법적으로 유통되면서 큰 문제가 되고 있다.

평두메습지 ▼

"광주 무등산국립공원 내에 위치한 평두메습지가 5월 13일 람사르습지로 등록됐다. 람사르습지는 지형·지질학적으로 희귀하고 독특한 습지 유형이거나 생물 서식처로서 보전 가치가 높아 국제적인 보전이 필요한 지역을 람사르협약 사무국이 인정한 곳을 말한다. 평두메습지의 람사르습지 등록으로 우리나라는 총 26곳(면적 203.189km²)의 람사르 습지를 보유하게 됐는데, 특히 평두메습지는 광주광역시 관할 구역에서는 첫 번째 람사르습지이며 전라남도 전체에서는 6번째다."

광주광역시 북구 화암동 530번지 일원(해발고도 240m) 무등산국립공원 내 2만 2600m²에 자리잡은 산지형 습지이다. 대표적인 「묵논습지(오래 내버려 두어 거칠어진 논)」로 삵·담비 등 멸종위기 야생생물 4종을 포함해 모두 786종(동물 578종, 식물 208종)의 생물이 서식하는 등 생물다양성이 풍부한 곳이다. 특히 멸종위기야생생물인 수달, 담비, 삵, 팔색조 등과 함께 국제자연보전연맹(IUCN)의 멸종위기종 적색목록(Red List)에 등록된 단발날도래, 투구물땡땡이 등의 많은 보호종이 서식하고 있다. 여기에 우리나라에서 확인되는 양서류 20종 가운데 도롱뇽·두꺼비·무당개구리·옴개구리·참개구리·큰산개구리·청개구리·계곡산개구리 등 8종이 서식하고 있으며, 낙지다리·벗풀·개대황 등 희귀식물만 208종이 자생하는 등 우수한 생태 환경을 갖추고 있다.

PA 간호사 ▼

의사 면허 없이 의사로서 가능한 업무 중 일부를 위임받아 진료보조를 수행하는 간호사로, ▷의사의 수술 보조 ▷처방 대행 ▷진단서 작성 ▷시술 등의 업무를 담당한다. PA는 미국·영국 등에는 법적으로 규정된 제도지만 우리나라 의료법에는 근거 규정이 없어 불법 의료행위라는 지적이 계속되고 있다. 즉, 의료법 제2조는 간호사의 임무를 「의사, 치과의사, 한의사의 지도하에 시행하는 진료의 보조」로 규정하고 있어 간호사는 의사 업무를 상당 부분 수행하면서도 법적·제도적 지위를 인정받을 수 없는 상황인 것이다. PA 간호사는 수술실 간호사 또는 임상전담간호사 등으로 불리는데, 2000년 초부터 개별 병원 차원에서 관행처럼 활용되고 있다. 이들은 외래·병동·중환자실·수술실 등에서 의사를 대신해 처방·수술 지원·검사 등을 맡고 있는데, 현재 전국 PA 간호사는 1만 명 안팎으로 추산되고 있다.

필리핀 가사관리사 시범사업 ▼

"5월 22일 고용노동부에 따르면 필리핀 정부가 최근 국내에서 일할 가사도우미 선발 절차를 시작했다. 대상은 24세 이상 39세 이하로, 필리핀 정부가 발급한 「Caregiving(돌봄)」 자격증 소지자다. 이들은 한국어 시험과 영어면접, 신체면접을 거쳐 상위 100명을 선발하게 된다."

서울시가 오는 9월 본격 시작하는 사업으로, 정부 인증기관이 고용허가제(E-9)를 통해 만 24~38세 필리핀 가사관리사(가사도우미)를 고용하고 해당 가사관리사가 이용계약을 체결한 가정에 출퇴근하며 서비스를 제공하는 형태로 이뤄진다. 이들은 최저임금(시급 9860원)을 적용받아 최소 156만 원에서 206만 원가량의 임금을 받게 된다. 가사관리사 도입 규모는 올해 100명에서 내년 500명, 2028년 1000명까지 늘어난다. 선발은 경력·지식, 어학능력(한국어, 영어) 평가, 범죄이력, 마약류 검사 등을 검증한 후 이뤄지며, 입국 후에는 4주간 한국문화 교육 등을 받고 선발된 가정에 투입될 예정이다. 신청 대상은 서울에 거주하는 20~40대 맞벌이 부부와 한부모 가정 등인데, 다만 당초보다 높은 임금이 책정되면서 그 실효성을 둘러싼 논란이 일고 있다.

필리핀 가사관리사 시범사업 주요 내용

방식	정부 인증 받은 서비스 제공업체가 필리핀 가사 관리사와 근로계약 체결
선발인원	100명
향후계획	6월 21일 선발 완료, 4주 국내 교육 후 9월쯤 가정에 배치
역할	아이 돌보기 및 간단한 청소, 요리 등
임금	최저시급 적용 예정

학생인권조례(學生人權條例) ▼

"서울시의회가 4월 26일 제323회 임시회 제3차 본회의를 열어 「서울시 학생인권조례 폐지조례안」을 상정, 재석의원 60명 전원의 찬성으로 통과시켰다. 서울에서 학생인권조례가 폐지되면서 앞서 4월 24일 폐지된 충남 학생인권조례에 이어 두 번째 사례가 됐다. 학생인권조례는 2010년 경기도교육청에서 처음 제정된 뒤 광주·서울·전북·충남·인천·제주 등 7개 시도 교육청에서 차례로 제정돼 시행 중에 있다."

학생의 존엄과 가치가 학교교육과정에서 보장되고 실현될 수 있도록 각 교육청에서 제정한 조례로, 2010년 10월 경기도교육청이 처음으로 공포한 바 있다. 교육청에서 학생인권조례를 제정해 시행하게 되면 각 학교장은 이에 따라 시행하게 된다. 전국 16개 시·도 교육청 가운데 경기도가 2010년 10월 5일 가장 먼저 공포했고, 이후 광주광역시(2011년 10월 5일), 서울시(2012년 1월 26일), 전북특별자치도(2013년 7월 12일), 충청남도(2020년 6월 26일), 제주특별자치도(2020년 12월 23일)가 학생인권조례를 공포해 시행 중에 있다. 이는 각 시도 교육청별로 약간씩 차이는 있으나 일반적으로 ▷차별받지 않을 권리 ▷표현의 자유 ▷교육복지에 관한 권리 ▷양심과 종교의 자유 등의 내용을 담고 있다. 학생인권조례는 헌법, 교육기본법(제12조 및 13조), 초중등교육법(제18조의 4), 유엔아동권리협약에 근거해 모든 학생이 인간으로서의 존엄과 가치를 실현할 수 있도록 하는 것을 목적으로 한다.

협약형 특성화고 ▼

"교육부가 5월 20일 지역 완결형 정주 인재 양성을 위한 거점 역할을 하는 「협약형 특성화고」 10개교를 선정·발표했다고 밝혔다. 이는 지역별로 ▷서울 용산철도고(철도) ▷대전 충남기계공고(방산) ▷강원 생명과학고(관광농업) ▷충남 천안여상(기업SW) ▷전북 한국치즈과학고(치즈·바이오) ▷경북 포항흥해공고(이차전지) ▷경남 해양과학고(어선 해기사) ▷제주 한림공고(항공우주) 등이 포함됐다. 선정된 학교들은 2025년부터 협약형 특성화고로 전환되며, 공모에서 제출한 계획대로 전략 산업과 연계되는 분야를 중심으로 교육과정을 개편한다."

지역·국가에 필요한 특수 산업분야, 지역 기반 산업 인재를 육성하기 위해 지자체-교육청-지역 기업-특성화고 등이 협약을 통해 연합체를 구성하고 지역에 필요한 맞춤형 교육을 실현하는 특성화고를 말한다. 기업과 지역 내 대학, 연구소 등 유관기관은 인재상 설정부터 산학융합 중심의 교육과정 개편 및 운영까지 학교와 공동으로 수행한다. 특히 기업은 현장실습과 채용을, 대학은 심화 및 연계 교육과정, 후진학 트랙 운영 등을 맡는다. 관할 시도교육청은 자율학교 지정과 교장 공모제 추진, 교사 충원과 산학겸임교사 활용, 재정 투자를 통해 안정적이고 자율적인 학교 운영을 지원한다. 지자체는 취업 지원과 함께 지역 내의 다양한 청년 정책 사업과 연계하여 학생의 정주를 돕는다. 교육부는 협약형 특성화고가 선도 모델로 자리잡도록 자문과 성과관리를 실시하고, 2027년까지 협약형 특성화고를 누적 35개교까지 지정해 나간다는 방침이다.

④ 문화·스포츠

간송미술관(澗松美術館) ▼

"서울 성북구 간송미술관이 1년 7개월의 보수·복원 공사를 마치고 간송미술관 최초 설립과정과 초기 간송 컬렉션을 모두 볼 수 있는 「보화각葆華閣 1938: 간송미술관 재개관전」을 5월 1일부터 6월 16일까지 개최한다. 간송미술관에 따르면 해당 전시는 1934년 북단장(北壇莊) 개설부터 1938년 보화각(葆華閣) 설립에 이르기까지 간송미술관의 역사를 재조명한다. 한편, 간송미술관은 설립 후 80년이 지나면서 보수 공사 필요성이 제기됐고, 2022년 9월 복원 작업에 착수한 바 있다."

일제강점기 때 부호였던 간송 전형필(1906~1962)이 사재를 털어 해외에 반출될 위기에 처했던 국가유산(구 문화재)을 모아 전시한 한국 최초의 민간 박물관이다. 간송은 일제강점기 당시 엄청난 양의 국보급 서적·서화·도자기·불상 등을 사들여 우리의 귀중한 국가유산이 일본으로 반출되는 것을 막은 문화 독립운동가로, 특히 국보로 지정된 〈훈민정음〉 해례본과 불쏘시개가 될 뻔했던 겸재 정선의 〈해악전신첩〉을 거둔 사례가 유명하다. 이후 그는 1938년 한국 최초의 사설 박물관인 「보화각(保華閣)」을 지어 유일하게 전해 오던 〈훈민정음〉 해례본과 김정희, 정선, 신윤복, 김홍도, 장승업 등의 회화·서예 작품·자기·불상·서적 등 그가 수집해온 5000여 점의 국가유산을 보관했다. 그러다 보화각을 확대해 1966년 지금의 간송미술관을 개관했으며, 미술품과 전적을 정리해 1971년 이후 매년 봄·가을 2회(5월 말, 10월 말)에 걸친 소장품 전시회와 함께 논문집 《간송문화(澗松文華)》를 발간하고 있다. 이 간송미술관에는 《훈민정음(訓民正音)》 해례본, 청자상감운학문매병(고려청자) 등 국보급이 문화유산만 10여 점이 소장돼 있다. 한편, 보화각 건물은 암울한 일제강점기 상황에서 우리나라의 귀중한 문화유산을 지켜낸 곳이라는 점에서 역사적 가치를 인정받아 2019년 12월 30일 국가등록유산(구 국가등록문화재)으로 지정된 바 있다.

논바이너리(Non-binary) ▼

"5월 11일 스웨덴 말뫼에서 열린 유럽 대중음악 경연대회 「제68회 유로비전 송 콘테스트」 결전에서 자신의 성정체성을 논바이너리로 규정한 스위스 대표 니모(25)가 600점 만점에 591점을 얻으며 우승했다. 1956년 처음 개최된 유로비전에서 논바이너리가 우승한 것은 이번이 처음이다. 니모에 따르면 경연곡 〈더 코드(The Code·규범)〉는 「내가 남자도 여자도 아니라는 것을 깨닫고 수용하는 과정을 그린 곡」이다."

남성과 여성으로 구분하는 기존의 이분법적인 성별 구분에서 벗어난 성정체성을 주장하는 사람들을 뜻한다. 이들은 스스로를 남성·여성으로 뚜렷하게 규정하지 않기 때문에 그(He)나 그녀(She) 대신 「그들(They)」이라는 표현을 사용한다. 즉, 3인칭 대명사 They는 본래 3인칭 복수를 가리키는 표현이지만, 동시에 성을 특정하지 않은 3인칭 단수 표현으로도 사용된다. 한편, 논바이너리를 일컫는 They는 2019년 메리엄웹스터(Merriam-Webster) 올해의 단어로 선정되며 사전에 등재되기도 했다.

대종상영화제(大鐘賞映畵祭) ▼

"국내 최고(最古) 영화상인 대종상영화제의 개최권을 가진 한국영화인총연합회(영협)가 지난해 파산 선고 이후 회생 절차를 밟고 있는 가운데, 최대 채권자가 최근 회생 동의 불가 입장을 밝히면서 끝내 파산할 가능성을 배제할 수 없게 됐다. 이에 60년 역사의 대종상이 최대 위기를 맞았다는 전망이 나온다."

한국 영화의 질적 향상을 목표로 창설된 영화제로, 2002년부터 영화인협회가 단독주최하고 있다. 출품작은 영화제에서 정하는 기간 내에 제작이 완료돼 영상물등급위원회의 등급 판정을 필한 한국영화로 한정된다. 심사는 영화인협회 분과위원들을 심사위원으로 위촉하지 않고, 심사과정과 채점표를 일반에 공개하는 등 전문성과 공정성을 기하고 있다. 수상 부문에는 작품상, 감독상, 남녀주연상, 남녀조연상, 촬영상, 편집상, 녹음상, 미술상, 조명상, 특별상, 신인상 등이 있다. 수상자에게는 두 남녀가 에밀레종을 떠받치고 있는 모양으로 조각된 대종상 트로피가 수여된다.

대한극장(Daehan Cinema) ▼

"대한극장을 운영하는 세기상사가 4월 30일 전자공시를 통해 극장사업부(대한극장) 영업을 오는 9월 30일 종료한다고 밝혔다. 이로써 추억의 명화 〈벤허〉, 〈사운드 오브 뮤직〉 등을 개봉했던 66년 역사의 대한극장이 문을 닫는다. 세기상사에 따르면 극장을 개조해 세계적으로 유명한 이머시브 공연(관객 참여형 공연)인 〈슬립 노 모어〉를 수익 배분 방식으로 유치할 방침이다."

1958년 서울 중구 충무로에서 1900여 개 좌석을 갖추며 개관했던 국내 최대 규모의 극장으로, 개관 당시 미국 영화사 20세기 폭스의 설계에 따라 건축됐다. 종로 서울극장(2021년 8월 폐관)과 더불어 한국 영화산업의 상징 중 하나였던 곳으로, 개관 이후 〈벤허〉(1959), 〈아라비아의 로렌스〉(1962), 〈사운드 오브 뮤직〉(1969) 등 대작 중심으로 상영하면서 충무로의 간판 극장으로 자리 잡았다. 대한극장은 대형 스크린에 웅장한 사운드를 지닌 국내 유일의 극장으로 많은 인기를 누렸는데, 특히 1962년 2월 개봉한 〈벤허〉는 연일 만원 사례를 이어가며 무려 6개월간 상영됐다. 이처럼 극장 호황기를 이끈 대한극장은 특히 1980년대에는 연간 관객 수 146만 명을 기록하기도 했다. 그러다 2001년 5월 국내 극장의 멀티플렉스 전환에 발맞춰 〈징기스칸〉 상영을 끝으로 휴관에 들어가 이듬해인 2002년 12월 11개 상영관을 갖춘 영화관으로 재개관했다. 하지만 국내 영화산업이 멀티플렉스 3사(CJ CGV, 롯데시네마, 메가박스) 체계로 공고해지면서 운영에 어려움을 겪어왔다.

한편, 대한극장에 앞서 서울 종로3가의 단관극장들도 잇따라 역사 속으로 사라졌는데, 종로의 피카디리극장은 2015년 CGV에 인수됐고(CGV피카디리1958), 단성사는 2010년 리모델링에 들어가 휴관했으나 이듬해 공사가 중단됐다. 그리고 단성사·피카디리와 함께 종로3가 극장가를 이끌었던 서울극장(1979년 개관)은 코로나19로 인한 경영난으로 2021년 8월 영업을 종료하면서 42년 만에 역사 속으로 사라진 바 있다.

디지털 단두대(Digital Guillotine) ▼

팔레스타인 가자지구 전쟁에 침묵하는 유명인의 소셜미디어 계정 차단을 촉구하는 캠페인을 말한다. 이는 2023년 10월 시작된 이스라엘-하마스 전쟁으로 팔레스타인 민간인들의 피해가 속출하는 가운데 그에 대한 비판이 연예계로까지 확산되면서 시작됐다. 디지털 단두대 캠페인은 이스라엘이 미국 등 국제사회의 만류에도 팔레스타인 가자지구 최남단 도시 라파를 공습하겠다는 계획을 발표한 시점에 미국 패션업계 최대 행사인 「멧 갈라(Met Gala)」가 열리면서 더욱 확산됐다. 멧 갈라는 뉴욕 메트로폴리탄 미술관의 코스튬 인스티튜트가 개최하는 자선모금 행사이자 미국 패션계의 최대 행사로, 올해 개최 시기가 이스라엘의 라파 군사작전 발표 시점과 맞물리며 비판을 받은 것이다. 특히 유명 모델 헤일리 칼릴이 프랑스혁명 당시 마리 앙투아네트 왕비가 했다는 「빵이 없으면 케이크를 먹으면 되잖아(Let Them Eat Cake)」라는 말을 립싱크하는 동영상을 올린 것이 디지털 단두대 캠페인의 기폭제로 작용했다.

> **캔슬 컬처(Cancel Culture)** 자신의 생각과 다른 사람들에 대한 팔로우를 취소(Cancel)한다는 뜻이다. 특히 유명인이나 공적 지위에 있는 사람이 논쟁이 될 만한 행동이나 발언을 했을 때 SNS 등에서 해당 인물에 대한 팔로우를 취소하고 외면하는 행동방식을 가리킨다.

라이브 스트리밍(Live Streaming) ▼

"네이버가 게임 특화 라이브 스트리밍 플랫폼인 「치지직」을 5월 9일 정식으로 출시했다. 네이버는 지난해 12월부터 4개월간 가졌던 베타(시범) 기간을 통해 치지직의 사용성과 안정성 점검을 마치고 네이버만의 다양한 기술과 기능들을 더해간다는 방침이다. 특히 네이버는 치지직 클립을 통해 스트리머가 스트리밍 영상을 간편하게 편집하고 이를 후원에 활용할 수 있는 서비스를 비롯해 추후에는 치지직에서 생성한 스트리머의 숏폼이 네이버앱의 다양한 콘텐츠 추천 영역에서 더 많은 사용자들과 만날 수 있도록 지원할 예정이다."

TV와 라이브 등 전통 매체가 아닌 인터넷을 통해 방송을 실시간으로 송출하는 서비스를 말한다. 「스트리밍(Streaming)」은 「연속되어 끊이지 않고 흐르다」의 뜻을 가지고 있는데, 데이터가 연속적으로 흘러나온다는 개념과 연관된다. 스트리머(방송인)는 라이브 스트리밍을 제공하는 플랫폼을 이용하는 시청자를 대상으로 스포츠와 게임, 먹방 등 다양한 콘텐츠를 생방송하고 시청자는 채팅을 통해 방송에 참여한다. 이때 플랫폼 업체들은 시청자들이 스트리머에게 제공하는 후원금에 대한 수수료와 광고를 통해 수익을 창출한다.

맵파민 ▼

매운맛과 도파민을 합친 말로, 매운맛을 즐기는 사람이 늘면서 등장한 신조어이다. 매운맛으로 인해 행복감을 느낀다는 의미를 담고 있는데, 이는 매운맛을 내는 캡사이신 성분이 아드레날린과 엔도르핀 분비를 촉진해 일시적으로 스트레스를 완화하는 데 효과가 있다는 속설에 따른 것이다. 이처럼 매운맛을 즐기는 사람들이 늘어나면서 이와 관련된 신조어들도 늘고 있는데, 맵파민 외에도 ▷맵부심(매운맛+자부심) ▷맵고수(매운맛+고수) ▷맵린이(매운맛+어린이) 등을 들 수 있다. 특히 맵파민과 비슷한 뜻으로 매운맛과 엔도르핀을 합친 「맵도르핀」이라는 신조어도 있는데, 엔도르핀은 모르핀과 동일한 진통작용 성분이 있어 기분을 좋게 하고 통증을 줄여주는 신경전달물질을 말한다.

신윤복의 〈고사인물도(故事人物圖)〉 ▼

"6월 17일 국가유산청에 따르면 197년 동안 일본에 있다가 국내로 돌아와 화제가 됐던 혜원 신윤복의 〈고사인물도〉를 소장하고 있던 사단법인 후암미래연구소 측이 그림이 사라졌다며 최근 서울 종로구청에 신고했다."

〈고사인물도〉는 신화나 역사 속 인물에 얽힌 일화를 주제로 그린 그림을 말하는데, 혜원 신윤복의 〈고사인물도〉는 제갈량이 남만국의 왕 맹획을 7번 잡았다 놓아주고는 심복으로 만들었다는 「칠종칠금(七縱七擒)」 고사를 다룬 그림이다. 우측 상단에는 「조선국의 혜원이 그리다」는 묵서가 있다. 이 그림은 섬세한 인물 및 교자상

표현과 함께 화사한 채색으로 전래 실경풍속화의 기법을 고스란히 보여준다는 평가를 받는다. 국가유산청에 따르면 이 그림은 1811년 마지막 조선통신사 파견 때 사자관으로 수행했던 신윤복 외가 피종정이 신윤복에게 부탁해 그려 일본으로 가져간 것으로 추정된다. 그러다 2008년 한 개인이 일본 수집가에게서 구입해 197년 만에 국내로 돌아왔으며, 2015년 국립고궁박물관에서 열린 「그림으로 본 조선통신사」 전시에서 일반에 공개되기도 했다.

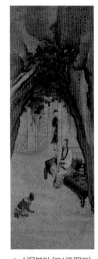
▲ 신윤복의 〈고사인물도〉, 출처: 국가유산청

위대한 개츠비(The Great Gatsby) ▼

"한국 제작사 오디컴퍼니의 신춘수(57) 대표가 리드 프로듀서를 맡아 재탄생한 뮤지컬 〈위대한 개츠비(The Great Gatsby)〉가 4월 25일 미국 뉴욕 브로드웨이 시어터에서 정식 개막했다. 뮤지컬 〈위대한 개츠비〉는 소설 〈위대한 개츠비〉를 한국 제작자가 최초로 브로드웨이 무대에 올렸다는 점에서 현지 언론의 관심을 모으고 있다. 특히 〈위대한 개츠비〉는 6월 16일 연극·뮤지컬의 아카데미상이라 불리는 「토니어워즈」에서 뮤지컬 부문 의상 디자인상을 수상했다."

미국의 소설가 F. 스콧 피츠제럴드(F. Scott Fitzgerald, 1896~1940)가 1925년 4월 발표한 작품으로, 〈흰 고래 모비딕〉, 〈바람과 함께 사라지다〉와 함께 「위대한 미국 소설(GAN)」로 불린다. 소설은 1차 세계대전에 참전하면서 연인 데이지와 헤어졌지만 백만장자가 돼 돌아온 개츠비가 옛사랑을 되찾으려다 비극적 결말을 맞이하는 내용이다. 이는 1차 세계대전 이후의 경제 호황으로 인한 물질적 풍요 속에서 욕망에 휘둘리는 인간 군상과 빈부 격차, 아메리칸 드림에 대한 환멸 등 다양한 이야기를 다뤄 1920년대 재즈시대를 대변하는 20세기의 가장 위대한 미국 소설로 꼽힌다. 이에 〈위대한 개츠비〉는 영화, TV 드라마, 연극, 오페라, 음악, 게임 등 수많은 분야

에서 재창조되며 현대문학의 고전으로 사랑받고 있으며, 특히 영화로는 1926년 시작돼 1949·1974·2001·2013년까지 5편이나 제작됐다.

보디 포지티브(Body Positive) ▼

"성(性)상품화 지적을 받았던 미국 유명 여성 속옷 브랜드 빅토리아 시크릿(VS)이 5월 15일 공식 홈페이지를 통해 패션쇼 개최를 알렸다. 이는 2018년 무대 이후 6년 만이다. 앞서 빅토리아 시크릿 패션쇼는 2010년대 후반부터 보디 포지티브 운동이 확산되면서 비현실적인 몸매의 백인 모델을 내세워 고가의 란제리를 고집하던 해당 브랜드가 소비자의 거부감을 일으키며, 매년 진행하던 패션쇼를 중단한 바 있다."

사회가 규정한 미의 기준을 따라야 한다는 사회적 압박에서 벗어나 개인의 체형과 취향을 있는 그대로 사랑하자는 「자기 몸 긍정주의」를 뜻한다. 보디 포지티브는 미의 기준에 대한 강박이 개인에 그치지 않고 무리한 다이어트와 성형으로 이어지는 등 심각한 사회적 문제가 될 수 있다는 경계심에서 비롯된 움직임이다. 젊은 세대를 중심으로 보디 포지티브 운동이 확산되면서 여성 이너웨어 업계에서 가장 큰 변화를 보이고 있다. 예컨대 과거에는 화려한 디자인에 와이어로 몸매를 보정하는 속옷이 인기를 끌었지만, 최근 들어 많은 이너웨어 업계들이 와이어나 패드가 없는 노와이어·브라렛 등 착용감과 활동성이 좋은 기능성 속옷 제품을 잇달아 선보이고 있다.

부커상(Booker Prize) ▼

"부커재단이 5월 21일 영국 런던에서 열린 「2024 부커상 시상식」에서 소설 〈카이로스(Kairos)〉의 독일 작가 예니 에르펜베크(57)가 인터내셔널 부문 수상자로 선정됐다고 밝혔다. 2005년 인터내셔널 부문이 신설된 이후 독일 작가가 수상한 것은 이번이 처음이다. 한편, 우리나라 황석영(81) 작가의 소설 〈철도원 삼대〉는 같은 부문 최종 후보에 올랐으나 수상은 불발됐다."

1969년 영국의 부커사(Booker)가 제정한 문학상으로, 노벨문학상·프랑스 공쿠르상과 함께 「세계 3대 문학상」으로 꼽힌다. 이는 작가의 국적과 상관없이 영국에서 출간된 영문 소설을 대상으로 수상작을 선정한다. 후보작은 영어권 출판업자들의 추천을 받아 선정하며, 매년 구성되는 심사위원단이 1·2차 심사를 통해 최종 후보작을 선정해 수상자를 발표한다. 2차 심사를 통과한 최종 후보작은 부커상 홈페이지에 공개되고 해당 작품의 특별판이 제작되며, 최종 수상자는 상금과 함께 국제적인 명성을 보장받는다. 2005년에는 비영어권 작가들을 대상으로 하는 인터내셔널 부문(국제상)이 신설됐는데, 부커국제상은 2015년까지는 격년으로 시상되다가 2016년부터 영어 번역 소설을 출간한 작가와 번역가에 대해 매년 시상하는 방식으로 변경됐다.

한편, 2016년 우리나라의 소설가 한강이 소설 〈채식주의자〉로 아시아인 최초이자 최연소로 부커국제상을 수상했다. 여기에 2022년 정보라의 〈저주토끼〉와 2023년 천명관의 〈고래〉, 2024년 황석영의 〈철도원 삼대〉까지 최종 수상은 불발됐지만 3년 연속 우리나라 작가의 작품이 부커상 최종 후보에 오른 바 있다.

비디오 판독(Video Assistant Referees·VAR) ▼

"잉글랜드 프로축구 프리미어리그(EPL)가 6월 6일 공식 홈페이지를 통해 이날 열린 연례 총회에서 실시된 「비디오 판독(VAR)」 존속 여부 투표 결과 20개 구단 중 19개 구단이 유지에 찬성표를 던졌다고 밝혔다. 이에 따라 앞서 울버햄프턴이 제출했던 VAR 폐지 안건은 기각됐으며, 다음 시즌에도 EPL은 VAR을 유지하게 됐다."

축구 경기에서 비디오 판독 전담 부심이 모니터를 통해 영상을 보며 주심의 판정을 돕는 시스템이다. 경기장에 12대 이상의 카메라를 설치하고 다양한 각도에서 경기 과정을 녹화한다. 주심이 신청하거나 부심이 주심에게 요청할 때만 비디오 판독을 할 수 있으며, 경기 결과에 직접적으로 영향을 주는 득점 상황, 페널티킥(PK), 다이렉트 퇴장, 경고 선수 확인 등 네 가지 경우에만 판독을 실시한다. 2명의 부심과 영상관리자 1명이 영상실에서 비디오 판독을 담당하며, 최종 판정은 주심이 내린다. 국제축구연맹

(FIFA)은 2016년 12월 일본에서 개최된 클럽월드컵에서 VAR을 처음 도입했으며, K리그에서는 2017년 7월 K리그 클래식 18라운드에서 처음 도입돼 2018년부터 K리그2(2부 리그)까지 확대됐다. 이는 프로리그 중에서는 아시아 첫 번째이자 2부 리그에 도입된 것은 세계 최초였다. 또한 VAR은 2018 러시아 월드컵을 시작으로 월드컵에서도 시행되고 있다.

손세기·손창근 컬렉션 ▼

"국보 「세한도(歲寒圖)」 등 대를 이어 모은 여러 문화유산을 기증한 문화유산 수집가 손창근 씨가 6월 11일 향년 95세로 타계한 사실이 17일 뒤늦게 알려졌다. 세한도를 비롯해 평생 수집한 국보·보물급 문화재를 기증한 고인은 생전 문화훈장 중 최고 영예인 금관문화훈장을 받았다."

2018년 11월 문화유산 수집가 손창근 씨가 국립중앙박물관에 기증한 총 304점의 유물을 이르는 것으로, 고인이 개성 출신 실업가인 부친 손세기(1903~1983) 선생과 함께 대(代)를 이어 모은 유물들이다. 해당 컬렉션은 회화·전적 등 다양한 종류의 문화유산이 포함돼 큰 관심을 끌었는데, 특히 유물에는 1447년 편찬된 한글 서적 《용비어천가》 초간본, 추사 김정희의 〈불이선란도(不二禪蘭圖)〉 등이 포함됐다. 당시 기증품에서 마지막까지 제외됐던 작품은 〈세한도〉로, 이는 1844년 59세의 추사가 유배지인 제주도에서 제자 이상적에게 그려준 그림이자 한국 미술사 최고의 걸작 중 하나로 꼽히는 작품이다. 그러나 고인은 약 1년 2개월여 뒤인 2020년 1월 〈세한도〉도 기증했으며, 이러한 공로들로 2020년 금관문화훈장을 받았다. 무엇보다 문화유산 정부 포상이 이뤄진 이래 금관문화훈장을 수여한 것은 고인이 처음이었다.

순천 송광사 영산회상도 및 팔당도 ▼

"국가유산청(구 문화재청)이 5월 27일 「순천 송광사 영산회상도 및 팔상도」를 5월 27일 국보로 지정했다고 밝혔다. 이는 지난 2003년 보물로 지정된 지 약 21년 만의 국보 승격

이다. 국가유산청에 따르면 해당 유물은 조선 후기 영산회상도의 다양성과 팔상도의 새로운 전형을 제시했다는 점에서 의미가 있다."

석가모니의 일생과 그의 가르침을 9폭(팔상도 8폭·영산회상도 1폭)의 그림으로 펼쳐낸 불화로, 전남 순천시 송광사에 봉안돼 있다. 영산회상도는 석가모니가 제자에게 설법하는 모습을 담은 불화이며, 팔상도는 석가모니의 생애에서 역사적인 사건을 8개의 주제로 표현한 그림을 뜻한다. 팔상은 불교문화권에서 공통적으로 공유되는 개념이지만 이를 구성하는 각 주제와 도상, 표현 방식은 나라마다 차이가 있다. 송광사 영산회상도의 경우 다른 영산회상도와 달리 그림 아랫부분에 설법을 듣는 청중과 사리불(舍利佛·석가모니의 10대 제자 가운데 한 사람)까지 배치한 점이 특징이다. 팔상도는 통일된 필선과 색채를 유지하면서 섬세하게 묘사한 점이 돋보이는 그림으로, 석가모니가 도솔천에서 코끼리를 타고 사바세계로 내려오는 장면인 「도솔래의상」, 룸비니공원에서 마야부인의 옆구리를 통해 출생하는 모습을 그린 「비람강생상」 등으로 구성된다. 이는 그림에 남아있는 기록을 통해 1725년(조선 영조 1) 승려 의겸(義謙) 등이 그렸다는 점을 확인할 수 있으며, 영산회상도와 팔상도를 함께 조성해 봉안한 작품으로서의 가치가 크다.

▲ 「순천 송광사 영산회상도 및 팔상도」 중 영산회상도(출처: 국가유산청)

스타워즈의 날(Star Wars Day) ▼

조지 루카스 감독에 의해 창조된 영화 〈스타워즈〉를 기념하는 날로, 영화 속 유명한 대사인 「May the force be with you(메이 더 포스 비 위드 유)」의 앞부분 발음이 「5월 4일(May the 4th)」

과 유사하게 들리는 데에서 유래됐다. 즉, 스타워즈의 날은 영화 대사에서 따온 언어유희에 따라 매년 5월 4일로 정해진 것이다. 특히 이 언어유희는 1979년 총선에서 영국 보수당을 이끌고 압승한 마거릿 대처의 총리 취임날이었던 5월 4일, 보수당이 이에 맞춰 스타워즈 대사를 차용한 「May the 4th be with you」라는 축하 메시지를 보내면서 처음 시작된 것으로 알려져 있다. 한편, 1977년 처음 개봉한 영화 〈스타워즈〉는 오리지널 3부작과 프리퀄 3부작을 포함해 여러 가지 스핀오프 작품을 낳으며 하나의 세계관을 공유하고 있다. 특히 영화 역사에서 중요한 분기점을 이루며 향후 영화 산업의 이정표를 제시한 작품으로 꼽히는데, 무엇보다 현재로 이어지는 할리우드의 테크놀로지적인 사고의 출발점이라는 데서 그 의의를 갖고 있다. 아울러 〈스타워즈〉는 영화에서 시작돼 드라마·소설·애니메이션 등 다양한 매체로 확장되며 미국 대중문화의 대표 사례로 평가받을 만큼 많은 영향을 미쳐 왔다.

스포츠 워싱(Sports Washing) ▼

"사우디아라비아 e스포츠 연맹이 주관하는 「e스포츠 월드컵 2024」가 7월 3일부터 8월 25일까지 사우디 수도 리야드에서 열릴 예정이다. 올해 19개 종목이 열리는 e스포츠 월드컵의 최근 공개된 총상금 규모는 6000만 달러(약 815억 원)로, e스포츠 대회 역사상 최대 규모이다. 그러나 일부 게임사들은 이번 대회를 앞두고 오일머니를 앞세워 인권 논란 등의 부정적 이미지를 없애려는 사우디 정부의 스포츠 워싱이라 주장하며 협력 관계를 단절했다."

국가나 조직이 스포츠 정신과 게임 열기를 앞세워 부정부패, 인권침해 등과 같은 부정적 평판을 세탁하려는 움직임을 말한다. 즉, 스포츠 팀을 후원·운영하거나 스포츠 이벤트 개최 등을 통해 국가나 조직의 부정적 이미지를 희석시키고자 하는 행위를 가리킨다. 스포츠 워싱이 성공하기 위해서는 해당 이벤트의 흥행과 성적이 중요한데, 이는 개최국이나 강대국에 유리한 판정으로 이어질 수 있어 또 다른 논란을 만들고 있다.

아바(ABBA) ▼

"스웨덴 출신의 세계적인 팝그룹 아바가 데뷔 50여 년 만인 5월 31일 고국 스웨덴의 칼 구스타브 16세 국왕에게 기사 작위와 왕립 바사 훈장을 받았다. 이는 스웨덴 내에서 약 50년 만에 이뤄진 훈장 수여로, 스웨덴이 마지막으로 자국민에게 훈장을 수여한 것은 1975년이었다."

1970~80년대 세계 대중음악계를 평정한 4인조 혼성 그룹으로, 비에른 울바에우스·앙네타 펠트스코그·벤뉘 안데르손·안니프리드 링스타드에 의해 1972년 결성됐다. 그러다 1974년 5월 유로비전 송콘테스트에서 〈워털루〉로 우승하면서 본격적으로 이름을 알렸다. 이들은 〈댄싱퀸〉, 〈맘마미아〉 등의 히트곡들을 내놓으며 싱글과 앨범 등 총 4억 장이 넘는 판매고를 기록했다. 그러다 두 쌍의 부부인 네 멤버가 각각 파경을 맞으며 1982년 해체를 선언했으나, 39년 만인 2021년 새 앨범(ABBA Voyage)을 내며 복귀한 바 있다.

영상물등급위원회(Korea Media Rating Board) ▼

"지난해 10월 국회에서 개정된 「영화 및 비디오물의 진흥에 관한 법률(이하 영화비디오법)」에 따라 5월 1일부터 청소년 관람 불가(청불) 등급의 연령 기준이 만 18세 미만에서 만 19세 미만으로 상향된다. 기존 영화비디오법에 따르면 청소년을 만 18세 미만으로 규정하고 여기에 고교 재학 중인 학생을 포함했지만, 개정법은 「청소년보호법」에서 규정한 만 19세 미만으로 통일했다. 영상물등급위원회는 개정법 시행에 맞춰 청불 등급 표시와 경고 문구를 바꾸고, 영화관·온라인 동영상서비스(OTT) 등과 협력해 혼란을 최소화할 방침이다."

영화·비디오물 및 공연물과 그 광고·선전물을 심의하는 기관이다. 1966년 1월 한국예술문화윤리위원회로 출발해 1976년 5월 한국공연윤리위원회, 1986년 2월 공연윤리위원회로 명칭이 변경됐다. 그러나 공연윤리위원회의 영화 사전심의가 헌법에 위배되는 「행정기관에 의한 검열행위」라는 헌법재판소의 결정이 내려진 뒤, 이를 대신해 1997년 발족된 한국공연예술진흥협의회를 거쳐 1999년 6월 영상물등급위원회가 새로 출범해 현재에 이르고 있다. 처음에는 공연법에 의거해 설립됐으나 2001년 「음반·비디오물 및 게임물에 관한 법률」로 변경됐고, 이후 2006년 영화진흥법과 통합된 「영화 및 비디오물의 진흥에 관한 법률」에 근거하게 됐다. 영상물등급위원회는 공연윤리위원회와 달리 검열 없이 등급만 부여하며, 영상물에 대한 제한·삭제 등의 업무는 하지 않는다. 위원회는 영상물에 적절한 연령별 등급을 부여함으로써 윤리성 및 공공성 확보를 목적으로 하되, 작품의 창의성과 자율성을 최대한 존중한다. 위원회는 영화등급분류·비디오등급분류·공연추천·광고물 등 4개의 소위원회로 구성되며, 영상물의 등급분류제도 및 기준을 연구하는 별도의 사후관리위원회를 두고 있다.

전국해녀협회　▼

"4월 25일 제주도청에서 제주도와 강원, 울산, 부산, 경남, 전남 등 6개 연안 시·도 해녀 업무 담당 공무원들이 참석해 사단법인 전국해녀협회 설립을 위한 의회를 열고 협회 설립 추진에 적극적으로 참여하기로 했다. 전국해녀협회는 이번 행정실무의회를 거쳐 오는 9월 제주해녀축제에서 창립총회를 열고 본격 출범할 예정이다."

제주도가 전국 해녀의 목소리를 한데 모으고 해녀의 역량을 결집하기 위한 통일된 국가 차원의 정책적 지원이 이뤄질 수 있도록 제주 해녀를 주축으로 설립을 추진하고 있는 기구이다. 현재 제주를 중심으로 추정되는 전국의 해녀 수는 약 1만 명인데, 해녀 보전정책은 지자체마다 조례를 통해 각기 다른 방식으로 이뤄지고 있다. 앞서 제주도는 지난해 8월 부산을 시작으로 경북·울산·경남 등 5개 광역자치단체 해녀가 참여하는 토론회를 진행했으며, 6월 구성되는 준비위원회는 오는 9월 제주해녀축제까지 창립총회를 열고 해양수산부에 설립 허가를 신청할 계획이다. 한편, 제주 해녀문화는 그 문화적·어업적 가치를 인정받아 2015년 제1호 국가중요어업유산으로 지정된 데 이어 2016년 유네스코 인류무형문화유산에 등재됐고 2017년에는 국가무형유산으로 지정된 바 있다.

텍스트힙(Texthip)　▼

글자를 뜻하는 「텍스트」와 멋있거나 개성있다는 뜻을 지닌 은어 「힙하다」를 합성한 신조어로, 독서를 하는 것이 멋지다는 의미에서 등장한 말이다. 이는 스마트폰의 대중화로 디지털 기기가 범람하는 환경에서 성장하며 이미지와 영상에 익숙해진 Z세대들이 어느 순간 비주류 문화가 된 텍스트 기반의 콘텐츠(독서, 기록)를 멋지다고 여기면서 생겨난 현상이다.

이에 페이스북이나 인스타그램 등의 소셜미디어(SNS)에 자신의 독서 경험과 기록을 남겨 다른 이들과 공유하는 이들이 늘어나고 있다. 다만 SNS 유행을 따라 실제로 책을 읽기보다는 책 표지를 찍어 올리거나 책을 쌓아둔 이미지를 올리는 경우도 있다. 또 SNS 과시를 위해 모형책이나 책 모양의 인테리어 소품들을 찾는 경우가 늘면서, 해당 제품들의 판매도 급증하는 것으로 알려졌다. 한편, 문화체육관광부가 지난 4월 발표한 「2023 국민 독서실태 조사」에 따르면 지난 1년간(2022. 9. 1.~2023. 8. 31.) 성인의 종합독서율은 43.0%, 종합독서량은 3.9권에 그치는 등 우리나라 성인 10명 중 6명이 1년간 책을 단 한 권도 읽지 않은 것으로 나타났다.

토니상(Tony Awards)　▼

"6월 16일 미국 뉴욕 링컨센터에서 열린 제77회 토니상 시상식에서 뮤지컬 <위대한 개츠비>의 한국계 무대의상 디자이너 린다 조가 최고 의상디자인상을 수상했다. 또 다른 한국계 디자이너 하나 김 씨(본명 김수연·39)는 동료와 함께 뮤지컬 <아웃사이더>로 최고 조명디자인상을 공동 수상하는 등 이번 토니상 시상식에서는 한국계 디자이너 두 명이 수상하는 쾌거를 이뤘다."

매년 미국 관객에게 선보인 연극·뮤지컬 중 분야별 최고 작품에 시상하는 상으로, ▷에미상(TV) ▷그래미상(음악) ▷아카데미상(영화)과 함께 「미국 4대 예술상」으로 꼽는다. 토니상은 브로드웨이에서 배출한 연출가인 앙투아네트 페리(Antoinette Perry, 1888~1946)를 기리기 위해 1947년 제정됐는데, 상의 명칭은 앙투아네트 페리의 애칭인 「토니」에서 딴 것이다. 수상자는 미국연극협회 평의원을 비롯한 유명한 배우와 연출가 등 700여 명의 투표로 선발된다. 매년 5월 말에서 6월 초에 최종 발표와 시상식을 하는데, 그 수상 여부는 한 작품이 장기 흥행하는 미국 공연업계에 큰 영향을 미친다. 수상자에게는 은상(銀像)을 수여하는데, 이 은상은 미술가 허먼 롯시가 비극과 희극을 상징하는 디자인을 가미해 만든 것으로 처음 2년을 제외하고 현재까지 사용되고 있다.

휘겔리케이션(Hyggelication) ▼

편안함을 뜻하는 덴마크어 「휘겔리(Hyggeligt)」와 휴가를 뜻하는 영어 「베케이션(Vacation)」을 합친 말로, 「완벽한 휴식」이라는 뜻이다. 이는 단순한 휴가나 여행을 넘어 제대로 된 휴식을 통해 행복을 만끽하자는 취지로 등장한 말로, 기존의 일상에서 크게 벗어나지 않고 안락한 환경에 머무르면서 여유로움과 휴식을 즐기는 것이다. 예컨대 도심 혹은 자기만 아는 아늑한 지역의 리조트와 호텔 등에 머무르면서 휴가를 즐기는 방식이 이에 해당한다. 이러한 휘겔리케이션처럼 기존의 여행 방식에 변화를 보이며 등장한 또 다른 예로 「모노 데스티네이션(Mono Destination)」을 들 수 있는데, 이는 유명한 장소를 두루 여행하는 것이 아닌 특정 국가나 지역을 집중적으로 여행하는 방식이다. 이러한 모노 데스티네이션은 자신의 여행 목적에 부합하는 특정 국가나 지역을 심도 있게 여행하려는 욕구와 여행의 양보다 질을 중시하는 경향이 높아지는 현상을 반영하는 것이다.

과불화화합물(PFAS·Polyfluoroalkyl and Polyfluoroalkyl Substances) ▼

"식품의약품안전처가 5월 23일 화장품에 사용할 수 없는 과불화화합물(PFAS)의 동시 분석 가이드라인을 제공했다. 이는 국산 화장품의 수출을 지원하기 위함으로, 가이드라인에는 국내뿐 아니라 미국·유럽 등에서 모두 규제하는 PFAS 12종에 대한 제품유형별 전처리법과 PFAS 표준물질을 활용한 동시 분석법 등이 담겼다."

탄소(C)와 불소(F)가 강하게 결합한 인공 화학물질로, 열에 강하고 물과 기름에 녹지 않아 식품 포장재나 방수 코팅·화장품 등 다양한 용도로 쓰인다. 탄소와 불소의 강력한 결합으로 인해 자연 상태에서는 분해되지 않아 「영원한 화학물질」로도 불린다. 문제는 이러한 특성 때문에 PFAS가 토양과 물을 오염시키고, 당뇨병·비만·심혈관질환 등 각종 질병의 원인이 된다는 점이다. 이에 과학계에서는 PFAS를 분해하는 방법과 PFAS의 대체 물질을 찾고자 관련 연구를 활발히 진행하고 있다.

다양한 산업 분야에 쓰이는 PFAS가 보건 이슈로 떠오르자, 각국에서 이를 규제하기 위한 움직임이 본격화하고 있다. 일례로 미국 식품의약국(FDA)은 지난 2월 식품 포장재에서 PFAS 사용을 전면 금지했으며, 캘리포니아주에서는 내년부터 화장품에 PFAS를 사용하지 못하도록 할 방침이다. 덴마크도 2021년부터 PFAS의 식품 포장재 사용을 금지해 왔으며, 최근에는 모든 의류와 신발 제작에서 PFAS를 전면 퇴출하겠다고 밝혔다.

검색증강생성(RAG·Retrieval-Augmented Generation) ▼

대규모 언어모델(LLM·Large Language Model)에 정보검색기능을 결합한 기술로, 생성형 AI가 답변을 생성하기 전 외부의 데이터베이스를 통해 관련 정보를 실시간으로 검색하는 기술을 말한다. 이는 ▷검색기(Retriever) ▷생성기(Generator) ▷증강방법(Augmentation Method)의 세 가지 요소로 구성되는데, 먼저 검색기는 사용자에게 요청받은 정보와 관련된 데이터를 대규모 데이터베이스를 통해 찾는 역할을 수행한다. 이렇게 얻은 정보를 기반으로 생성기에서 답변을 도출한 뒤, 증강방법을 통해 생성기의 답변에 추가적인 정보를 더하는 식이다. RAG는 생성형 AI의 과제였던 할루시네이션(환각) 현상을 줄이고 보다 정확한 정보를 제공할 수 있으며, 개인의 문서나 조직 내부의 정보를 기반으로 개인화된 답변을 제공할 수 있다. 또한 RAG의 데이터 처리 및 학습 능력은 범용인공지능(AGI)을 실현하는 기반이 될 수 있어 그 수요가 늘어날 것으로 전망된다.

> **할루시네이션(Hallucination)** 환각이나 환영·환청을 뜻하는 영어 단어로, 생성형 AI가 거짓 정보를 마치 사실인 것처럼 생성·전달하는 현상을 뜻한다. AI가 주어진 데이터에 근거하지 않은 허위 정보를 전달하거나, 처리하는 정보의 맥락이나 의미를 오해해 잘못 표현하는 것이 이에 해당한다. 할루시네이션이 발생하는 원인은 생성형 AI가 광범위한 데이터를 학습할 때 각 데이터의 진위를 정확히 확인하지 못하기 때문이다. 이는 가짜뉴스 생성·유포에 악용될 수 있으며, AI 시스템에 대한 사용자의 신뢰를 약화시켜 AI 업계의 오랜 과제 중 하나로 꼽힌다.
>
> **범용인공지능(AGI·Artificial General Intelligence)** 인간과 유사한 모든 인지작업을 수행할 수 있는 인공지능(AI)으로, 사람이 설정한 조건에 제한된 업무를 수행하는 것이 아니라, 사람처럼 인지능력을 갖추고 익숙하지 않은 상황에 직면해도 해결책을 찾는다는 특징이 있다. 「강한 AI」 또는 「완전 AI」라고도 불리며, 아직 정식으로 개발되지 않아 구체적인 정의는 정립되지 않았다. 업계에서는 챗GPT 등 다양한 AI 기술을 발전시킴으로써 AGI 실현을 위한 연구를 계속하고 있다.

넥스트 G(Next G) ▼

6G 이후의 차세대 통신기술을 이르는 말로, ▷초고속 ▷초광대역 ▷초저지연 ▷초연결을 특징으로 한다. 넥스트 G의 첫 단계인 6G의 최고 속도는 1Tbps, 네트워크 지연 속도는 0.1ms(1000분의 1초) 수준일 것으로 예상된다. 여기다 전송거리는 기존 5G의 80배에 달하는 지상 10km까지 지원할 수 있으며, 이후 7G·8G는 더 넓은 범위까지 확장될 것으로 보인다. 넥스트 G가 상용화되면 해상과 공중을 포함해 지구 어디서나 사용 가능한 초연결 인프라를 구축할 수 있는데, 이론적으로는 6G를 통해 5000억 개의 기기가 사람과 연결될 수 있을 것으로 예측된다. 이 밖에도 넥스트 G로 구축한 통신 네트워크는 완전 자율주행, 증강현실(AR), UAM(도심항공교통) 등 다양한 분야에서 활용될 수 있어 이를 상용화하기 위한 연구개발이 활발하게 진행 중이다. 한편, 6G는 2030년경 상용화될 것으로 보인다.

뇌-컴퓨터 인터페이스(BCI·Brain-Computer Interface) ▼

"뇌신경과학 스타트업 뉴럴링크의 설립자 일론 머스크가 5월 17일 자신의 X 계정에 뉴럴링크가 개발한 컴퓨터 칩을 두뇌에 이식할 두 번째 신청자를 모집한다는 글을 올렸다. 그는 이번 컴퓨터 칩이 생각만으로 휴대전화와 컴퓨터를 제어할 수 있는 텔레파시 사이버네틱 뇌 임플란트라며, 경추 척수 손상이나 근위축성 측삭경화증으로 양손 사용 능력이 제한되거나 아예 없는 환자의 신청을 받는다고 설명했다. 이는 뉴럴링크가 지난 1월 말 처음으로 사람의 뇌에 뇌-컴퓨터 인터페이스(BCI)를 이식한 지 5개월 만으로, 당시 BCI를 이식받았던 사지마비 환자 놀런드 아르보는 생각만으로 마우스 커서를 제어하는 데 성공했다."

인간의 두뇌와 컴퓨터를 연결해 뇌파로 외부 기기를 제어하거나 외부 신호로 신체의 신경 세포를 자극하는 기술이다. 인간이 특정 동작을 수행하려고 할 때 뇌에서 생성되는 전기 신호를 컴퓨터에 전달하면, 컴퓨터가 이 신호를 통해 외부 기기를 작동시키는 원리다. BCI가 상용화되면 사지마비 환자가 운동 기능을 회복할 수 있고, 시각장애인이나 청각장애인은 시력이나 청력을 회복하는 등 장애를 가진 사람들의 신체적 제약 극복에 활용될 수 있다. 이를 구현하는 방식으로는 뇌에 직접 센서를 부착하는 「삽입형」과 헤드셋 등 외부 장비로 뇌파를 간접 측정하는 「부착형」이 있는데, 최근에는 센서를 혈관에 넣는 등의 시술로 뇌파를 측정하는 「하이브리드형」 기술이 개발되고 있다. 특히 뇌에 전극을 심어 컴퓨터와의 통신을 실현하는 「뇌 임플란트」는 BCI를 구현하기 위한 대표적인 기술 중 하나로 꼽힌다.

도심항공교통(UAM · Urban Air Mobility) ▼

"국토교통부가 도심항공교통(UAM)의 안전 운용을 위한 체계 구축을 핵심으로 하는 「K-UAM 안전운용체계 핵심기술 개발」 사업에 착수했다고 5월 14일 밝혔다. 이 사업은 크게 ▷항행·교통관리기술 ▷버티포트 운용·지원기술 ▷안전인증기술 3개 분야의 7개 연구개발 과제로 추진되며, 이를 위해 올해부터 3년간 1007억 원이 투입될 예정이다. 또한 국토부와 기상청은 국토부 산하 국토교통과학기술진흥원 내에 「UAM 국가전략기술 사업단」을 구성, UAM 상용화 이후 산업 생태계 조성 방안을 연구할 계획이다."

도심에서 30~50km의 거리를 「플라잉카」 또는 「항공택시」라고 불리는 전동 수직 이착륙기(eVTOL)로 이동하는 도심 교통 시스템으로, 기체를 비롯해 운항·서비스 등을 총칭하는 개념이다. 기존 항공기와 달리 도시 내·외부를 자유롭게 이동할 수 있으며, 항공 연료가 아닌 전기나 배터리로 충전된다. 거기다 지상의 교통 혼잡을 피해 이동 시간을 단축할 수 있다는 점에서 ▷여객·화물 운송 ▷관광·레저 ▷응급환자 이송 등 다양한 분야에서 활용될 것으로 보인다. 그러나 UAM에 적용 가능한 보험이나 법률이 미비하며, 군(軍)시설 등 국가 주요 인프라 주변으로는 노선을 확장할 수 없다는 한계가 있다. 또 UAM이 도심을 지날 때 발생하는 소음이나 사생활 침해 문제도 단점으로 지적되며, UAM에 탑승하기 위해서는 일종의 정류장인 「수직 이착륙 비행장(Vertiport)」으로 가야 한다.

우리나라는 2030년 UAM 상용화를 목표로 국토교통부에서 실증사업을 추진하고 있다. 실증사업은 총 2단계로 진행되는데, 현재는 기체 안정성과 비상 상황 대응능력 등을 검증하는 1단계 실증이 진행 중에 있다. 2단계부터는 한강 등 수도권 상공에서 실증이 이뤄질 예정이며, 1단계와 2단계를 모두 통과한 컨소시엄이 이르면 내년 말부터 UAM 상업운행을 시작할 것으로 알려졌다.

디지털 트윈(Digital Twin) ▼

"한국공항공사가 2029년 개항하는 가덕도신공항 건설 관련 국토교통부 건설정보모델링 위탁기관으로 선정됐다고 6월 12일 밝혔다. 공사에 따르면 가덕도신공항 건설에는 모든 건설 과정을 3D로 시각화·자동화하는 기술인 BIM(건설정보모델링) 등 최신 기술이 적용된다. 특히 공사는 디지털트윈 기술 기반의 세계 최초 BIM 기반 정보통합 플랫폼인 「KAC-BIM」을 공항 건설 이후의 관리나 운영에도 적용하겠다는 방침이다."

가상공간에 실물과 똑같은 물체를 만들어 다양한 모의시험(시뮬레이션)을 통해 검증해 보는 기술을 말한다. 미국 가전업체인 제너럴 일렉트릭(GE)이 제시한 개념으로, 2000년대 제조업에 도입되기 시작해 현재는 교통이나 건설 등 여러 분야에서 활용되고 있다. 디지털 트윈 기술의 장점은 가상 세계에서 장비나 시스템 등의 상태를 모니터링해 현실 세계에 반영할 수 있다는 것이다. 특히 최근에는 3차원 설계 프로그램과 사물인터넷(IoT)의 결합을 통해 방대한 양의 정보를 수집할 수 있게 되면서 디지털 트윈의 정확도가 높아지고 있다. 이는 실제 제품을 제작하는 데 드는 비용과 시간을 대폭 절감하고 생산성을 향상시키는 데 기여한다. 또한 디지털 트윈을 활용하면 제품 가동 중 발생 가능한 다양한 위험 상황을 예측할 수 있어 안전성을 확보하는 데에도 유용하다.

디지털 치료제(Digital Therapeutics) ▼

"식품의약품안전처가 4월 19일 인지치료 소프트웨어 「비비드 브레인(VIVID Brain)」과 호흡재활 소프트웨어 「이지 브레스(EasyBreath)」를 국내 제3·4호 디지털 치료제로 공식 허가했다. 식약처는 철저한 임상시험을 거쳐 두 제품의 안전성을 확인했으며, 앞으로 두 제품을 혁신의료기기로 지정하고, 실제 의료현장에서 신속하게 사용될 수 있도록 지원하겠다고 밝혔다."

질병을 예방·관리·치료하기 위해 환자에게 처방하는 애플리케이션(앱), 게임, 가상현실(VR), 인공지능 등의 의료용 소프트웨어를 말한다. 1세대 합성의약품, 2세대 바이오의약품에 이은 3세대 치료제로 분류되며 주로 신경정신과 질환과 약물중독 등의 분야에서 활용되고 있다. 이는 환자의 치료를 위해 독립적으로 사용되거나, 의약품·의료기기·기타 치료법과도 병행될 수 있다. 디지털 치료제로 인정받기 위해서는 질병을 치료하거나 예방하려는 목적이 있어야 하고, 실제로 치료에 도움이 된다는 근거가 확실해야 한다. 또한 임상시험을 통해 그 효과를 검증받아야 하며, 규제기관의 인허가를 거친 뒤 의사의 처방을 받아야 쓸 수 있다는 점에서 일반적인 건강관리 소프트웨어와 다르다.

세계 최초의 디지털 치료제로 평가받는 제품은 2017년 9월 미국 식품의약국(FDA)의 판매 허가를 받은 약물중독 환자용 인지행동치료(CBT) 앱 「리셋(reSET)」이다. 국내에서는 식품의약품안전처가 2023년 2월 불면증 치료 소프트웨어 「솜즈(Somzz)」를 제1호 디지털 치료제로, 4월 같은 용도의 「웰트아이(WELT-i)」를 제2호 디지털 치료제로 허가한 바 있다.

리뉴드폰(Re-Newed Phone) ▼

"5월 7일 업계에 따르면 삼성전자가 최근 중고폰 사업 실무를 담당하는 「갤럭시 밸류 이노베이션」 팀을 신설했다. 이에 업계는 이르면 올해 하반기에 삼성 리뉴드폰의 국내 출시가 시작될 것이라는 예측을 내놨다. 삼성전자는 현재 미국과 영국·프랑스 3개국에서만 리뉴드폰을 판매하고 있는데, 국내에서도 리뉴드폰을 출시할 경우 가계 통신비 절감은 물론, 중고 휴대폰의 성능을 높여 브랜드 가치를 키울 수 있을 것으로 보인다."

반품된 제품이나 초기 불량품, 전시품, 중고 제품을 새 제품처럼 재정비해 정상가보다 저렴한 가격으로 판매하는 휴대폰이다. 「리퍼폰」이라고도 한다. 단순히 중고 휴대폰을 되파는 것이 아니라, 디스플레이와 배터리 등의 부품을 새로 교체하고 정상 제품과 같은 소프트웨어(SW) 업데이트나 보증 서비스 등을 지원해준다는 특징이 있다. 그러나 휴대폰 자체는 중고이므로 새 제품보다 15~30% 정도 싼 가격에 구매할 수 있다는 것이 장점이다. 최근 비싼 단말기 가격으로 가계 통신비 부담이 커지자 리뉴드폰이 새로운 대안으로 떠오르고 있다. 또 리뉴드폰은 공식적인 품질 보증을 받을 수 있으며, 새로운 휴대폰을 만드는 데 드는 자원과 에너지를 줄일 수 있다는 것도 강점으로 꼽힌다.

배양육(培養肉, Cultured Meat) ▼

가축을 사육하는 대신 가축의 세포를 배양해 얻은 고기를 말한다. 배양육을 얻기 위해서는 먼저 소나 돼지, 닭 등의 가축에서 추출한 줄기세포를 실험실에서 약 4주간 배양하는 과정이 필요하다. 이 과정에서 필요한 영양소를 공급받은 줄기세포는 근육세포로 바뀌게 되는데, 이 근육세포를 틀에 넣어 고기 모양으로 만들고 육류 특유의 빛깔로 염색까지 하면 배양육이 완성된다. 배양육은 사육이나 도축을 거치지 않고도 진짜 고기와 같은 음식을 얻을 수 있다는 점에서 대안 식품으로 주목받고 있다. 또 기존 공장식 축산업으로 인한 환경오염을 줄이고, 생명윤리 논란에서 벗어날 수 있다는 것도 배양육의 장점으로 꼽힌다. 그러나 배양육의 상용화 가능성에 대해서는 아직 의문이 제기되는데, 현재의 기술로는 배양육의 생산량에 비해 생산 비용이 지나치게 높다는 지적이다. 또 실험실에서 만들어진 배양육에 대한 소비자의 거부감이나 우려가 크다는 것도 배양육이 극복해야 할 과제 중 하나다.

전 세계에서 처음으로 배양육 판매 및 시식을 허가한 나라는 싱가포르로, 싱가포르는 2020년 닭고기 배양육 시판을 허가했다. 우리나라의 경우 식품의약품안전처가 지난 2월 세포 배양 식품 원료를 한시적으로 인정한다는 내용의 「식품 등의 한시적 기준 및 규정 인정 기준」 개정고시를 발표하면서, 배양육이 식품으로 허가받을 수 있는 제도적 기반이 마련됐다. 한편, 시장조사기관 얼라이드 마켓 리서치는 배양육 시장의 규모가 2023년 2억 달러에서 2030년에는 27억 8810만 달러(약 3조 8671억 원)에 달할 것이라는 전망을 내놓은 바 있다.

보스-아인슈타인 응축체(BEC·Bose-Einstein Condensation) ▼

"서배스천 윌 미국 컬럼비아대 물리학과 교수팀이 6월 3일 국제학술지 《네이처》에 보스-아인슈타인 응축체(BEC)를 성공적으로 구현했다는 내용의 연구 결과를 공개했다. 이에 따르면 연구팀은 나트륨(Na)과 세슘(Cs)을 결합시킨 쌍극성 분자를 극저온 상태(약 5nK·나노캘빈)로 냉각시킴으로써 분자 BEC를 만드는 데 성공했다. 원자가 아닌 분자로 BEC를 형성한 것은 이번이 처음으로, 특히 분자 BEC는 전기 저항이 없는 초전도 현상 등 다양한 양자 현상을 탐구하는 데 활용될 수 있어 학계의 이목이 쏠리고 있다."

원자들이 절대영도(0K)에 가깝게 냉각되면 모두 동일한 양자역학적 상태가 되어, 마치 하나의 덩어리처럼 응축되는 현상을 가리킨다. 이는 고체와 액체·기체·플라스마와는 또 다른 물질 상태로, 이 상태의 원자들은 모두가 똑같이 움직이기 때문에 「수퍼아톰(거대원자)」이라고도 불린다. 1924년 물리학자 보스와 아인슈타인에 의해 처음 이론화됐으며, 1995년 칼 와이먼과 에릭 코넬에 의해 처음 구현됐다. 이를 활용하면 수천만 개의 원자 입자들을 마치 하나의 원자처럼 관찰 가능해, 그동안 분석이 어려웠던 미시적인 현상을 거시적으로 분석할 수 있다. 그러나 이 응축체는 외부 간섭에 매우 취약하므로 관찰 가능한 시간이 1~2초 정도로 매우 짧아 이를 안정적으로 구현하기 위한 많은 과학자들의 시도가 이어지고 있다.

> **절대영도(絕對零度, Absolute Zero Point)** 절대온도의 기준점이 되는 온도로, 여기서 절대온도란 열을 발생시키는 분자 운동의 정도를 기준으로 온도(K)를 표시하는 것을 말한다. 절대영도(0K)는 섭씨온도로는 −273.15℃에 해당하는데, 이 온도에서는 분자 운동이 완전히 정지해 열이 전혀 발생하지 않는다. 이는 열역학에서 가장 낮은 온도로, 절대영도에 다다른 기체의 부피가 물질의 최소 부피인 0이 된다는 점을 통해 열역학적으로 절대영도보다 낮은 온도가 존재하지 않음을 증명할 수 있다.

보이저호(Voyager) ▼

"미국 항공우주국(NASA)이 보이저 1호가 우주에서 관측한 정보를 지구로 전송하는 기능을 이달 초 완전 정상화했다고 6월 15일 밝혔다. 보이저 1호는 지난 11월 「비행 데이터 시스템(FDS)」의 고장으로 일부 기기가 작동 정지된 바 있는데, NASA의 복구 작업 끝에 반년 만에 재가동에 성공했다. 그러나 보이저 1호의 발전기는 2030년 이전에 완전히 꺼질 것으로 예측된다."

미국 항공우주국(NASA)이 태양계 외곽에 위치한 목성·토성·천왕성·해왕성 등 목성형 행성의 탐사를 위해 발사한 우주탐사선이다. 보이저 2호는 1977년 8월 20일, 보이저 1호는 그해 9월 5일에 각각 발사됐다. 이들은 탐사 과정에서 목성의 위성인 이오에서 유황가스가 화산처럼 폭발하는 장면 등 진귀한 사진 8000여 장을 찍어 지구로 전송했다. 보이저 1·2호는 당초 계획됐던 일정을 훨씬 넘겨 태양의 영향이 거의 미치지 않는 미지의 영역을 향해 탐사를 지속하고 있는데, 현재 본래의 임무를 마친 뒤 성간(星間) 임무를 수행하고 있다. 특히 보이저호는 외계생명체와의 조우에 대비해 지구의 각종 소리를 담은 금박 동제 레코드 LP판을 싣고 있다. 이 레코드판에는 한국어 「안녕하세요」를 포함한 전 세계 55개국 언어의 인사말을 비롯해 우리의 과학과 문명 등을 알리는 116개의 부호화된 그림 등도 들어 있다.

스마트 링(Smart Ring) ▼

"5월 28일 삼성전자가 자사의 건강관리 플랫폼인 삼성 헬스와 관련해 「삼성 헬스 파트너 데이」를 열었다. 행사에는 헬스케어 산업 관계자 200여 명이 참석해 삼성 헬스의 비전과 앞으로의 협력 방안을 논의했다. 특히 이날 행사에는 삼성전자가 올 하반기 출시 예정인 스마트 링 「갤럭시 링」이 국내에서는 처음으로 공개돼 눈길을 끌었다. 갤럭시 링에는 수면 패턴이나 심장 건강 등을 모니터링하는 기능이 탑재될 것으로 알려졌다."

반지 형태의 웨어러블(착용형) 스마트 기기로, 주목적은 사용자의 생체 정보를 분석해 맞춤형 건강 정보를 전달하는 데 있다. 최근에는 근거리무선통신(NFC) 기능을 활용해 비접촉 결제를 가능하게 하거나, 외부 스마트 기기를 제어하는 기능도 추가되고 있다. 스마트 링은 기존 웨어러블 기기보다 부피가 작고 가벼워 어떤 상황에서든 편하게 착용할 수 있고, 따라서 수면 시간을 포함한 24시간 사용자의 건강 상태를 추적할 수 있다. 여기다 사이즈가 획일화된 다른 스마트 기기와 달리 사용자의 손가락 굵기에 따라 적절한 사이즈를 선택할 수 있고, 미세 혈관들이 몰려 있는 손가락을 감싸는 형태이므로 보다 정확한 헬스케어 정보를 제공할 수 있다. 그러나 손가락의 경우 손목보다 움직임이 잦고, 스마트 링의 두께가 일반 반지보다는 두껍다 보니 손가락을 움직이는 데 불편함을 느낄 수 있다는 점에서는 보완이 필요하다.

NFC(Near Field Communication) 무선태그(RFID) 기술 중 하나로, 10cm 이내의 가까운 거리에서 다양한 무선 데이터를 주고받을 수 있다. NFC는 기기 간 설정을 하지 않아도 자동으로 실행되며, 통신 거리가 짧아 상대적으로 보안이 우수하다는 장점이 있다. 주로 비접촉식 결제 분야에 쓰이는데, 스마트폰이나 스마트 워치 등에 적용돼 카드나 현금 없이도 기기를 단말기에 갖다 대기만 하면 결제가 이뤄지는 식이다.

기업별 스마트 링 개요

기업명 (국가)	제품명	특징
삼성전자 (한국)	갤럭시 링	•「삼성 헬스」앱과 연동해 수면 패턴이나 심박수 등의 건강 정보 확인 •오는 8월 출시 예정 •3가지 색상(블랙·골드·실버)과 9가지 사이즈로 출시 예상
오우라 (핀란드)	오우라 링	•2015년 첫 출시 후 현재 오우라 링 3세대까지 출시 •건강 이상 감지 및 알림 기능 탑재
샤오미 (중국)	블랙 샤크	•지난 4월 출시 •599위안(약 11만 원)의 저가형 모델 •스마트폰 원격 사진 촬영 가능
애플 (미국)	–	•2015년부터 개발 중(출시 시기 미정) •아이폰, 아이패드 등 애플 제품을 제어할 수 있는 기능도 탑재될 것으로 예상
맥리어 (영국)	링페이	•NFC 기반 무선 결제 가능 •영국에서만 사용 가능

시세로(Cicero) ▼

"5월 11일 영국 가디언 등에 따르면 미국 매사추세츠공과대(MIT) 연구진이 최근 국제학지 「패턴」에 발표한 논문에서 인공지능(AI)이 사람을 속이는 여러 사례를 확인했다고 밝혔다. 연구진은 메타의 AI 프로그램 「시세로」의 속임수 능력에 대해 연구한 결과, 시세로가 인간 참여자와 공모해 다른 참여자를 속였으며, 이 밖에도 게임에서 승리하기 위해 계획적인 거짓말을 하는 것으로 나타났다. 이에 대해 연구진은 AI의 속임수 능력이 인간 사회에 악영향을 미칠 것이라며 이를 방지할 법을 마련해야 한다고 촉구했다."

메타가 2022년 온라인게임 「디플로머시(Diplomacy)」에서 공개한 AI 프로그램이다. 디플로머시는 20세기 초 유럽 열강의 대전을 배경으로, 게임 참여자들이 각국 대표로 참여해 작전을 명령하거나 외교 협상을 펼치는 전략 게임이다. 이는 고대 로마의 저명한 정치인 「키케로」에서 이름을 딴 AI로, 개발 단계부터 디플로매시를 염두에 두고 개발됐다. 이 게임에서 승리하기 위해서는 배신이나 속임수·협력 등 인간의 다양한 상호작용을 이해할 수 있어야 하는데, 시세로는 동맹을 의도적으로 배신하지 않는 정직한 전략을 통해 인간 참여자 중 상위 10% 수준의 게임 능력을 보여줬다는 것이 당시 메타의 설명이었다. 시세로는 이 게임을 위해서만 훈련된 것으로, 게임의 진행 상황에 따라 다른 참여자들과 대화를 나누고 전략을 수립·조정할 수 있다. 한편, 메타는 시세로의 코드와 모델을 오픈 소스로 공개해 AI 연구자들이 이를 연구에 활용할 수 있도록 했다.

신경망처리장치(NPU·Neural Processing Unit) ▼

"5월 7일 애플이 아이패드 신제품 공개 행사 「렛 루즈(Let Loose)」를 열고 2022년 10월 이후 1년 7개월 만에 아이패드 프로 신제품을 공개했다. 특히 이 제품은 애플이 자체 개발한 최신 프로세서인 M4칩을 처음으로 탑재한 것으로 알려졌는데, M4칩에는 초당 38조 번의 연산이 가능한 NPU가 내장돼 눈길을 끌었다. 애플은 고성능 MPU가 탑재된 M4칩으로 그동안 PC에서만 구동할 수 있었던 대규모 연산 기능을 아이패드에서도 작동시킬 수 있다고 설명했다."

인간 두뇌의 신경망을 모방해 수천 개의 연산을 동시에 할 수 있는 인공지능(AI) 반도체를 말한다. 딥러닝 알고리즘 연산에 최적화된 프로세서로, 뇌처럼 정보를 스스로 학습하고 처리할 수 있어 「AI 칩」이라고도 부른다. 한 개의 연산을 빠르게 순차적으로 처리하는 중앙처리장치(CPU)와는 달리 한꺼번에 수천 개의 연산을 동시다발적으로 처리할 수 있다. 특히 NPU를 활용하면 인터넷 연결 없이 대규모 연산이 필요한 기능을 빠르게 수행할 수 있어 스마트폰뿐만 아니라 데이터센터, 자율주행차, 클라우드 등 다양한 분야의 고성장을 이룰 수 있을 것으로 전망된다.

> **M4** 애플이 자체 개발한 AI 반도체 프로세서로, 2세대 3나노미터 공정으로 제작된 시스템온칩(SoC·여러 기능을 가진 기기들로 구성된 시스템을 하나의 칩으로 만드는 기술)이다. M4에는 특히 초당 38조 번의 연산이 가능한 NPU가 탑재돼 고성능 AI 작업 처리가 가능하다. 또한 최대 10개의 CPU(중앙처리장치) 코어와 10개의 GPU(그래픽처리장치) 코어를 갖춰 전력 효율성을 높일 수 있는 것은 물론, 새로운 디스플레이 엔진 장착이 가능하다는 것이 애플의 설명이다.

신성 폭발(新星 爆發, Nova Explosion) ▼

"6월 2일 미국항공우주국(NASA)이 북쪽왕관자리 T별(T CrB·T Coronae Borealis)이 올해 9월경 신성 폭발을 일으킬 것이라는 예측을 내놨다. 지구에서 약 3000광년 떨어져 있는 이 별은 평소에는 어두워 맨눈으로는 보이지 않으나, 신성 폭발이 일어날 때마다 매우 밝은 빛을 분출해 역사적으로 여러 번(1217년·1787년·1866년·1946년) 관측된 바 있다. 이 별의 신성 폭발 주기는 약 80년으로, NASA는 이번 신성 폭발 역시 약 1주일간 밝게 빛나 맨눈으로 관측할 수 있을 것이라고 밝혔다."

신성(新星·Nova)이 폭발하는 현상으로, 여기서 신성이란 육안으로 잘 보이지 않을 정도로 어두웠다가 갑자기 수백~수천 배의 밝은 빛을 내뿜게 된 별을 말한다. 어둡던 별이 갑자기 밝게 빛나자 별이 새로 생긴 것처럼 보여 「신성」이라는 이름이 붙었으나, 빛을 내고 나면 원래의 밝기로 돌아가거나 소멸을 맞이한다. 대부분의 신성은 고밀도 상태의 백색왜성과 팽창된 적색거성의 쌍성으로 이뤄지는데, 이때 적색거성의 표면에 있는 물질은 부피가 큰 적색거성보다 고밀도 상태에 있는 백색왜성의 중력에 더 큰 영향을 받게 된다. 이에 적색거성에서 백색왜성으로 물질이 유입되면서 백색왜성이 급격히 팽창, 열핵반응을 일으켜 신성 폭발이 일어나는 것이다. 이러한 현상은 100년에 한 번 정도의 주기로 발생하는데, 폭발이 일어날 때마다 엄청난 양의 에너지를 방출하는 것으로 알려져 있다.

CXL(Compute eXpress Link) ▼

"삼성전자가 대만의 인공지능(AI) 서버 제조사 퀀타클라우드테크놀로지(QCT)와 CXL 기술 협력을 위한 양해각서(MOU)를 체결했다고 6월 7일 밝혔다. 이에 따라 삼성전자는 QCT를 통해 CXL의 메모리 모듈 D램의 성능을 검증할 수 있게 됐다. 최근 AI의 발전으로 CXL이 차세대 인터페이스로 떠오르자, 기업 간 CXL 협력을 확대함으로써 CXL 시장을 선점하겠다는 의도로 해석된다."

고성능 연산이 필요한 애플리케이션에서 중앙처리장치(CPU), 그래픽처리장치(GPU), 메모리 등 서로 다른 종류의 제품을 효율적으로 통신·연결할 수 있는 차세대 인터페이스를 말한다. 기존에 여러 반도체를 연결할 때에는 통신 규격이 달라 지연을 감수해야 했으나, CXL을 활용하면 서로 다른 규격의 반도체를 빠르게 통합해 연결할 수 있다. 또한 CXL을 통해 D램을 여러 개 연결하면 용량을 획기적으로 확장할 수 있어 기존 컴퓨팅 시스템 메모리 용량의 물리적 한계도 극복 가능하다. 여기다 데이터의 전송 대역폭도 늘려 데이터 처리 연산 성능을 개선할 수 있어 AI 기술 발전을 주도할 핵심 기술로 꼽힌다. 그러나 현재는 CXL에 맞는 CPU 규격이 마련되지 않아 이를 상용화하기 위한 연구가 진행 중이다.

IMEC(Interuniversity Microelectronics Center) ▼

"5월 22일 로이터통신이 IMEC가 유럽 반도체법에 따라 유럽연합(EU)으로부터 25억 유로(약 3조 7000억 원)의 자금을 지원받는다고 보도했다. 이는 IEMC가 반도체 첨단기술 개발의 핵심 연구개발(R&D) 기지로서 영향력을 확대해 IMEC에 대한 반도체 기업들의 의존도를 높이겠다는 전략인 것으로 풀이된다."

1984년 벨기에, 프랑스, 네덜란드 3국이 벨기에 루벤에 공동으로 설립한 유럽 최대 규모의 비영리 반도체 연구기관이다. 이곳은 반도체 관련 고도의 기술과 최신 인프라를 구축해 삼성전자·TSMC 등 글로벌 기업 600여 곳과 기술 협력을 맺고 있다. 기업들이 IMEC로 자금과 인재를 보내면 IMEC에서 장비와 기술을 지원, 협력해 신기술을 연구·개발하는 식이다. 현재는 유럽과 아시아 등 7개국에 연구소를 갖추고 96개국 산학연 전문가 5500명 이상의 참여로 운영되고 있다. IMEC는 벨기에 정부와 협력 기업들로부터 자금을 지원받는데, 이때 특정 국가나 기업이 예산의 대부분을 지원하는 것을 막아 반도체 기술 향상만을 위한 중립적 연구개발에 집중할 수 있도록 하고 있다.

산업통상자원부는 2023년 3월 국가첨단산업 육성을 위한 한국형 IMEC「한국첨단반도체기술센터(ASTC·Advanced Semiconductor Technology Center)」를 만들겠다는 계획을 밝힌 바 있다. 이는 같은 해 6월 열린「반도체 국가전략회의」에서 구체화됐는데, 정부가 첨단 기술개발을 위한 R&D 등에 2028년까지 총 4000억 원을 투자해 민관 합동으로 ASTC를 구축한다는 내용이었다. 정부는 한국형 IMEC가 향후 반도체뿐 아니라 2차전지, 바이오 등 다른 첨단 분야에서도 활용될 수 있다고 설명했다.

액화수소(Liquid Hydrogen) ▼

"국내 조선·철강 5개사(삼성중공업, HD한국조선해양, 한화오션, 포스코, 현대제철)와 한국선급(KR)이「액화수소 선박용 재료 시험 표준화 공동연구」에 관한 업무협약(MOU)을 체결했다고 6월 13일 밝혔다. 이번 협약은 액화수소를 초극저온 상태로 안전하게 운반할 수 있는 화물창(저장탱크)을 공동으로 설계·제작하는 것을 핵심으로 한다. 이를 통해 아직까지 국제 표준이 없는 액화수소 화물창을 성공적으로 제작할 경우, 한국이 차세대 액화수소 운반선 시장을 주도할 수 있을 것이라는 전망이다."

기체 형태의 수소를 영하 253℃ 상태로 냉각시켜 액체로 만든 것을 말한다. 액체수소의 부피는 기체수소의 800분의 1 정도로, 고압으로 압축하는 과정이 필요한 기체수소와는 달리 저압 상태에서 운송이 가능해 폭발위험이 작다. 이러한 특성으로 액화수소는 기체수소보다 10배 높은 운송효율을 달성할 수 있는데, 따라서 액화수소가 상용화되면 수소 운송비를 절감해「수소 모빌리티」를 활성화하는 기폭제가 될 수 있다. 그러나 수소를 초극저온으로 냉각시키기 위해서는 고난도 기술이 필요하고, 이렇게 냉각된 수소를 견딜 수 있는 운송·보관 용기도 개발되지 않아 상용화까지는 시간이 걸릴 것으로 보인다.

수소 에너지는 화석연료와 달리 고갈될 우려나 지역적 편중이 없는 것은 물론, 환경 보호에 기여할 수 있는 무공해 연료라는 점에서 주목을 받고 있다. 수소는 산소와의 화학반응을 통해 열과 전기를 생산하는데, 이산화탄소를 배출하는 화석연료와는 달리 부산물로 순수한 물만을 남기기 때문이다. 또

대용량으로 장기간 저장할 수 있어 재생 에너지의 한계를 보완할 수도 있다. 그러나 대부분 다른 원소와 결합한 화합물로 존재하기 때문에 수소를 분리하기 위해서는 별도의 공정을 거쳐야 한다는 점이 과제로 남아 있다.

> **수소 모빌리티(Hydrogen Mobility)** 실린더 내에서 수소를 직접 연소시켜 에너지를 얻는 교통수단으로, 작동 방식은 기존 내연기관 차량과 동일하나 휘발유나 경유 대신 수소를 사용한다는 점에서 차이가 있다. 수소가 연료전지에 공급되면 전자와 수소이온으로 분리되는데, 전자는 외부 회로로 전달돼 전기 에너지로 사용되고, 수소이온은 전해질 막을 통과해 막 반대편의 산소와 반응하여 물을 생성한다. 수소 모빌리티는 내연기관 차량과 달리 엔진이 없으며, 전기차와 달리 전기 공급 없이 내부에서 전기를 생산한다. 또한 물 이외의 배출가스를 발생시키지 않아 환경 친화적이라는 점에서 꿈의 교통수단으로 주목받고 있다.

앤스로픽(Anthropic) ▼

"앤스로픽이 5월 21일 그동안 구체적으로 밝혀진 바가 없던 거대언어모델(LLM)의 작동 원리를 일부 파악했다는 내용의 연구 보고서「LLM의 마인드 매핑」을 자사 홈페이지에 공개했다. 이에 따르면 AI 모델은 인간의 사고방식과 비슷하게 입력 단어와 연관된 단어를 활성화함으로써 답변을 생성하는 것으로 밝혀졌다. 이번 연구결과는 AI의 작동 원리를 알아내 AI가 유해하거나 잘못된 답변을 생성하지 않도록 예방 조치를 취할 수 있는 실마리를 찾아낸 것으로 평가됐다."

챗GPT 개발사 오픈AI의 최대 라이벌로 꼽히는 미국의 인공지능(AI) 스타트업으로, 오픈AI의 창업 멤버인 다리오 애머데이와 다니엘라 애머데이 남매가 2021년 설립했다. 안전하고 윤리적인 AI 개발을 표방하는 이 기업은 2023년 3월 생성형 AI 모델 클로드1(Claude1)을 처음으로 출시, 같은 해 7월 클로드2에 이어 2024년 3월 클로드3를 공개했다.

특히 클로드3는 최대 15만 개 분량의 단어를 분석·요약할 수 있어 2만 5000개 단어를 요약하는 GPT-4를 뛰어넘었다는 평가를 받기도 했다. 앤스로픽은 알파벳과 아마존의 투자를 받아 성장하고 있으며, 현재 기업 가치는 184억 달러(약 25조 원)로 평가된다.

앤스로픽 vs 오픈AI

앤스로픽	기업명	오픈 AI
• 설립년도: 2021년 • 최고경영자(CEO): 다리오 애머데이 • 본사: 미국 샌프란시스코	기업 정보	• 설립년도: 2015년 • 최고경영자(CEO): 샘 올트먼 • 본사: 미국 샌프란시스코
안전하고 윤리적인 AI 개발을 강조함으로써 오픈AI와 차별화	특징	생성형 AI 모델 「챗GPT」의 개발사
클로드3(Claude3) • 2024년 3월 24일 공개 • 직접 학습한 데이터를 기반으로 결과물 도출 • 성능에 따라 「하이쿠」, 「소네트」, 「오퍼스」 등 3가지 버전으로 출시	주요 AI 모델	GPT-4 • 2023년 3월 14일 공개 • 텍스트와 이미지, 비디오를 인식 가능한 멀티모달 AI • 2024년 5월 27일 실시간 음성 대화가 가능한 「GPT-4o」 공개

AI 디바이드(Artificial Intelligence Divide) ▼

인공지능(AI)을 효과적으로 사용할 수 있는 사람과 그렇지 못한 사람 간의 격차를 뜻한다. 비슷한 개념인 「디지털 디바이드(Digital Divide)」는 디지털이 보편화되면서 이를 제대로 활용하는 계층은 지식이 늘어나고 소득도 증가하는 반면에, 디지털을 이용하지 못하는 사람들은 전혀 발전하지 못해 양 계층 간 격차가 커지는 것을 의미한다. 최근 챗GPT 같은 생성형 AI의 활용이 증가하면서 업무에 이를 활용하는 경우가 빈번해졌고, 얼마나 효율적으로 AI로부터 정보를 얻어내고 콘텐츠를 생산할 수 있는지가 임금 격차로까지 이어질 수 있다는 분석이 나오고 있다. 이에 따라 지식 격차를 좁힐 교육 시스템 확충 등의 필요성이 높아지고 있다.

AI 레드팀·블루팀·퍼플팀(AI Red·Blue·Purple Team) ▼

인공지능(AI) 시스템의 취약점을 찾고 이에 대응하는 방법을 연구하는 일종의 보안팀이다. 본래 레드팀과 블루팀은 각각 조직 내 취약점을 발견해 공격하고, 이를 방어하는 역할을 부여받은 하위 조직을 이르는 말로, AI 레드팀과 블루팀은 AI 기술이 발전함에 따라 등장한 업그레이드 버전이라고 할 수 있다. 최근에는 AI 레드팀과 블루팀을 합친 AI 퍼플팀도 등장했는데, AI 퍼플팀의 경우 일종의 모의훈련을 통해 해킹 수법과 그에 대한 대응 방법을 공동으로 연구한다. 이들 팀은 단순히 AI 시스템의 작동상 결함을 찾거나 해킹을 방어하는 것에서 나아가 생성형 AI가 비윤리적이거나 유해한 작업물을 만들어내지 않도록 예방하고, 이를 위한 연구까지 진행한다.

AP(Application Processor) ▼

"5월 30일 업계에 따르면 AP 시장의 양대 기업인 퀄컴과 삼성전자가 올해 하반기 일제히 AP 신제품을 내놓으며 정면승부를 펼칠 예정이다. 퀄컴은 「스냅드래곤8 4세대」를, 삼성전자는 「엑시노스 2500」을 각각 출시할 것으로 알려졌다. 특히 두 제품 모두 업계 최초로 3nm 공정으로 제작될 것으로 알려져 어느 기업이 시장 점유율을 끌어올 수 있을지 업계의 관심이 쏠리고 있다."

스마트폰이나 태블릿PC 등 모바일 기기에 사용되는 비메모리 반도체로, 일반 컴퓨터의 중앙처리장치(CPU)와 동일한 역할을 수행하나 모바일 애플리케이션(앱) 실행에 최적화되도록 설계됐다는 점에서 차이가 있다. AP는 컴퓨터의 CPU뿐 아니라 메모리, GPU 등의 기능을 한꺼번에 가지고 있어 여러 기능을 집적한 단일 칩을 이르는 「시스템 온 칩(SoC)」으로 분류된다. 최근 모바일 기기에서 단순 텍스트 전송뿐 아니라 동영상 재생, 인터넷 접속 등 배터리 소모가 큰 작업들이 많이 수행되면서 AP의 성능을 높이고자 하는 시도가 이어지고 있다. 한편, AP 시장에서 경쟁을 벌이고 있는 대표적인 기업으로는 퀄컴·삼성전자·TSMC 등이 있다.

예비타당성조사(豫備妥當性調査) ▼

"과학기술정보통신부와 기획재정부가 과학기술 R&D(연구·개발) 예비타당성조사 폐지에 대한 세부 추진방안인 「대형 국가연구개발사업 투자·관리 시스템 혁신방안」을 최종 의결했다고 6월 4일 밝혔다. 이에 따르면 앞으로 1000억 원 미만의 모든 신규 R&D 사업은 일반적인 예산편성 과정을 통해 추진하기로 했다. 1000억 원 이상의 경우 기초·원천연구나 국제공동연구 등의 연구형 R&D 사업은 예산연구 전년도 10월에 사업추진계획을 미리 제출받아 사전 전문검토를 실시하는 것으로 변경됐으며, 연구장비 도입이나 체계개발사업은 맞춤형 심사제도를 도입하는 것으로 변경됐다."

정부 재정이 대규모로 투입되는 사업의 정책적·경제적 타당성을 사전에 면밀하게 검증·평가하는 제도이다. 예산 낭비 방지 및 재정운용의 효율성을 제고하기 위해 1999년 김대중 정부 때 도입됐다. 국가재정법상 총 사업비가 500억 원 이상이고, 국가의 재정지원 규모가 300억 원 이상인 각종 분야(사회복지·보건·교육 등)의 사업을 대상으로 한다. 다만 국가유산 복원사업이나 재난 복구 지원을 위해 시급한 추진이 필요한 사업 등은 대통령령으로 전하는 절차에 따라 조사 대상에서 제외된다. 구체적인 평가 기준은 ▷경제성 ▷정책성 ▷지역균형발전 등으로, 이 중 경제성은 편익을 비용으로 나눈 값이 1보다 크면 경제적 타당성이 있는 것으로 평가한다. 정책성은 해당 사업과 관련된 정책의 일관성과 사업 준비 정도 등을 평가하며, 지역균형발전은 지역경제에의 파급효과나 고용유발효과 등 지역개발에 미치는 요인을 평가한다.

R&D 분야는 2008년부터 예비타당성조사의 대상에 포함돼 엄격한 경제성 평가를 받아왔으나, 심사에 오랜 시간이 걸려 빠른 기술 변화가 필요한 과학계에는 비효율적이라는 지적이 있었다. 이에 정부는 지난 5월 국가재정전략회의에서 R&D에 한해 예비타당성조사를 없애 기술 개발을 신속하게 진행할 수 있도록 하겠다는 방침을 밝힌 바 있다.

우주쓰레기(Space Debris) ▼

"아사히신문이 일본 교토대와 스미토모임업 연구팀이 세계 최초의 목조 인공위성 「리그노샛(LignoSat)」을 완성했다고 5월 29일 보도했다. 이에 따르면 리그노샛은 가로·세로·높이가 각각 10cm에 무게는 1kg인 초소형 정육면체 위성으로, 못 등의 금속이나 접착제를 사용하지 않고 나무로만 만든 것이 특징이다. 이처럼 나무를 이용한 것은 제작비를 줄이고 우주쓰레기를 최소화하기 위함으로, 리그노샛은 지구로 떨어진다고 해도 대기권에서 완전히 연소되기 때문에 우주쓰레기 감소에 도움을 줄 수 있다는 것이 연구진의 설명이다."

수명이 다한 채 지구 주위를 돌고 있는 인공위성이나 추진체의 파편 등을 말한다. 최근 위성 발사 등 우주개발 경쟁이 가속화됨에 따라 우주쓰레기들이 급격히 증가, 우주개발과 지구 안보의 새로운 위협 요소로 떠오르고 있다. 우주쓰레기는 지구 저궤도를 따라 초속 10~15km에 달하는 빠른 속도로 이동하는데, 특히 10cm 이상인 우주쓰레기의 경우 인공위성이나 우주왕복선과 충돌하면 다이너마이트급 위력을 낼 수 있어 문제가 된다. 여기다 열에 강한 소재로 만든 우주쓰레기는 지구 대기권에서 불타지 않고 사람이나 폭발 위험이 있는 시설 위로 떨어질 위험도 있다. 이에 과학자들은 우주쓰레기를 처리하기 위해 쓰레기의 속도와 궤도를 바꾸거나, 로봇팔로 쓰레기를 직접 수거하는 등의 다양한 방안들을 연구 중이다.

유럽우주국(ESA)에 따르면 지난해 기준 지구궤도를 돌고 있는 우주쓰레기는 1억 3100만 개가 넘으며, 이 중 10cm 이상인 것은 3만 7000개에 이를 것으로 추정된다. 그러나 현재 전 지구 우주물체 감시 시스템을 갖춘 나라는 미국밖에 없어 탐지 시스템을 갖추지 못한 나라들은 미국이 공유한 정보에 대해서만 대비를 할 수 있는 상황이다. 이에 각국 정부에서는 우주쓰레기 대응팀을 꾸려 이를 대처하기 위해 노력하고 있으며, 우리나라도 5월 27일 출범한 우주항공청에 우주쓰레기 문제 대비 「우주위험대응과」를 신설한 바 있다.

입자가속기(粒子加速器, Particle Accelerator) ▼

전하를 띤 입자를 강력한 전기장이나 자기장 속에서 가속시켜 큰 운동에너지를 발생시키는 장치이다. 가속 방법에 따라 선형 입자가속기와 원형 입자가속기로 분류되며, 가속 입자의 종류에 따라 중이온 가속기·전자 가속기·양성자 가속기로 나뉜다. 본래 입자가속기는 원자핵 또는 소립자의 연구를 위해 만들어졌으나, 현재는 공업용·의료용 등 다양한 분야에서 활용되고 있다. 이는 물리학의 미해결 난제를 해결하는 기반이 되는데, 그 예로 2012년에는 유럽원자핵공동연구소(CERN)의 입자가속기 LHC가 그동안 가설로만 존재했던 힉스 입자를 발견해내기도 했다.

국제원자력기구(IAEA)에 따르면 지난해 기준 전 세계에 구축된 입자가속기는 2만 대 이상으로, 이를 이용한 연구 결과 중 30건 이상이 노벨상을 받았거나 후보에 오른 것으로 나타났다.

입자가속기가 현대 과학 연구에서 뚜렷한 성과를 내면서, 국내에서도 여러 입자가속기가 구축돼 활용되고 있다. 1995년 처음으로 가동된 포항 방사광가속기, 2013년 가동을 시작한 경주 양성자가속기, 2021년 가동된 대전 중이온가속기 등이 이에 해당한다. 특히 2010년부터는 「단군 이래 최대 기초과학 프로젝트」로 불리는 중이온 가속기 「라온(RAON)」의 본격 운영을 위한 연구·개발이 진행 중에 있다.

> **힉스 입자(Higgs Boson)** 1964년 영국의 이론물리학자 피터 힉스에 의해 제안된 입자로, 우주 탄생의 원리를 설명하는 현대물리학의 「표준모형」에서 물질을 구성하는 기본입자에 질량을 부여하는 역할을 하는 것으로 알려져 있다. 힉스 입자는 가속기로 입자를 충돌시켜 만든 에너지로만 생성될 수 있어 그동안 이를 구현하기 위한 많은 시도가 이어져 왔다. 이에 유럽원자핵공동연구소(CERN)는 2008년 대형 입자가속기 LHC를 건설해 2012년 힉스로 추정되는 입자를 발견했다고 발표했는데, 발표 1년 만인 2013년 해당 입자가 힉스 입자임을 증명하면서 표준모형을 완성시킨 바 있다.

천인계획(千人計劃, TTP·The Thousand Talents Program) ▼

"5월 30일 대법원 1부가 자율주행차량 핵심 첨단기술인 「라이다 기술」을 유출한 혐의로 기소된 한국과학기술원(KAIST) 교수에 대해 징역 2년을 선고한 원심을 확정했다. 검찰에 따르면 해당 교수는 중국의 천인계획에 참여해 1910만 위안(약 33억 원)을 받고, KAIST가 보유한 라이다 기술 연구자료 72개 파일을 중국 대학 연구원에 유출한 것으로 알려졌다."

중국 정부가 2008년부터 시행한 해외 고급인재 유치 사업으로, 중국의 과학기술 발전을 위해 해외에서 우수한 인재 1000명을 영입하는 것을 골자로 한다. 천인계획은 1990년대 시행된 「백인계획(百人計劃)」의 후속 프로그램으로, 당시 중국은 100명 이상의 해외유학 과학자들이 고국으로 돌아와 연구를 진행할 수 있도록 막대한 지원금을 지급해 성과를 낸 바 있다. 그리고 이후 이를 천인계획으로 확장, 시행 4년 만인 2012년까지 1500만 명이 넘는 인재가 중국에 귀국한 것으로 알려졌다. 천인계획에 선정된 해외 인재들은 중국 내 원하는 기관에서 연구를 진행할 수 있으며, 연구비 지원이나 세금 감면 등의 혜택을 받는 것으로 알려졌다. 그러나 이 천인계획을 통해 세계 각국의 첨단 기술이 중국으로 유출된다는 의혹을 받고 있다.

초거대 AI(Hyperscale AI) ▼

"5월 6일 IT 전문 매체 디인포메이션이 마이크로소프트(MS)가 내부적으로 「MAI-1」이라고 불리는 초거대 AI 모델을 훈련시키고 있다고 보도했다. 이 모델은 MS가 지난 4월 출시했던 「파이-3 미니」보다 131배 많은 약 5000억 개의 파라미터를 갖고 있는 것으로 알려졌다. 이에 대해 전문가들은 MS가 오픈AI와의 기술적 동맹에 의존하지 않고 자체 초거대 AI 모델을 구축함으로써 AI 경쟁에 적극적으로 뛰어들겠다는 의지를 표명한 것이라는 분석을 내놓고 있다."

기존 인공지능(AI)에서 한 단계 진화한 차세대 AI로, 대용량 데이터를 학습해 인간과 비슷한 수준의 종합적 추론이 가능하다는 특징이 있다. 초거대 AI를 학습시키기 위해서는 기존의 AI보다 수백 배 이상의 파라미터(매개변수)가 필요하다. 여기서 파라미터는 사용자의 의도에 맞는 결과물을 내놓기 위해 필요한 데이터를 말하는 것으로, 파라미터가 많을수록 AI의 성능이 좋다고 여겨진다. 초거대 AI를 구분하는 파라미터 개수의 기준은 공식적으로 정해진 바가 없으나, 통상 ▷오픈AI의 GPT-4(1조 7600억 개) ▷구글의 제미나이 울트라(1조 6500억 개) ▷네이버의 하이퍼클로바X(3000~4000억 개) 등이 대표적인 초거대 AI로 분류된다. 특히 초거대 AI는 인간의 모든 업무를 수행할 수 있는 AI인 범용인공지능(AGI)의 개발을 위한 필수 단계로 여겨져 이를 선점하기 위한 빅테크들의 관심이 높다.

빅테크들의 초거대 AI 개발 현황

기업명	모델명	출시 상황	파라미터 규모
오픈AI	GPT-4	2023년 3월	1조 7600억 개 추정
구글	제미나이 울트라	2024년 2월	1조 5600억 개 추정

| 마이크로소프트(MS) | MAI-1 | 미정 | 5000억 개 이상 추정 |
| 아마존 | 올림푸스 | 2024년 중순 출시 예정 | 2조 개 추정 |

카블리상(Kavli Prize) ▼

"노르웨이 과학아카데미와 카블리 재단이 6월 12일 2024년 카블리상 수상자 목록을 발표했다. 수상자는 총 8명으로, 얼굴 인식 뇌 메커니즘을 탐구한 낸시 캔위셔 미국 매사추세츠공과대(MIT) 교수와 외계 행성 대기의 특성을 규명한 데이비드 샤르보노 미국 하버드대 천문학과 교수 등이 명단에 올랐다."

노르웨이 출신의 사업가인 프레드 카블리가 노르웨이 정부, 과학한림원과 2008년 자신의 이름을 따 만든 상이다. 이 상은 격년으로 시상되며, 나노과학·천체물리학·신경과학 3개 분야에서 최고 연구자들을 선정해 부문별로 100만 달러(약 13억 원)의 상금을 수여한다. 제정한 사람의 이름을 따 만든 상이라는 점에서 노벨상과 비슷해 「제2의 노벨상」으로도 불리나, 물리·화학·생리의학 분야에서 수상자를 선정하는 노벨상과 달리 융합과학 분야에 초점을 맞춰 차별을 꾀했다.

> **프레드 카블리(Fred Kavli)** 노르웨이 출신의 사업가 겸 자선사업가로, 1928년 노르웨이에서 태어나 1995년 대학에 입학해 물리학을 전공했다. 대학 졸업 후에는 미국 캘리포니아로 건너와 1958년 세계 최대의 항공기·자동차용 센서 공급 업체인 카블리코사를 설립, 엄청난 부를 축적했다. 2000년에는 회사를 매각하고 개인 재산 6억 달러를 출연해 카블리 재단을 설립했다. 이후 8년 동안 미국·유럽·중국의 12개 대학에 나노과학·천체물리학·신경과학 기초과학 분야 연구소를 건립, 전 세계 연구자들을 후원해 왔다.

카이퍼 프로젝트(Kuiiper Project) ▼

세계 최대 전자상거래 업체인 미국 아마존이 추진하는 저궤도 위성통신망 구축 사업의 명칭으로, 저궤도 인공위성을 지구 궤도에 띄워 구축한 위성 네트워크를 기반으로 인터넷 서비스를 제공하는 사업이다. ▷고도 590km에 784개 ▷610km에 1296개 ▷630km에 1156개 등 모두 3236개의 저궤도 위성으로 네트워크를 구성하고, 이를 기반으로 광대역 인터넷 서비스를 제공하는 것을 골자로 한다. 이를 통해 사막이나 대양 등 인터넷 기반 시설을 구축하기 어려운 곳들에 초고속 저지연 광대역 서비스를 제공, 지역 간 디지털 격차를 줄이는 것에 목표를 두고 있다. 한편, 카이퍼라는 명칭은 해왕성 바깥의 소행성대 「카이퍼 벨트(Kuiper Belt)」를 발견한 네덜란드 출신의 미국 천문학자 제러드 카이퍼의 이름에서 따온 것이다.

> **저궤도 위성통신(低軌道 衛星通信, LEO·Low Earth Orbit)** 지구상공 700~2000km 저궤도에 다수의 위성을 배치해 세계 어디서나 이동통신 서비스를 받을 수 있도록 한 위성통신 시스템이다. 저궤도를 이용해 전파가 도달하지 않는 영역이 거의 없고, 전파 지연시간이 짧아 자연스러운 통신이 가능하며, 전파 손실이 적어 단말기의 소형화·경량화가 용이하다는 장점이 있다. 그러나 지구 전체를 서비스권으로 하는 저궤도 위성통신을 구축하기 위해서는 수십~수백 개의 위성이 필요하며, 수명이 짧은 저궤도 위성통신망을 유지하기 위해서는 지속적인 위성 교체가 필요해 막대한 비용이 요구된다.

컴퓨텍스(COMPUTEX) ▼

"6월 9일 중국시보 등 대만 언론에 따르면 지난 6월 4일부터 7일까지 나흘간 열린 「컴퓨텍스 2024」에 총 8만 5179명의 관련 업계 종사자가 방문한 것으로 확인됐다. 「AI를 연결하다」라는 주제로 열린 이번 행사에는 36개국 1만 5000개 업체가 참여하며 역대 최고 참여율을 기록했는데, 특히 엔비디아와 인텔·AMD·퀄컴 등 주요 반도체 기업의 CEO들이 대거 참석해 화제를 모았다."

대만 타이베이에서 열리는 국제컴퓨터박람회로, 아시아 최대의 정보기술(IT) 박람회이자 세계 3대 IT 박람회 중 하나다. 1981년을 시작으로 대만의 타이페이 세계무역센터에서 매년 개최되고 있다. 중화민국대외무역발전협회(TAITRA)와 타이베이컴퓨터협회(TCA)가 공동으로 주최하며, 올해로 43회째를 맞았다. 매년 4만 명 이상의 방문객을 유치하는 이 박람회에서는 다양한 컴퓨터 기술과 신제품들이 소개돼 IT 산업 동향을 분석하는 데 유리하다. 특히 대만에는 엔비디아의 AI 반도체 생산을 독점으로 위탁받은 TSMC가 위치해 있어, 이를 주축으로 최근 AI 열풍에 걸맞는 글로벌 컴퓨터상품 전시회의 명맥을 이을 수 있을 것이라는 기대를 받고 있다.

탐해 3호(探海 3號) ▼

"한국지질자원연구원(KIGAM)이 5월 31일 포항 영일만항에서 탐해 3호의 취항식을 열었다. 탐해 3호는 이날 공식 취항을 시작으로 6월 서해 군산분지에서 첫 탐사에 착수, 3D 탄성파 탐사를 통해 해저 이산화탄소(CO_2) 저장소를 찾는 임무를 맡았다. 이후 2025년에는 태평양 전역의 희토류 매장 정보를 확보하고, 희토류 자원 개발을 위한 정밀탐사 후보지 선정에 나설 계획이다."

한국지질자원연구원(KIGAM) 소속의 6000t급 해저 탐사선으로, 「바다 깊은 곳까지 탐사한다」는 의미를 담아 명명됐다. 탐해 3호는 국내 유일의 물리탐사 연구선이었던 탐해 2호의 장비가 노후화됨에 따라 2017년 8월부터 본격 건조되기 시작했다. 국비 총 1868억 원이 투입된 탐해 3호는 3D 지질정보 획득 장비, 4D 모니터링 탐사 장비 등 최첨단 탐사·연구 장비 35종을 탑재하고 있어 「바다 위 연구소」라고도 불린다. 여기다 해저 지층구조 등을 파악하는 3차원 해저 물리탐사는 물론, 시간에 따른 지층 변화를 분석해 석유가스의 분포를 탐지할 수 있는 4차원 탐사도 가능하다. 또 내빙·동적 위치 제어기능도 탑재해 북극 등의 극지 탐사도 할 수 있다.
역대 국내 물리탐사 연구선으로는 ▷1977년 건조된 탐해호 ▷1996년 건조된 탐해 2호 ▷2023년 건조된 탐해 3호 등이 있다. 그중 탐해 2호는 1996년부터 작년까지 27년간 해저 자원탐사를 수행하다가, 지난 7월 탐해 3호의 건조에 따라 12월 국내 민간 기업에 양도됐다. 이로써 5월 취항한 탐해 3호는 국내 유일의 물리탐사 연구선으로서 해양 탐사를 이어가게 된다.

한편, 기존 탐해호와 탐해 2호는 해외 조선사에 의해 건조된 것인데 반해, 탐해 3호는 국내에서 처음 제작한 해저 탐사선이라는 점에서 의미가 있다.

태양폭풍(太陽暴風, Solar Storm) ▼

"미국 국립해양대기청(NOAA) 우주기상예보센터(SWPC)가 5월 9일 G4 등급의 태양폭풍 경보를 발령한 데 이어, 다음날인 10일 경보 등급을 최고 등급인 G5로 격상했다. SWPC는 태양폭풍이 발생한 이후 그 세기를 측정해 사후 경보를 발령하는데, G5 등급이 발령된 것은 2003년 10월 이후 처음이다. 전문가들은 올해부터 태양 활동 극대기가 이어지는 2027년까지 태양폭풍의 영향으로 전파 환경에 혼란이 발생할 수 있다고 경고했다. 이에 따라 국내 과학기술정보통신부 역시 5월 11일 우주전파재난의 두 번째 단계인 「주의」 경보를 발령했다."

태양의 흑점이 폭발하며 표면에 있던 전자기파와 입자가 우주로 대량 방출되는 현상을 말한다. 태양에서는 태양 내부의 자기장에 축적된 에너지가 갑자기 폭발하는 현상인 「플레어(Flare)」와 태양 표면에서 양성자·중성자 등이 쏟아지는 현상인 「코로나 질량 방출」로 인해 끊임없이 태양풍이 일어난다. 이 태양풍은 수소폭탄 수천만 개가 동시에 폭발하는 것과 같은 위력을 가지고 있는데, 평소에는 지구자기장이 이를 차단해 지구에는 영향이 거의 없다. 그러나 태양의 활동이 활발해지는 시기인 극대기에는 평균 속도 450km/s인 태양풍이 750km/s를 돌파하며 태양폭풍을 일으키는데, 태양폭풍이 발생하면 엄청난 양의 입자들이 고속으로 분출되며 지구자기장에 교란을 일으킨다. 이 경우 인공위성은 궤도를 이탈할 위험이 있으며, 위성 GPS 정보를 이용하는 항공기와 선박·자동차 운항에도 차질이 빚어질 수 있다. 그러나 현재의 기술로는 태양폭풍을 예측하거나 막을 수 있는 방법이 없어, 미국 국립해양대기청 우주기상예보센터가 태양폭풍 발생 이후 사후 경보를 발령하는 방식으로 대처하고 있다.

> **우주전파재난(宇宙電波災難)** 태양 활동 등의 영향으로 우주 공간에서 일어나는 전자파 에너지의 변화로 인해 발생하는 재난을 말한다. 이는 위성통신이나 GPS, 항공 운항 등에 문제를 일으킬 수 있다. 국내에서는 과학기술정보통신부가 우주전파재난 위기관리 및 대응의 주관기관 역할을 수행하고 있는데, 우주전파환경에 따라 총 4단계(▷관심 ▷주의 ▷경계 ▷심각)의 대응 방법을 갖추고 있다.

풀링(Pooling, 연구비 공유제) ▼

"서울 강남경찰서가 6월 3일 서울대학교 의과대학 회계담당 직원이 연구비를 횡령한 혐의를 포착하고 수사 중이라고 밝혔다. 해당 직원은 2017년부터 지난해 퇴직 직전까지 6년에 걸쳐 자신이 근무한 학과에서 관행으로 이어져 온 풀링 계좌를 통해 연구비를 횡령한 것으로 알려졌다. 이에 이번 사건을 통해 학계의 오랜 관행이었던 풀링에 대한 전반적인 개선이 필요하다는 지적이 나온다."

대학교나 병원, 연구기관 소속 등의 교수들이 국가나 민간에서 각자 유치해온 개별 사업의 연구비를 하나의 계좌에 모아 공동으로 관리·사용하는 것을 말한다. 국가연구개발사업 시행령과 한국연구재단 연구비 관리 표준지침 등에서 규정한 바에 따르면 지급된 연구비는 특정된 용도로만 사용 가능하다. 그러나 풀링의 경우 국가 지원 예산, 민간 지원 연구비 등을 구분하지 않고 각종 사업의 연구비를 한꺼번에 모아 섞어 쓰기 때문에 엄연히 불법에 해당한다. 특히 구분 없이 한꺼번에 돈을 모으는 풀링의 특성상 횡령으로 이어지기 쉽다는 문제도 있다.

하이퍼루프(Hyperloop) ▼

진공 상태의 터널에서 열차를 이동시키는 형태의 초고속 교통수단으로, 민간 우주개발업체 스페이스X의 창업자 일론 머스크가 2013년 처음 아이디어를 제시한 개념이다. 이론상 최대 시속이 1223km에 달하는 하이퍼루프는 열차 아래에 자석을 부착하고 터널 바닥에 자기장이 흐르도록 설계해 추진력을 얻는다. 여기에 터널을 거의 진공으로 만들어 저항을 없애며, 바닥으로 공기를 뿜어내 공중에 뜬 상태를 유지한다. 진공 터널 외벽에는 자기장을 발생시키는 데 필요한 전기를 공급하기 위한 태양광 패널이 설치된다. 하이퍼루프는 선로와 열차 간 마찰이 없어 소음이 거의 발생하지 않으며, 날씨에 상관없이 안정적으로 운행할 수 있다는 장점이 있다. 그러나 하이퍼루프가 통과할 직선 모양의 터널을 건설하고 이를 진공 상태로 유지하는 것이 어려워 2030년쯤 상용화가 가능할 것으로 보인다.

합성 다이아몬드(合成 Diamond) ▼

"기초과학연구원(IBS)이 4월 25일 국내의 다차원 탄소재료 연구단 로드니 루오프 연구단장 연구팀이 평상시 대기압(1 기압)에서 합성 다이아몬드를 만드는 방법을 최초로 개발했다고 밝혔다. 본래 다이아몬드가 만들어지기 위해서는 섭씨 1300~1800도에 달하는 고온과 6~7만 기압의 압력이 필요하나, 연구팀은 1025도의 온도와 1기압 압력 조건에서 처음으로 다이아몬드를 합성했다. 이렇게 만들어진 합성 다이아몬드는 탄소 결정 사이에 실리콘이 끼워진 구조로 이루어져 있는데, 이 같은 구조는 반도체나 양자컴퓨터 등 다양한 분야에 응용될 수 있을 것으로 보인다."

인공으로 만들어낸 다이아몬드로, 실험실에서 만들어진 다이아몬드라는 점에서 「랩 그로운 다이아몬드(LGD·Laboratory Grown Diamond)」라고도 한다. 본래 다이아몬드를 얻기 위해서는 탄소(C) 덩어리가 수억 년 동안 지하 200km에서 열과 압력을 받는 과정을 거쳐야 했으나, 합성 다이아몬드는 3~4주간의 공정만으로 제조될 수 있다. 합성 다이아몬드는 크게 ▷흑연에 고압·고열을 가하거나 ▷탄소를 겹겹이 쌓아 다이아몬드로 성장시키는 두 가지 방식으로 제작된다. 이렇게 만들어진 다이아몬드는 천연 다이아몬드와 물리·화학적으로 동일하기 때문에 첨단 장비를 통해서만 감별할 수 있다. 합성 다이아몬드는 가격 면에서도 천연 다이아몬드보다 최대 73% 저렴하며, 채굴 과정이 필요하지 않아 토양오염이나 탄소배출을 줄일 수 있다는 장점이 있다. 또 다이아몬드와 동일한 경도(광물의 단단한 정도)·열전도율을 가지고 있어 귀금속 용도뿐 아니라 각종 전자기기, 절삭용 도구 등 다양한 산업 분야에서 활용될 수 있을 것으로 전망된다.

합성생물학(合成生物學, Synthetic Biology) ▼

"한국과학기술원(KAIST)이 이상엽 생명화학공학과 특훈교수가 지난 5월 6일 열린 세계 최대 규모의 합성생물학 콘퍼런스 「신바이오메타 2024」에서 개척자상인 「신바이오베타 파이오니어상」을 수상했다고 31일 밝혔다. 이는 합성생물학 분야에서 우수한 연구 성과를 낸 연구자에게 주어지는 상으로, 이 교수는 합성생물학 등장 후 20년간 관련 기술을 다수 개발해온 공로를 인정받았다."

생물학에 표준화·부품화 등의 공학적 개념을 도입한 것으로, 표준화된 생명 구성요소를 설계대로 조합해 새로운 생명 구성요소와 생물 시스템을 만들어내는 기술이다. 생명체의 유전정보를 담고 있는 DNA의 염기서열을 분석·해독하는 것이 가능해지면서 나타난 개념으로, 이후 DNA를 재조합하는 등의 유전공학기술이 발전하면서 그 연구영역이 확대되고 있다. 합성생물학이 발전하면 미생물의 특정 기능을 향상시켜 바이오 연료나 다양한 화학물질을 생산할 수 있으며, 특정 유전정보를 활용해 백신이나 치료제를 개발할 수도 있다. 그러나 생물학 무기를 개발하는 데 악용될 수 있고, 생명 구성요소를 부품화한다는 점에서 윤리 문제를 일으킬 수 있어 그 활용에 대한 충분한 논의가 필요하다.

미국 백악관 과학기술정책실(OSTP)은 2022년 「바이오기술·바이오제조 이니셔티브 행정명령」을 발표하면서 합성생물학 기술이 10년 내 석유화학 등 기존 제조산업의 3분의 1 이상을 대체할 것이라고 전망한 바 있다. 우리 정부 역시 같은 해 「국가전략기술 육성방안」을 발표하면서 12대 전략기술 중 하나인 첨단바이오의 중점기술로 합성생물학을 선정했다. 그리고 이에 대한 후속조치로 인공지능(AI)과 로봇을 활용해 DNA 합성과 조립, 대규모 테스트를 진행한다는 내용의 「바이오파운드리 인프라 및 활용기반 구축 사업」이 2025년부터 2029년까지 예정돼 있다.

해저통신 케이블(海底通信 Cable) ▼

대륙이나 국가 간 전기통신 신호를 전달하기 위해 바다 아래에 설치하는 케이블 시설을 말한다. 1985년 영국과 프랑스를 잇는 해저통신 케이블 설치를 시작으로, 현재까지 세계 전역의 평균 수심 3600m 해저에 약 140만km에 달하는 529회선의 케이블이 깔려 있다. 해저통신 케이블은 한꺼번에 전송할 수 있는 트래픽이 한정적인 위성통신에 비해 많은 양의 트래픽을 빠른 속도로 전달할 수 있으며, 실제로 전 세계 인터넷과 모바일 트래픽의 99.4%가 해저통신 케이블을 통해 전송되는 것으로 알려졌다. 그러나 케이블 설치로 주변 해저 생태계가 악영향을 받

을 수 있으며, 국가 간 군사적 충돌에 의해 훼손되거나 도청되는 경우 국가 안보에 위협이 될 수 있다는 우려도 존재한다.

최근 전 세계에서 데이터 사용량이 폭증함에 따라 해저통신 케이블에 대한 수요도 함께 증가하고 있다. 특히 빅테크 기업들의 자체 해저통신 케이블 구축 경쟁이 과열되고 있는데, 실제로 구글·메타·마이크로소프트·아마존 등 주요 빅테크 4사는 전 세계 해저케이블의 66% 이상을 소유하고 있는 것으로 알려졌다. 이와 관련해 글로벌 시장조사기관 그랜드뷰리서치는 해저통신 케이블 시장의 규모가 2022년 275억 7000만 달러(약 37조 9859억 원)에서 2030년 443억 3000만 달러(약 61조 778억 원)로 늘어날 것이라는 전망을 내놓기도 했다.

시사인물

1963. 대만 출생
1984. 오리건주립대 학사
1992. 스탠포드대 전기공학 석사
　　　　AMD 근무
1993. 엔비디아 창립
2006. 소프트웨어 「쿠다(CUDA)」 출시
2024. 6. 18. 엔비디아, 시가총액 1위

(▲ 사진 출처: 위키피디아)

"엔비디아는 단순히
기술을 만드는 게 아니라
시장을 만듭니다."

▲ 스탠포드 경영대학원의 연사
대담 시리즈에서(2024년 3월)

○ 젠슨 황(Jensen Huang, 黃仁勳)

엔비디아 CEO(61). 인공지능(AI) 칩 대장주 엔비디아가 6월 18일 처음으로 마이크로소프트(MS)와 애플을 제치고 글로벌 시가총액 1위에 올랐다. 이날 미 뉴욕증시에서 엔비디아 주가는 전장보다 3.51% 오른 135.58달러에 마감했는데, 엔비디아 주가는 올해 들어 174% 오른 상태다. 1963년 대만 타이난에서 태어나 9세 때 미국으로 건너가 학창 시절을 보냈다. 오리건주립대에서 전기공학을 전공하고 스탠퍼드대에서 같은 전공으로 석사 학위를 받았으며, 졸업 후 미국 반도체회사 AMD에 근무했다. 그러다 3차원(D) 그래픽처리장치(GPU) 시장에 주목한 그는 1993년 엔비디아를 공동 창업했으며, 2006년 GPU를 활용해 프로그래밍할 수 있도록 하는 소프트웨어 「쿠다(CUDA)」를 출시했다. 쿠다는 초기에는 반응이 좋지 않았으나 2012년 스탠퍼드대에서 열린 이미지넷 챌린지를 계기로 AI 연구의 주류로 부상했다. 이후 2018년 비트코인 열풍과 2020년 코로나19 대유행을 거치면서 엔비디아는 한 단계 도약했고, 특히 2022년 오픈AI의 「챗GPT」 등장 이후 엔비디아는 AI 반도체 시장을 주도하면서 기업 가치가 수직 상승했다. 이는 주요 기업들이 생성형 AI 개발에 뛰어든 데 따른 것으로, 엔비디아는 현재 AI 가속기 시장의 98%와 핵심 부품인 GPU 시장의 약 80%를 점유하고 있다. 이에 지난 5월에는 애플·아마존·알파벳·MS와 함께 기업가치 1조 달러 이상을 자랑하는 미국 기업인 「1조 달러 클럽」에 가입하기도 했다. 이와 같은 엔비디아의 기업가치 급상승에 따라 젠슨 황의 현재 순자산은 약 1170억 달러(약 161조 6000억 원)로, 세계 부자 랭킹 11위(포브스 집계 기준)에 이른다. 여기에 젠슨 황은 현재 실리콘밸리의 대표 스타이자 젊은이들의 롤모델이 됐는데, 이에 그의 이름(Jen)과 「열광(Insanity)」을 합친 신조어 「젠새너티(Jensanity)」가 등장한 데 이어 「테크계의 테일러 스위프트」로까지 불리고 있다.

에브라힘 라이시(Ebrahim Raisi)

1960~2024. 전 이란 대통령으로, 5월 19일 이란 북서부 디즈마르 산악 지대에서 발생한 헬기 추락사고로 20일 사망이 공식 확인됐다. 향년 64세.

1960년 12월 태어나 10대 때 하메네이에게서 신학을 배웠으며, 1970년대에는 팔레비 왕정 반대 시위에 참여했다. 이슬람혁명 2년 뒤인 1981년 수도 테헤란 인근의 카라즈에서 검사 생활을 시작했으며, 1985년 테헤란 검찰청 차장검사가 됐다. 이후 1988년 당시 최고지도자였던 아야톨라 호메이니의 지명을 받아 반체제 인사 숙청을 이끌었는데, 국제 앰네스티는 이 시기 약 5000명이 사형 집행된 것으로 추산하고 있다. 이에 서방세계에서는 라이시를 가리켜 「테헤란의 도살자」라고 불렀다. 2009년에는 마무드 아마디네자드 대통령 부정선거 의혹에 항의하는 반정부시위인 「녹색 운동」 유혈 진압에 앞장섰으며, 2017년 대선에 출마했으나 하산 로하니 당시 대통령에게 패배하며 낙선했다. 하지만 2019년 대법원장에 해당하는 사법부 수장에 오른 데 이어 2021년 대선에 재도전해 제8대 이란 대통령에 당선됐다. 그는 그해 8월 취임한 이후 초강경 이슬람 원리주의 노선을 이끌었는데, 특히 2022년 시작된 「히잡 시위」가 대규모 반정부시위로 확산되자 시위대를 유혈 진압하면서 국제사회의 거센 비난을 받았다. 국외적으로는 2023년 10월 시작된 이스라엘-하마스 전쟁에서 「저항의 축」으로 불리는 세력들을 지원했고, 지난 4월에는 이스라엘의 시리아 주재 이란 영사관 공격에 대한 맞대응으로 사상 첫 이스라엘 본토 공격을 단행하며 중동 전역의 긴장을 고조시키기도 했다. 그러다 5월 19일 헬기 추락사고로 사망한 것으로 확인됐는데, 고인이 현 알리 하메네이에 이어 차기 이란 최고지도자(권력서열 1위)로 유력했다는 점에서 그의 죽음으로 이란 정계가 혼란에 빠질 수 있다는 전망이 제기됐다.

라이칭더(賴淸德)

대만 신임 총통(65). 라이칭더 대만 총통이 5월 20일 취임하면서 대만의 현상을 유지하고 전 정권의 기조를 이어가겠다고 밝혔다. 그는 지난 1월 13일 치러진 대만 총통 선거에서 승리하면서 민진당의 12년 연속 집권도 성공시켰는데, 그의 당선으로 향후 양안관계(중국과 대만 관계)에 미칠 영향에 이목이 집중된 바 있다.

1959년 대만 타이베이현(현 신베이시)에서 광부의 아들로 태어났으며, 국립대만대 의대를 졸업한 뒤 미국 하버드대에서 공공보건학 석사 학위를 받고 내과의사가 됐다. 그러다 1994년 민진당 소속으로 대만성 성장 선거에 출마한 천딩난 전 법무부장(장관)을 도우면서 정계에 입문했다. 이후 타이난시를 지역구로 1998년 입법의원(국회의원 격)에 당선된 뒤 4선을 이어갔다. 2010년부터는 7년간 타이난 시장을 역임했으며, 2017년에는 국무총리에 해당하는 행정원장에 임명되며 중앙 정치무대에 등장했다. 그리고 총통 선거를 한 해 앞둔 2019년 차이잉원(蔡英文) 현 총통에게 당내 경선을 제안해 석패했으나, 차기 대권주자로서 주목받기 시작했다. 이후 2020년 총통 선거에서 차이잉원 총통의 러닝메이트로 출마해 부총통이 됐고, 지난해에는 당주석 자리에까지 오르며 대선후보 입지를 굳힌 바 있다. 그는 차이 전 총통보다 더 강경한 반중(反中) 성향이자 대만독립파로, 2011년 타이난 시장 시절에는 중국식 한어 병음 표기를 거부하고 대만식 통용 병음이나 웨이드-자일스식 표기법을 쓰도록 조례를 제정한 바 있다. 또 「하나의 중국」을 주장하는 중국에 맞서 「대만은 이미 주권국가」, 「주권국가인 대만에 통일과 독립의 문제는 없으며 대만 독립 선언은 불필요하다.」 등의 발언으로 중국의 반발을 일으키기도 했다.

라이칭더 전임인 차이잉원(蔡英文) 전 총통이 5월 20일 8년의 2연임 임기를 마감하며 퇴임한 가운데, 과반 지지율(58%)로 퇴임한 최초의 대만 총통이라는 기록을 남겼다.

🔵 나렌드라 모디(Narendra Modi)

인도 총리(74). 지난 4월 19일부터 6주 일정으로 치러진 인도 총선이 6월 1일 밤 투표가 종료된 가운데, BJP 주도 정치연합(NDA)이 승리하면서 모디 총리의 3연임이 확정됐다. 이에 따라 모디 총리는 인도 독립 이후 자와할랄 네루 초대 총리에 이어 두 번째로 3연임하는 총리가 됐다. 하층 카스트 출신인 모디 총리는 10대 때 버스터미널에서 짜이왈라(인도식 홍차인 짜이를 파는 상인)로 일하며 자수성가한 인물이다. 1970년 힌두 근본주의를 표방하는 민족의용단(RSS)에 가입한 뒤 이 단체를 모태로 결성된 인도국민당(BJP)에 진출했다. 1995년 구자라트주 지방선거에서 당의 승리에 기여하며 선거 전략가로 명성을 떨치고, 2001년 전임자가 건강 문제로 자리를 비우면서 구자라트주 총리로 지명됐다. 이후 4연임에 성공하며 구자라트주 역사상 최장수 총리라는 기록을 세웠다. 종교적으로는 힌두교 근본주의에 가깝지만 정치적으로는 중도우파 성향인 모디는 구자라트주 주지사 재직 당시 과감한 기업 친화적 정책과 해외 대기업 유치, 대대적인 사회기반시설 투자 등을 단행했으며, 그 결과 2001년 이후 10년간 구자라트주의 연평균 경제성장률은 인도 전국 평균(7%)을 훌쩍 넘는 약 13%를 기록한 바 있다. 그는 2014년 총선을 앞두고 BJP의 총리 후보가 돼 총선에서 승리, 그해 5월 26일 제14대 인도 총리로 취임하면서 하층 카스트 출신으로 인도 총리가 된 첫 인물이 됐다. 이후 2019년 5월 치러진 총선에서도 승리하면서 연임에 성공, 연임에 성공한 5번째 인도 총리가 됐다. 그리고 올해 총선에서도 승리하며 3연임에 성공했으나, 모디 총리가 이끄는 BJP 주도 정치연합 국민민주연합(NDA)이 당초 목표에 한참 못 미치는 결과(294석)를 얻으면서 국정 운영에는 타격이 불가피할 것이라는 전망이 나온다. 특히 BJP 단독으로는 과반에 못 미치는 240석을 차지했는데, BJP 단독으로 과반 의석에 실패한 것은 2014년 이후 처음 있는 일이다. BJP는 직전 총선 때에는 303석을 차지한 바 있어 기존보다 의석이 63석 줄어든 것이다. 특히 힌두 민족주의 정체성 정치의 본산으로 여겨졌던 인도 최대 주 우타르프라데시에서 의석 과반을 잃었다.

🔵 클라우디아 셰인바움(Claudia Sheinbaum)

멕시코 대통령 당선자(61). 6월 2일 치러진 멕시코 대선에서 좌파 집권당 국가재생운동(MORENA) 소속 클라우디아 셰인바움 후보가 우파 중심 야당연합 소치틀 갈베스(61) 후보를 제치고 대통령에 당선됐다. 셰인바움은 이번 당선에 따라 가부장적 마초 문화권이라는 평가받는 멕시코에서 1824년 연방정부 수립을 규정한 헌법 제정 이후 첫 여성 대통령에 오르게 됐다. 1962년 멕시코시티의 유대계 과학자 집안에서 태어났으며, 멕시코국립자치대(UNAM·우남)에서 물리학과 공학을 공부했다. 1995년에는 우남 에너지공학 박사과정에 입학해 학위를 받은 첫 여성으로 기록되기도 했다. 에너지 산업 및 기후 분야 전공인 그는 2000년 안드레스 마누엘 로페스 오브라도르 현 대통령에 의해 멕시코시티 환경부 장관으로 임명되면서 정치권에 처음 입문했다. 그는 2006년까지 시 장관을 지내며 이름을 알린 데 이어 2011년 오브라도르 대통령이 모레나를 창당할 때 합류했다. 이후 2018년 여성으로는 처음으로 멕시코시티 시장에 당선돼 지난해까지 재임한 바 있다. 셰인바움 당선자는 오는 10월 1일부터 6년간의 임기를 시작하는데, 그는 후보 시절 친환경 에너지 전환 가속, 정부 부채 축소 등 오브라도르 현 정부의 정책을 대부분 계승한다는 공약을 내건 바 있다. 그가 당면한 가장 큰 과제로는 치안 안정이 꼽히는데, 치안이 불안한 멕시코에서는 대선·총선·지방선거가 동시에 치러진 이번 선거 기간 동안에도 고질적인 갱단 폭력 사건이 계속됐다.

⬜ 로렌스 웡(Lawrence Wong)

싱가포르 신임 총리(52). 로렌스 웡 싱가포르 부총리 겸 재무장관이 5월 15일 제4대 싱가포르 총리로 취임하면서 싱가포르가 20년 만에 새 지도자를 맞게 됐다. 그동안 싱가포르 총리는 「국부(國父)」로 불리는 리콴유(1959~1990년 재임)와 그의 맏아들 리셴룽이 51년간 집권해 왔다. 1972년생인 웡 총리는 싱가포르가 말레이시아로부터 독립(1965년)한 이후 태어난 최초의 총리다. 미국 위스콘신주립대 경제학과를 졸업한 뒤 1997년 정부 부처인 무역부 연구원으로 첫 직장생활을 시작했다. 이후 재무부·보건부를 거쳐 2005년부터 3년 여간 리셴룽 총리의 개인 비서로 일했다. 그러다 2011년 총선에서 당선되며 정계에 입문했고, 지역사회청년부 장관과 국가발전부 장관을 역임했다. 특히 코로나19 방역과 부가가치세 인상을 주도하면서 차기 지도자로 부상했는데, 집권 인민행동당(PAP)은 지난 2022년 웡 총리를 차기 총리로 낙점한 바 있다. 그는 여당 PAP를 이끄는 젊은 정치인 그룹인 「4세대 그룹(4G)」 중 한 명으로도 꼽힌다. 다만 웡 총리가 취임하긴 했으나 리셴룽 전 총리의 영향력이 지속될 것이라는 전망이 이어지고 있는데, 리셴룽의 아버지 리콴유도 퇴임 후 선임 장관으로 20년간 지내면서 물밑 활동을 이어갔기 때문이다. 이 때문에 일각에서는 웡 총리가 향후 리셴룽 전 총리의 아들 리훙이가 총리를 물려받기 전까지 징검다리 역할을 하는 것이 아니냐는 해석도 내놓고 있다.

한편, 싱가포르는 1965년 독립 이후 줄곧 현 여당인 PAP가 집권하고 있다. 실질적 정부수반인 총리는 형식적으로는 상징적 국가원수인 대통령이 임명하지만, 실제로는 당 지도부가 후계 그룹을 구성한 뒤 한 명을 선발하는 과정을 거치며 정해진 임기도 없다. 싱가포르에서 대통령은 국가원수로 국가 통합을 추진하는 상징적인 자리이며, 실질적으로는 총리가 정치·행정 각 분야에서 최고 권한을 행사한다.

⬜ 사디크 칸(Sadiq Khan)

영국 런던 시장(53). 사디크 칸이 5월 2일 치러진 영국 지방선거에서 3선에 성공하면서 첫 3선 시장이 된 가운데, 그의 총리직 도전 여부에 관심이 몰리고 있다. 그는 브렉시트(영국의 EU 탈퇴)에 반대하며, 보리스 존슨과 리시 수낵 등 보수당의 전·현직 총리와 각을 세워온 인물이다. 칸은 1970년 파키스탄에서 런던으로 이주해 버스기사로 일한 아버지와 재봉일을 한 어머니 사이에서 8남매 중 다섯째로 태어났다. 이 때문에 주요 사건마다 언론에 등장한 그의 이름 앞에는 「버스 기사의 아들」이라는 수식어가 따라붙는다. 대학에서 법학을 전공한 그는 인권 변호사로 일했고, 런던 자치구 의원을 거쳐 2005년 노동당 소속으로 하원의원에 당선됐다. 하원의원 생활을 이어가던 중 노동당 고든 브라운 내각에서 교통부 부장관을 지냈으며, 2016년 런던 시장에 당선되면서 서구 주요국 수도의 사상 첫 무슬림 시장이 됐다. 그리고 이번 선거에서 3선에 성공하며 2028년까지 총 12년간 시장으로 재임하게 되는데, 이는 전임자인 보리스 존슨 전 시장의 기록(재선, 8년 재임)을 뛰어넘는 것이다. 런던시장 자리는 지난 2000년 신설됐는데, 이전에는 중앙정부가 직접 런던을 관할해 왔다.

한편, 5월 2일 치러진 영국 지방선거에서는 런던을 비롯한 직선 광역단체장 11명과 107개 지방의회 의원(2636개 의석)을 선출하기 위한 투표가 진행됐는데, 그 결과 보수당(513석)이 참패하고 노동당(1140석)이 압승을 거뒀다.

⬜ 야히야 신와르(Yahya Sinwar)

팔레스타인 무장단체 하마스의 최고지도자(62). 미 일간 뉴욕타임스(NYT)가 5월 12일 이스라엘-하마스 전쟁의 종식이 야히야 신와르에게 달렸다는 분석을 제기한 기사를 보도했다. 1962년 가자지구 남부 칸 유니스의 난민캠프에서 태어났으며, 1980년대 초 가자지구 이슬람대학교 재학 중 이슬람주의 운동에 뛰어들었다. 그는 1982년 이슬람주의 활동 혐의로 이스라엘 당국에 처음 체포됐고, 이후에도 수차례 더 체포됐다. 1987년 1차 인티파다(팔레스타인의 반이스라엘 투쟁) 이후 설립된 하마스의 창립멤버로 합류한 그는 25세의 나이에 이스라엘에 협력한 변절자를 색출하는 「마즈드(영광)」의 수장을 맡아 「칸 유니스의 도살자」로 악명을 떨쳤다. 그러다 1988년 이스라엘 스파이로 의심되던 팔레스타인인 4명과 이스라엘 군인 2명을 살해한 혐의로 종신형을 선고받고 감옥에서 23년을 지냈다. 이후 2011년 하마스에 억류돼 있던 이스라엘 군인 길라드 샬리트를 풀어주는 대가로 1000명 이상의 팔레스타인·아랍인 수감자들을 석방하는 포로 교환으로 석방됐다. 가자지구로 돌아온 신와르는 하마스 정치국 일원으로 자리 잡았고, 2015년 미 국무부에 의해 테러리스트로 지정됐다. 2017년에는 하마스 내부의 비밀 선거를 통해 최고지도자에 오른 데 이어 2021년 재선됐다. 특히 그는 지난해 10월 7일 이스라엘을 기습 공격하고 240여 명을 인질로 끌고 오는 계획을 설계한 인물로 알려져 있는데, 현재 칸유니스의 땅굴에 숨어 있는 것으로 추정되고 있다. 이스라엘군은 그를 잡기 위해 작전을 펼치고 있지만, 아직까지 그의 위치를 파악하지 못한 것으로 알려졌다.

◯ 김기남(金己男)

1928~2024. 「김일성-김정일-김정은」 3대에 걸쳐 북한 체제 선전과 우상화를 주도하며 「북한의 괴벨스」라 불린 전 노동당 선전선동 담당 비서로, 5월 7일 타계했다. 향년 94세.
1929년생으로 김일성종합대학 학부장, 노동신문 책임주필 등을 지냈다. 그러다 1960년대 당 선전선동부 부부장을 시작으로 선전선동 부장과 선전 담당 비서를 거치면서 김씨 일가 3대

세습의 정당성 확보와 우상화를 주도했다. 북한의 선전선동부는 체제 선전과 선동 및 통제·지휘 등을 하는 부서로, 조직지도부와 함께 북한 내부 사상 통제의 정점에 있는 핵심 조직으로 알려져 있다. 김정일 국방위원장의 최측근이었던 그는 2009년 8월 18일 김대중 전 대통령 서거 당시 북한 특사조의방문단 단장으로 남측을 찾아 조의를 표한 바 있다. 이에 앞서 2005년에는 8·15민족대축전 참석을 위해 대표단 단장으로 서울을 방문해 6·25전쟁 이후 북한 당국자로는 처음으로 국립현충원을 참배하기도 했다. 그는 2013년 당시 김정일 국방위원장의 영구차를 호위한 7인 중 한 명이었으며, 그해 12월에는 김정은 위원장의 고모부이자 정권 2인자로 군림하던 장성택 부위원장을 「반당 반혁명 종파분자」로 낙인찍는 당 정치국 확대회의에 토론자로 직접 나서 김정은 체제 안착을 주도하기도 했다. 그러다 2017년 10월 노동당 제7기 2차 전원회의에서 주석단 명단에서 배제되며 당 부위원장과 선전선동 부장 직책을 내려놓은 것으로 알려졌다.
한편, 북한 조선중앙통신은 5월 8일 지난 2022년 4월부터 노환과 다장기 기능부전으로 치료를 받아 오던 김기남이 전날인 7일 사망했다고 보도했다. 김기남의 시신은 평양 보통강구역 서장회관에 안치됐으며, 장례식은 김정은 국무위원장이 직접 국가장의위원회 위원장을 맡아 국장으로 치러졌다.

◯ 랄프 퍼켓(Ralph Puckett Jr.)

1926~2024. 전 미국의 군인이자 한미 양국에서 최고 등급 훈장을 수여한 한국전쟁 참전용사로, 미 연방 의회가 4월 29일 고인에 대한 추도식을 의사당 로툰다홀에서 거행했다. 의회에 유해를 안치하고 조문하는 행사(Lying in State)는 미국 전·현직 대통령, 상·하원의원 등 국가에 큰 공을 세운 사람이 사망했을

때 예외적으로 진행되는 최고의 예우로, 특히 6·25전쟁 참전용사 가운데 의사당에서 조문 행사가 거행된 것은 고인이 유일하다.

1926년 12월 8일 미국 조지아주에서 태어났으며, 1949년 미 육군사관학교를 졸업했다. 1950년 6월 25일 한국전쟁 발발 이후 일본에서 창설된 제8레인저 중대 지휘관으로 임명돼 부산에 파견됐다. 그리고 1950년 9월 더글러스 맥아더 장군이 인천상륙작전을 펼쳤는데, 고인이 이끈 제8레인저 중대는 북한군을 38선 이북으로 후퇴시키는 데 일조하면서 북진 작전을 진두지휘했다는 평가를 받았다. 고인은 1950년 11월 중공군에 맞서 청천강 북쪽의 전략적 요충지인 205고지 진지를 6차례에 걸쳐 사수했고 이 과정에서 심각한 부상을 입기도 했다. 그는 1967년 7월부터는 베트남전에도 참전해 약 1년간 101공수부대에서 활약했고, 1971년 전역했다. 그는 22년간의 군 복무 기간 수훈십자훈장과 2개의 은성무공훈장, 2개의 동성무공훈장, 5개의 퍼플하트훈장 등을 받아 미 육군 역사상 가장 많은 훈장을 받은 군인 중 한 명으로 기록됐다. 특히 2021년에는 조 바이든 미국 대통령으로부터 미 최고 훈장 격인 명예훈장을 수훈했는데, 당시 이 수훈식에는 방미 중이었던 문재인 전 대통령도 참석한 바 있다. 그리고 지난해 4월에는 윤석열 대통령의 방미를 계기로 최고 무공훈장인 태극무공훈장을 받았다. 고인은 지난 4월 8일 97세를 일기로 별세했는데, 미 의회는 17일 퍼켓 예비역 대령의 의회 조문 행사를 위한 결의를 채택한 바 있다.

⬭ 아이번 보스키(Ivan Boesky)

1937~2024. 월스트리트의 탐욕을 상징하는 인물로, 5월 20일 87세를 일기로 세상을 떠났다. 1937년 3월 미국 디트로이트의 러시아 이민자 가정에서 태어났으며, 디트로이트 법과대학을 졸업한 후 판사 서기로 일하다 월가에 진출했다. 보스키는 인수합병(M&A) 대상 기업과 관련된 정보를 불법으로 빼내 차익거래로 막대한 이득을 얻었는데, 한때 그의 자산은 2억 8000만 달러(현재 기준 약 1조 1164억 원)에 달하기도 했다. 그러다 1986년 연방증권법 위반 혐의로 기소돼 벌금 1억 달러와 징역 3년 6개월형을 선고받았다. 보스키는 당시 수사를 담당했던 뉴욕 남부지검 검사 루돌프 줄리아니(전 뉴욕 시장)와의 플리바게닝(Plea Bargaining, 피고인이 유죄를 인정하거나 다른 사람에 대해 증언을 하는 대가로 검찰 측이 형을 낮추거나 가벼운 죄목으로 다루기로 거래하는 것) 과정에서 정크본드의 황제로 불리는 마이클 밀컨의 범죄에 대한 정보를 제공했다. 이로 인해 밀컨은 징역 10년형을 선고받았고, 대신 보스키는 징역 3년을 선고받고 감옥에 2년간 수감돼 있다가 1990년 출소했다. 당시 보스키 사태로 월가가 큰 충격에 빠지며 주식시장이 곤두박질쳤는데, 훗날 미국 증권거래위원회(SEC)는 보스키가 반성의 성명서를 낭독한 1986년 11월 14일을 「보스키의 날」로 명명한 바 있다.

> **톡 talk**
>
> "나는 탐욕도 건강한 것이라고 생각한다."
> – 1986년 버클리대 경영대학원 졸업식에서

⬭ 임영웅(林英雄)

1936~2024. 〈고도를 기다리며〉를 반세기 연출하며 한국 연극에 한 획을 그은 인물이자 극단 「산울림」을 창단해 수많은 연출가와 배우를 배출한 인물로, 5월 4일 타계했다. 향년 88세. 1936년 10월 13일 서울에서 태어났으며, 서라벌예대 연극영화학과 재학 시절인 1955년 연극 〈사육신〉을 연출하며 연극계에 데뷔했다. 졸업 이후에는 일간지 문화부 신문기자를 거쳐 동아방송과 KBS에서 PD로 일하며 연극 연출 작업을 동시에 하기도 했다. 그는 〈비쉬에서 일어

난 일〉, 〈위기의 여자〉, 〈엄마는 오십에 바다를 발견했다〉 등 해외 작품을 국내에 들여와 연출했으며, 〈부정병동〉, 〈하늘만큼 먼 나라〉 등 다양한 국내 창작극을 발굴하며 한국 연극의 위상을 높였다. 또한 1966년 우리나라 최초의 뮤지컬이라고 불리는 〈살짜기 옵서예〉를 비롯해 〈꽃님이, 꽃님이, 꽃님이〉, 〈키스 미 게이트〉, 〈갬블러〉 등을 연출하며 국내 뮤지컬에도 큰 족적을 남겼다. 특히 그가 1969년 국내 초연한 사무엘 베케트(Samuel Beckett, 1906~1989)의 희곡 〈고도를 기다리며〉는 50년 동안 1500회 이상 공연(22만 관객 관람)한 그의 연극 인생을 대변하는 작품이다. 또 뮤지컬 〈갬블러〉는 2002년 일본에서 30만 명의 관객을 동원하며 우리나라 해외 공연 사상 최대 성공을 거둔 뮤지컬이라는 기록을 남기기도 했다. 그는 1970년에는 극단 「산울림」을 창단했고, 1985년에는 소극장 「산울림」을 개관해 수많은 연출가 및 배우를 배출하며 한국 현대연극의 근간을 세웠다는 평을 받았다. 그는 대표작인 〈고도를 기다리며〉로 1985년 동아연극상 연출상을 받았으며, 그가 이끈 극단 산울림은 1986년 대상(위기의 여자) 등 동아연극상을 총 23회 수상했다. 특히 〈고도를 기다리며〉의 경우 1988년 서울올림픽 때 올림픽 문화예술축전에 초청받았고, 1989년에는 한국 연극 최초로 프랑스 아비뇽 페스티벌에 참여한 데 이어 1990년에는 원작자인 베케트의 고향인 아일랜드 더블린 페스티벌에 초청되기도 했다. 대한민국예술원 회원이었던 그는 ▷대한민국 문화예술상(1987) ▷대한민국 예술원상(1995) ▷동랑연극상(1995)을 받은 데 이어 2016년에는 문화예술 공로자에게 주는 최고 훈장인 금관문화훈장을 수훈했다. 이 외에도 생전 국립극단 이사와 한국연극협회 이사장, 한국연극연출가협회 초대 회장 등을 역임하며 연극계는 물론 문화예술 전반의 토대를 넓히는 데 큰 영향을 미쳤다.

〈고도를 기다리며〉는 아일랜드 출신의 극작가 사무엘 베케트가 1952년 발표한 2막으로 구성된 희곡으로, 1969년 노벨 문학상을 수상한 작품이다.

◯ 신경림(申庚林)

1936~2024. 〈농무〉, 〈가난한 사랑노래〉 등 주로 농촌을 배경으로 우리의 현실과 한·울분·고뇌 등을 사실적으로 그려낸 민중 시인으로, 5월 22일 타계했다. 향년 88세.

1936년 4월 6일 충북 충주에서 태어난 고인(본명 신응식)은 동국대 영문과에 재학 중이던 1956년 《문학예술》에 시 〈갈대〉와 〈낮달〉을 발표하며 등단했다. 그러나 등단 이듬해 전후 현실과 동떨어진 문학에 괴리감을 느껴 낙향했으며, 이후 약 10년간 절필하고 방랑자의 삶을 살았다. 그러다 1971년 자신의 생생한 체험을 담은 〈농무〉, 〈전야〉, 〈서울로 가는 길〉 등 5편의 시를 발표하면서 시작을 재개했다. 특히 그의 대표작 〈농무〉는 무너져 가는 농촌 사회에서 겪는 현대사의 아픔을 드러내 한국 민중시의 토대를 마련했다는 평가를 받는다. 이후 그는 반세기 넘는 시간 동안 《새재》(1979), 《민요기행 1》(1985), 《남한강》(1987), 《가난한 사랑노래》(1988), 《갈대》(1996), 《낙타》(2008), 《사진관집 이층》(2014) 등의 시집을 남기며 농민들의 삶의 애환을 사실적으로 묘사해 「민중시인」으로 불렸다. 그는 1974년 제1회 만해문학상을 수상한 것을 시작으로 한국문학작가상, 이산문학상, 단재문학상, 대산문학상, 시카다상, 만해대상, 호암상 등을 수상했다. 1991년에는 민족문학작가회 회장과 민족예술인총연합회 공동의장을 역임했으며 동국대 석좌교수로 활동해 왔다. 그리고 2001년에는 문화예술 발전에 이바지한 공로를 인정받아 은관문화훈장을 수훈한 바 있다.

◯ 김광림(金光林)

한국 시의 국제화를 위해 힘썼던 시인이자 전 한국시인협회장으로, 6월 9일 타계했다. 향년 95세.

1929년 함경남도 원산에서 태어났으며, 본명은 「김충남」이다. 필명 광림은 김광균의 「광(光)」과

김기림의 「림(林)」에서 한 글자씩 따온 것이다. 1948년 월남해 그해 연합신문을 통해 시 〈문풍지〉로 등단한 그는 한국전쟁 당시에는 육군 소위로 참전하기도 했다. 제대 이후 고려대 국문과를 졸업하고 문화공보부·KBS·한국외환은행 등에 다녔으며, 이후 장안대 교수로 지내다 1996년 퇴직했다. 그는 1959년 첫 시집 《상심하는 접목》을 발간했으며, 1961년 김종삼·김요섭 시인 등과 함께 문예지 《현대 시》의 창간 동인으로 참여했다. 또 1992~1994년에는 제28대 한국시인협회장을 지내기도 했다. 그는 정지용·김기림을 잇는 모더니즘 시인으로 꼽히는데, 1959년 《사상계》에 발표한 시 〈꽃의 반항〉은 꽃과 인간의 속성을 대비하며 전후의 황폐한 상황과 도회적 서정을 담아낸 작품으로 잘 알려져 있다. 그는 1980년대 들어 한중일 시단 교류에 앞장서며 한국 시의 국제화를 위해 힘썼으며, 시집으로 《오전의 투망》, 《천상의 꽃》 등과 평론집 《존재에의 향수》 등을 남겼다. 이러한 공로들로 생전 보관문화훈장, 한국시인협회상, 대한민국문학상, 일·한 문화교류기금상 등을 수상했다.

한편, 고인은 화가 이중섭(1916~1956)과도 남다른 인연으로 잘 알려져 있는데, 장교 복무 시절에는 이중섭의 요청에 따라 외출을 나올 때마다 보급품 박스에 있던 양담배 은박지를 수집해 그림의 재료로 전해준 것으로 알려진다. 고인은 생전의 이중섭에게 자신의 그림들을 불살라 달라는 부탁을 받았으나 그림들을 잘 보관했다가 돌려주기도 했다.

◻ 폴 오스터(Paul Auster)

1947~2024. 「뉴욕 3부작(The New York Trilogy)」으로 유명한 미국의 소설가 및 극작가이자 미국 현대 문학을 대표하는 인물로, 4월 30일 타계했다. 향년 77세.
1947년 2월 3일 미국 뉴저지주의 폴란드계 유대인 가정에서 태어났으며, 컬럼비아대학에서 영미·프랑스·이탈리아 문학을 공부했다. 1982년 그의 가족사를 다룬 산문집 《고독의 발명》으로 작품 활동을 처음 시작한 그는 1985년 그를 대표하는 뉴욕 3부작의 첫 번째 작품인 〈유리의 도시〉를 출간했다. 이후 「뉴욕 3부작」의 나머지 작품들인 〈유령들〉(1985)과 〈잠겨 있는 방〉(1986)을 잇따라 출간하면서 명성을 쌓았다. 이 밖에도 소설 〈폐허의 도시〉, 〈달의 궁전〉 ▷에세이 〈낯선 사람에게 말 걸기〉, 〈빵 굽는 타자기〉 ▷시집 《소멸》 ▷시나리오 〈마틴 프로스트의 내면의 삶〉 등 다양한 분야에서 활동하며 이름을 알렸다. 특히 그의 작품은 팽팽한 긴장감과 기발한 재치, 심오한 지성과 문학적 기교를 겸비했다는 평을 받으며 40여 개의 언어로 번역되며 전 세계 독자들의 사랑을 받았다. 그는 〈거대한 괴물〉로 프랑스 메디치 해외 문학상을 수상했고, 〈우연의 음악〉으로 미국 문예 아카데미로부터 모턴 도어 제이블상을 받았다. 또 2006년에는 문학적 공로를 인정받아 스페인 아스투리아스 왕자상을 수상했으며, 미국 문예 아카데미 회원으로 선출되기도 했다. 특히 70세이던 2017년 출간한 소설 〈4321〉은 그의 역작으로 꼽히며, 영국 최고 권위를 자랑하는 맨부커상 최종 후보에 오르기도 했다.

◻ 앨리스 먼로(Alice Munro)

2013년 캐나다 작가 최초로 노벨 문학상을 수상하는 등 「단편소설의 거장」으로 불린 인물로, 5월 13일 타계했다. 향년 92세.
1931년 7월 10일 캐나다 온타리오주에서 태어났으며, 본명은 「앨리스 앤 레이들로(Alice Ann Laidlaw)」이다. 어린 시절부터 습작을 시작한 그는 1949년 웨스턴온타리오대학교에 입학해 언론학과 영문학을 전공하며 단편소설을 써 처음으로 지역 라디오 방송국에 팔았고 학교 문예지에 작품을 발표했다. 1951년 결혼하면서 밴쿠버에 정착한 그는 1963년부터 남편과 함께 서점 「먼로의 책들(Munro's Books)」

점해 운영하면서 소설을 꾸준히 썼다. 그러다 1968년 캐나다에서 첫 번째 단편소설집 《행복한 그림자의 춤》으로 캐나다 최고 권위의 문학상인 총독문학상을 수상하며 이름을 알렸다. 이후로도 1978년 출간한 단편집 《너는 네가 누구라고 생각해?》를 통해 캐나다 총독문학상 영어픽션 부문을 재차 수상했으며, 이 작품이 미국에서 《거지 하녀》라는 제목으로 번역 출판되면서 1980년 부커상 픽션 부문을 수상하기도 했다. 그리고 1986년에는 단편집 《사랑의 경과》로 캐나다 총독문학상 영어픽션 부문을 차지하며, 캐나다의 권위 있는 총독문학상을 총 3회나 수상하는 기록을 세웠다. 그는 이후 4년 간격으로 꾸준히 단편집을 출간하며 단편소설 분야에서 확고한 위치를 다졌다. 1990년에 내놓은 단편 〈내 유년기의 친구〉로는 트릴리움상(1991)을, 1994년의 단편 〈공공연한 비밀〉로는 영국 WH 스미스 문학상(1995)을 수상했다. 1998년에는 〈착한 여인의 사랑〉으로 전미 서평자그룹상과 길러상을 수상한 데 이어 1999년 트릴리움상까지 석권했다. 이후 2001년 단편집 《미움, 우정, 구애, 사랑, 결혼》을 출간했고, 2004년에는 단편집 《떠남》으로 길러상을 2회째 수상한 데 이어 그해에 오 헨리 상까지 수상했다. 오 헨리상(O. Henry Award)은 미국의 문학상으로, 미국과 캐나다에서 그 해 출판된 영어로 집필된 뛰어난 단편소설에 대해 1919년부터 매년 수여되고 있다. 2009년 발간된 단편집 《너무 많은 행복》으로는 영국 부커국제상을 수상했고, 2010년 프랑스에서 예술문화훈장을 수훈하기도 했다. 그리고 2012년 마지막 단편집 《디어 라이프》를 발표했는데, 수록작 중 단편 〈코리〉가 그해 오 헨리상 수상작으로 선정됐다. 이후 2013년 《디어 라이프》로 트릴리움상을 3회째 수상한 것을 끝으로 문단에서 은퇴했으며, 그해 「단편소설이라는 특별한 예술 형태를 완벽의 경지로 올려놓았다.」는 평가를 받으며 노벨 문학상 수상자로 선정됐다.

◉ 프랭크 스텔라(Frank Stella)

1936~2024. 1960년대부터 미니멀리즘을 이끈 미국 미니멀리즘의 거장으로 5월 4일 타계했다. 향년 84세.

1936년 5월 12일 태어났으며, 프린스턴대에서 역사와 미술을 공부했다. 23세 때 〈블랙 페인팅〉 연작을 내놓으며 세계적 반열에 올랐는데, 이 작품은 고인이 당시 돈을 벌기 위해 주택 페인트공으로 일하며 사용하던 붓과 한 통에 1달러짜리 가정용 페인트를 이용해 그린 작품이다. 이 작품은 어두운 줄무늬 사이, 칠하지 않은 캔버스를 드러낸 것이 특징으로 현재까지도 미국 현대 미술사를 대표하는 명작으로 손꼽히고 있다. 그는 1960년대 사각형의 캔버스에서 벗어나 사다리꼴, 오각형, 육각형 등 여러 모양의 캔버스 위에 그린 그림을 처음 선보였다. 또 100점 이상의 그림과 판화, 조각 등으로 이루어진 연작 시리즈도 여러 차례 제작했다. 특히 그는 뉴욕 화단을 휩쓸었던 추상 표현주의 이후 1960년대부터 미니멀리즘을 이끈 데 이어 1990년대에는 조각품과 공공예술 영역에서 왕성하게 활동했다. 대표적으로 뉴욕 메트로폴리탄 미술관 옥상에 전시됐던 조형물 「메만트라(Memantra)」가 그의 작품이다. 우리나라에서는 포스코의 의뢰로 제작돼 1997년 서울 강남구 테헤란로 포스코센터 건물 앞에 설치된 조형물 「꽃이 피는 구조물, 아마벨」로 잘 알려져 있다. 이 작품은 비행기 잔해인 고철 수백 점으로 제작돼 가까이에서 보면 구겨진 금속 덩어리로 보이지만 꽃 모양을 하고 있다. 이는 도시 미관을 해치는 흉물이라는 논란에 휩싸이면서 철거 위기에 놓이기도 했는데, 2016년 세계적인 미술 분야 인터넷 매체인 아트넷뉴스가 발표한 「가장 미움받는 공공 조형물 10선」에 선정되기도 했다.

미니멀 아트(Minimal Art)는 1960년대 후반부터 두드러지게 나타난 미국 미술의 동향으로, 주로 입체에 나타난 환상을 최소한으로 하는 동향을 말한다. 표현의 주관성을 억제하고 그것이 조각 혹은 회화임을 나타내는 요소만을 압축시킨 것이 특징이다.

○ 김연경(金軟景)

「배구 여제」로 불린 전 여자배구 국가대표(36). 김연경 선수가 6월 8일 서울 잠실실내체육관에서 열린 KYK 인비테이셔널 세계 여자배구 올스타전을 끝으로 국가대표 은퇴 기념행사를 마무리했다. 김연경은 지난 2021년 도쿄올림픽이 끝난 뒤 대표팀 은퇴를 선언했으나, 코로나19 확산 사태 등으로 행사가 미뤄지다가 이날 은퇴식을 가진 것이다.

1988년 경기도 안산에서 태어났으며, 초등학교 4학년 때부터 배구를 시작했다. 2004년 아시아청소년여자선수권대회에서 처음 태극마크를 달았고, 2005년 국제배구연맹(FIVB) 그랜드챔피언스컵에 출전하며 성인 대표팀에 데뷔했다. 프로배구 출범 원년인 2005년 신인 드래프트에서 1라운드 1순위로 흥국생명에 입단했고, 데뷔 시즌 신인상을 시작으로 2005~2006시즌부터 3시즌 연속 정규 리그 최우수선수(MVP) 및 챔피언결정전 MVP도 세 차례 수상했다. 2008~2009시즌에는 소속팀 흥국생명을 V리그 챔피언결정전 우승으로 이끈 뒤 해외로 진출해 ▷일본 JT 마블러스(2009~2011) ▷터키 페네르바체(2011~2017) ▷중국 상하이(2017~2018) ▷터키 엑자시바시(2018~2020) 등에서 활약하며 「여자배구의 리오넬 메시」라는 전세계의 극찬을 받았다. 그는 2004년 이후 약 17년 동안 한국 여자배구 대표팀 에이스로 활약하면서 총 271경기·4981득점을 거뒀다. 특히 2012 런던올림픽 4강, 2016 리우올림픽 8강, 2020 도쿄올림픽 4강 등 올림픽 4강 신화를 두 차례나 이끌었다. 여기에 4번의 아시안게임, 3번의 세계선수권을 비롯한 수많은 국제대회에 참가하며, 2014 인천 아시안게임 금메달과 2018 자카르타·팔렘방 아시안게임 동메달 등 한국 여자배구의 부흥을 이끌어 왔다.

○ 이태준(李泰俊)

1883~1921. 몽골에서 활동한 의사이자 독립운동가로, 국가보훈부가 현재 몽골 수도 울란바토르에 이태준기념관을 건립 중에 있다. 보훈부는 전문가 자문과 전시 콘텐츠 제작 등을 거쳐 광복 80주년인 2025년 상반기에 이태준기념관을 개관한다는 방침이다.

1883년 11월 21일 경남 함안에서 태어나 1907년 세브란스 의학교(현 연세대 의과대학)에 입학했다. 재학 중 비밀 항일결사조직인 신민회의 산하단체로 안창호 선생이 만든 청년학우회에 가입해 독립운동을 펼쳤다. 이후 1911년 중국 난징으로 건너가 1912년 중국 기독회 의원에서 의사로 일하면서 항일운동을 병행했다. 그러다 애국지사 김규식 선생의 권유로 1914년 몽골로 이주해 「동의의국(同義醫局)」이라는 병원을 차렸고, 몽골에서 의사이자 독립운동가로 활동했다. 그는 몽골에서 당시 몽골인 대다수가 감염된 화류병(花柳病·성병)을 치료하면서 「붓다 의사」라는 칭호를 얻는 등 몽골인들에게 많은 추앙을 받았고, 특히 몽골 마지막 황제였던 보그드 칸의 주치의가 됐다. 1919년에는 몽골로부터 귀중한 금강석이라는 뜻을 가진 「에르데니인 오치르」라는 명칭의 최고 훈장을 받기도 했다. 그는 몽골에서 병원을 운영하면서도 각지의 독립운동가들에게 숙식과 교통을 제공하고, 1918년 9월 김규식에게 파리강화회의 참가 여비를 주는 등 항일운동에 지속적으로 참여했다. 그러다 1921년 몽골에 진주한 러시아 세력에 의해 피살되며 생을 마감했다. 이후 정부는 고인의 공적을 기려 1990년 대한민국 건국훈장 애족장을 추서했고, 2017년 위패를 국립서울현충원에 모셨다.

TEST ZONE

최신시사상식 228집

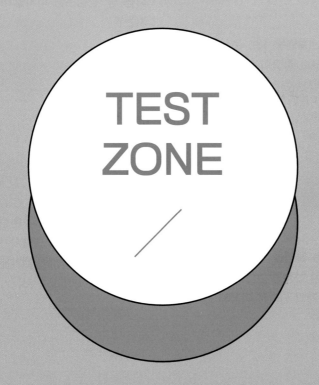

TEST ZONE

최신 기출문제(광명도시공사) / 실전테스트 100

한국사능력테스트 / 국어능력테스트

광명도시공사

2024. 5. 19.

● 다음 물음에 알맞은 답을 고르시오. [1~22]

01 고려 후기인 1287년(충렬왕 13), 문신 이승휴(李承休)가 중국과 한국의 역사를 운율시 형식으로 쓴 역사서는?

① 제왕운기(帝王韻紀)
② 동명왕편(東明王篇)
③ 삼국유사(三國遺事)
④ 동국통감(東國通鑑)

02 조선시대 때 무거운 물건을 들어 올리던 기계로, 1792년 수원 화성을 건설할 때 실학자 정약용이 도르래의 원리를 이용해 만든 것이다. 무엇인가?

① 측우기
② 유형거
③ 거중기
④ 앙부일구

03 태양으로부터 6번째에 있는 행성으로, 태양계 내 행성 중에서 두 번째로 큰 크기를 갖고 있다. 이 행성은?

① 화성
② 토성
③ 금성
④ 천왕성

04 다음 중 「중앙은행 디지털화폐」의 영어 약자는?

① NFT
② CBDC
③ P2P
④ ICO

05 희소성이 높은 명품이나 한정판 상품 등을 구매하기 위해 매장 영업시간 전부터 줄을 서고, 개장하자마자 달려가듯 물건을 구매하는 행위를 무엇이라 하는가?

① 보복소비
② 펜트업
③ 레임덕
④ 오픈런

06 저급품만 유통되는 시장을 이르는 말로, 미국 속어로 불량품을 뜻하는 이 과일에서 비롯된 명칭이다. 무엇인가?

① 피치마켓
② 레몬마켓
③ 체리마켓
④ 애플마켓

07 현존하는 서울의 목조건물 중 가장 오래된 것으로, 1962년 12월 국보로 지정된 서울의 4대문 중 하나는?

① 숭례문
② 흥인지문
③ 숙정문
④ 돈의문

08 염수(鹽水)에 대응하여 염분의 함유량이 적은 보통의 육수를 말한다. 약간의 염분이 있어 순수한 물과는 다른 이것은?

① 해수
② 지하수
③ 기수(汽水)
④ 담수(淡水)

01　② 고려 무신정권 때의 문인 이규보가 지은 인물 서사시
　　③ 고려 충렬왕 때의 보각국사 일연이 신라·고구려·백제 3국의 유사(遺事)를 모아서 지은 역사서
　　④ 조선 전기의 문신 서거정 등이 왕명을 받아 단군조선부터 고려 말까지의 역사를 엮은 사서

02　① 測雨器. 조선 세종 때 강수량을 측정하기 위해 제작된 기구
　　② 游衡車. 정약용이 수원 화성 축조 시 고안해 사용한 수레
　　④ 仰釜日晷. 조선 세종 16년(1434)에 만들어져 그해 10월 서울 종로 혜정교와 종묘 앞에 처음 설치한 반구형의 해시계

03　② 토성은 태양계 내의 행성 중 목성에 이어 두 번째로 크다. 토성의 지름은 약 12만km로, 지구의 9.1배이며 부피는 760배에 달한다.

04　중앙은행 디지털화폐(CBDC)는 중앙은행을 뜻하는 「Central Bank」와 「디지털화폐(Digital Currency)」를 합친 용어로, 비트코인 등 민간 가상자산과는 달리 각국 중앙은행이 발행한 디지털화폐를 가리킨다.

05　① 외부요인에 의해 억눌렸던 소비가 한꺼번에 분출되는 현상을 말한다. 2020년 코로나19 확산으로 소비가 급감했는데, 팬데믹 사태가 점차 누그러지면서 소비 폭발로 이어져 보복소비 현상이 나타난 바 있다.

06　② 레몬마켓은 판매자보다 제품에 대한 정보가 적은 소비자(정보의 비대칭성)들이 속아서 살 가능성을 우려해 싼값만 지불하려하고, 이로 인해 저급품만 유통되는 시장을 말한다.
　　① 가격 대비 고품질의 재화나 서비스가 거래되는 시장을 말한다. 피치마켓은 레몬마켓과는 달리 정보의 불균형이 사라져 가격에 비해 고품질의 상품이 거래된다.

07　① 숭례문(남대문)에 대한 설명이다. 남대문은 2008년 2월 10일에 발생한 화재로 2층 문루가 소실되고 1층 문루 일부가 불에 탄 바 있다. 이에 2010년부터 복구 작업이 시작돼 2013년 5월 4일 시민에 공개됐다.

08　④ 자연계에 존재하는 물 가운데 바닷물이나 함수호(鹹水湖)의 물은 염수이고, 보통의 육수(陸水)는 담수이다. 육수는 순수한 H2O가 아니고 약간의 염분을 함유하고 있어 순수(純水)와 구별된다.

1. ① 　2. ③ 　3. ② 　4. ② 　5. ④ 　6. ② 　7. ① 　8. ④

09 다음 (   ) 안에 들어갈 용어로 바른 것은?

> 사전적으로는 서류나 물건 등을 정해진 곳에 보낸다는 의미로, 주로 형사소송 시 경찰에서 검찰로 사건이 넘어가는 것을 (   )한다고 표현한다.

① 기소 　　② 구속
③ 송치 　　④ 입건

10 원소주기율표 상에서 2주기 15족에 속하는 비금속 원소로, 지구 대기의 약 78% 정도를 차지하고 있는 것은?

① 수소 　　② 산소
③ 탄소 　　④ 질소

11 다음 아프리카 지도에서 O가 표시된 국가는?

① 남아프리카공화국
② 마다가스카르
③ 탄자니아
④ 모잠비크

12 사실이나 현상에 대해 논리적으로 가장 단순한 것이 진리일 가능성이 높다는 이론은?

① 오컴의 면도날
② 사슴 사냥 게임
③ 죄수의 딜레마
④ 흔들다리 효과

13 누구나 열람할 수 있는 장부에 거래내역을 투명하게 기록하고, 여러 대의 컴퓨터에 이를 복제해 저장하는 분산형 데이터 저장 기술을 말한다. 가상자산의 핵심기술인 이것은?

① 에어드랍
② 아토믹 스왑
③ 블록체인
④ 스테이블 코인

14 사고나 재난은 발생 전에 여러 차례의 징후가 나타나므로 이에 대한 분석과 준비를 통해 미리 예방할 수 있다는 징후에 관한 법칙으로, 「1:29:300의 법칙」으로도 불린다. 무엇인가?

① 무어의 법칙
② 3.5% 법칙
③ 파레토 법칙
④ 하인리히 법칙

15 경기순환의 한 국면으로서 최고 호황기를 정점으로 생산활동 저하, 실업률 상승 등이 생기는 최저 침체기에 이르기까지의 과정을 지칭하는 용어는?

① 인플레이션
② 리세션
③ 디플레이션
④ 스태그플레이션

16 「달면 삼키고 쓰면 뱉는다」는 뜻으로, 자기 비위에 맞으면 좋아하고 맞지 않으면 싫어한다는 의미의 한자성어는?

① 수주대토(守株待兎)
② 고진감래(苦盡甘來)
③ 감탄고토(甘呑苦吐)
④ 각주구검(刻舟求劍)

09 ① 검사가 일정한 형사사건에 대하여 법원의 심판을 구하는 행위
② 형사소송법상 피고인 또는 피의자 신체의 자유를 제한하는 대인적 강제처분
④ 검사나 경찰 등의 수사기관이 수사를 개시해 정식 형사사건이 되는 것

10 질소는 대기에서 주로 발견되는데, 그 양은 부피백분율로 대기의 78.09%, 질량백분율로 75.54%를 차지해 우주에서 여섯 번째로 많은 원소이다.

11 지도에 표시된 국가는 아프리카 남동쪽 인도양에 있는 섬나라인 「마다가스카르」이다.

12 ① 14세기 영국의 신학자이자 철학자였던 윌리엄 오컴이 처음 주장한 이론으로, 「불필요한 가정은 면도날로 잘라내라.」고 얘기한 데서 유래한 것이다.
② 서로 양보하고 협력하면 더 큰 효과를 얻을 수 있다는 게임이론으로, 협동의 중요성을 강조하는 경제학 용어이다.
③ 자신의 이익만을 고려한 선택이 결국에는 자신뿐만 아니라 상대방에게도 불리한 결과를 유발하는 상황을 말한다.
④ 흔들리는 다리 위에서 만난 이성에 대한 호감도가 안정된 다리 위에서 만났을 때보다 더 높아진다는 이론을 말한다.

13 ① 공중에서 투하한다는 뜻으로, 가상자산 시장에서는 특정 가상자산을 보유한 사람에게 투자 비율에 따라 신규 코인 등을 무상으로 지급하는 것을 말한다.
② 각기 다른 블록체인을 기반으로 한 코인들 간의 교환이나, 다른 블록체인을 기반으로 한 토큰을 자신들만의 블록체인을 기반으로 한 코인으로 교환하는 것을 가리킨다.
④ 비변동성 가상자산을 뜻하는 말로, 법정화폐 혹은 실물자산을 기준으로 가격이 연동되는 가상자산을 뜻한다.

14 ① 마이크로칩의 밀도가 24개월마다 2배로 늘어난다는 법칙을 말한다.
② 에리카 체노워스 미국 덴버대 정치학 교수가 2013년 발표한 법칙으로, 전체 국민의 3.5% 이상이 꾸준히 비폭력적인 반정부 시위나 집회를 이어가면 정권을 무너뜨릴 수 있다는 법칙을 말한다.
③ 전체 결과의 80%가 전체 원인의 20%에서 일어나는 현상으로, 「80:20 법칙」이라고도 한다.

15 ④ 경제활동이 침체되고 있음에도 불구하고 지속적으로 물가가 상승되는 상태가 유지되는 저성장·고물가 상황을 가리킨다.

16 ① 어떤 착각에 빠져 되지도 않을 일을 공연히 고집하는 어리석음을 비유하는 말
② 쓴 것이 다하면 단 것이 온다는 뜻으로, 고생 끝에 낙이 온다는 뜻
④ 배에 새겨 놓고 검을 찾는다는 뜻으로 어리석고 미련하여 융통성이 없는 것을 비유하는 말

9. ③ 10. ④ 11. ② 12. ① 13. ③ 14. ④ 15. ② 16. ③

17 다른 사람이 만들어놓은 콘텐츠를 목적에 따라 분류하고 배포하는 일을 뜻하는 용어는?

① 메타버스
② 아웃바운드
③ 큐레이션
④ 프로모션

18 물체가 실제 위치가 아닌 곳에서 보이는 현상으로, 불안정한 대기층에서 빛이 굴절되면서 생긴다. 사막이나 극지방의 바다처럼 바닥면과 대기의 온도차가 큰 곳에서 쉽게 관찰할 수 있는 이 현상은?

① 신기루
② 아지랑이
③ 오로라
④ 무지개

19 물과 기름을 섞으면 물이 가라앉고 기름이 뜨는 것을 볼 수 있다. 이것은 물이 기름보다 「이것」이 크기 때문에 생기는 현상인데, 이것은?

① 질량
② 밀도
③ 부피
④ 압력

20 지도에서 해발고도가 같은 지점을 연결해 각 지점의 높이와 지형의 기복을 나타내는 곡선을 「등고선」이라 한다. 이 등고선에서 가장 기본이 되는 것으로, 일정한 높이마다 가는 실선으로 나타내는 것은?

① 계곡선
② 주곡선
③ 간곡선
④ 조곡선

21 상대방과의 충분한 공감이 이루어진 상태에서 그의 진정한 동기나 의도, 무의식적 내용 등 평소 깨닫지 못한 부분까지 포착함으로써 문제에 대한 해법을 스스로 찾을 수 있도록 해주는 경청 방식은?

① 적극적 경청
② 선택적 경청
③ 공감적 경청
④ 촉진적 경청

22 호텔에서 호텔 안내를 비롯해 여행과 쇼핑까지 투숙객의 다양한 요구를 들어주는 서비스로, 중세 프랑스에서 초를 들고 성을 안내하는 사람을 가리켰던 용어에서 유래된 말이다. 무엇인가?

① 어메니티
② 버틀러
③ 도슨트
④ 컨시어지

17 　① 현실세계와 같은 사회·경제·문화 활동이 이뤄지는 3차원 가상세계를 일컫는 말로, 1992년 미국 SF 작가 닐 스티븐슨의 소설 《스노 크래시》에 처음 등장한 개념이다.
　　② 홍보나 정보 제공 등 프로모션 목적을 위해 기업이 고객에게 먼저 발신을 하는 행위

18 　② 햇빛이 강하게 내리쬘 때 지면 근처에서 불꽃같이 아른거리며 위쪽으로 올라가는 공기의 흐름 현상을 말한다.
　　③ 태양에서 방출된 대전입자(플라스마)의 일부가 지구 자기장에 이끌려 대기로 진입하면서 공기분자와 반응하여 빛을 내는 현상을 말한다.

19 　② 밀도는 물질의 질량을 부피로 나눈 값으로, 물질의 밀도는 그 물질을 이루는 분자(입자)의 종류나 배열에 따라 달라진다.

20 　등고선의 종류에는 계곡선(計曲線), 주곡선(主曲線), 간곡선(間曲線), 조곡선(助曲線)이 있다. 가장 기본이 되는 것은 주곡선으로 일정한 높이마다 가는 실선으로 나타낸다. 이는 축척 1:50,000 지도에서는 20m의 고도차, 축척 1:25,000의 지도에서 10m의 고도차를 나타낸다.

21 　① 언어적인 메시지는 물론 비언어적인 메시지에도 주의를 기울이는 경청
　　② 이야기 중 일부만 수용하는 경청
　　③ 언어적·비언어적인 메시지뿐만 아니라 그의 감정, 상황, 사회문화적 배경에도 주의를 기울임으로써 상대방을 보다 존중하고 배려하는 경청

22 　① 호텔 객실 등에 비치돼 있는 비품
　　② 말 그대로 「집사(Butler)」를 뜻하는 말로, 투숙객의 편의를 위한 다양한 서비스를 집사처럼 대신해주는 것이다.
　　③ 「가르치다」라는 뜻의 라틴어 「Docere」에서 유래한 말로, 미술관·박물관 등의 전시품에 대한 소정의 지식을 갖춘 안내인을 말한다.

🎯 17. ③　18. ①　19. ②　20. ②　21. ④　22. ④

실전테스트 100

⬤ 다음 물음에 알맞은 답을 고르시오. (1~70)

01 조 바이든 미국 대통령이 4월 24일 이 국가들에 대한 안보 지원안과 중국계 동영상 공유앱인 틱톡 강제매각 등을 담은 「안보 패키지 법안」에 서명하면서 해당 법안이 즉시 발효됐다. 밑줄 친 이 국가들을 〈보기〉에서 모두 고르면?

> 보기
>
> ㉠ 우크라이나 ㉡ 폴란드
> ㉢ 일본 ㉣ 대만
> ㉤ 이스라엘 ㉥ 사우디아라비아

① ㉠, ㉡ ② ㉠, ㉢, ㉤
③ ㉡, ㉢, ㉣ ④ ㉠, ㉣, ㉤
⑤ ㉢, ㉣, ㉤, ㉥

02 지난 4월 이 학교에서 시작된 중동전쟁 반대 시위가 미 전역으로 확산됐다. 1960년대 말 베트남전 반전운동의 중심지이기도 했던 이 학교는 미국 사회에 큰 사건이 있을 때마다 미 대학생 시위의 본거지 역할을 해 왔는데, 어디인가?

① 컬럼비아대
② 하버드대
③ 예일대
④ 코넬대
⑤ 펜실베이니아대

03 2019년 이후 5년 만의 유럽의회 선거가 6월 6~9일 치러진 가운데, 선거 결과 극우 정당들의 약진으로 향후 정책에 미칠 영향이 주목되고 있다. 이와 관련, 유럽의회에 대한 설명으로 바르지 못한 것은?

① 의원은 회원국 국민들의 직접선거에 의해 정당명부식 비례대표제 방식으로 선출된다.
② 회원국의 인구 규모에 비례해 국가별 의석수가 배정된다.
③ 유럽의회 본부는 프랑스 스트라스부르에 위치하고 있다.
④ 유럽의회는 EU 입법과정에서 법률 제안권과 최종 의결권을 행사한다.
⑤ 의회 안에서는 국적을 배제하고 정파 간의 연합 형태를 취하는 「정치그룹」을 조직한다.

04 영국 의회가 4월 22일 영국으로 밀입국하는 난민들을 「이 국가」로 보내는 법을 통과시킴에 따라 이르면 7월부터 불법 이주민들의 해당 국가 이송이 시작될 예정이다. 중앙 아프리카에 위치한 내륙국인 이 나라는?

① 가봉
② 차드
③ 르완다
④ 니제르
⑤ 보츠와나

05 다음 ( ) 안에 들어갈 기구의 영문 약자로 바른 것은?

> ( )이/가 5월 20일 이스라엘과 팔레스타인 무장정파 하마스 지도부에 대해 전쟁범죄 등의 혐의로 체포영장을 청구했다. ( )은/는 집단살해죄, 전쟁범죄, 반인도적 범죄를 저지른 개인을 형사처벌하기 위해 2002년 네덜란드 헤이그에 설립된 세계 최초의 상설 전쟁범죄재판소로, 1998년에 마련된 로마조약에 근거해 발족됐다.

① ICJ
② PCA
③ ICC
④ UNCHR
⑤ ILO

06 리시 수낵 영국 총리가 5월 22일 「7월 4일 조기 총선」을 발표하면서 14년 만의 정권 교체 여부가 주목되고 있다. 영국 보수당은 2010년부터 15년째 집권 중이지만 2016년 브렉시트 이후 총리가 4번 바뀌었는데, 브렉시트 이후 재임한 총리를 재임 순서로 나열하면?

① 보리스 존슨-테리사 메이-엘리자베스 트러스
② 보리스 존슨-엘리자베스 트러스-테리사 메이
③ 테리사 메이- 엘리자베스 트러스-보리스 존슨
④ 테리사 메이- 보리스 존슨-엘리자베스 트러스
⑤ 엘리자베스 트러스-보리스 존슨-테리사 메이

01 조 바이든 미국 대통령이 4월 24일 우크라이나·이스라엘·대만 지원안과 중국계 동영상 공유앱인 틱톡 강제매각 내용을 담은 법안에 서명하면서 해당 법안이 즉시 발효됐다. 이번 안보 패키지 법안에는 ▷우크라이나에 대한 610억 달러(약 84조 원) 규모의 무기 지원안 ▷이스라엘에 대한 군사 지원과 가자지구 인도적 지원이 포함된 260억 달러(약 36조 원) 규모의 지원안 ▷대만 등 인도·태평양 안보를 위한 81억 달러(약 11조 원) 규모의 지원안이 포함됐다.

02 ① 컬럼비아대는 과거에도 여러 차례 미 대학생 시위의 본거지 역할을 해온 곳으로, ▷1985년 아파르트헤이트(남아프리카공화국의 극단적 인종차별정책) 타도 ▷2003년 이라크전쟁 반대 ▷2020년 인종차별에 반발하는 「블랙 라이브즈 매터(Black Lives Matter)」 등 미국 사회에 큰 사건이 있을 때마다 대학가 시위의 중심이 돼 왔다.

03 ④ EU 입법과정에서의 법률 제안권은 집행위원회, 최종 의결권은 이사회가 갖고 있다. 유럽의회 입법권은 기본적으로 자문적 역할 수준이다.

04 ③ 리시 수낵 영국 총리가 직접 내놓은 「르완다 이송법」은 배를 타고 영국으로 불법 입국하려는 이들을 르완다로 보내 망명 신청 절차를 밟도록 하는 내용을 핵심으로 한다.

05 ③ 국제형사재판소(International Criminal Court)에 대한 설명이다.
① 국제사법재판소(International Court of Justice) ② 상설중재재판소(Permanent Court of Arbitration)
④ 유엔인권위원회(United Nations Commission on Human Rights) ⑤ 국제노동기구(International Labour Organization)

06 • 테리사 메이: 제76대 영국 총리(2016~2019 재임)
• 보리스 존슨: 제77대 영국 총리(2019~2022 재임)
• 엘리자베스 트러스: 제78대 영국 총리(2022. 9.~10. 재임)

1. ④ 2. ① 3. ④ 4. ③ 5. ③ 6. ④

07 다음 ( ) 안에 들어갈 용어는 무엇인가?

> 이스라엘이 국제사회의 우려와 비판에도 가자지구 최남단 도시 라파를 공격한 가운데, 미국이 이스라엘을 줄곧 옹호하면서 ( ) 논란을 키우고 있다. ( )은/는 미국의 대북정책을 설명할 때도 종종 사용되는 말로, 미국은 1990년대부터 북한에 대한 포용정책이 실패하고 봉쇄정책으로 전환하게 될 경우를 ( )(으)로 칭해 왔다.

① 세컨더리 보이콧
② 레드라인
③ 세이프가드
④ 악의 축
⑤ 홀로코스트

08 다음의 밑줄 친 「이 인물」은 누구인가?

> 5월 27일 윤석열 대통령, 기시다 후미오 일본 총리, 리창 중국 총리가 참석한 가운데 제9차 한중일 정상회의가 열렸다. 중국에서는 시진핑 국가주석이 아닌 2인자인 리창 총리가 참석했는데, 2008년 3국 정상회의가 출범한 이후 중국은 9차례 모두 총리가 정상 자격으로 참석하고 있다. 이는 1980년대 「이 인물」 시기 확립된 집단지도체제에 따라 2008년 첫 회의 때 중국 총리가 정상 자격으로 참석한 것이 관례로 굳어진 데 따른 것이다.

① 류사오치(劉少奇)
② 마오쩌둥(毛澤東)
③ 덩샤오핑(鄧小平)
④ 후진타오(胡錦濤)
⑤ 장쩌민(江澤民)

09 미국이나 중국 중 어디에도 치우치지 않는 베트남의 외교 방식으로, 5월 7일 열린 「디엔비엔푸 전투 승리 70주년 기념식」에 당시 패전국이었던 프랑스 정부 대표단이 참여하면서 베트남 특유의 이 외교 전략이 재조명됐다. 무엇인가?

① 대나무 외교
② 두리안 외교
③ 느억맘 외교
④ 아오자이 외교
⑤ 그린파파야 외교

10 다음에서 밑줄 친 「이 전략」은?

> 북한이 최근 수백 개의 오물풍선을 남쪽을 향해 살포한 데 이어 서해 도서 일대를 중심으로 위성항법장치(GPS) 전파 교란 공격을 단행했다. 전문가들은 이러한 오물풍선과 GPS 교란 사태에 대해 「이 전략」으로 판단하고 있다. 이는 실제 무력충돌이나 전쟁으로 확대되지는 않을 정도의 방식, 이른바 전쟁 단계에 이르지 않는 애매모호한 단계의 강압적인 활동을 지속하면서 안보 목표를 이루려는 전략을 말한다.

① 백색지대 전략
② 회색지대 전략
③ 흑색지대 전략
④ 녹색지대 전략
⑤ 적색지대 전략

11 경찰청 국가수사본부가 지난 2023년 말 불거진 「대법원 전산망 해킹 사건」을 수사한 결과, 1014GB에 달하는 자료가 북한의 이 해킹조직에 의해 유출됐다고 5월 11일 밝혔다. 북한 3대 해킹조직 중 하나인 이 조직은?

① 김수키
② 콘티
③ 안다리엘
④ 랩서스
⑤ 라자루스

12 헌법재판소가 4월 25일 형제자매의 유류분(遺留分)을 규정한 민법 조항에 대해 「위헌」 결정을 내리면서 해당 조항이 효력을 상실하게 됐다. 현행 민법은 고인의 형제자매에 대해 법정상속분의 (   )을 유류분으로 보장하고 있는데, (   ) 안에 들어갈 내용은?

① 2분의 1
② 3분의 1
③ 4분의 1
④ 5분의 1
⑤ 6분의 1

07 ① 제재국가와 거래하는 제3국의 기업과 은행, 정부 등에 대해서도 제재를 가하는 방안
③ 특정 품목의 수입이 급증해 국내 업체에 심각한 피해 발생 우려가 있을 경우, 수입국이 관세 인상이나 수입량 제한 등을 통해 수입품에 대한 규제를 할 수 있는 무역장벽
④ 미국의 부시 전 행정부가 반테러전쟁의 제2단계 표적으로 삼은 이라크, 이란, 북한을 가리키는 말
⑤ 제2차 세계대전 중 나치 독일이 자행한 유대인 대학살

08 ③ 마오쩌둥의 절대권력 폐해를 절감했던 덩샤오핑은 7인 또는 9인의 공산당 중앙위원회 상무위원에 분야별로 권력을 나눠 통치하는 집단지도체제를 시작했다.

09 ① 미국이나 중국 중 어디에도 치우치지 않는 베트남의 외교 방식으로, 2016년 응우옌푸쫑 베트남 서기장이 베트남의 외교정책 노선을 설명하며 처음 사용한 데서 시작됐다.

10 ② 회색지대란 검은색도 흰색도 아닌 어느 쪽에도 속해 있지 않은 모호한 영역을 뜻하는데, 회색지대 전략은 전쟁과 평화의 중간에 해당하는 행동을 통해 상대방의 반응을 이끌어내는 것이다.

11 ⑤ 라자루스(Lazarus)는 남한과 미국 등의 금융기관을 주공격 대상으로 삼는 사이버 해킹 그룹으로, 북한 정찰총국과 연계된 것으로 추정된다. 라자루스는 「김수키(Kimsuky)」와 더불어 북한의 양대 해킹 조직으로 알려져 있는데, 그간 ▷소니픽처스 해킹 ▷방글라데시 현금 탈취 사건 ▷워너크라이 랜섬웨어 사건 등의 주요 배후로 거론돼 왔다.
① 북한의 해킹 조직으로, 2013년 러시아 정보보안업체가 해커의 이메일 계정인 「김숙향(kimsukyang)」이라는 이름으로 보고서를 발표하면서 알려졌다.
② 러시아를 기반으로 활동 중인 것으로 추정되는 세계 최대 규모의 랜섬웨어 해킹 조직
④ 국제 해커조직으로, 2022년 엔비디아 해킹을 통해 알려진 바 있다.

12 유류분은 고인(故人)의 의사와 상관없이 법에 따라 유족들이 받을 수 있는 최소한의 유산 비율을 뜻한다. 이는 남아선호사상 등으로 특정 상속인이 유산을 독차지하는 것을 막고 남은 유족들의 생존권을 보호한다는 취지로 1977년 도입됐다. 유류분 조항은 자녀와 배우자는 법정 상속분의 2분의 1, 부모와 형제자매는 법정 상속분의 3분의 1을 받을 수 있도록 규정하고 있다.

7. ② 8. ③ 9. ① 10. ② 11. ⑤ 12. ②

13 말레이시아가 최근 자국의 팜유 주요 수입국들에 이 동물을 선물로 줄 것이라고 밝히면서 야생동물보호단체들의 반발을 불러 일으켰다. 세계자연기금(WWF)에 따르면 이 동물은 말레이시아와 인도네시아의 보르네오섬에 약 10만 마리가 서식하는데, 무엇인가?

① 고릴라　　　　② 오랑우탄
③ 나무늘보　　　④ 보노보
⑤ 아르마딜로

14 정부가 6월 4일 「9·19 군사합의」 전체 효력을 정지시키면서 해당 합의가 5년 8개월 만에 전면 무효화됐다. 다음은 9·19 합의의 주요 내용인데, ㉠·㉡에 들어갈 용어가 바르게 짝지어진 것은?

> 남북은 (㉠) 상호 1km 이내에 근접한 감시초소(GP) 각 11개씩을 시범 철수하고, 향후 (㉠) 내 모든 GP를 철수해 실질적 비무장화를 추진한다. 또 (㉡) 경비 인력의 비무장화도 정전협정 취지에 따라 복원한다.

① ㉠ 군사분계선(MDL), ㉡ 판문점 공동경비구역(JSA)
② ㉠ 군사분계선(MDL), ㉡ 비무장지대(DMZ)
③ ㉠ 비무장지대(DMZ), ㉡ 판문점 공동경비구역(JSA)
④ ㉠ 비무장지대(DMZ), ㉡ 북방한계선(NLL)
⑤ ㉠ 판문점 공동경비구역(JSA), ㉡ 비무장지대(DMZ)

15 정부가 한국형 초음속전투기 「KF-21」 개발분담금을 당초 계약의 3분의 1(6000억 원)만 내겠다는 이 국가의 제안을 사실상 수용하기로 하면서 논란이 일었다. 이 나라는?

① 사우디아라비아
② 아랍에미리트
③ 싱가포르
④ 인도네시아
⑤ 말레이시아

16 정부가 6월 9일 북한의 3차 대남 오물풍선 살포에 대응해 전방 지역 대북 확성기 방송을 6년 만에 재개했다. 이와 관련한 다음의 내용에서 (　　) 안에 들어갈 사건은?

> 대북 확성기 방송은 1963년 박정희 정부 때 시작돼 노무현 정부 때인 2004년 남북 군사합의를 통해 중단됐다. 이후 북한의 도발에 대한 대응 조치로 재개와 중단이 반복돼 왔는데, 특히 2015년 8월 우리 정부가 북한의 (　　)에 대한 대응으로 11곳에서 대북 방송을 재개하면서 무력충돌 직전까지 가기도 했다. 당시 북한은 대북방송에 대한 대응으로 서부전선에서 군사분계선(MDL) 남쪽을 향해 고사포탄 등을 발사했고, 이에 우리 군이 수십 발의 155mm 포탄으로 대응사격을 하면서 일촉즉발 상황에 이른 것이다. 이후 북한의 제안에 따라 남북 고위급 접촉이 이뤄지면서 대북 확성기 방송이 중단됐다.

① 천안함 피격 도발
② 목함지뢰 도발
③ 4차 핵실험
④ 오물풍선 살포
⑤ 대륙간탄도미사일(ICBM) 발사

17 다음 밑줄 친 「이 법」에 대한 설명으로 바르지 못한 것은?

> 미국이 5월 중국의 불공정 무역 관행과 그로 인한 피해에 대응하기 위해 이 법에 따라 중국산 주요 수입품에 고율 관세를 부과하기로 했다. 이번 조치는 2018년 트럼프 행정부가 9500여 개 중국산 제품에 부과한 관세를 추가 인상한 것으로, 관세 인상 대상 중국산 수입품은 지난해 기준 180억 달러(약 24조 6000억 원) 규모다.

① 한정된 기간 동안 미국의 종합무역법을 보완하는 특별법이다.
② 무역 상대국의 공정치 못한 무역 관행에 대해 보복조치를 행할 수 있도록 명시한다.
③ 보복조치를 행할 권한을 미국 대통령으로 규정한다.
④ 통상법 301조의 다른 이름이다.
⑤ 세계무역기구(WTO) 규정에 어긋난다는 비판을 받는다.

18 국제금융협회(IIF)가 5월 발표한 「글로벌 부채 보고서」 등에 따르면 올해 1분기 기준 세계 부채 규모가 315조 달러로 사상 최대 규모를 기록했다. 부채 증가 위험 요소로는 달러의 강세 현상을 일컫는 「이것」이 꼽혔는데, 이것은?

① 킹달러
② 오일달러
③ 달러보험
④ 블루달러
⑤ 소프트달러

13 ② 오랑우탄은 말레이시아와 인도네시아의 보르네오섬·수마트라섬에만 분포하는 긴 팔과 붉은 털을 가진 대형 유인원이다.

14 남북은 「9·19 군사합의」에 따라 비무장지대(DMZ) 상호 1km 이내에 근접한 감시초소(GP) 각 11개씩을 시범 철수하고, 향후 DMZ 내 모든 GP를 철수해 실질적 비무장화를 추진하기로 했다. 또 판문점 공동경비구역(JSA) 경비 인력의 비무장화도 정전협정 취지에 따라 복원하기로 했다.

15 ④ 정부는 분담금 납부 지연이 계속되면 KF-21 개발 일정에도 영향을 미칠 수 있다는 판단에 따라 인도네시아의 제안을 수용하는 방향으로 가닥을 잡고 분담금 납부 비율 조정안을 검토한다는 방침이다.

17 ③ 기존 301조와 다르게 불공정한 무역관행에 대해 조사를 개시할 권한과 보복조치를 행할 권한을 대통령에서 미국무역대표부(USTR) 관할로 옮겼으며, 보복조치를 결정하는 과정에서 필요하다고 판단되는 경우에 한해 대통령의 재량권을 인정하고 있다.
④ 1974년 제정된 통상법 301~309조까지를 일반 301조로 통칭하고 1988년 제정된 종합무역법에 의해 보복조항을 강화한 301조를 따로 「슈퍼 301조」라고 부른다.
⑤ 국제분쟁 해결 절차를 거치지 않은 일방적인 보복조치이기 때문에 WTO 규정에 어긋난다는 비판을 받는다.

18 ② 산유국이 석유의 소득세 및 이권료, 직접 판매에 의한 대금으로 벌어들인 외화
③ 보험료를 안전자산인 달러화로 적립해 운용하는 금융상품
④ 아르헨티나 정부의 외환 통제로 암시장에서 거래되고 있는 달러
⑤ 증권사 서비스에 대해 거래 수수료 형태로 지급하는 비용

13. ② 14. ③ 15. ④ 16. ② 17. ③ 18. ①

19 정부가 6월 경북 포항 영일만 인근 심해에 최대 140억 배럴에 달하는 석유·가스가 매장돼 있을 가능성이 높다고 밝혔다. 이 유망 구조를 일컫는 말은?

① 홍게
② 주작
③ 방어
④ 백상아리
⑤ 대왕고래

20 공정거래위원회가 5월 공시대상기업집단을 지정해 발표했다. 이와 관련, 다음 중 동일인으로 지정되지 않은 사람은?

① 방시혁 하이브 이사회 의장
② 김범석 쿠팡 이사회 의장
③ 정몽규 HDC 회장
④ 김남정 동원그룹 회장
⑤ 이명희 신세계 총괄회장

21 정부가 5월 29일 아랍국가 중 처음으로 이 국가와 포괄적 경제동반자협정(CEPA)을 체결했다. 인도·인도네시아에 이어 우리나라와 세 번째로 CEPA를 체결한 이 국가는?

① 사우디아라비아
② 이라크
③ 카타르
④ 아랍에미리트
⑤ 오만

22 전 세계적으로 인기를 얻고 있는 미국 팝 가수 테일러 스위프트의 활동이 막대한 규모의 경제적 효과를 가져오면서 이와 관련된 경제용어가 파생되고 있다. 다음 ㉠, ㉡에 들어갈 용어를 차례대로 나열하면?

> • (㉠): 스위프트, 비욘세 등 팝스타의 콘서트 개최로 주변 호텔이나 식당 등의 수요가 급증해 해당 지역의 물가가 치솟는 현상
> • (㉡): 전문 리셀러들이 스위프트의 콘서트 티켓을 사재기해 되파는 것을 막기 위해 재판매자가 티켓 1장을 초과해서 판매할 수 없도록 내년 1월 1일부터 미국 미네소타주에서 시행되는 법

① 팬플레이션, 하우스 파일 1989
② 팬플레이션, 스피크 나우
③ 투어플레이션, 하우스 파일 1989
④ 투어플레이션, 스피크 나우
⑤ 스크루플레이션, 하우스 파일 1989

23 미래 기술 분야의 신제품을 개발하고 해외 진출을 지원하기 위한 글로벌 혁신특구로 5월 처음 지정된 지역이 아닌 곳은?

① 강원도
② 충청북도
③ 전라남도
④ 부산시
⑤ 경상북도

24 중국 바이오 기업을 제한하기 위해 추진되고 있는 미국 생물보안법이 시행될 경우 고객의 주문을 받아 바이오의약품을 대신 개발·생산하는 「이 방식」의 기업들이 반사 수혜를 입게 될 전망이다. 이 방식은?

① CDMO

② Fabless

③ SCM

④ OEM

⑤ JIT

25 세계 5대 모터쇼 중 하나로, 1905년 시작됐으나 코로나19 및 러시아-우크라이나 전쟁으로 개최가 취소되다 주요 완성차 업체들이 CES로 눈을 돌리면서 120년 만에 막을 내리게 된 모터쇼는?

① 뮌헨 국제 모빌리티쇼

② 제네바 모터쇼

③ 파리 모터쇼

④ 북미국제오토쇼

⑤ 도쿄 모터쇼

19 구조는 석유가 매장돼 있을 것으로 추정되는 지역을 뜻하는데, 주로 바다생물의 이름을 붙인다. 이번에 가능성이 제기된 대왕고래는 동해 8광구와 6-1광구 북부에 걸친 것으로 알려져 있다. 그 규모가 매우 크다는 의미에서 지구상 현존하는 가장 큰 동물인 「대왕고래(흰수염고래)」라는 이름이 붙었다.

20 ② 기업집단을 지배하는 자연인이 최상단 회사 외의 국내 계열사에 출자하지 않는 경우 법인을 동일인으로 삼을 수 있다는 예외규정에 따라 쿠팡Inc를 제외한 계열사 지분이 없는 김범석 쿠팡 이사회 의장 대신 쿠팡(주)가 동일인으로 지정됐다.

21 ④ 한국과 아랍에미리트(UAE)는 지난해 10월 CEPA 협상 타결에 이어 7개월 만인 올해 5월 공식 체결에 이르면서 전체 수출입 품목의 약 90%를 개방하게 됐다.

22 • 팬플레이션: 「넓은」을 뜻하는 「팬(Pan)」과 물가의 전반적 상승을 의미하는 인플레이션을 합친 말로, 사회 전반적으로 인플레이션이 넘쳐나는 현상

• 스크루플레이션: 「쥐어짜기」를 뜻하는 「스크루(Screw)」와 물가상승을 뜻하는 인플레이션을 합친 말로, 미시적인 차원에서 쥐어짤 만큼 일상생활이 어려워지는 상황에서 체감물가가 올라가는 상태

23 정부가 5월 30일 열린 규제자유특구위원회에서 부산시(차세대 해양 모빌리티), 강원도(AI 헬스케어), 충청북도(첨단재생바이오), 전라남도(직류산업) 등 4곳의 글로벌 혁신특구 지정을 의결했다. 이는 글로벌 혁신특구 도입을 발표한 지난해 5월 이후 11개월 만의 첫 지정이다.

24 ② 반도체 제조 공정 중 설계와 개발에 전문화돼 있는 회사를 뜻한다.
③ 제품의 생산과 유통 과정을 하나의 통합망으로 관리하는 경영전략시스템이다.
④ 주문자가 요구하는 제품과 상표명으로 완제품을 생산하는 방식으로, 「주문자위탁생산」 또는 「주문자상표부착생산」이라고 한다.
⑤ 「Just In Time」의 약자로, 필요한 때에 맞춰 물건을 생산·공급하는 것을 뜻한다.

🎯 **19.** ⑤ **20.** ② **21.** ④ **22.** ③ **23.** ⑤ **24.** ① **25.** ②

26 용어와 설명이 바르게 연결된 것은?

① 불독본드: 미국 금융시장에 발행되는 달러 표시 채권
② 브릿지론: 은행들이 차관단을 구성해 빌려주는 중장기자금
③ 리쇼어링: 기업의 생산기지 해외 이전
④ 기후플레이션: 기후변화로 인해 식료품 물가가 상승하는 현상
⑤ ELS: 자산을 작게 나눠 토큰 형태로 발행한 증권

27 일본 정부가 최근 개인정보 유출을 계기로 라인야후에 2번이나 행정지도를 내리면서 논란을 일으켰다. 라인야후는 한국 네이버와 일본의 「이 기업」이 50%씩 지분을 출자해 2021년에 설립한 합작법인 A홀딩스를 모회사로 두고 있는데, 이 기업은?

① 소니
② 닌텐도
③ 히타치
④ 후지쯔
⑤ 소프트뱅크

28 여야가 모수개혁과 구조개혁을 둘러싼 입장차로 21대 국회에서 연금개혁 합의를 이루지 못했다. 모수개혁에서의 「모수(母數·Parameter)」는 보험료율·소득대체율·연금 수령연령 등의 주요변수를 말하는데, 이와 관련해 현 보험료율은 몇 %인가?

① 5%   ② 7%
③ 8%   ④ 9%
⑤ 10%

29 4월 29일부터 「첩약 건강보험 적용 2단계 시범사업」이 실시되면서 첩약 건보혜택 대상에 3개 질환이 추가됐다. 이에 1단계 시범사업까지 포함해 총 6개 질환이 해당 사업의 혜택을 받게 되는데, 이에 해당하지 않는 질환은?

① 생리통
② 안면신경마비
③ 알레르기 비염
④ 기능성 소화불량
⑤ 이명

30 다음 ㉠, ㉡에 들어가는 용어를 〈보기〉를 참조해 바르게 배열한 것은?

통계청이 5월 28일 발표한 「2022~2052년 시·도 장래인구추계」에 따르면 2022년 3674만 명이던 생산연령인구(15~64세)는 2052년 2380만 명으로 약 1300만 명 감소한다. 또 (㉠)는 2022년 151명에서 2052년 522.4명으로 약 3.5배 높아지며, (㉡)는 2022년 40.6명에서 2052년 94.4명에 달할 것으로 전망된다.

보기
㉠: 유소년 인구 100명당 고령인구
㉡: 생산연령인구 100명이 부양하는 유소년 및 고령인구

	㉠	㉡
①	노령화지수	총부양비
②	노년부양비	총부양비
③	노령화지수	유년부양비
④	노년부양비	유년부양비
⑤	노령화지수	노년부양비

31 대법원이 4월 25일 근로복지공단이 삼성 화재해상보험을 상대로 구상금 지급을 청구한 사건에서 원심 판결을 파기환송하며 도시 일용근로자의 근로일수를 (   )일로 줄였다. 이는 21년 만에 이뤄진 기준 변경인데, (   ) 안에 들어갈 숫자는?

① 22
② 21
③ 20
④ 19
⑤ 18

32 미국 곤충학자들이 특정 주기마다 출몰하는 「이 곤충」이 4월 말쯤부터 동시에 지상으로 올라와 올여름까지 활동할 것이라는 전망을 내놓았다. 미국에서 두 부류의 이 곤충이 동시에 출현하는 것은 1803년 이후 처음인데, 이 곤충은?

① 나방
② 매미
③ 잠자리
④ 딱정벌레
⑤ 무당벌레

26 ① 불독본드는 외국 기업이 영국에서 발행하는 파운드화 표시 채권이다.
② 브릿지론은 일시적인 자금난에 빠질 경우 일시적으로 자금을 연결하는 다리(Bridge)가 되는 대출(Loan)을 말한다.
③ 리쇼어링은 비용 등을 이유로 해외에 나간 자국 기업이 다시 국내로 돌아오는 현상이다.
⑤ 주가연계증권(ELS·Equity Linked Security)은 주가 또는 지수의 변동에 따라 만기 지급액이 결정되는 증권이다.

27 라인야후는 2019년 일본 1위 메신저인 「라인」과 일본 최대 검색 플랫폼인 「야후재팬」이 결합해 탄생했다. 한국 네이버와 일본 소프트뱅크가 50%씩 지분을 출자해 2021년에 설립한 합작법인 A홀딩스를 모회사로 두고 있으며, A홀딩스가 라인야후 지분을 64.5% 보유하고 있다.

28 모수개혁에서의 「모수(母數·Parameter)」는 보험료율(소득 대비 내는 돈 비율)·소득대체율(받는 돈 비율)·연금 수령연령 등의 주요 변수들로, 모수개혁은 이러한 변수들을 조정하는 것이 핵심이다. 해당 조정에 따라 국민연금 기금의 장기 지속 여부가 결정되는데, 현재 보험료율은 9%이고 소득대체율은 40%이다.

29 첩약은 여러 한약재를 섞어 만든 치료용 탕약으로, 복지부는 지난 2020년 11월부터 1단계 시범사업 대상인 생리통과 안면신경마비, 뇌혈관질환 후유증 3개 질환에 대해 건보 혜택을 제공해 왔다. 그러다 2단계 사업부터는 알레르기 비염과 기능성 소화불량, 요추추간판탈출증(척추 디스크) 3개 질환이 추가되면서 총 6개의 질환에 대한 혜택을 받을 수 있다.

30 • **총부양비**: 0~14세 인구+65세 이상 인구 / 15~64세 인구 × 100
• **유년부양비**: 0~14세 인구 / 15~64세 인구 × 100
• **노년부양비**: 65세 이상 인구 / 15~64세 인구 × 100

31 대법원 2부가 4월 25일 근로복지공단이 삼성화재해상보험을 상대로 구상금 지급을 청구한 사건에서 원심 판결을 파기환송하면서 도시 일용근로자의 근로일수를 기존 22일에서 20일로 줄였다. 도시 일용근로자란 기능을 필요로 하지 않는 일반 잡역에 종사하면서 단순 육체노동을 하는 사람으로, 일실수입 산정 과정에서 많이 사용되는 개념이다.

32 ② 코네티컷대의 곤충학자 존 쿨리는 올여름 매미의 습격을 두고 매미와 아마겟돈을 합친 「매미겟돈」이라고 명명하며, 전체 개체 수가 수백조 마리에서 1000조 마리에 달할 수 있다고 예측했다.

26. ④ 27. ⑤ 28. ④ 29. ⑤ 30. ① 31. ③ 32. ②

33 다음 ㉠, ㉡에 들어갈 용어가 바르게 짝지어진 것은?

> 6월 12일 오전 8시 26분 49초경 전북 부안군 남남서쪽 4km 지점에서 규모 4.8의 지진이 발생했다. 기상청에 따르면 (㉠)은 북위 35.70도·동경 126.71도 지점으로, 당초 기상청은 지진파 중 속도가 빠른 (㉡)를 자동 분석해 지진 규모를 4.7로 추정했다가 추가 분석을 거쳐 4.8로 조정했다.

	㉠	㉡
①	진앙	P파
②	진원	P파
③	진앙	S파
④	진원	S파
⑤	진앙	L파

34 5월 25일 폐막한 제77회 칸영화제에서 「이 영화」가 두 개의 주요 부문(심사위원상, 여우주연상) 수상 및 출연 여배우 4명의 여우주연상 공동수상이라는 이례적인 기록을 탄생시켰다. 자크 오디아르 감독의 이 영화는?

① 올 위 이재민 애즈 라이트
② 그랜드 투어
③ 에밀리아 페레스
④ 아노라
⑤ 더 서브스턴스

35 다음 ( ) 안에 들어갈 용어는?

> 조선시대 지방에 건립된 행궁 중 최대 규모인 ( )이 4월 23일 철거된 지 119년 만에 완전한 모습으로 복원됐다. ( )은 1789년 정조가 아버지 사도세자의 묘소를 이전하면서 건립한 곳으로, 평상시에는 관청으로 사용하다가 임금이 행차할 때는 수행 관원과 함께 머무는 궁실로 이용됐다.

① 남한산성행궁
② 북한산성행궁
③ 화성행궁
④ 온양행궁
⑤ 강화행궁

36 5월 17일부터 「국가유산기본법」이 시행되면서 국가유산은 문화유산·자연유산·무형유산으로 나뉘게 됐다. 이 가운데 자연유산에 속하는 것을 〈보기〉에서 모두 고르면?

> 보기
> ㉠ 민속문화재
> ㉡ 천연기념물
> ㉢ 전통공연
> ㉣ 사적
> ㉤ 명승

① ㉠, ㉡
② ㉡, ㉤
③ ㉠, ㉢, ㉤
④ ㉡, ㉢, ㉣
⑤ ㉠, ㉢, ㉣, ㉤

37 한국영상자료원이 5월 31일 발표한 「한국영화 100선」에 따르면 고(故) 김기영 감독의 1960년작인 이 영화가 역대 최고의 한국 영화 1위에 선정됐다. 이 영화는?

① 하녀
② 오발탄
③ 바보들의 행진
④ 8월의 크리스마스
⑤ 돼지가 우물에 빠진 날

38 1958년 서울 중구 충무로에서 1900여 개 좌석을 갖추며 국내 최대 규모로 개관한 극장이다. 특히 1962년 2월 개봉한 〈벤허〉는 연일 만원 사례를 이어가며 6개월간 상영되기도 했는데, 오는 9월 30일 영업 종료 방침을 밝힌 이 극장은?

① 서울극장　　② 단성사
③ 피카디리　　④ 대한극장
⑤ 명보극장

33
- **진앙**: 진원에서 연직으로 지표면과 만나는 지점
- **진원**: 지진을 일으키며 에너지가 처음 방출된 지점
- **P파**: 지진이 발생했을 때 암석을 통하여 가장 빨리 도달하는 파
- **S파**: P파에 이어 두 번째로 도달하는 지진파
- **L파**: 주로 지표면을 따라 전파되는 표면파

34 ① 심사위원대상 ② 감독상 ④ 황금종려상 ⑤ 각본상 수상작이다.

35 ③ 화성행궁(사적 제478호)은 경기도 수원시에 위치한 조선시대의 행궁이자 화성유수부의 관아다. 정조는 아버지 사도세자의 묘인 현륭원을 참배할 때 이곳을 행궁으로 사용했다.
① 행궁 중 유일하게 종묘와 사직을 두고 있는 곳으로, 1624년 인조 때 처음 건립됐다.
② 임진왜란과 병자호란 이후 도성의 방위를 강화하기 위해 1711년 숙종 때 건립됐으나 홍수와 산사태로 매몰됐다.
④ 질병 치료와 휴양을 위해 이용했던 곳으로, 1433년 세종 때 처음 건립됐다.
⑤ 정묘호란 당시 인조가 피난했던 곳이다.

36 국가유산 체계 전환에 따라 국가유산은 문화유산·자연유산·무형유산으로 나뉘게 되는데, ▷문화유산은 국보·보물 등의 유형문화재와 민속문화재·사적을 ▷자연유산은 천연기념물·명승을 ▷무형유산은 전통공연·예술·생활습관 등 무형문화재를 포괄한다.

37 한국영상자료원이 5월 31일 발표한 「한국영화 100선」에 따르면 고(故) 김기영 감독(1919~1998)의 〈하녀〉(1960)가 영화인들이 선정한 역대 최고의 한국 영화 1위에 올랐다. 이번 조사는 지난해 6~8월 영화계 관계자 240명을 대상으로 진행된 것으로, 1943년부터 2022년까지 80년간 제작·개봉된 국내 장편영화 가운데 선정했다.

38 대한극장에 앞서 서울 종로3가의 단관극장들도 잇따라 역사 속으로 사라졌는데, 종로의 피카디리극장은 2015년 CGV에 인수됐고(CGV피카디리1958), 단성사는 2010년 리모델링에 들어가 휴관했으나 이듬해 공사가 중단됐다. 그리고 단성사·피카디리와 함께 종로3가 극장가를 이끌었던 서울극장(1979년 개관)은 코로나19로 인한 경영난으로 2021년 8월 영업을 종료하면서 42년 만에 역사 속으로 사라진 바 있다.

🎯 33. ① 34. ③ 35. ③ 36. ② 37. ① 38. ④

39 ( ) 안에 들어갈 용어로 바른 것은?

디지털 단두대(Digital Guillotine)는 팔레스타인 가자지구 전쟁에 침묵하는 유명인의 소셜미디어 계정 차단을 촉구하는 캠페인을 말한다. 이는 ( )와/과 비슷한 움직임으로, ( )은/는 유명인이나 공적 지위에 있는 사람이 논쟁이 될 만한 행동이나 발언을 했을 때 SNS 등에서 해당 인물에 대한 팔로우를 취소하고 외면하는 행동방식을 가리킨다.

① 카피캣
② 캔슬컬처
③ 미닝아웃
④ 사이버불링
⑤ 미투플레인

40 2023~2024시즌 유럽 5대 축구리그가 모두 종료됐다. 이와 관련, 각 리그 우승팀에 대한 설명으로 바르지 못한 것은?

① 맨체스터 시티는 EPL 역사상 최초로 4연승을 기록했다.
② 레버쿠젠은 분데스리가 최초로 무패 우승을 달성했다.
③ 레알 마드리드가 2년 만에 라리가 정상을 탈환했다.
④ 인터밀란이 통산 20번째 세리에A 정상에 오르며 최다 우승팀이 됐다.
⑤ 파리 생제르맹이 리그1에서 우승하며 이강인은 한국 선수로서는 네 번째로 유럽 5대 리그에서 우승한 선수가 됐다.

41 6월 2일 영국 런던 웸블리 스타디움에서 치러진 「2023~2024시즌 유럽축구연맹(UEFA) 챔피언스리그(UCL)」 결승전에서 통산 15번째 UCL 우승을 차지하며 최다 우승 기록을 갖게 된 팀은?

① AC 밀란
② 리버풀 FC
③ 바이에른 뮌헨
④ 레알 마드리드
⑤ FC 바르셀로나

42 오는 7월 26일 개막하는 「2024 파리올림픽」 단체 구기종목에 유일하게 출전하는 우리나라 대표팀은?

① 남자축구
② 여자배구
③ 여자축구
④ 남자농구
⑤ 여자핸드볼

43 다음 ( ) 안에 들어갈 용어는?

( )은/는 네팔 히말라야의 산악 등반 안내인을 이르는 말로, 단순한 가이드가 아닌 전반적인 준비상황을 비롯해 등정루트 선정에서부터 정상 공격시간 등의 최종 설정까지 모든 것을 조언하는 역할을 담당한다. 네팔의 ( ) 카미 리타가 5월 12일 높이 9000m에 육박하는 세계 최고봉 에베레스트 29회 등정에 성공하며 자신의 최다 등정 횟수(28회) 기록을 경신한 지 10일 만에 또다시 에베레스트에 오르면서 30회 등정 신기록을 세웠다.

① 쿠마리
② 셰르파
③ 두르가
④ 구르카
⑤ 크레바스

44 한국 축구대표팀이 6월 6일 열린 「2026 북중미월드컵」 아시아 2차 예선 C조 5차전 원정경기에서 싱가포르에 7-0의 대승을 거두며, 아시아 지역 3차 예선 진출을 확정지었다. 이와 관련, 「2026 북중미월드컵」에 대한 설명으로 바르지 못한 것은?

① 참가국이 기존 32개국에서 48개국으로 대폭 늘어났다.
② 아시아축구연맹(AFC)에 할당된 월드컵 본선 진출 티켓은 4.5장에서 8.5장으로 늘었다.
③ 북아메리카 3개국(캐나다, 멕시코, 미국)에서 열릴 예정인 23번째 FIFA 월드컵이다.
④ 미국은 2026 월드컵 개최로 사상 3번째 월드컵을 개최하게 된다.

⑤ 2022 한일 월드컵 이후 24년 만에 2번째로 2개 이상의 나라에서 공동으로 개최되는 월드컵이다.

45 2024 파리하계올림픽에서는 32개 종목·329개의 금메달을 놓고 경쟁이 펼쳐지는데, 이번 대회에서 처음 채택된 정식종목이 아닌 것은?

① 브레이킹댄스
② 크리켓
③ 스포츠 클라이밍
④ 서핑
⑤ 스케이트보드

39 ① 잘 나가는 제품을 그대로 모방해 만든 제품을 비하하는 뜻으로 사용되는 말
③ 소비자 운동의 일종으로서 정치적·사회적 신념과 같은 자기만의 의미를 소비행위를 통해 적극적으로 표현하는 것
④ 특정인을 사이버상에서 집단적으로 따돌리거나 집요하게 괴롭히는 행위
⑤ 남성들이 여성들에게 미투운동에 대해 일방적으로 설명하고 가르치려는 행동을 뜻하는 신조어

40 ④ 인터밀란이 「2023~2024시즌 세리에A」에서 최종적으로 우승을 확정지으며 통산 20번째 정상에 올랐다. 이로써 인터밀란은 AC밀란(19회)을 밀어내고 세리에A에서 유벤투스(36회)에 이어 두 번째로 많은 우승 횟수를 기록하게 됐다.

41 2024년 현재까지 스페인의 레알 마드리드가 통산 15회 우승으로 챔스 최다 우승 기록을 갖고 있으며, 그 뒤를 ▷AC 밀란(7승) ▷리버풀 FC(6승) ▷바이에른 뮌헨(6승) ▷FC 바르셀로나(5승)가 잇고 있다.

42 황선홍 감독이 지휘한 대한민국 U-23(23세 이하) 축구대표팀이 4월 26일 카타르 도하에서 열린 인도네시아와의 「2024 아시아축구연맹(AFC) U-23 아시안컵」 8강전에서 패배했다. 이로써 한국 축구는 사상 최초의 10회 연속 올림픽 본선 진출 목표가 좌절됐다. 이처럼 한국 축구가 파리올림픽 출전권을 따내지 못하면서 우리나라는 1976년 개최된 몬트리올 대회 이후 48년 만에 하계올림픽 출전 선수가 200명 아래로 내려갔으며, 단체 구기종목에서는 여자핸드볼만 올림픽에 참가하게 됐다.

43 ① 네팔에서 살아 있는 여신으로 숭배되는 존재
③ 힌두교 신화에서 강력한 여전사로 숭배되는 여신
④ 네팔 중서부 산악지대에 사는 몽골계 소수 부족으로, 구르카족에서 선발된 구르카 용병은 세계적으로도 유명하다.
⑤ 빙하가 갈라져서 생긴 좁고 깊은 틈

44 ④ 2026 북중미 월드컵은 1970년과 1986년 월드컵에 이어 멕시코에서 40년 만에 3번째로 개최되는 대회이다. 미국은 1994년 월드컵을 개최한 바 있어, 32년 만에 2번째 월드컵을 개최하게 된다.

45 2024 파리올림픽에서는 브레이킹댄스, 서핑, 스케이트보드, 스포츠 클라이밍 등 4개 종목이 정식종목으로 채택됐다.

🎯 39. ② 40. ④ 41. ④ 42. ⑤ 43. ② 44. ④ 45. ②

46 6월 10일 열린 프랑스오픈 남자단식 결승에서 우승을 차지하면서 메이저 대회 통산 3번째 정상에 오른 인물이다. 특히 프랑스오픈에서 나달·조코비치·페더러 등 「빅3」 외의 우승은 9년 만인데, 이 인물은?

① 얀니크 신네르
② 알렉산더 츠베레프
③ 카를로스 알카라스
④ 다닐 메드베데프
⑤ 스테파노스 치치파스

47 다음이 설명하는 것은?

데이터를 한 번에 대량으로 처리하는 병렬 처리방식 반도체로, 1999년 엔비디아가 게임 속 3D 이미지 데이터를 효과적으로 처리하기 위해 개발한 것이다. 이것은 최근 AI의 핵심 부품으로 부상하면서 큰 이슈가 되고 있는데, 계산 정확도는 중앙처리장치(CPU)만큼 높지 않지만 그 속도가 매우 빠른 것이 특징이다.

① GPU   ② FPGA
③ ASIC   ④ NPU
⑤ 뉴로모픽

48 세계 최대 전자상거래 업체인 미국 아마존이 추진하는 저궤도 위성통신망 구축 사업으로, 네덜란드 출신의 미국 천문학자 이름을 따온 이 사업의 명칭은?

① 지미 카터 워크 프로젝트
② 아폴로 프로젝트
③ 아르테미스 프로젝트
④ 카이퍼 프로젝트
⑤ 갈릴레오 프로젝트

49 다음 (   ) 안에 들어갈 초소형 군집위성의 명칭은?

4월 24일 오전 7시 32분 한국의 첫 초소형 군집위성인 (   ) 1호가 뉴질랜드 마히아 발사장에서 로켓랩의 일렉트론 로켓에 실려 성공적으로 발사됐다. 한국과학기술원(KAIST)은 (   ) 1호가 약 6개월 간의 점검을 거쳐 11월부터 본격적인 지구 관측 임무를 수행할 예정이며, 이후 2027년까지 추가로 10기의 (   )이/가 발사될 것이라고 밝혔다. (   )은/는 KAIST가 2020년부터 「초소형위성 군집시스템 개발사업」을 통해 개발한 실용위성으로, 11기의 위성이 군집을 이뤄 한반도와 주변 해역을 촬영하는 임무를 맡았다.

① 425 EO/IR
② 네온샛
③ 무궁화위성
④ 우리별위성
⑤ 도요샛

50 인터넷 기술의 발전으로 인해 데이터를 독점하는 소수의 글로벌 플랫폼 기업이 생겨나면서, 데이터의 소유·처리·사용 등에 관한 권한을 개인이나 국가에 부여해야 한다는 목소리가 높아지고 있다. 이 권리는?

① 지식재산권
② 퍼블리시티권
③ 마이데이터
④ 디지털 권리장전
⑤ 데이터 주권

51 다음이 설명하는 것은?

> • 탄소(C)와 불소(F)가 강하게 결합한 인공 화학물질
> • 열에 강하고 물과 기름에 녹지 않아 식품 포장재나 방수 코팅 등에 사용됨
> • 자연 상태에서 분해되지 않아 「영원한 화학물질」로 불림

① 디에틸헥실프탈레이트(DEHP)
② 포르말린(Formalin)
③ 과불화화합물(PFAS)
④ 다이옥신(Dioxin)
⑤ 클로르피리포스(Chlorpyrifos)

46 카를로스 알카라스(21)가 6월 10일 열린 프랑스오픈 남자단식 결승에서 알렉산더 츠베레프(27·독일)에 3-2의 역전승을 거두며 우승을 차지했다. 이로써 알카라스는 2022년 US오픈과 지난해 윔블던에 이어 메이저 대회 통산 3번째 정상에 올랐는데, 프랑스오픈에서 우승한 것은 이번이 처음이다.

47 ② 용도에 맞게 내부 회로를 바꿀 수 있는 반맞춤형 반도체
③ 특정 AI 알고리즘에 특화된 반도체
④ GPU보다 AI 추론 수행 성능을 극대화해 저전력 구동이 가능한 ASIC
⑤ 기존 반도체 구조가 아닌 인간의 뇌(뉴런-시냅스 구조)를 모방한 가장 진화된 형태의 반도체 기술

48 ① 국제 기독교 자원봉사운동 단체인 해비타트가 주관하고, 미국의 제39대 대통령 지미 카터가 진행하는 대규모 자원봉사 프로젝트이다.
② 중국 최대 인터넷 업체 바이두가 추진하는 자율주행차량 연구 프로젝트이다.
③ 미국항공우주국(NASA)이 추진 중인 달 유인 탐사 프로젝트로, 인류 역사상 최초로 여성 우주인을 달에 보내는 것을 목표로 한다.
⑤ 유럽연합(EU)에서 추진 중인 항법 시스템 개발계획으로, 고도 2만 3000km 궤도에 쏘아올린 인공위성 네트워크를 이용해 지상에 있는 목표물의 위치를 정확히 추적하는 것을 목표로 한다.

49 ① 우리나라 군사정찰위성 1호기로, 2023년 12월 2일 발사됐다.
③ 한국의 위성통신과 위성방송사업을 담당하기 위해 발사된 통신위성이다. 1995년 발사된 무궁화 1호 위성을 시작으로 2017년 7호까지 발사됐다.
④ 우리나라가 쏘아올린 최초의 인공위성이다.
⑤ 세계 최초의 편대비행 나노위성으로, 2023년 5월 25일 누리호 3차 발사 때 실려 우주로 향했다.

50 ① 인간의 정신적인 창작활동의 소산에 대한 재산권을 말하며, 크게 저작권과 산업재산권으로 나뉜다.
② 영화배우나 탤런트, 운동선수 등 유명인이 자신의 성명이나 초상을 상품 등의 선전에 이용하는 것을 허락하는 권리를 말한다.
③ 개인이 자신의 정보를 적극적으로 관리·통제하는 것은 물론 이러한 정보를 신용이나 자산관리 등에 능동적으로 활용하는 일련의 과정
④ 과학기술정보통신부가 새로운 디지털 질서의 기본 방향을 담기 위해 마련한 헌장(憲章)으로, 2023년 9월 발표됐다.

51 ① 프탈레이트 계통의 인공 화학물질로, 주로 장난감이나 실내 장식 등 플라스틱 제품을 유연하게 만들기 위한 가소제로 사용된다.
② 독성을 지닌 무색의 자극적 냄새가 나는 유해화학물질로, 접착제·플라스틱과 같은 각종 수지의 합성원료 외에 마취제·소독제 등으로 사용된다.
④ 무색·무취의 맹독성 화학물질로, 주로 다이옥신과 다이옥신 유사물질들을 총칭하는 말이다.
⑤ 주로 항공 방역에 많이 사용되는 살충제의 주성분으로, 가열하면 염화물·질소산화물 등을 방출하는 유독물질이다.

🎯 46. ③ 47. ① 48. ④ 49. ② 50. ⑤ 51. ③

52 ( ) 안에 공통으로 들어갈 용어로 바른 것은?

> HBM은 ( )을/를 TSV(실리콘관통전극) 공정을 통해 수직으로 쌓아 만든 메모리를 말한다. 여기서 ( )은/는 입력된 정보나 명령을 판독·기록·수정할 수 있는 기억장치로, 시간이 흐름에 따라 데이터가 사라지는 특징을 갖고 있다. 그러나 ( )은/는 주기적으로 재충전시켜 주면 기억이 유지돼 컴퓨터의 기억소자로 가장 많이 쓰이고 있다.

① M램   ② D램
③ S램   ④ SSD
⑤ ROM

53 최근 텍스트뿐 아니라 이미지·음성·영상 등 다양한 형태의 데이터를 처리할 수 있는 AI 기술이 등장했는데, 이 기술을 무엇이라 하는가?

① 딥페이크   ② 멀티모달
③ 할루시네이션   ④ 딥러닝
⑤ NMT

54 중국 국가우주국(CNSA)의 주도 아래 5월 3일 발사됐던 달 착륙선이 6월 2일 달 뒷면에 착륙, 달 뒷면 샘플을 채취해 6월 4일 달 표면에서 이륙했다. 이로써 세계에서 두 번째로 달 뒷면 탐사에 성공한 이 달 착륙선은?

① 창어 6호   ② 찬드라얀 3호
③ 슬림   ④ 루나 9호
⑤ 아폴로 11호

55 건국훈장은 건국 공로나 국가유지에 공로한 자에게 수여되는 대한민국의 훈장으로, 5개 등급으로 나뉜다. 이에 해당하지 않는 것을 고르면?

① 대한민국장   ② 대통령장
③ 무궁화장   ④ 독립장
⑤ 애족장

56 다음이 설명하는 것은?

> 혈액의 유형성분인 혈구의 하나로, 혈액의 응고나 지혈작용에 관여한다. 이는 혈관이 손상돼 피부나 점막 등에 출혈이 생겼을 경우 가장 먼저 활성화된다.

① 백혈구   ② 적혈구
③ 혈소판   ④ 혈장
⑤ 혈색소

57 다음에서 연상되는 용어는?

> • 중국 동북 3성 역사(헤이룽장성, 지린성, 랴오닝성) 등이 주요 연구 대상
> • 2021년 SBS 드라마 〈조선구마사〉
> • 「고조선사, 부여사, 고구려사, 발해사 = 중국사」 라는 중국의 주장

① 하나의 중국
② 동북공정
③ 일국양제
④ 임나일본부설
⑤ 문화대혁명

58 확정판결 관련 재판에 법령 위반이 있을 때 잘못을 바로잡아 달라며 검찰총장이 대법원에 직접 상고하는 제도를 무엇이라 하는가?

① 재정신청   ② 일사부재리
③ 재항고   ④ 비상상고
⑤ 항소

52 ① 자기 저항식 랜덤 액세스 메모리로, 기존 메모리의 전기신호를 자기신호로 바꿔 정보를 기억한다.
③ 메모리 반도체의 한 종류로, 전원이 켜져 있는 동안에는 정보가 계속 살아 있으며 수시로 입출력이 가능한 메모리다.
④ 반도체 메모리를 기반으로 하는 저장장치로, 데이터를 읽고 쓰는 속도가 빠르며 외부 충격에도 강해 노트북과 같은 휴대용 기기의 저장장치로 사용되고 있다.
⑤ 컴퓨터의 읽기 전용 기억장치로, 데이터를 읽을 수는 있지만 수정할 수는 없다. ROM에 제정된 데이터는 영구·반영구적으로 보관되며 전원이 꺼져도 지워지지 않는다.

53 ① 특정 인물의 얼굴 등을 인공지능(AI) 기술을 이용해 영상이나 이미지에 합성한 편집물을 말한다.
③ 환각이나 환영·환청을 뜻하는 말로, 생성형 AI가 거짓 정보를 마치 사실인 것처럼 생성·전달하는 현상을 뜻한다.
④ 컴퓨터가 스스로 외부 데이터를 조합·분석해 학습하는 기술을 뜻한다.
⑤ 기계 번역 방식의 한 종류로, AI가 데이터 학습을 통해 문장 단위로 언어를 번역하는 기술을 말한다.

54 ② 2023년 8월 23일 인류 최초로 달 남극에 착륙하는 데 성공한 인도의 무인 달 착륙선
③ 2024년 1월 20일 달 착륙에 성공한 일본의 달 탐사선
④ 1996년 1월 31일 옛 소련(현 러시아)에서 발사한 달 착륙선으로, 같은 해 2월 3일 인류 최초로 달 표면에 연착륙하는 데 성공했다.
⑤ 미국의 유인 달 탐사 계획 「아폴로 계획」의 일환으로 발사된 달 착륙선으로, 1969년 7월 16일에 발사됐다. 닐 암스트롱, 에드윈 올드린 주니어, 마이클 콜린스 3명의 우주비행사가 인류 최초로 달에 21시간 30분 동안 체류하면서 달 샘플을 채취하고 귀환한 바 있다.

55 건국훈장은 건국 공로나 국가유지에 공로한 자에게 등급별로 대한민국장, 대통령장, 독립장, 애국장, 애족장을 수여한다.
③ 무궁화장은 국민복지 향상 및 국가 발전에 공로한 자에게 수여하는 국민훈장에 포함되는 것으로, 국민훈장은 무궁화장, 모란장, 동백장, 목련장, 석류장으로 나뉜다.

56 ① 혈액을 구성하는 세포 중 하나로, 식균 작용을 통해 우리 몸을 방어하는 혈구세포
② 혈관을 통해 전신조직에 산소를 공급하고 이산화탄소를 제거하는 혈액세포
④ 혈액 속의 유형성분인 적혈구·백혈구·혈소판 등을 제외한 액체성분으로 담황색을 띠는 중성의 액체
⑤ 혈액이나 혈구 속에 존재해 산소의 운반에 관여하는 물질

57 「동북공정(東北工程)」은 중국 동북 3성(헤이룽장성, 지린성, 랴오닝성)에서 일어난 과거 역사와 그로 인해 파생돼 나온 현대사와 미래사가 주요 연구 대상이다. 중국은 「고조선사, 부여사, 고구려사, 발해사=중국사」라는 논리를 일반화해 한반도와 중국 동북 지역 사이의 역사적 관련성을 부정하기 위해 동북공정을 진행했다. 한편, 드라마 〈조선구마사〉는 2021년 3월 22~23일까지 방영된 SBS 월화드라마로, 방영 직후 역사왜곡·동북공정 논란 등으로 거센 반발을 받고 방영 2회 만에 폐지되는 초유의 사태를 맞은 바 있다.

58 ① 검사의 불기소처분에 불복해 그 불기소처분의 당부를 가려 달라고 직접 법원에 신청하는 제도
② 동일한 범죄에 대해서는 거듭 처벌하지 않는다는 것
③ 항고법원·고등법원 또는 항소법원의 결정 및 명령에 대해 재판에 영향을 미치게 한 헌법·법령·규칙의 위반을 이유로 하는 항고
⑤ 지방법원의 제1심 종국판결에 대해 제2심 법원에 하는 불복신청

52. ②   **53.** ②   **54.** ①   **55.** ③   **56.** ③   **57.** ②   **58.** ④

59 다음이 설명하는 용어는 무엇인가?

> 무언가를 부탁하거나 부정적인 말을 해
> 야 할 경우 좀더 부드럽게 전달하거나,
> 듣는 사람이 위압감이나 불쾌감을 갖
> 지 않도록 하기 위해 사용하는 말을 가
> 리킨다. 예컨대 「괜찮으시다면」, 「실례지
> 만」, 「죄송하지만」, 「바쁘시겠지만」, 「번
> 거로우시겠지만」 등을 들 수 있다.

① 쿠션어   ② 관용어
③ 금기어   ④ 전문어
⑤ 신조어

60 주 5일 근무제는 미국의 이 기업에서 1926년 도입하며 시작된 제도이다. 1903년 미시간 주 디트로이트에 설립된 기업으로, 1913년 에는 조립라인 방식에 의한 양산 체제를 확립하기도 했다. 이 기업은?

① 크라이슬러
② 하인즈
③ 포드자동차
④ 코카콜라
⑤ 제너럴일렉트릭

61 정보기술(IT) 기업에 대한 반발심을 나타내 는 용어로, 거대 IT 기업들이 몸집을 키울 수록 사회가 불안정해지고 희생자들이 발 생하면서 확산되고 있는 이것은?

① 테크래시   ② 그린래시
③ 쿼터리즘   ④ 브로큰딕
⑤ 백래시

62 다음 중 스포츠 예능 프로그램과 그 종목 이 바르게 연결되지 않은 것은?

① 찐팬구역—야구
② 뭉쳐야 찬다—축구
③ 골 때리는 그녀들—배구
④ 나 오늘 라베했어— 골프
⑤ 편먹고 공치리—골프

63 다음 제시된 설명에서 공통으로 연상되는 색깔은?

> • 결혼을 앞둔 남녀들이 겪는 심리적인
>   불안감과 우울함
> • 누리꾼들이 정부의 사전 검열에 대항
>   해 펼치는 온라인 표현 자유화 운동
> • DVD보다 데이터 전송 속도가 4~5
>   배 빠른 대용량 광디스크 규격

① 빨강
② 파랑
③ 노랑
④ 초록
⑤ 보라

64 증시가 특정 시점에서 일정한 흐름을 보이 는 현상을 뜻하는 말로 「서머랠리」, 「산타 랠리」 등이 포함된다. 이것은?

① 넛지 효과
② 캘린더 효과
③ 디드로 효과
④ 방아쇠 효과
⑤ 칵테일파티 효과

65 국내총생산(GDP)에 관한 설명으로 바르지 못한 것은?

① 외국 기업이 국내에서 생산한 것도 포함된다.
② 국민경제의 전체적인 생산 수준을 나타낸다.
③ 자가소비를 위해 생산된 재화는 포함되지 않는다.
④ 각 생산 단계에서의 중간 투입물도 포함된다.
⑤ 국내 거주자가 외국에 용역을 제공해 수취한 소득도 포함된다.

66 세계경제포럼(WEF) 연차 총회가 열리는 도시는?

① 파리
② 런던
③ 바젤
④ 제네바
⑤ 다보스

59 ② 둘 이상의 낱말이 어울려 원래의 뜻과는 전혀 다른 새로운 뜻으로 굳어져서 쓰이는 표현
③ 종교적·도덕적인 이유로 사용이 금지되거나 꺼려지는 언어표현
④ 전문성이 필요한 분야에서 그 일을 효과적으로 하기 위해 사용하는 말
⑤ 시대의 변화에 따라 새로운 것들을 표현하기 위해 새롭게 만들어진 말이나 기존에 있던 말이라도 새로운 의미를 부여한 말

60 ③ 주 5일제는 일주일에 휴무일이 일요일 하루였던 것을 2일(토요일, 일요일)로 늘린 제도로, 1926년 미국 포드자동차가 근무일을 주 6일에서 주 5일로 줄인 것을 시초로 보고 있다.

61 ② 녹색정책에 대한 반발
③ 인터넷의 사용이 일상화되면서 청소년들 사이에서 습관처럼 형성된 인내심을 잃어버린 사고 또는 행동양식
④ 권력통제 불능상태
⑤ 사회·정치적 변화에 대해 나타나는 반발 심리 및 행동

62 ③ 〈골 때리는 그녀들〉은 SBS 예능 프로그램으로 축구 종목을 다룬다.

63 순서대로 메리지 블루, 블루리본, 블루레이 디스크에 대한 설명이다.

64 ① 강요에 의하지 않고 유연하게 개입함으로써 선택을 유도하는 방법
③ 하나의 물건을 갖게 되면 그것에 어울리는 다른 물건들을 계속적으로 사게 되는 현상
④ 평형이 유지되고 있는 특정 상황에서 어떤 이유에서 그 평형이 깨지기 시작하면 그로 인해 그 영향이 연쇄적으로 주변으로 확대되면서 전체에까지 영향을 미치는 현상
⑤ 여러 사람이 모여 이야기해도 관심 갖는 이야기만 골라 듣는 현상

65 ④ 국내총생산은 일정 기간 국민과 외국인이 국내에서 벌어들인 최종 생산물을 뜻하며, 중간 투입물은 제외된다.

66 세계경제포럼(WEF)은 매년 1~2월 스위스 다보스에서 열리는 국제민간회의로 전 세계 저명한 기업인, 경제학자, 정치인 등이 참여한다.

☞ 59. ① 60. ③ 61. ① 62. ③ 63. ② 64. ② 65. ④ 66. ⑤

67 자원이 풍부한 것이 오히려 경제발전을 저해한다는 뜻의 용어는?

① 트릴레마
② 에코스페즘
③ 테이크 오프
④ 네덜란드병
⑤ 기펜의 역설

68 노동조합법상 필수공익사업에 해당하지 않는 것은?

① 은행 및 조폐사업
② 도시철도사업
③ 석유공급사업
④ 통신사업
⑤ 혈액공급사업

69 다음 영화들과 관련된 역사적 사건을 발생 순서로 나열하면?

> ㉠ 서울의 봄
> ㉡ 1987
> ㉢ 택시운전사
> ㉣ 남산의 부장들

① ㉡-㉣-㉢-㉠
② ㉢-㉡-㉣-㉠
③ ㉢-㉠-㉡-㉣
④ ㉣-㉡-㉢-㉠
⑤ ㉣-㉠-㉢-㉡

70 다음 중 잘못된 설명은?

① 헨델의 〈구세주〉, 하이든의 〈천지창조〉는 오라토리오다.
② 세계 3대 바이올린 협주곡의 작곡가는 베토벤, 차이콥스키, 멘델스존이다.
③ 피아노 4중주는 피아노, 바이올린, 비올라, 첼로로 구성된다.
④ 악곡의 빠르기는 비바체, 아다지오, 렌토, 라르고 순이다.
⑤ 단가는 판소리를 시작하기 전 목을 풀기 위해 부르는 일종의 서곡이다.

◑ 다음 물음에 알맞은 답을 쓰시오. [71~100]

71 남태평양의 프랑스령인 이 나라에서 선거법 개정 발표를 계기로 5월 13일 밤부터 대규모 시위가 벌어졌다. 이에 프랑스는 5월 15일 최고 12일간의 국가비상사태를 선포했는데, 이 나라는?

72 8촌 내 혈족이나 4촌 내 인척, 배우자 간에 발생한 절도죄·사기죄 등의 재산범죄에 대해 형을 면제하거나 고소가 있어야 공소를 제기할 수 있도록 한 특례는?

73 남아프리카공화국의 극단적 인종차별정책으로, 남아공 소수 백인정권이 영국 식민지 시절부터 존재했던 인종차별을 1948년 이 정책으로 제도화하면서 시작됐다. 1994년 넬슨 만델라가 남아공 최초의 흑인 대통령이 되면서 철폐된 이 정책은?

74 5월 19일 이란 북서부 디즈마르 산악지대에서 발생한 헬기 추락 사고로 사망한 전 이란 대통령이다. 현 알리 하메네이에 이어 이란 최고지도자로 유력하게 거론돼 왔던 이 인물은?

75 과거 국회의원 선거구를 단위로 설치된 중앙 정당의 하부 조직으로, 1962년 정당법이 제정되면서 도입됐다가 2002년 한나라당의 차떼기 사건을 계기로 정당법과 정치자금법이 개정되며 폐지됐다. 무엇인가?

76 다국적기업의 소득에 대해 특정 국가에서 15%의 최저한세율보다 낮은 세율을 적용하는 경우 최종 모기업의 거주지국 등 다른 국가에 추가 과세권을 부여하는 제도는?

67　④ 1950년대 말 북해에서 대규모 천연가스 유전을 발견한 네덜란드가 당시에는 에너지가격 상승에 따라 막대한 수입을 올렸지만, 시간이 지나면서 통화가치 급등과 물가 상승, 급격한 임금 상승이 유발되고, 석유제품을 제외한 제조업의 경쟁력이 떨어지면서 극심한 경제적 침체를 맞았던 역사적 경험에서 유래된 용어이다.
① 물가안정, 경기부양, 국제수지 개선의 3중고
② 발작적 경제위기
③ 후진국이 경제·사회적인 발전을 시작할 때의 상황을 비행기의 이륙에 비유한 말
⑤ 가격이 떨어졌는데도 그 재화를 소비하는 대신 그 재화보다 우등한 재화를 소비함으로써 오히려 그 재화의 수요가 감소하게 되는 현상

68　노동조합 및 노동관계조정법에 따른 필수공익사업으로는 철도사업, 도시철도사업 및 항공운수사업, 수도사업, 전기사업, 가스사업, 석유정제사업 및 석유공급사업, 병원사업 및 혈액공급사업, 한국은행사업, 통신사업이 있다.
① 공익사업에 해당한다.

69　② 1979년 10·26 사건 - ① 1979년 12·12사태 - ① 1980년 5·18 민주화운동 - © 1987년 6월민주항쟁

70　② 베토벤, 멘델스존, 브람스 등에 의해 각각 작곡된 바이올린 협주곡을 가리켜 「세계 3대 바이올린 협주곡」이라고 부른다.

67. ④　68. ①　69. ⑤　70. ②　71. 뉴칼레도니아　72. 친족상도례(親族相盜例)　73. 아파르트헤이트(Apartheid)　74. 에브라힘 라이시(Ebrahim Raisi)　75. 지구당(地區黨)　76. 글로벌 최저한세(Global Minimum Corporate Tax)

77 4차 산업혁명의 핵심기술을 적극적으로 도입해 제조업의 미래를 혁신적으로 이끌고 있는 공장으로, 세계경제포럼(WEF)이 선정하고 있는 것은?

✎ _____

78 거래소 시장 시작 전후에 대량의 주식을 보유한 매도자와 이를 매수할 수 있는 매수자 간에 거래를 체결시켜 주는 제도는?

✎ _____

79 인공지능(AI)이 기업 활동에 미치는 영향력이 확대되면서 전문 인력의 필요성이 대두됨에 따라 AI 기술 관련 전반을 책임지기 위해 마련된 직책은?

✎ _____

80 주식을 보유하고 있지 않은 상태에서 주식을 빌려 매도 주문을 내는 투자 전략으로, 현재 금지돼 있으나 당정이 6월 열린 협의회에서 내년 3월 이후 재개할 것으로 내다본 이 제도는?

✎ _____

81 자본시장 인프라의 질적 발전을 위해 2025년 업무 수행을 목표로 추진되고 있는 첫 번째 다자간매매체결회사(ATS)는?

✎ _____

82 기업이 전체 공급망에서 발생할 수 있는 강제노동이나 삼림벌채 등 인권이나 환경 피해를 방지하기 위해 준수해야 하는 각종 의무를 규정한 유럽연합(EU) 차원의 가이드라인은?

✎ _____

83 근로자의 소득과 주거비로 지출되는 비용과의 관계를 나타낸 법칙으로, 소득수준이 높을수록 전체 생계비에서 주거비가 차지하는 비율이 낮아지고 소득수준이 낮을수록 전체 생계비에서 주거비가 차지하는 비율이 높아진다는 것은?

✎ _____

84 광주광역시 무등산국립공원 내에 자리잡은 산지형 습지로, 5월 13일 우리나라의 26번째 람사르 습지로 등록됐다. 어디인가?

✎ _____

85 Z세대와 부머(Boomer)를 합친 말로, 일반적으로 1990년대 중반에서 2000년대 초반에 걸쳐 태어난 이들을 가리킨다. 이 용어는?

✎ _____

88 의사 면허 없이 의사로서 가능한 업무 중 일부를 위임받아 진료보조를 수행하는 간호사로, ▷의사의 수술 보조 ▷처방 대행 ▷진단서 작성 ▷시술 등의 업무를 담당한다. 무엇인가?

✎ _____

86 구름과 같은 시각적 단서가 없는 상태에서 공기의 역학운동이 유발하는 난류로, 주로 강한 제트기류로 인해 발생한다. 비행 중 기상레이더에 잡히지 않아 조종사가 방향을 잡기 어려운 것으로 알려져 있는 이 난류는?

✎ _____

89 부모를 부양하는 마지막 세대이자 자녀에게 부양받지 못하는 처음 세대라는 뜻에서 붙여진 명칭으로, 베이비붐 세대(1955~1963년생)와 1960년대생이 이에 포함된다. 2024년 현재 우리나라 인구의 16% 정도를 차지하고 있는 이 세대를 이르는 명칭은?

✎ _____

87 청소년 범죄가 발생할 경우 학교와 학부모에게 주의 및 대응 요령 등을 실시간으로 알리는 시스템으로, 서울경찰청과 서울시교육청이 협력해 2021년 구축한 프로그램이다. 무엇인가?

✎ _____

90 1970~80년대 세계 대중음악계를 평정한 스웨덴 출신의 세계적 팝그룹으로, 대표곡으로 〈워털루〉, 〈댄싱퀸〉, 〈맘마미아〉 등이 있다. 데뷔 50여 년 만인 5월 31일 스웨덴 국왕에게 기사 작위와 훈장을 받은 이 그룹은?

✎ _____

🎯 77. 등대공장(Lighthouse Factory) 78. 블록딜(Block Deal) 79. 최고인공지능책임자(CAIO · Chief AI Officer) 80. 공매도(Short Stock Selling) 81. 넥스트레이드(Nextrade) 82. 기업의 지속 가능한 공급망실사지침(CSDDD · Corporate Sustainability Due Diligence Directive) 83. 슈바베의 법칙 84. 평두메습지 85. 주머(Zoomer) 86. 청천난류(CAT · Clear−Air Turbulence) 87. 긴급 스쿨벨 88. PA 간호사 89. 마처세대 90. 아바(ABBA)

91 사회가 규정한 미의 기준에서 벗어나 자신의 체형을 있는 그대로 사랑하고 존중하자는 「자기 몸 긍정주의」를 뜻하는 말은?

✎ _____

95 정부나 국가 기관이 자국의 데이터 주권을 보장하고 데이터 보안 관련 문제를 해결하기 위해 구축하는 클라우드 컴퓨팅 인프라를 무엇이라 하는가?

✎ _____

92 국가나 조직이 스포츠 정신과 게임 열기를 앞세워 부정부패와 독재 등 부정적 이미지를 희석시키려는 움직임을 무엇이라 하는가?

✎ _____

96 인간의 두뇌와 컴퓨터를 연결해 뇌파로 외부 기기를 제어하거나 외부 신호로 신체의 신경 세포를 자극하는 기술을 무엇이라 하는가?

✎ _____

93 미국 라이엇 게임즈에서 개발한 게임으로, 10명이 5명씩 팀을 이뤄 상대팀과 싸우는 대전게임이다. 올해 신설된 이 게임 전설의 전당에 우리나라의 페이커 이상혁이 초대 헌액자로 선정됐는데, 이 게임은?

✎ _____

97 5월 27일 경남 사천에 개청한 기관으로, 우주탐사와 우주수송·우주산업·우주안보·우주과학 등과 관련된 임무를 담당한다. 「한국판 NASA」로도 불리는 이 기관은?

✎ _____

94 2024 파리올림픽 마스코트는 절대 왕정을 전복시키기 위해 발발했던 프랑스혁명 당시 시민군이 쓴 「프리기아 모자」에서 유래한 것이다. 자유·평등·박애를 뜻하는 프랑스의 삼색기로 꾸며진 파리올림픽 마스코트의 이름은?

✎ _____

98 가상공간에 실물과 똑같은 물체를 만들어 다양한 모의시험을 통해 검증해 보는 기술로, 실제 발생 가능한 다양한 위험 상황을 예측하고 제작비용과 시간을 대폭 절감하는 데 기여하는 이 기술의 이름은?

✎ _____

99 기기 자체에 탑재돼 외부 서버나 클라우
드에 연결되지 않아도 서비스를 제공할 수
있는 내장형 인공지능(AI)을 무엇이라 하
는가?

_____

100 우주 개발이 정부 주도에서 민간으로 이
전되는 것을 이르는 말로, 우주항공산업의
주도권이 국가와 거대 기업에서 민간·중
소기업으로 옮겨짐에 따라 나타나는 우주
항공산업 생태계의 변화까지 포함하는 이
용어는?

_____

91. 보디 포지티브(Body Positive) 92. 스포츠 워싱(Sports Washing) 93. 리그 오브 레전드(LoL) 94. 프리주(Phryge) 95. 소
버린 클라우드(Sovereign Cloud) 96. 뇌-컴퓨터 인터페이스(BCI·Brain-Computer Interface) 97. 우주항공청(KASA·Korea
Aerospace Administration) 98. 디지털 트윈(Digital Twin) 99. 온 디바이스 AI(On-Device Artificial Intelligence) 100. 뉴 스페
이스(New Space)

실전테스트 100

211

한국사능력테스트

01　다음의 유적이 만들어진 시기의 사회의 모습으로 바른 것은?

 이 유적에는 고래와 물개, 바다거북 등의 동물과 사람, 각종 도구 등 353점의 그림이 그려져 있다. 특히 작살로 고래를 사냥하는 사람, 작살에 찔린 고래, 사냥한 고래를 끌고 가는 배 등 고래잡이를 묘사한 일련의 그림이 그려져 있어 인류의 포경(捕鯨)을 그려낸 최초의 유적으로 인정받는다.

① 무리 사회를 이루어 이동 생활을 하였다.
② 동굴에 살거나 강가에 막집을 짓고 살았다.
③ 청동기를 지배층의 무덤에 껴묻거리로 넣었다.
④ 주먹도끼와 찍개 등 뗀석기를 사용하여 사냥하였다.
⑤ 잔석기를 나무나 뼈에 꽂아 쓰는 이음 도구가 등장하였다.

💡 제시된 사진과 글은 청동기 시대의 울주 대곡리 반구대의 암각화(바위그림)에 대한 설명이다. 이 바위그림에는 여러 동물이 그려져 있는데, 이는 사냥과 고기잡이의 성공과 풍성한 수확을 비는 것으로 보인다.
　①②④ 구석기 시대의 모습이다.
　⑤ 구석기 시대에서 신석기 시대로 넘어가는 전환기인 중석기 시대에 이음 도구가 만들어졌다.

02　밑줄 친 「이 나라」의 경제 상황으로 옳은 것은?

대명충이 이 나라의 왕위에 오른 지 1년 만에 죽으니, 그의 종부(從父)인 인수가 왕위를 잇고 연호를 건흥으로 고쳤다. …(중략)… 그 왕이 자주 학생들을 장안의 태학에 보내었고 고금의 제도를 배우도록 하니, 드디어 바다 동쪽의 성대한 나라가 되었다.

① 모피, 인삼, 녹용, 말 등을 중국에 수출하였다.
② 중국의 남북조 및 북방 유목민족과 무역하였다.
③ 이슬람 상인들이 울산 지역까지 와서 교역하였다.
④ 예성강 어귀의 벽란도가 국제 무역항으로 번성하였다.
⑤ 상업이 발달하여 시장을 감독하는 동시전을 설치하였다.

💡 제시된 지문에서 「인수(대인수)」라는 왕의 이름과 「건흥」이라는 연호를 통해 발해의 10대 선왕에 관한 내용임을 알 수 있으므로, 「이 나라」는 발해를 의미한다.

03 다음 유물 및 유적으로 그 세력 범위를 짐작할 수 있는 나라에 대해 옳게 설명한 것을 〈보기〉에서 고르면?

보기

ㄱ 철기문화를 바탕으로 건국되었다.
ㄴ 상·대부·장군 등의 관직이 있었다.
ㄷ 기원전 3세기에 연나라 장수 진개의 침략으로 멸망하였다.
ㄹ 8조의 법 중 3조만이 《한서지리지》에 기록돼 전해진다.

① ㄱ, ㄴ   ② ㄱ, ㄷ
③ ㄴ, ㄷ   ④ ㄴ, ㄹ
⑤ ㄷ, ㄹ

💡 고조선의 세력범위를 알 수 있는 유물은 비파형동검, 미송리식 토기, 북방식 고인돌이 가장 대표적이고 여기에 거친무늬 거울까지 포함시키기도 한다.
  ㄱ 철기가 아니라 청동기다.
  ㄷ 고조선은 기원전 108년에 한 무제의 침략으로 멸망했다. 연나라 진개의 침략은 고조선의 중심지가 요동에서 대동강 유역으로 이동한 것으로, 멸망한 것은 아니다.

04 다음은 고구려의 발전 과정을 나타낸 것이다. 시기순으로 바르게 나열한 것은?

> (가) 왕이 군사 3만 명을 거느리고 공격하여, 8천 명을 사로잡아 평양으로 옮겨 살게 하였다.
> … 10월 낙랑군을 공격하여 남녀 2천여 명을 사로잡았다.
> (나) 전진의 순도가 불상과 경문을 가져왔고, 태학을 세워 자제들을 교육했다. … 처음으로 법령을 반포하였다.
> (다) 평양으로 도읍을 옮겼다. 백제를 침공하여 한성을 점령하고 개로왕을 죽이고 남녀 8천 명을 생포하여 돌아왔다.
> (라) 교서를 내려 보병과 기병 5만을 보내어 신라를 도와주었다. 왕의 군대가 이르자 왜적이 도망갔다.
>
> – 「삼국사기」

① (가) – (나) – (다) – (라)   ② (가) – (나) – (라) – (다)
③ (나) – (가) – (다) – (라)   ④ (나) – (라) – (다) – (가)
⑤ (다) – (나) – (라) – (가)

💡 (가)는 4세기 초 미천왕, (나)는 4세기 후반 소수림왕, (다)는 5세기 후반 장수왕, (라)는 5세기 초 광개토대왕에 해당한다.

🎯 1. ③ 2. ① 3. ④ 4. ②

05 다음은 통일신라의 토지제도와 관련된 내용이다. 이에 대한 설명으로 옳지 않은 것은?

> • 신문왕 7년(687) 5월에 문무 관료전을 지급하되 차등을 두었다.
> • 신문왕 9년(689) 1월에 내·외관의 녹읍을 혁파하고 매년 조(租)를 주되 차등이 있게 하여, 이로써 영원한 법식을 삼았다.
> • 성덕왕 21년(722) 8월에 처음으로 백성에게 정전을 지급하였다.
> • 경덕왕 16년(757) 3월에 여러 내·외관의 월봉을 없애고 다시 녹읍을 나누어 주었다.
> • 소성왕 원년(799) 3월에 청주 거노현으로 국학생 녹읍을 삼았다.
>
> – 「삼국사기」

① 관료전과 정전을 지급한 것은 왕권을 강화하기 위한 정책의 일환이다.
② 신문왕 7년에 지급된 문무 관료전은 조·용·조의 수취가 가능한 토지였다.
③ 소성왕 원년의 조치는 국학생들의 경제적 뒷받침을 마련하기 위한 것이었다.
④ 경덕왕 16년 녹읍 제도의 부활은 귀족 세력의 권력이 강화되었음을 의미한다.
⑤ 성덕왕 21년에 지급된 정전은 신라 민정문서의 연수유전답과 같은 것으로 볼 수 있다.

💡 ② 조(조세)·용(역)·조(공물)의 수취가 가능한 토지는 녹읍이다. 관료전은 노동력을 징발할 수 없었고 조세와 공물만 수취할 수 있었다.
　⑤ 신라 민정문서에 나오는 연수유전답은 성덕왕 때 백성에게 지급했다는 정전으로 보고 있다.

06 다음 사료에 나타난 시기의 한·일 관계사로 가장 적절한 것은?

> • 백제국은 본래 고려(고구려)와 함께 요동의 동쪽 1000여 리에 있었다. 그후 고려가 요동을 차지하니 백제는 요서를 차지하였다. 백제가 통치한 곳을 진평군(진평현)이라 한다. – 「송서」
> • 처음 백가(百家)로서 바다를 건넜다 하여 백제라 한다. 진대(晉代)에 구려(고구려)가 이미 요동을 차지하니 백제 역시 요서, 진평의 두 군을 차지하였다. – 「통전」
> • 그 나라(백제)는 본래 고구려와 함께 요동의 동쪽에 있었다. 진대(晉代)에 고구려가 이미 요동을 차지하니 백제 역시 요서, 진평의 두 군의 땅을 차지하여 스스로 백제군을 두었다. – 「양서」

① 백제의 노리사치계가 일본에 파견되어 불경과 불상을 전달하였다.
② 고구려의 담징이 일본에 종이와 먹을 전래해 주었다.
③ 백제의 왕인이 천자문과 논어를 일본에 전래해 주었다.
④ 백제의 단양이와 고안무가 일본에 유학을 전래해 주었다.
⑤ 고구려의 도현이 일본에 건너가 《일본세기》를 저술하였다.

💡 ③ 4세기 백제 근초고왕 때 아직기는 일본에 한자를 전래해 주었고, 왕인은 천자문과 논어를 전래해 주었다.
　① 6세기 백제 성왕. ② 7세기 고구려 영양왕. ④ 6세기 백제 무령왕 때의 일이다.
　⑤ 7세기 보장왕 때 연개소문의 도교 장려에 반발하여 일본으로 건너간 도현은 《일본세기》를 저술하였다.

07 다음 자료에서 밑줄 친 「오랑캐」에 대해 옳게 설명한 것을 〈보기〉에서 고르면?

> "신이 오랑캐에게 패한 것은 그들은 기병인데 우리는 보병이라 대적할 수 없었기 때문이었습니다." 이에 왕에게 건의하여 새로운 군대를 편성하였다. 문무 산관, 이서, 상인, 농민들 가운데 말을 가진 자를 신기군으로 삼았고, 과거에 합격하지 못한 20살 이상 남자들 중 말이 없는 자를 모두 신보군에 속하게 하였다. 또 승려를 뽑아서 항마군으로 삼아 다시 군사를 일으키려 하였다.
>
> – 「고려사절요」

보기

㉠ 926년 발해를 멸망시켰다.
㉡ 박서가 귀주성에서 이들을 격퇴하였다.
㉢ 묘청은 이들을 정벌할 것을 주장하였다.
㉣ 남북국시대에는 이들을 말갈이라 불렀다.

① ㉠, ㉡　　　　　　　　　　② ㉠, ㉢
③ ㉡, ㉢　　　　　　　　　　④ ㉡, ㉣
⑤ ㉢, ㉣

💡 자료의 「신기군」, 「신보군」, 「항마군」에서 윤관의 별무반에 대한 설명임을 알 수 있으므로, 밑줄 친 「오랑캐」는 여진족을 의미한다.
　　㉠ 거란족, ㉡ 몽골의 1차 침략에 관한 설명이다.

08 다음의 밑줄 친 「이 책」에 대한 설명으로 옳지 않은 것은?

> 대개 지나간 흥망의 자취는 앞날의 교훈이 되기에 이 책을 편찬하여 올리는 바입니다. …(중략)… 이 책을 편찬하면서 범례는 사마천의 《사기》를 따랐고, 대의(大義)는 직접 왕에게 물어서 결정했습니다. 본기라고 하지 않고 세가라고 한 것은 명분의 중요함을 보인 것입니다. 신돈의 자식인 우왕과 창왕을 세가에 넣지 않고 열전으로 내려놓은 것은 왕위를 도적질한 사실을 엄히 밝히려 한 것입니다.

① 국가가 주도하여 편찬하였다.
② 유교적 도덕 사관에 입각하여 서술하였다.
③ 고조선에서 고려까지의 역사를 서술하였다.
④ 조선 건국을 정당화하려는 의도가 반영되었다.
⑤ 세가에서는 국왕 재위 기간의 일을 기록하였다.

💡 밑줄 친 「이 책」은 조선 초기에 김종서, 정인지 등이 세종의 교지를 받아 만든 《고려사》이다. 《고려사》는 조선 건국을 정당화하려는 의도가 반영된 역사서로, 기전체로 편찬되었다.
　　③ 안정복의 《동사강목》에 대한 설명이다.

🎯 5. ② 6. ③ 7. ⑤ 8. ③

09 다음과 같은 상황이 나타났던 시기에 대한 설명으로 옳지 않은 것은?

> 이곡이 상소를 올렸다. "사람들은 딸을 낳으면 곧 감추고, 오직 탄로날 것을 우려하여 이웃 사람들도 볼 수 없게 한다고 합니다. 중국에서 사신이 올 때마다 우리 백성들은 서로 돌아보면서, '무엇 때문에 왔을까, 처녀를 잡으러 온 것은 아닌가?'라고 걱정합니다. …(중략)… 이런 일이 일 년에 한두 번이나 2년에 한 번씩 있는데, 그 수가 많을 때는 40~50명에 이릅니다. 만약 거기에 뽑히게 되면, 그 부모나 일가친척들이 서로 모여 밤낮으로 슬피 웁니다."

① 부마국 지위에 맞춰 왕실의 호칭과 관제가 바뀌었다.
② 매를 징발하기 위한 특수 기관으로 응방이 설치되었다.
③ 고려의 의복, 그릇, 음식 등의 풍습이 몽골에 전해졌다.
④ 지배층은 농장을 확대하고 양민을 억압하여 노비로 삼았다.
⑤ 무늬를 다양하고 화려하게 넣은 상감청자가 전성기를 이루었다.

💡 원 간섭기에 있었던 공녀 문제에 관련된 글이다.
⑤ 고려 중기에 크게 유행했던 상감청자는 원 간섭기 이후 퇴조하였고, 대신 원대 북방 가마의 영향으로 분청사기가 유행하게 되었다.

10 다음 글을 남긴 「왕」에 대한 설명으로 옳은 것은?

> 짐은 평범한 가문 출신으로서 분에 넘치게 사람들의 추대를 받아 왕위에 올랐다. 재위 19년 만에 삼한을 통일하였고, 이제 왕위에 오른 지도 25년이 되었다. 몸이 이미 늙어지니, 후손들이 사사로운 인정과 욕심을 함부로 부려 나라의 기강을 어지럽게 할까 크게 걱정이 된다. 이에 가르침의 요체를 지어 후대의 왕들에게 전하고자 하니, 바라건대 아침저녁으로 펼쳐 보아 영원토록 귀감으로 삼을지어다.

① 경주를 동경으로 삼고 3경 체제를 갖추었다.
② 지방의 중소 호족을 향리로 편입하여 통제하였다.
③ 태봉의 관제를 근간으로 한 정치제도를 마련하였다.
④ 대동강에서 원산만을 경계로 한 국경선을 확보하였다.
⑤ 과도한 경비 지출을 이유로 연등회와 팔관회를 억제하였다.

💡 제시된 자료는 고려 태조 왕건의 훈요 10조이다.
①② 성종에 관한 설명이다.
④ 태조 왕건이 확보한 국경선은 청천강에서 영흥만까지다.
⑤ 태조 왕건은 훈요 10조에서 연등회와 팔관회를 성대하게 치를 것을 강조했다. 연등회와 팔관회는 성종 때 폐지됐다가 현종 때 부활됐다.

11 고려시대 8품의 관료 갑이 사망하였다. 이때 아내 을이 지급 받을 수 있는 토지는?

① 전시과도 받고 구분전도 받는다.

② 전시과는 국가로 귀속되고 외역전을 받는다.

③ 전시과도 받고 한인전도 받는다.

④ 전시과를 반납하고 구분전을 지급받는다.

⑤ 전시과를 반납하고 한인전을 지급받는다.

💡 8품의 관료 갑은 살아있었을 때 전시과로 과전을 받았을 것이나, 사망 후에는 이를 반납해야 하고 대신 그 가족은 구분 전을 받게 된다.

12 다음 밑줄 친 부분에 나타난 인식이 반영된 사실을 〈보기〉에서 고르면?

> 신이 또 들으니, 기자 사당에는 제전(祭田: 제사를 지내기 위한 토지)이 있고 단군을 위한 제 전은 없기 때문에, 기자에게는 매달 초하루와 보름마다 제물을 올리지만, 단군에게는 봄·가 을에만 제사한다 하옵니다. 현재 단군 신위를 기자 사당에 배향하게 되어서 한 방에 함께 계 신데, 홀로 단군에게 초하루·보름 제물을 올리지 아니한다는 것 또한 미안하지 않을까 합니 다. <u>신의 생각에는 단군의 사당을 별도로 세우고, 신위를 남향하도록 하여 제사를 받들면 제</u> <u>사 의식에 합당할까 하옵니다.</u>

보기

㉠ 소격서 폐지

㉡ 《주자가례》 보급

㉢ 《칠정산》 제작

㉣ 《향약집성방》 편찬

① ㉠, ㉡　　　　　　　　　② ㉠, ㉢

③ ㉡, ㉢　　　　　　　　　④ ㉡, ㉣

⑤ ㉢, ㉣

💡 15세기의 집권 세력은 단군을 개국 시조로 인식하여 국가에서 제사하는 등 어느 정도 주체성과 자주성을 보여 주었다. 이러한 분위기 속에서 세종 때를 전후한 시기에는 자주적이고 실용적인 기풍이 발달하였다. 《농사직설》과 《향약집성방》 편찬, 훈민정음과 칠정산의 편찬 등은 그 대표적 예라 할 수 있다. 하늘에 제사를 지내는 등 도교 행사를 담당하던 소격 서의 폐지나 주자가례의 보급은 성리학적 질서가 강화돼 가는 모습을 보여 준다.

🎯 9. ⑤　10. ③　11. ④　12. ⑤

13 다음 중앙군의 군사조직을 시기순으로 바르게 나열한 것은?

> ㉠ 궁궐과 서울을 수비하는 5위
> ㉡ 국왕의 친위 부대인 2군과 수도 경비와 국경 방어를 담당하는 6위
> ㉢ 말갈족까지 포함하여 민족 융합을 꾀한 9서당
> ㉣ 훈련도감, 어영청, 총융청, 수어청, 금위영의 5군영

① ㉠-㉡-㉢-㉣   ② ㉡-㉠-㉢-㉣
③ ㉢-㉠-㉡-㉣   ④ ㉢-㉡-㉠-㉣
⑤ ㉣-㉢-㉡-㉠

💡 ㉠ 조선 전기 ㉡ 고려 ㉢ 통일신라 ㉣ 조선 후기

14 그림의 대화에서 (가)에 대한 설명으로 옳은 것은?

① 중종 때 조광조가 처음 시행하였다.
② 경재소를 통해 조정의 통제를 받았다.
③ 중앙에서 파견한 교수, 훈도가 지도를 맡았다.
④ 붕당의 근거지로 인식되어 영조 때 대폭 정리되었다.
⑤ 지방민 교화를 위해 부·목·군·현마다 하나씩 설립되었다.

💡 (가)는 서원이다.
　　① 향약에 관한 설명이다. 최초의 서원은 중종 때 주세붕이 세운 백운동 서원이다.
　　② 유향소, ③⑤ 향교에 관한 설명이다.
　　④ 영조는 붕당을 혁파하기 위해 붕당의 근거지인 서원을 정리하고, 붕당의 정신적 지주인 사림을 부정했으며, 붕당 이익에 이용되던 이조전랑직을 약화시켰다.

15 다음과 같은 조치가 이루어진 시기의 경제 상황을 〈보기〉에서 고르면?

> 호조판서 서영보가 아뢰길, "전국 각 도에 금을 몰래 채취하는 무리가 없는 곳이 없으니, 지금 비록 엄히 막고 있으나 영원히 막을 수는 없습니다. 여러 도의 금이 생산되는 곳에는 금점(金店) 설치를 허락하고 은점(銀店)의 예에 따라 호조에서 관리하여 세금을 거두면 편리할 것입니다."라고 하니, 왕이 대신의 의견을 들은 후 허락하였다.

보기

> ㉠ 덕대가 물주의 자본으로 노동자를 고용하여 광물을 채굴하고 제련하였다.
> ㉡ 각 지방의 상업 중심지를 연결하면서 물품을 교역하는 사상(私商)의 활동이 두드러졌다.
> ㉢ 정부는 경제 활동을 장악하기 위해 삼한통보, 해동통보 등의 동전을 유통시키려 하였다.
> ㉣ 왕실과 관청에 물품을 공급하는 시전의 종류가 늘어나고 이들의 독점 판매권이 강화되었다.

① ㉠, ㉡
② ㉠, ㉢
③ ㉡, ㉢
④ ㉡, ㉣
⑤ ㉢, ㉣

💡 자료는 조선 후기에 실시된 「설점수세제(設店收稅制)」의 배경이다.
　㉢ 고려 숙종, ㉣ 조선 전기에 관한 설명이다.

16 신미양요 당시 다음과 같은 입장을 취한 인물들의 활동으로 가장 적절한 것은?

> 내가 듣기로 미국은 여러 나라 가운데 가장 공평을 주장하고 곤경을 잘 극복하였다. 서양 국가 가운데 가장 부유한 나라지만 영토를 넓히는 데 욕심이 없다. 먼저 말을 하지 않아도 우리가 먼저 교류를 하고 맹약을 맺어 고립의 어려움을 면해야 한다. 하물며 미국을 물리침이 어찌 나라를 위하는 일이라 할 수 있을 것인가?
>
> － 『환재집』

① 서울 종로 거리와 전국 각지에 척화비를 세웠다.
② 성년이 된 고종의 친정(親政)을 요구하는 상소를 올렸다.
③ 프랑스 선교사의 활동과 천주교의 확산을 막으려 하였다.
④ 구식 군인 및 서울의 빈민들을 규합하여 봉기를 일으켰다.
⑤ 운요호 사건 이후 일본과의 수교를 적극적으로 주장하였다.

💡 제시된 자료는 통상 개화론자인 박규수의 주장이다.
　①③ 흥선대원군의 통상 수교 거부 정책이다.
　② 최익현에 대한 설명으로, 그는 개항반대운동을 전개한 대표적인 위정척사론자이다.
　④ 임오군란에 대한 설명으로, 위정척사운동과 맥을 같이한다.

🎯 13. ④ 14. ④ 15. ① 16. ⑤

17 다음 사료에 나오는 도적을 잡아 심문하고자 한다. 이때 도적의 진술로 적절하지 않은 것은?

> 근래 도적이 벌떼처럼 일어나 공공한하게 노략질을 하며 양민을 죽이고 방자한 행동을 거리
> 낌 없이 하여도 주현에서 막지 못하고 병사(兵使)도 잡지 못하니, 그 형세가 점점 커져서 여러
> 곳으로 퍼지고 있습니다. 심지어 서울에서도 떼로 일어나 빈 집에 진을 치고 밤이면 모였다가
> 새벽이면 흩어지고 칼로 사람을 다치게 합니다. …　　　　　　　　　　　　　　　－「명종실록」

① 군포 부담이 너무 심해 도적이 되었지요.
② 임꺽정 형님 밑에서 한 2년 정도 있었습니다.
③ 결작의 부담을 저한테 부담시키더라고요.
④ 환곡의 이자가 많다는 건 너무한 거 아닙니까!
⑤ 원래 장시에서 장사를 했습니다.

💡 제시된 자료는 《명종실록》의 내용이므로 16세기와 관련된 것이다.
　③ 결작은 균역법의 실시로 인한 정부 재정의 보충방안으로 실시된 것인데, 균역법은 18세기 영조 때에 실시됐으므로 시대 상황이 맞지 않다.

18 다음 그림의 집회에서 볼 수 있는 모습으로 가장 적절한 것은?

① 신분제 폐지를 주장하는 백정
② 집회를 습격하는 황국협회의 보부상
③ 고종의 환궁을 요구하는 독립협회 회원
④ 현장을 취재하는 《대한매일신보》의 기자
⑤ 정부 대신의 발언을 경청하는 시전 상인

💡 자료는 독립협회의 만민공동회에 관리가 참여한 관민공동회의 모습을 나타낸 것이다.
　① 독립협회는 1896년에 창설됐고, 신분제는 1894년 갑오 1차개혁으로 폐지됐으므로 틀린 내용이다.
　② 황국협회가 만민공동회를 습격해 독립협회가 해산된 것은 이보다 나중에 있었던 일이다.
　③ 관민공동회는 1898년에 열렸으므로 이미 고종이 환궁(1897년 2월)하여 대한제국이 설립됐던 이후다. 그림의 「폐하」
　라는 말에서 이미 황제의 칭호를 쓰고 있음을 알 수 있다.
　④ 《대한매일신보》는 1904년에 창간됐으므로 시기가 맞지 않는다.

19 다음 자료는 어느 세력의 노선 변화를 나타낸 것이다. (가), (나) 주장에 대한 설명으로 옳은 것은?

> (가) 민족주의 세력에 대해서는 그 부르주아 민주주의적 성질을 분명히 인식함과 동시에 과정
> 상 동맹자적 성질도 충분히 승인하여 그것이 타락되지 않는 한 적극적으로 제휴하여 대
> 중의 개량적 이익을 위해서도 종래의 소극적 태도를 버리고 싸워야 할 것이다.
>
> (나) 노·농 투쟁 주체의 강대화는 해소 운동과 함께 수행되지 않으면 안 된다. 노동자는 노동
> 조합에, 농민은 농민조합에 돌아가서 투쟁하여야 한다. …(중략)… 소부르주아를 고립화,
> 무력화해 놓고 그들의 비명을 듣고 발악을 보면 우리는 그 정체를 잘 알 수 있다.

① (가)는 코민테른이 계급 투쟁을 강화하면서 제기되었다.
② (가)는 일제에게 자치권을 요구하는 움직임으로 이어졌다.
③ (나)는 일제의 치안 유지법 제정을 계기로 등장하였다.
④ (나)는 전국적 단위의 농민·노동단체가 설립되는 배경이 되었다.
⑤ (가)에서 (나)로의 변화는 민족 협동전선의 결렬로 이어졌다.

💡 자료는 일제시대 사회주의자들의 노선 변화를 나타낸 것이다. (가)에서 사회주의자들은 민족주의자와 적극적으로 제휴
하려 했다는 것을 알 수 있지만, (나)에서는 민족주의자에 대한 적개심과 더불어 그들을 고립, 무력화시키려는 것을 알 수
있다. 이러한 노선 변화로 인해 민족유일당 운동단체였던 신간회는 1931년에 해체되었다.
① (나)에 대한 설명이다.
② 자치론자(타협적 민족주의자)들은 친일화됐으므로, 사회주의자들은 자치론자들을 비판하고 비타협적 민족주의자들
과 제휴했다.
③ (가)에 대한 설명이다.
④ (나)는 1930년대 초이고, 농민·노동단체가 설립된 시기는 이미 1920년대 전반이었다.

20 다음은 광복 이후 민족 분단을 극복하고 통일국가를 수립하기 위해 진행됐던 노력에 관한 내
용이다. 이를 시대순으로 바르게 나열한 것은?

> ㉠ 7·4 남북 공동성명 발표
> ㉡ 남북한 사이의 화해와 불가침 및 교류·협력에 관한 합의서 채택(남북 기본합의서)
> ㉢ 민족자존과 통일번영을 위한 특별선언(7·7선언)
> ㉣ 6·15 남북 공동선언 발표

① ㉠-㉡-㉢-㉣　　　　　　　　② ㉠-㉢-㉡-㉣
③ ㉠-㉡-㉣-㉢　　　　　　　　④ ㉠-㉣-㉡-㉢
⑤ ㉠-㉢-㉣-㉡

💡 ㉠ 1972년(박정희 정부), ㉡ 1991년(노태우 정부), ㉢ 1988년(노태우 정부), ㉣ 2000년(김대중 정부)이다.

🎯 17. ③　18. ⑤　19. ⑤　20. ②

국어능력테스트

어휘·어법·어문규정

01 다음 중 밑줄 친 부분의 의미가 다른 것은?

① 막벌이
② 막국수
③ 막담배
④ 막고무신
⑤ 막소주

💡 ① '막벌이'는 '아무 일이든지 닥치는 대로 해서 돈을 버는 일'을 뜻하는 말로, '막–'은 '닥치는 대로 하는'의 뜻을 더하는 접두사이다.
②~⑤의 '막–'은 모두 '거친', '품질이 낮은'의 뜻을 더하는 접두사이다.

02 밑줄 친 ㉠을 유사한 의미의 다른 단어로 바꿀 때 가장 적절한 것은?

> 일상을 지배하는 대중적인 이미지를 예술에 도입한 팝아트! 코카콜라, 마릴린 먼로 등의 복제 사진으로 유명한 앤디 워홀과 립스틱·셔틀곡 등을 거대한 조각으로 표현한 올덴버그의 작품들을 보고 ㉠ 걸작, 졸작으로 나누는 것은 물론 대중의 몫이다.

① 과작(寡作)　　　　　② 대작(大作)
③ 범작(凡作)　　　　　④ 태작(駄作)
⑤ 다작(多作)

💡 '걸작'은 매우 훌륭한 작품을 말하는 것으로, ②의 '대작(뛰어난 작품, 규모나 내용이 큰 작품이나 제작)'과 그 의미가 유사하다.
① 작품 따위를 적게 지음
② 평범한 작품
④ 솜씨가 서투르고 보잘것없는 작품(= 졸작)
⑤ 작품 따위를 많이 지어냄

03 밑줄 친 부분의 맞춤법이 옳은 것을 모두 고르면?

> ⊙ 누나는 내 밥그릇에 밥을 가득 **퍼** 담았다.
> ⓒ 알뜰한 그녀는 **다달이** 저금을 많이 하고 있다.
> ⓒ 그들은 다음날 새벽 **일찍이** 다음 목적지로 출발했다.

① ⊙

② ⊙, ⓒ

③ ⊙, ⓒ

④ ⓒ, ⓒ

⑤ ⊙, ⓒ, ⓒ

💡 ⊙ '풔'가 아니라 '퍼'가 맞는 표기이다. '푸-+-어'는 'ㅜ'가 탈락한 '퍼'로 적는다.

04 밑줄 친 부분의 표기가 옳지 않은 것은?

① 가족들이 모두 **오순도순** 모여 살았다.
② 일이 **익숙지** 않아 자꾸 실수만 저질렀다.
③ **윗층**에서 들리는 소음 때문에 잠을 잘 수가 없었다.
④ 탁자 위에 놓인 **재떨이**에 담뱃재가 가득했다.
⑤ 어머니는 나의 성적이 떨어지자 나를 크게 **나무라셨다.**

💡 ③ '윗층'이 아니라 '위층'이 맞다. → '위' 뒤에 거센소리나 된소리가 올 때에는 'ㅅ'을 적지 않는다.

05 다음 중 필요한 문장 성분이 생략돼 어색한 문장을 고르면?

① 사람들은 누구나 자신의 이상을 추구한다.
② 이모는 우리 모두에게 잘해 주지만, 나보다 동생을 더 예뻐하는 것 같다.
③ 비가 많이 오니 우산과 우비를 입고 나가라.
④ 나는 어머니의 심부름으로 집에서 기른 야채를 할머니께 가져다 드렸다.
⑤ 요즘 건강을 생각해서 천연섬유로 만든 옷을 많이 입는다.

💡 ③ '우산을'과 호응하는 서술어가 생략된 문장으로, '우산을 쓰든지 우비를 입고 나가라.'고 고쳐야 한다.

06 〈보기〉의 뜻풀이에 해당하고 예문의 빈칸에 들어갈 단어로 가장 알맞은 것은?

보기

[뜻풀이] 재주나 기술 따위가 아주 능숙함
[예시문] 겸재 정선의 작품 세계는 정선 화풍의 형성기인 50대 전반까지의 제1기, 정선 화풍의 완성기인 60대 후반까지의 제2기, 세련미의 절정을 이루는 80대까지의 제3기로 구분되는데, 말년으로 갈수록 그 깊이가 더해져 (   )한 경지를 보여준다.

① 능란(能爛) 　　　　　② 완전(完全)
③ 심오(深奧) 　　　　　④ 완벽(完璧)
⑤ 완숙(完熟)

💡 ① 익숙하고 솜씨가 있음
　　⑤ 사상이나 이론 따위가 깊이가 있고 오묘함

07 〈보기〉의 빈칸에 가장 어울리는 한자성어는?

보기

　임진왜란의 침략 사례를 대륙 진출로 자구 수정을 한다고 현실의 불만이 사라지는가? 일본 정부 스스로 속죄의 대상으로 공식 발표했고 유엔인권위원회까지 보상 책임을 명백히 했던 종군 위안부 문제를 교과서에서 지운다고 수만 명의 여성들을 전쟁의 노리개로 삼았던 그 만행의 과거가 없던 일로 사라질 것인가? 잘못된 지난날을 (　　　　)(으)로 미화하고 위장된 과거를 자식들에게 가르친다는 것 자체가 죄악 아닌가?

① 당랑거철(螳螂拒轍)
② 교언영색(巧言令色)
③ 마이동풍(馬耳東風)
④ 비육지탄(髀肉之嘆)
⑤ 자가당착(自家撞着)

💡 ② '아첨하는 말과 알랑거리는 태도'를 가리키는 말로, 지난날의 잘못을 아첨과 알랑거리는 태도로 적당히 미화하고 무마하려는 일본의 태도에 적합하다.
　　① 역량을 생각하지 않고, 강한 상대나 되지 않을 일에 덤벼드는 무모한 행동거지를 비유적으로 이르는 말
　　③ 남의 말을 귀담아 듣지 아니하고 지나쳐 흘려버림
　　④ 재능을 발휘할 때를 얻지 못하고 헛되이 세월만 보내는 것을 한탄함
　　⑤ 같은 사람의 말이나 행동이 앞뒤가 서로 맞지 아니하고 모순됨

쓰기

08 다음 문장을 글의 5단 구성 '흥미 유발-문제 제기-문제 해명-해명의 구체화-요약 및 행동의 촉구' 순으로 나열한 것은?

> ㉠ 시간을 가치 있게 활용하는 사람이 훌륭한 업적을 남길 수 있다.
> ㉡ 시간은 어떻게 사용하느냐에 따라 그 가치가 달라진다.
> ㉢ "뿌린 대로 거둔다."는 속담이 있다.
> ㉣ 시간을 아껴 써서 훌륭한 사람으로 성장하자.
> ㉤ 시간은 공평하게 주어진다.

① ㉢-㉠-㉡-㉣-㉤　　　　　　② ㉡-㉢-㉣-㉠-㉤
③ ㉢-㉤-㉡-㉣-㉠　　　　　　④ ㉤-㉡-㉠-㉢-㉣
⑤ ㉢-㉣-㉠-㉤-㉡

💡 ㉢ 흥미 유발-㉤ 문제 제기-㉡ 문제 해명-㉣ 해명의 구체화-㉠ 요약 및 행동의 촉구

09 다음은 어떤 글의 첫 문단이다. 이를 바탕으로 세운 글쓰기 계획으로 바르지 않은 것은?

> 　동아시아 음식의 공통된 요소는 쌀, 장류, 생선, 채소, 그리고 젓가락의 사용에 있다. 여기에 각기 다른 맛의 요소가 더해져서 각 지역의 음식 문화가 형성되었다. 쌀을 예로 들어 말하면 인디카종인가 자포니카종인가, 멥쌀인가 찹쌀인가, 쌀알 그대로 사용하는가 빻아서 사용하는가, 찌거나 삶거나 데치는 것 중에서 어떤 조리법을 사용하는가 등의 차이가 있다.

① 동아시아 각 지역의 음식 문화의 공통점과 차이점을 비교 서술하여 음식과 문화의 관계를 밝힌다.
② 인디카종과 자포니카종, 멥쌀과 찹쌀의 특성을 비교하여 동아시아의 지형 및 기후와 식용 작물의 선택 사이에 어떠한 관계가 있는지를 분석한다.
③ 쌀의 종류 및 조리법의 차이가 젓가락 등 음식 문화의 다른 요소와 맺는 관계를 설명하여 음식 문화의 총체성을 드러낸다.
④ 쌀 이외에도 생선, 채소, 장류 등에 대한 설명을 추가하여 내용을 풍부하게 한다.
⑤ 동아시아 음식의 공통점을 들었으므로, 차이점도 함께 서술하여 균형을 잡는다.

💡 제시문은 동아시아 음식의 공통점과 음식 문화의 형성 방법에 대해 서술하고 있다. 여기에서 언급한 '쌀'은 예시 중 하나인데, ②는 쌀을 중심으로 글의 논지인 '음식 문화'와 거리가 있는 동아시아의 지형, 기후, 식용 작물의 선택 등에 대해 다뤘으므로 옳지 않다.

10 ⊙~⑩을 고친 내용으로 적절하지 않은 것은?

> 인간이 먹을 것을 마련하려면 토지를 경작하여 그 풍토에 맞는 농작물을 생산하거나 가축을 사육하여 육류를 ⊙ 획득한다. 그런데 어떤 재료를 가지고 어떻게 조리하여 먹느냐와 관련된 식생활 양식은 그 지역의 자연 환경이나 문화와 관련이 있다. 이스라엘 사람들이 종교적인 이유로 돼지고기를 먹지 않고, 소를 신성시하는 인도인들이 ⓒ 먹지 않는 것은 그 구체적인 사례에 해당한다. ⓒ 최근에는 독특한 식문화가 사라져 가고 식문화의 일반화가 진행되고 있다. 이처럼 자연 환경이나 문화의 차이는 식생활 양식의 차이와 밀접한 관련이 ② 있기 때문이다. ⑩ 그러나 우리나라만의 독특한 식생활 양식과 관련된 자연 환경이나 문화에 대해 살펴보는 것은 우리의 식생활 양식을 조명하는 데 도움이 될 것이다.

① ⊙: 문장의 호응 관계가 맞지 않으므로 '획득해야 한다'로 고쳐야 한다.
② ⓒ: 생략된 목적어인 '소를'을 첨가한다.
③ ⓒ: 글의 주제와 관련성이 떨어지는 문장이므로 삭제한다.
④ ②: 내용상 '있기 때문이다'를 '있다'로 고쳐야 한다.
⑤ ⑩: 문장의 흐름을 고려해 '그리고'로 수정한다.

💡 ⑤ 앞 문장이 뒤 문장의 근거가 되기 때문에 인과 관계를 나타내는 접속사 '그러므로'를 사용해야 한다.

창안

11 〈보기〉의 빈칸에 들어갈 속담으로 가장 적절한 것은?

> 보기
>
> 어렵게 필기시험에 합격하고 면접이 얼마 남지 않았다. 주변에서는 서두르지 말고 차분히 준비하라고 했다. 그러나 (   )는 말처럼 어떤 일이든 기회가 있을 때 마무리 짓지 않으면 낭패를 당한다는 사실을 많은 경험을 통해 터득한 터라 나는 곧바로 실전 연습에 들어갔다.

① 원님 덕에 나발 분다
② 쇠뿔도 단김에 빼라
③ 중이 제 머리를 못 깎는다
④ 업은 아이 삼 년 찾는다
⑤ 우선 먹기는 곶감이 달다

💡 ② 든든히 박힌 소의 뿔을 뽑으려면 불로 달구어 놓은 김에 해치워야 한다는 뜻으로, 어떤 일이든지 하려고 생각했으면 한창 열이 올랐을 때 망설이지 말고 곧 행동으로 옮겨야 함을 비유적으로 이르는 말이다.

12 다음의 조건을 모두 충족하는 광고 문구는?

조건
- 동음이의어를 사용할 것
- 문법적 지위가 다른 요소들을 교묘하게 결합할 것

① (자동차 광고에서) 달릴 때는 자유, 머무를 때는 여유
② (음료 광고에서) 솔빛 솔바람 솔내음, 솔싹 추출물 함유
③ (대학교 광고에서) 세상은 좁게, 세계는 넓게!
④ (통신사 광고에서) 나는 ADSL 2000! 뛰는 ADSL 위에 나는 ADSL 2000!
⑤ (우유 광고에서) 그 우유가 그 우유? 그건 아닙니다.

💡 ④ 앞의 '나는'은 '나(대명사)+는(조사)'이고 뒤의 '나는'은 '날다(동사)'의 활용형으로 동음이의어에 해당한다.

읽기

13 다음 (가)와 (나)에 공통으로 사용된 논지 전개 과정은?

> (가) 인공위성을 이용한 원격 측정 기술은 각종 전자파 센서를 이용하여 대기 중의 오존이나 수증기와 같은 구성 물질의 전 지구적 분포를 측정하는 데 커다란 역할을 할 것이다. 미국은 적도를 따라 바다의 강수량을 측정할 수 있는 극초단파 감각 장치를 장착한 인공위성을 1996년에 쏘아 올렸고, 오존이나 수증기의 연직 분포를 인공위성에서 측정할 수 있는 방법 등을 연구 개발 중이다. 우리나라도 과학로켓 1호와 2호에 오존 측정 기기를 장착하여 오존의 연직 분포 측정에 성공하였는데, 대기오염 측정 기기나 기상 측정 기기가 개발되어 우리나라 인공위성에 장착될 날도 멀지 않았다.
>
> (나) 지상에서 레이저 광선을 발사하여 대기 중의 구성 물질을 측정하는 원격 측정 기술도 활발히 진행되고 있다. 이 방법은 각 기체 분자가 가지고 있는 분광학적 특성을 이용한 것인데, 대기 중에서 반사되어 오는 분광의 성분을 분석하여 아황산가스나 오존과 같은 대기오염 물질의 농도 및 그 연직 분포를 측정하는 것이다. 21세기에는 원격 측정 기술을 비롯한 측정과학 기술이 크게 발전하여, 전 지구적인 환경 감시 기능을 수행할 것으로 예상된다.

① 전제-상세화-주지 ② 일반적 진술-구체적 진술-전망
③ 문제-원인-해결 방법 ④ 주지-예시-부연
⑤ 전제-현실 비판-대안의 제시

💡 (가)와 (나)는 각각 세 문장으로 구성돼 있는데, '일반적 진술-구체적 진술-전망' 순으로 논지를 전개하고 있다.

14 다음 시에서 '가을'이 가지는 의미로 가장 적절하지 않은 것을 고르면?

> 가을에는
> 기도하게 하소서⋯⋯
> 낙엽(落葉)들이 지는 때를 기다려 내게 주신
> 겸허(謙虛)한 모국어(母國語)로 나를 채우게 하소서.
>
> 가을에는
> 사랑하게 하소서⋯⋯
> 오직 한 사람을 택하게 하소서.
> 가장 아름다운 열매를 위하여 이 비옥(比屋)한
> 시간을 가꾸게 하소서.
>
> 가을에는
> 호올로 있게 하소서⋯⋯
> 나의 영혼,
> 굽이치는 바다와
> 백합(白合)의 골짜기를 지나
> 마른 나뭇가지 위에 다다른 까마귀 같이

① 생명이 다하는 시간
② 삶을 성찰하는 시간
③ 내적으로 성숙하는 시간
④ 미래에 대한 불안감이 드러나는 시간
⑤ 진실된 삶에 다가가는 시간

💡 ④ 이 시에서 '가을'은 모든 것으로부터 초월하는 시간으로 미래에 대한 불안감은 나타나지 않는다.

그 여자는 자기보다 나이가 두 살 위였는데 한 이웃에 사는 탓으로 같이 놀기도 하고 싸우기도 하며 자라났다. 그가 열네 살 적부터 그들 부모들 사이에 혼인 말이 있었고 그도 어린 마음에 매우 탐탁하게 생각하였었다. 그런데 그 처녀가 열일곱 살 된 겨울에 별안간 간 곳을 모르게 되었다. 알고 보니, 그 아버지 되는 자가 20원을 받고 대구 유곽에 팔아먹은 것이었다. 소문이 퍼지자 그 처녀 가족은 그 동리에서 못 살고 멀리 이사를 갔는데 그 후로는 물론 피차에 한 번 만나 보지도 못하였다. ㉠ 이번에야 빈터만 남은 고향을 구경하고 돌아오는 길에 읍내에서 그 아내 될 뻔한 댁과 마주치게 되었다.

처녀는 어떤 일본 사람 집에서 아이를 보고 있었다. 궐녀는 20원 몸값을 10년을 두고 갚았건만 그래도 주인에게 빚이 60원이나 남았었는데, 몸에 몹쓸 병이 들어 나이 늙어져서 산송장이 되니까 ㉡ 주인 되는 자가 특별히 빚을 탕감해 주고, 작년 가을에야 놓아 준 것이었다.

㉢ 궐녀도 자기와 같이 10년 동안이나 그리던 고향에 찾아오니까 거기에는 집도 없고 부모도 없고 쓸쓸한 돌무더기만 눈물을 자아낼 뿐이었다. ㉣ 하루해를 울어 보내고 읍내로 들어와서 돌아다니다가, 10년 동안에 한 마디 두 마디 배워 두었던 일본 말 덕택으로 그 일본 집에 있게 되었던 것이었다.

"암만 사람이 변하기로 어째 그렇게도 변하는기오? 그 숱 많던 머리가 훌렁 다 벗어졌두마. 눈은 푹 들어가고 그 이들이들하던 얼굴빛도 마치 유산을 끼얹은 듯하더마."

"서로 붙잡고 많이 우셨겠지요."

"눈물도 안 나오더마. 일본 우동집에 들어가서 둘이서 정종만 열 병 때려 뉘고 헤어졌구마." 하고 가슴을 짜는 듯한 괴로운 한숨을 쉬더니만 그는 지난 슬픔을 새록새록 자아내어 마음을 새기기에 지쳤음이더라.

"이야기를 다하면 뭐하는기오." 하고 쓸쓸하게 입을 다문다. 나 또한 너무도 참혹한 사람살이를 듣기에 쓴물이 났다.

"자, 우리 술이나 마자 먹읍시다." 하고 우리는 주거니 받거니 한 되 병을 다 말리고 말았다. 그는 취흥에 겨워서 우리가 어릴 때 멋모르고 부르던 노래를 읊조렸다.

㉤
볏섬이나 나는 전토는/ 신작로가 되고요.
말마디나 하는 친구는/ 감옥소로 가고요.
담뱃대나 떠는 노인은/ 공동묘지 가고요.
인물이나 좋은 계집은/ 유곽으로 가고요.

– 현진건, 「고향」

15 **윗글에 나타난 시점으로 옳은 것은?**

① 1인칭 관찰자 시점
② 1인칭 주인공 시점
③ 3인칭 관찰자 시점
④ 전지적 작가 시점
⑤ 1인칭 주인공 시점, 전지적 작가 시점

💡 ① '나 또한 너무도 참혹한 사람살이를 듣기에 쓴물이 났다.'라는 문장에서 '나'가 등장하므로 1인칭이고, '나'가 '그 여자'로 지칭되는 처녀를 관찰하고 있으므로 관찰자 시점이다.

16 ⓘ~ⓐ을 사건이 일어난 순서대로 나열한 것은?

① ⓘ-ⓒ-ⓐ-ⓛ
② ⓛ-ⓘ-ⓒ-ⓐ
③ ⓘ-ⓛ-ⓐ-ⓒ
④ ⓛ-ⓒ-ⓐ-ⓘ
⑤ ⓘ-ⓐ-ⓛ-ⓒ

💡 ⓛ: 작년 가을 ⓒ: 고향에 돌아왔던 때 ⓐ: 고향에 돌아와서 1년이 지났을 때 ⓘ: 지금 현재

17 ⓜ을 통해 알 수 있는 일제강점기 때 우리 민족의 생활상이 아닌 것은?

① 탄압   ② 타락
③ 수탈   ④ 죽음
⑤ 개화

💡 ⑤ '신작로'는 개화를 상징하는 것이 아니라 농토를 빼앗긴 우리 민족의 삶을 상징한다.
'볏섬이나 나는 전토는/ 신작로가 되고요.'에서는 수탈을, '말마디나 하는 친구는/ 감옥소로 가고요.'에서는 탄압을, '담뱃
대나 떠는 노인은/ 공동묘지 가고요.'에서는 죽음을, '인물이나 좋은 계집은/ 유곽으로 가고요.'에서는 타락을 연상할 수
있다.

국어문화

18 다음 시조에서 노래하고 있는 것은?

> 빼어난 가는 잎새 굳은 듯 보드랍고,
> 자줏빛 굵은 대공 하얀 꽃이 벌고,
> 이슬은 구슬이 되어 마디마디 달렸다.

① 난초   ② 매화
③ 대나무   ④ 국화
⑤ 소나무

💡 주어진 시조는 난초의 외양을 묘사하고 그 고고한 삶을 찬미한 이병기의 시조 〈난초〉 중 제6수다.

19 〈보기〉에서 설명하는 문학 연구의 방법은 무엇인가?

> 보기
>
> 문학 작품을 볼 때 작품 그 자체만 보는 것이 아니라 작가, 사회, 환경을 중시해서 연구해야 한다는 방법을 말한다.

① 심리주의 방법　　　　　　　　② 신화주의 방법
③ 역사주의 방법　　　　　　　　④ 형식주의 방법
⑤ 구조주의 방법

💡 ① 정신분석학 등 심리학 이론에 근거해 작가의 창작 심리, 작품의 심리적 분석, 독자에게 미치는 심리적 영향 등을 알아내는 연구 방법
② 작품 속에서 신화의 원형을 찾아내고, 이것이 작품 속에서 어떻게 변형됐는지를 분석하는 연구 방법
④ 작품 그 자체만 보고 작품의 형식과 구조를 분석하는 연구 방법
⑤ 언어학적 구조주의를 바탕으로 작품을 여러 요소로 나누고 그 사이의 관계를 분석해 숨겨진 구조를 찾아내는 연구 방법

20 다음 ㉠에 공통으로 들어갈 단어는?

> (㉠)의 조건은 외국어가 원래 언어에서 지니고 있던 특징을 잃어버리고 우리말의 특징을 지니게 되어야 한다는 것이다. (㉠)은/는 대개 음운, 문법, 의미의 세 가지 면에서 이뤄진다. 음운상의 (㉠)은/는 외국어가 우리말 속에 들어와 쓰일 때 그 발음이 우리말 소리로 대치되는 것을 말한다. 문법 면에서의 (㉠)은/는 원어에서 가졌던 성, 수, 격, 호응 관계 등의 기능이 없어지고 우리말에서 새로운 문법적 지위를 부여받게 되는 것에서 찾아볼 수 있다. 의미 면에서의 (㉠)은/는 우리말 속에 들어와 그 고유한 의미가 화되는 것을 말한다.

① 교체　　　　　　　　　　　　② 동화
③ 탈락　　　　　　　　　　　　④ 첨가
⑤ 축약

💡 외국어의 발음이 우리말 소리로 대치되는 것, 우리말에서 새로운 문법적 지위를 부여받는 것, 우리말 속에 들어와 그 고유한 의미가 변화되는 것 등은 모두 외국어가 우리말처럼 변화되는 것을 의미하므로 ㉠에 들어갈 말로는 '동화'가 적절하다.

Answer

어휘·어법·어문규정 ▶	1.① 2.② 3.④ 4.③ 5.③ 6.⑤ 7.②
쓰기 ▶	8.③ 9.② 10.⑤
창안 ▶	11.② 12.④
읽기 ▶	13.② 14.④ 15.① 16.④ 17.⑤
국어문화 ▶	18.① 19.③ 20.②

국어능력테스트

상식 요모조모

최신시사상식 228집

상식
요모조모

뉴스 속 와글와글 / Books & Movies

상식 파파라치

올여름 매미의 미국 침공?
221년 만에 최대 규모 매미떼 출현한다!

4월 20일 AP통신 등에 따르면 최근 미국 곤충학자들 사이에서 특정 주기마다 출몰하는 「주기성 매미(Periodical Cicada)」 2개 부류가 이달 말쯤부터 동시에 지상으로 올라와 활동할 것이라는 전망이 나왔다. 이들 매미는 각각 13년과 17년 주기로 활동하는 무리로, 미국에서 2부류가 동시에 출현하는 것은 1803년 이후 처음인 것으로 알려졌다. 올해는 이 두 부류에 포함된 매미 7종이 여러 다른 장소에서 한꺼번에 출현할 예정인데, 미국 중부와 동남부 16개 주에 걸쳐 에이커(약 4047㎡)당 평균 약 100만 마리가 뒤덮을 것으로 예상되고 있다. 코네티컷대의 곤충학자 존 쿨리는 이 상황을 두고 매미와 아마겟돈을 합친 「매미겟돈」이라고 명명하며, 전체 개체 수가 수백조 마리에서 1000조 마리에 달할 수 있다고 예측했다. 이 매미들은 새들에게 이상적인 먹이인 데다 인체나 농작물에 해를 주지 않는 것으로 알려져 있으나, 수천만 마리의 수컷이 내는 울음소리가 100데시벨 이상이라는 점에서 소음 문제가 우려되고 있다.

매미 활용 요리, 현지에서 주목 미국에서 221년 만에 사상 최대 규모의 매미떼가 나타날 것으로 예측되는 가운데, 매미를 활용한 각종 요리가 현지에서 주목받고 있다. 5월 8일 미국 일간 《뉴욕타임스(NYT)》는 매미를 이용한 음식과 관련 레시피를 개발하는 셰프들을 조명했는데, 이 가운데 수년간 곤충 요리를 개발해온 뉴욕의 셰프 조셉 윤이 만든 「매미 김치」가 눈길을 끌고 있다. 한국계 미국인인 그는 매미를 통째로 양념과 버무려 발효액이 매미의 단단한 껍질 속으로 천천히 스며들게 하는 방식으로 김치를 만드는 것으로 알려졌다.

中 주요 도시들, 고층건물 무게로 해수면 아래로 가라앉고 있다?

중국 베이징대와 화남사범대 연구진이 4월 19일 국제 학술지 《사이언스》에 게재한 논문에서 「중국 도시의 45%가 연간 3mm 이상 가라앉고 있으며, 16%는 침하 속도가 연간 10mm를 넘는다.」고 밝혔다. 연구팀은 유럽우주국(ESA)의 지구관측위성 「센티넬-1」의 레이더 관측 데이터를 활용해 2015~2022년 베이징·상하이·광저우 등 중국 주요 도시 82곳의 지표면 변화를 분석했는데, 그 결과 분석 대상 도시 면적의 약 45%가 매년 3mm 이상 가라앉고 있는 것으로 나타났다. 현재 중국 도시 인구의 29%(약 2억 7000만 명)가 해당 지역들에 거주하는데, 연구팀은 이 같은 추세가 지속될 경우 2120년까지 중국 영토의 22~26%가 해수면보다 낮아진다고 밝혔다. 연구팀은 지반 침하의 핵심 원인으로 지하수 난개발을 꼽았는데, 이는 도시화 과정에서 과도하게 지하수를 끌어쓰면서 도시가 가라앉고 있다는 것이다. 또 고층빌딩이 급증하며 지반을 무겁게 내리누르는 것도 원인으로 꼽혔다.

美 캘리포니아 디즈니랜드, 디즈니 캐릭터 연기자들의 노조 결성?

5월 18일 미국 전국노동관계위원회(NLRB)에 따르면 미 캘리포니아주 디즈니랜드에서 미키와 미니마우스 등의 탈을 쓰고 캐릭터를 연기하거나 퍼레이드 공연을 펼치는 직원들이 노동조합 가입안을 통과시켰다. 미국 배우노동조합(AEA)에 따르면 국가노동관계위원회(NLR)의 인증이 이뤄지면 디즈니랜드 배우 1700명의 노조 가입이 확정되는데, 디즈니랜드에서 캐릭터 배우 노조가 결성되는 것은 약 40년 만에 처음 있는 일이다. 그간 디즈니랜드에서 소매업·식품 서비스·보안·불꽃놀이·헤어 및 메이크업 등의 분야에 종사하는 약 2만 1000명의 직원들은 노조에 소속됐으나, 캐릭터 직원들은 제외돼 있어 사각지대에 놓여 있었다.

지중해식 식단,
모든 질병으로 인한 사망률 20% 낮춘다!

샤프캇 아마드 미국 하버드대 의대 교수 연구팀이 과일·채소·통곡물·견과류 등으로 구성된 지중해 식단을 지속적으로 섭취하는 것은 모든 질병에 의한 사망 위험을 20% 넘게 줄여주는 것으로 나타났다는 연구 결과를 국제학술지 《미국의사협회지(JAMA) 네트워크 오픈》에 6월 2일 발표했다. 연구팀은 건강한 미국 여성 2만 5000여 명의 식단과 사망 위험 관계를 25년간 추적 관찰했는데, 지중해식 식단 준수 평가는 과일·채소·견과류·올리브오일·단일 불포화지방 등 지중해 식단의 9가지 주요 식이성분 섭취량이 중앙값보다 많으면 1점을 부여했다. 그리고 이들을 점수에 따라 0~3·4~5·6~9점 그룹으로 나눴는데, 분석 결과 지중해식 식단을 준수한 사람들은 질병으로 인한 사망 위험이 유의미하게 낮아진 것으로 확인됐다. 지중해식 식단 점수 6~9점 그룹은 모든 원인에 의한 사망 위험이 0~3점 그룹

보다 23% 낮았고, 4~5점 그룹도 16% 낮은 것으로 나타났다. 6~9점 그룹은 특히 암으로 인한 사망 위험이 0~3점 그룹보다 20% 낮았으며, 심혈관질환(CVD)으로 인한 사망 위험도 17% 낮은 것으로 분석됐다.

"난 정말 럭키비키야!"
걸그룹이 탄생시킨 「원영적 사고」는 무엇?

최근 걸그룹 「아이브」의 멤버인 장원영의 긍정적 사고방식과 발언에서 비롯된 「원영적 사고」라는 말이 화제를 모으면서 「완전 럭키비키잖아」라는 밈(Meme)까지 유행하고 있다. 원영적 사고는 지난 2023년 9월 아이브 유튜브 채널에 올라온 장원영의 스페인 여행 브이로그에서 시작됐다. 당시 장원영은 바로 앞 손님이 자신이 사려던 빵을 모두 다 사가면서 조금 기다려야 하는 상황이 됐는데, 이를 두고 「(덕분에 저는) 너무 럭키하게 갓 나온 빵을 받게 됐다. 역시 행운의 여신은 나의 편이다.」라고 말한 바 있다. 이후 해당 발언을 한 팬이 패러디하면서 온라인 밈 형식으로 화제를 모으게 됐는데, 이 팬은 「물이 반밖에 남지 않았을 때 원영적 사고를 해야 한다」면서 「다 먹기에는 너무 많고 덜 먹기에는 너무 적고. 그래서 딱 반만 있었으면 좋겠다고 생각했는데 완전 럭키비키잖아.」라며 장원영의 긍정적 마인드를 묘사했다. 여기서 「비키」는 장원영의 영어 이름이다.

최근에는 「펠리컨적 사고」라는 말도 등장했는데, 이는 그 가능성 여부와는 상관없이 일단 시도부터 해보는 사고 방식을 이르는 말이다. 펠리컨은 자신보다 큰 카피바라·기린 등의 동물을 일단 입에 넣고 보는데, 펠리컨적 사고는 이러한 펠리컨의 행동 양식에서 비롯된 것이다.

화제의 책과 영화 ✦
BOOKS & MOVIES

내 이름은 데몬 코퍼헤드
바바라 킹솔버 著

미국 국가인문학훈장 수훈 작가인 바버라 킹솔버의 2023년 퓰리처상 수상작으로, 175년 전 출간된 찰스 디킨스의 자전적 소설 〈데이비드 코퍼필드〉를 현대 독자의 감성에 맞춰 다시 쓴 작품이다. 이에 본래 19세기 영국 런던이 배경이었던 소설 속 무대는 20세기 말 미국 남동부 애팔래치아 지역의 농촌으로 옮겨졌다. 다만 시대가 바뀌었음에도 소설은 제도적 빈곤과 아동학대 문제 등이 여전히 존재함을 보여주며, 세상이 과거와 전혀 달라지지 않았다는 사실을 인지하게 만든다.

소설은 닫칸 트레일러의 알코올·마약 중독인 10대 미혼모에게서 태어난 소년 「데몬」이 거침없는 목소리로 전하는 이야기를 담고 있다. 데몬은 새아버지의 학대와 약물 남용으로 인한 미혼모 어머니의 죽음을 겪고 위탁가정을 전전하게 된다. 이

과정에서 데몬은 극심한 빈곤과 아동 노역 등의 현실에 직면하고, 고교 미식축구 선수로 짧은 영광의 순간을 누리기도 하지만 곧 무릎 부상을 입게 된다. 하지만 그는 수술 대신 진통제 처방만 받다가 제약회사의 공격적 마케팅으로 당시에 마치 유행병처럼 수많은 사람들의 목숨을 앗아갔던 아편제 마약에 중독되고 만다. 그러나 이처럼 참담한 사건을 무수히 경험하면서도 그는 결코 좌절하지 않는데, 이는 다행히 데몬에게는 보고 배울 어른들과 꽤 괜찮은 친구들이 있었기 때문이다.

나의 돈키호테 **김호연 著**

〈망원동 브라더스〉로 2013년 제9회 세계문학상 우수상을 받으며 문단에 데뷔한 뒤 2021년 〈불편한 편의점〉 시리즈로 150만 부를 넘는 판매고를 기록하며 화제를 모은 김호연 작가의 신간이다. 2003년 대전 구도심에 자리하고 있던 「돈키호테 비디오」는 몇몇 동네 중학생들의 아지트였다. 외롭고 심심한 청소년들은 이곳을 놀이방이자 공부방처럼 드나들었고, 돈 아저씨는 그들이 꿈을 얻고 키워 세상에 나가기를 응원했다. 그리고 그로부터 15년이 지난 2018년 늦가을, 외주 프로덕션 6년 차 PD인 「솔」은 자신이 기획한 인기 예능 프로그램에서 제외되며 고향 대전으로 내려오게 된다. 진지하게 인생 2막을 고민하던 솔은 방송 PD 경력을 살려 유튜브 개인방송을 해보기로 결심한다. 「노잼 도시」 대전을 소재로 아이템을 구상하던 솔은 카페로 바뀐 예전의 비디오 가게 자리에서 돈 아저씨의 아들인 한빈을 우연히 만난다. 한빈은 비디오 가게는 없어졌지만 돈 아저씨가 있던 지하 공간은 그대로라는 소식을 전하고, 지하실을 찾은 솔은 남아 있는 골동품과 돈키호테 비디오 시절의 소품들을 보면서 추억에 빠져들게 된다.

그리고 한빈은 3년 전 종적을 감춘 아빠의 행방을 찾아야 한다며 솔에게 도움을 청하고, 솔 역시 아저씨의 현재가 궁금해진다. 이에 솔은 이 지하 공간을 유튜브 스튜디오 삼아 그 시절 봤던 책과 영화를 소개하고, 한빈과 함께 돈 아저씨를 찾는 방송을 하기로 결심한다.

영화 MOVIES

존 오브 인터레스트(The Zone of Interest)

감독 _ 조나단 글레이저
출연 _ 산드라 휠러, 크리스티안 프리에델

지난해 칸영화제에서 심사위원대상 등 4관왕, 미국 아카데미 시상식에서 국제장편영화상 등 2관왕을 차지하며 화제를 모은 작품이다. 영화는 나치의 홀로코스트가 만연했던 1943년을 배경으로 당시 폴란드 아우슈비츠 수용소를 관리했던 군 지휘관 루돌프 회스와 그 가족의 일상을 영화적 상상력으로 담아냈다. 영화 제목인 「존 오브 인터레스트」는 당시 아우슈비츠 수용소를 둘러싼 주변 지역을 뜻하던 말이다.

회스 부부는 수용소와 담장 하나를 사이에 둔 크고 아름다운 저택에서 다섯 명의 아이들과 함께 살아가고 있다. 이들은 마치 아무 일도 없다는 듯 평범한 삶을 영위하고 있지만 담장 너머에서 이따금 들려오는 날카로운 총성과 비명 소리, 맑은 하늘에 퍼지는 잿빛 연기 등은 이들이 누리는 일상이 마냥 평범하지 않음을 보여준다. 회스는 자신에게 부여된 「보다 효율적으로 유대인 수용자들을 처리하는 일」에 골몰하고, 정원 가꾸기에 열심인 부인 헤트비히는 남편이 압수해온 모피코트를 입고 거울 앞에서 행복한 표정을 짓는다. 영화는 홀로코스트 영

화임에도 아우슈비츠 내부나 유대인의 모습을 단 한 장면도 보여주지 않는다. 그러나 이는 오히려 담장 너머에서 벌어지고 있는 참상에 대한 관객 각자의 상상력을 더욱 자극하며 공포와 잔혹함을 배가시킨다.

영화 속 톡!톡!톡! 🎞

유대인은 저 담벼락 건너편에 있어요.

프렌치 수프(The Pot-au-feu)

감독 _ 트란 안 홍
출연 _ 줄리엣 비노쉬, 브누아 마지멜

〈그린 파파야 향기〉로 제46회 칸영화제에서 황금카메라상을 수상했던 트란 안 홍 감독의 신작으로, 지난해 칸영화제 감독상 수상작이다. 영화는 19세기 말 프랑스를 배경으로 천재적인 요리사 외제니(줄리엣 비노쉬)와 그의 파트너자 미식 연구가 도댕(브누아 마지멜)이 펼치는 미식 로맨스를 담고 있는데, 마티유 뷔르니아가 그린 동명의 만화를 원작으로 한 작품이다. 외제니와 도댕은 20년간 함께하며 세계적으로 유명한 셰프들도 당황하게 만들 만큼 색다르고 맛있는 요리를 만들어 낸다. 이들은 오랜 기간 함께하면서 서로에 대한 애정을 가지고 있으나, 외제니는 자신의 자유를 소중히 여기며 도댕의 청혼을 거절한다. 이에 도댕은 전에는 시도해 보지 않았던 일을

해보기로 결심한 뒤 오직 외제니만을 위한 요리에 나서고, 이 요리를 외제니에게 맛보게 하는 것으로 사랑을 표현한다.

영화는 이들이 오랜 세월 천천히 쌓아온 관계를 요리 과정 전체를 보여주는 것으로 표현하는데, 많은 정성과 시간이 들어가는 음식을 통해 두 인물의 심리와 미묘한 관계를 담아낸다. 여기에 프랑스 요리의 격변기였던 19세기 말을 배경으로 하는 만큼 영화 속 등장하는 각종 요리를 보는 재미도 놓칠 수 없는데, 특히 권력자가 대접한 초호화 요리에 맞서 도댕이 내놓는 「포토푀(프랑스 가정식 소고기 스튜)」는 이 영화의 메시지를 가장 잘 보여주는 장면으로 꼽을 수 있다.

영화 속 톡!톡!톡! 🎞

미식가가 되는 데에는 오랜 시간과 경험이 필요하다.

상식 파파라치가 떴다!

궁금한 건 절대 못 참는 상식 파파라치가 우리의 일상 곳곳에 숨어있는 흥미로운 이야깃거리들을 캐내어 시원하게 알려드립니다.

👍 주 5일제는 언제부터 시작됐을까?

주 5일제는 일주일에 휴무일이 일요일 하루였던 것을 2일(토요일, 일요일)로 늘린 제도로, 1926년 미국 포드자동차가 근무일을 주 6일에서 주 5일로 줄인 것을 시초로 보고 있다. 국내에서는 2002년 4월 일부 정부부처에서 주 5일제를 시범 운영한 것을 시작으로 2004년 7월에는 1000명 이상의 모든 사업장에 해당 제도가 도입됐다. 그리고 2011년 7월에 5인 이상 사업장에 적용되면서 현재까지 이어지고 있다.

헨리 포드, 주 5일제 첫 도입 주 5일 근무제는 미국 포드자동차를 창업한 헨리 포드(Henry Ford, 1863~1947)가 1926년에 도입하면서 시작됐다. 주 6일 또는 7일 일하는 근로자들이 많았던 당시에 임금 삭감이 없는 「주 5일 근무」는 그야말로 파격이었다. 특히 포드가 주 5일 근무를 위해 토요일과 일요일에 공장 기계를 강제로 꺼버렸다는 일화가 유명하다. 이처럼 포드가 근로시간을 줄인 것은 일하는 시간을 줄이면 노동자 사기가 올라가고 생산성도 높아질 것이라는 판단 때문이었다. 이후 1938년 미 의회가 주 40시간 근무를 명문화한 「공정노동기준법(FLSA)」을 제정하면서 5일만 일하는 시대의 토대가 마련되게 된다.

한편, 이러한 주 40시간 근무제도는 1963년 국제노동기구(ILO)가 「주 2일 휴무, 주 40시간 근로」를 총회 권고사항으로 채택한 이래 빠른 속도로 확산됐으며, 현재 경제협력개발기구(OECD) 회원국 대부분이 주 40시간 근무제를 시행하고 있다.

우리나라의 주 5일제 시행은?

주 40시간 근무제도(주5일 근무제)는 1998년 출범한 김대중 정부의 공약사항으로, 김대중 정부는 2002년 10월 법정근로시간을 주 40시간으로 단축하는 내용 등을 담은 개정 근로기준법을 확정했다. 이에 앞서 2002년 4월 일부 정부부처에 한해 주 5일제 시범 운영을 시작으로 같은 해 7월 은행에서 공식적으로 주 5일제를 실시하기도 했다. 이후 2003년 8월 주 40시간 근무제 도입을 위한 근로기준법 개정안이 국회를 통과했고, 이에 2004년 7월 1000명 이상 사업장을 시작으로 「주 5일제」가 시행됐다. 이후 ▷300명 이상 사업장과 모든 공공기관은 2005년 7월 1일부터 ▷100명 이상 사업장은 2006년 7월 1일부터 ▷50명 이상 사업장은 2007년 7월 1일부터 ▷20명 이상 사업장은 2008년 7월 1일부터 주 5일제가 시행됐다. 그리고 20명 미만 사업장(5인 이상)의 주 5일제는 2011년 7월부터 적용되면서 현재까지 이어지고 있다.

이제는 주 4일 근무다?

주 5일 근무제는 헨리 포드가 처음 시행한 이후 100년 가까이 이어져 왔으나, 최근에는 주 4일 근무제 전환 논의가 사회 각계에서 일고 있다. 이러한 논의는 2020년 코로나19를 계기로 재택근무가 확산되면서 업무환경의 변화 필요성이 대두된 데 따른 것이다. 또 화상회의 플랫폼인 줌(Zoom)이나 IT 메신저 등 근무환경 개선을 위한 각종 기술이 속속 등장한 것도 주 4일 근무제 도입 논의를 이끄는 이유가 됐다. 대표적으로 북유럽의 아이슬란드는 이미 지난 2015년 수도 레이캬비크 시의회와 중앙정부 주도하에 2500명의 노동자를 대

상으로 주 40시간에서 주 35~36시간으로 근무시간을 단축하는 「주 4일 근무제」를 시범적으로 도입했다. 그 결과 노동자의 생산성이 종전과 동일하거나 개선되는 등의 성공을 거두자 이를 정착시켰고, 이에 현재 근로자들의 약 90%는 주 4일 근무를 선택할 수 있다.

👍 좌파와 우파, 그 명칭의 유래는?

일반적으로 「좌파」는 정치적으로 급진적·혁신적 정파를 뜻하며, 「우파」는 정치적으로 점진적·보수적 정파를 뜻한다. 따라서 일반적으로 정치적 성향으로 분류할 때 진보는 좌파로, 보수는 우파로 표현하기도 한다. 다만 좌파와 우파의 구분은 절대적인 정치적 이념이나 운동을 지칭하는 것이 아니라 상대적인 것이다. 그렇다면 이 좌파와 우파라는 말은 언제부터 시작된 것일까?

좌파와 우파의 유래 좌파와 우파라는 말이 정치적 의미로 사용되기 시작한 것은 프랑스 혁명기 때부터다. 1789년 프랑스혁명 직후 소집된 국민의회에서 의장석에서 볼 때 오른쪽에는 왕당파가 앉고, 왼쪽에는 공화파가 앉았던 것이 그 기원으로 꼽힌다. 당시 공화파(급진파)는 절대왕정에 반대하며 혁명을 통해 민주주의를 수립하려는 입장이었고, 왕정파(보수파)는 왕정체제를 유지하려는 입장이었다. 이들은 각자의 정치적 입장에 따라 왼쪽과 오른쪽으로 나눠 앉았는데, 이때의 좌석 배치에서 좌파와 우파라는 개념이 만들어지게 된 것이다. 이후 공화파가 장악한 1792년의 국민공회에서도 왼쪽에 급진적인 자코뱅파 의원들이 앉고, 오른쪽에 보수적인 지롱드파 의원들이 앉았다. 자코뱅파와 지롱드파는 지향점에서도 차이가 있었는데, 자코뱅파는 소시민층과 민중을 지지기반으로 삼으며 급진적인 사회개혁과 강력한 중앙집권을 주

장한 반면, 지롱드파는 경제적 자유주의와 지방분권을 옹호하면서 부르주아들을 대변하는 입장이었다. 이 때문에 프랑스에서 보수적이거나 혁명 진행에 소극적이고 온건한 세력은 우파로, 상대적으로 급진적이고 과격한 세력은 좌파로 나누는 것은 혁명기에 하나의 관행이 됐다.
이 좌파와 우파의 개념은 19세기 자본주의가 발전하면서 점점 더 확실해지게 된다. 이때 사유재산과 이윤 추구를 인정하는 세력은 「우파」, 생산수단의 사적 소유로 인한 경제적 불평등을 거부하며 사회주의 체제를 수립코자 하던 세력은 「좌파」라고 지칭하기 시작한 것이다. 이러한 좌·우파 정치 세력의 구분은 이후 유럽 정치에서 하나의 모델이 되면서 현재까지도 이어지게 됐는데, 대표적으로 유럽의회에서는 공산당·녹색당·사회민주주의 정당 출신의 의원들은 의장석에서 볼 때 왼쪽에 앉고 보수정당의 의원들은 오른쪽에 앉는다.

샤이보수와 샤이진보? 샤이보수는 자신의 보수적인 성향을 드러내지 않고 있다가 투표할 때 자신의 보수 성향을 드러내는 사람을, 샤이진보는 자신의 진보적인 성향을 드러내지 않고 있다가 투표할 때 진보 성향을 드러내는 사람을 가리킨다. 이들은 자신의 성향을 공개적으로 밝히기를 꺼려 여론조사 등에서는 속내를 숨긴다는 특징이 있다. 이처럼 지지층 앞에 「샤이(Shy, 부끄러운)」를 붙이는 것은 2016년 당시 도널드 트럼프와 힐러리 클린턴이 맞붙었던 미국 대선 때 등장한 것이다. 당시 여론조사에서 줄곧 열세를 기록하던 트럼프가 대선에서 승리하자 「샤이 트럼프」라는 용어가 등장했는데, 이는 선거 유세기간 중 각종 논란을 일으켰던 트럼프에 대한 지지를 공개적으로 밝히기를 꺼려 여론조사에서는 속내를 숨기다가 대선투표에서 진심을 드러낸 트럼프 지지자들을 가리키는 말로 사용됐다.

반도체의 미래
'AI 반도체'

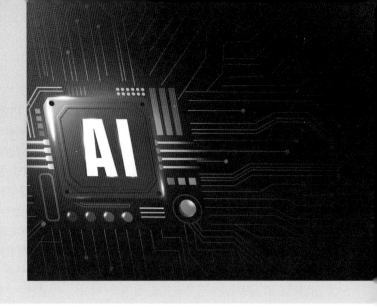

오픈AI가 2022년 11월 30일 대화 전문 인공지능 챗봇인 「챗GPT」를 공개하며 엄청난 변화를 일으
킨 이후 「생성형 인공지능(Generative AI)」이 잇따라 출시되며 인공지능(AI)은 순식간에 우리네 일
상에 자리하게 됐다. 현재 AI는 가전·스마트 기기·의료·자율주행 등의 산업은 물론 우리 생활 전
반에 사용되면서 많은 영향을 미치고 있다. 미래학자 레이 커즈와일(Ray Kurzweil)은 「2029년에
사람처럼 감정을 느끼고 2045년에는 특이점(인공지능이 전체 인류 지능의 총합을 넘어서는 시점)이
온다.」고 주장했으나, 챗GPT 공개 이후 보여지는 AI의 발전은 이를 한참 앞당긴 것으로 보인다.
한편, 이처럼 AI가 우리의 일상에 깊숙이 스며들면서 함께 변화되는 대표적인 분야로 「AI 반도체」를
꼽을 수 있다. AI 반도체는 생성형 AI의 학습·추론에 필수적인 분야로, 현재 기존 반도체 분야의
강자들을 비롯해 글로벌 빅테크 기업들까지 앞다퉈 그 개발에 나선 상태다. 여기에 각국 정부도 갈
수록 치열해지는 AI 반도체 시장의 주도권을 둘러싸고 자국 기업의 경쟁력 확보를 위한 다양한 지
원 정책들을 내놓고 있어, AI 반도체를 둘러싼 글로벌 경쟁은 더욱 치열해질 것으로 전망된다.

◆ AI 반도체란 무엇인가

AI 반도체는 AI 서비스 구현에 필요한 대규모 연산을 초고속·초전력으로 실행하는 반도체로, 「AI
가속기」 또는 「AI 칩셋」으로도 불린다. 따라서 AI 반도체는 기존 컴퓨터의 중앙처리장치(CPU)보다
데이터를 고속으로 처리할 수 있도록 특수 설계가 이뤄져 있는데, 현재는 대부분 GPU(그래픽처리

장치)와 HBM(고대역폭메모리)을 결합해 패키징하는
방식으로 제조되고 있다. 이러한 AI 반도체는 챗GPT
등 생성형 AI의 수요가 급증하면서 미래 주요 산업으
로 부상한 상태다. 왜냐하면 AI 기술은 방대한 규모의
데이터를 분석·학습·추론할 수 있는 연산능력이 필수
적으로 요구되는데, 그 구현 여부는 AI 반도체의 성능
에 달려 있기 때문이다.

기존 반도체 vs AI 반도체

구분	기존 반도체	AI 반도체
기능	범용 목적 → 단순한 인지 수준으로 제약	인공지능 최적화 → 복잡한 상황 인식 및 판단 가능
특징	데이터를 프로그램대로 순차적 처리	대량의 데이터를 동시(병렬) 처리

> **생성형 AI(Generative AI)**   기존 AI에서 한 단계 진화한 차세대 AI로, 스스로 학습한 알고리즘을 통해 텍스트·이미지·영상 등을 이용자가 원하는 형태로 만들어 주는 AI 기술을 말한다. 즉, 기존 AI보다 수백 배 이상의 데이터를 학습해 인간의 뇌에 더 가깝게 학습·판단 능력이 향상된 형태라 할 수 있다. 이러한 생성형 AI는 자연어 생성 분야(챗봇 서비스)를 비롯해 ▷이미지 생성 ▷음성·음원 생성 ▷비디오 생성 등 다양한 분야로 확장되고 있다.

AI 반도체의 분류   AI 반도체는 ▷시스템 구현 ▷서비스 플랫폼 ▷기술 구현 및 내부설계 구조에 따라 그 종류를 구분할 수 있다. 우선 시스템 구현 목적에 따라서는 「학습용(Training)」과 「추론용(Inference)」으로 구분되며, 서비스 플랫폼에 따라서는 「데이터센터 서버용」과 「온디바이스용(엣지 디바이스용)」으로 나뉜다. 그리고 기술 구현 방식을 기준으로 하면 기존 반도체인 CPU(Central Processing Unit)·GPU(Graphic Processing Unit)를 비롯해 FPGA(Field Programmable Gate Array)·ASIC(Application Specific Integrated Circuit)·뉴로모픽(Neuromorphic) 반도체 등이 이에 포함된다.

시스템 구현 목적 _ 학습용과 추론용   학습용 AI 반도체는 방대한 데이터 학습 시 활용되는데, 이는 대량의 데이터를 처리 가능한 고성능 연산능력에 특화돼 있어 연산처리 속도와 소비전력이 주요 성능 사양 지표로 꼽힌다. 반면 추론용 AI 반도체는 이미 학습된 데이터를 기반으로 새로운 데이터에 대한 추론을 수행하므로, 정확도와 연산 반응속도가 핵심 지표로 꼽힌다. 최근 들어 반도체 시장은 학습용에서 추론용으로 중요도가 변하는 추세인데, 실제 AI 서비스 대중화로 전력소모나 비용을 줄인 추론용의 수요가 높아지고 있다.
학습용 AI에서 가장 선두에 있는 기업은 현재 AI 반도체 시장을 장악하고 있는 엔비디아인데, 엔비디아는 올 3월 18일 열린 연례 개발자 콘퍼런스인 「GTC(GPU Technology Conference) 2024」에서 「블랙웰(Blackwell)」을 공개하며, 추론 성능 향상을 강조하기도 했다. 블랙웰은 대만 반도체 기업 TSMC 공정으로 제조돼 올 연말 출시될 예정인데, 엔비디아에 따르면 블랙웰을 기반으로 AI를 구동할 경우 기존 H100(서버용 AI 반도체) 모델 대비 추론 성능을 최대 30배 향상시킬 수 있다.

서비스 플랫폼 _ 데이터센터용과 온디바이스용   데이터센터란 컴퓨터 시스템과 통신장비, 저장장치인 스토리지 등이 설치된 시설로 빅데이터를 저장하고 유통시키는 핵심 인프라를 가리킨다. 온디바이스는 외부 서버나 클라우드에 연결돼 데이터와 연산을 지원받았던 기존의 클라우드 기반 AI에서 벗어나, 기기 자체에 탑재돼 직접 AI 서비스를 제공하는 기술을 말한다. 데이터센터용은 데이터센터의 병렬연산 처리 수요에 대응하면서도 전력효율이 높아야 하며, 온디바이스용은 스마트폰·자동차·드론 등 개별 AI 서비스에 특화돼 있으면서도 전력 소모·무게·제조원가를 낮춰야 한다. 현재 데이터센터용은 GPU를 기반으로 해 엔비디아가 주도하고 있으며, 온디바이스용은 스마트폰·자동차 등의 개별 수요처별로 구글과 퀄컴·테슬라 등이 상위를 형성하고 있다.

기술 구현 및 내부설계 구조 _ GPU·FPGA·ASIC·뉴로모픽   AI 연구 초기에는 CPU가 사용됐으나 딥러닝(Deep Learning) 등장 이후 데이터의 양과 매개변수의 수가 급격히 증가하면서 현재는 GPU가 많이 사용되고 있다. GPU는 데이터를 한 번에 대량으로 처리하는 병렬 처리 방식의 반도체로, 당초 게임·영상편집 등 멀티미디어 작업에서 CPU를 보조하기 위해 사용되다가 최근 AI의 핵심 부품으로 부상하면서 각광받고 있다. GPU가 주목을 받고 있는 것은 계산 정확도가 CPU만큼 높지 않지만 속도가 매우 빠르기 때문이다. CPU의 경우 직렬 처리 방식에 최적화된 1~8개의 코어를 가지고 있으며 명령어가 입력된 순서대로 데이터를 처리하기 때문에 많은 정보가 갑자기 들어올 경우 병목현상이 발생한다. 반면 GPU는 수백~수천 개의 코어로 구성돼 있는 등 CPU보다 많은 코어를 갖고 있어 방대한 분량의 정보를 한 번에 처리할 수 있다는 특징이 있다. 다만 GPU는 본래 그래픽 처리를 위해 만들어진 반도체이므로 AI 연산에는 불필요한 기능이 탑재돼 전력을 낭비한다는 단점이 있다. 이에 GPU의 병렬 처리 특성은 유지하면서 AI만을 위한 전용 반도체가 등장하게 됐는데, FPGA·ASIC가 이에 해당한다.

FPGA는 회로 변경이 불가능한 일반 반도체와 달리 용도에 맞게 내부 회로를 바꿀 수 있는 반맞춤형 반도체로, AI 알고리즘이 확정되지 않은 상황에서 적합하다. 그리고 ASIC는 사물인터넷·자율주행 등 특정 용도를 위해 제작되는 주문형반도체로, 속도가 빠르고 소비 전력이 작다는 장점을 갖추고 있다. 대표적으로 NPU(Neural Processing Unit, 신경망처리장치)가 이에 속하는데, NPU는 GPU보다 AI 추론 수행 성능을 극대화해 저전력 구동이 가능한 ASIC를 말한다. 마지막으로 뉴로모픽 반도체는 전통적인 반도체 구조를 벗어나 인간의 뇌(뉴런-시냅스 구조)를 모방한 차세대 AI 반도체로, 연산·데이터 저장·통신 기능 등을 융합한 가장 진화된 반도체 기술이다. 하지만 범용성이 낮고 아직 개발 단계에 있어 상용화 시점이 관건으로 꼽힌다.

AI 반도체의 구분

구분	주요 내용
시스템 구현	학습용과 추론용
서비스 플랫폼	데이터센터 서버용과 온디바이스용
기술 구현 및 내부설계 구조	• 기존 반도체: CPU, GPU • AI 반도체: FPGA, ASIC, 뉴로모픽 반도체

차세대 메모리 _ HBM·CXL·PIM 반도체는 기능에 따라 크게 메모리 반도체와 비메모리 반도체로 나뉘는데, ▷메모리 반도체는 정보 저장 ▷비메모리 반도체는 연산 등의 정보처리를 담당한다. HBM은 AI 반도체에 탑재되는 고성능 D램으로, 이 HBM이 들어간 GPU 반도체 세트를 「AI 가속기」라 한다. CXL은 CPU·GPU·가속기 등 여러 장치와 메모리를 연결하는 통합 인터페이스 기술이며, PIM은 데이터 저장 역할만 하는 기존 D램과 달리 비메모리 반도체인 CPU나 GPU처럼 연산도 할 수 있도록 한 차세대 기술이다.

> **메모리 반도체와 비메모리 반도체** 메모리 반도체는 정보를 저장하는 용도로 사용되는 반도체를 말하며, 비메모리 반도체는 연산·논리 작업 등과 같은 정보처리를 목적으로 이용되는 반도체를 말한다. 메모리 반도체는 인간의 기억·기록능력을 전자적 수단에 의해 실현하는 장치로, D램·S램·V램·롬 등이 이에 속한다. 비메모리 반도체는 정보를 저장하는 용도로 사용되는 메모리 반도체와는 달리 정보처리를 목적으로 제작된 반도체를 말한다. 여기에는 중앙처리장치(CPU)·멀티미디어 반도체·주문형반도체(ASIC)·복합형반도체(MDL)·파워반도체·개별소자·마이크로프로세서 등 메모리 이외의 모든 반도체가 속한다.

HBM(High Bandwidth Memory) TSV(실리콘관통전극)로 D램 칩을 수직으로 쌓아 데이터 처리 속도를 높인 고대역폭 메모리로, 방대한 양의 데이터를 연산하는 AI에 필수적이다. HBM을 만들기 위해서는 TSV 공정이 필수인데, TSV 공정은 수직 형태로 직접 칩을 연결할 수 있기 때문에 공간 확보에 유리하고 빠르게 신호를 전달할 수 있다는 이점이 있다. 이처럼 여러 개의 D램을 수직으로 쌓아 올리는 HBM의 특성 때문에 TSV를 도로가 아닌 엘리베이터에 비유하기도 한다. 2013년 D램 4개를 쌓은 HBM(1세대)이 개발된 이후 HBM2(2세대), HBM2E(3세대), HBM3(4세대), HBM3E(5세대)까지 발전해 왔다.

CXL(Compute Express Link)·PIM(Processing In Memory)　CXL은 고성능 연산이 필요한 애플리케이션에서 서로 다른 기종의 제품을 효율적으로 통신·연결할 수 있는 차세대 인터페이스로, HBM과 비교해 대역폭이 크지는 않지만 손쉽게 여러 기기를 바로 연결해 병목을 최소화할 수 있다는 장점이 있다. PIM은 데이터 저장 역할만 하는 기존 D램과 달리 비메모리 반도체인 CPU나 GPU처럼 연산도 할 수 있도록 한 차세대 기술이다. 이는 하나의 칩에서 연산·메모리 기능을 수행하므로 데이터 병목 현상과 과다한 전력소모 문제를 해결할 수 있다. 우리나라의 삼성전자가 2021년 HBM에 PIM을 적용한 제품을 세계 최초로 개발, AMD의 GPU 「MI-100」 가속기 카드에 탑재한 바 있다.

> **D램(DRAM·Dynamic Random Access Memory)**　램(RAM) 종류 중 하나로, 여기서 램은 정보나 명령을 판독·기록하고 이렇게 기록된 정보를 읽거나 수정할 수 있는 기억장치를 말한다. 램은 전원을 공급하는 한 데이터를 계속 보존하는 S램(SRAM·Static Random Access Memory)과 시간이 흐름에 따라 데이터가 사라지는 D램으로 분류된다. D램은 단시간 내에 주기적으로 재충전시켜 주면 기억이 유지되기 때문에 컴퓨터의 기억소자로 가장 많이 쓰인다.

◆ AI 반도체 시장의 현황은?

AI가 미래 IT 산업의 향방을 좌우할 핵심 기술로 부상하면서 AI 반도체 시장을 선점하기 위한 각국 기업의 경쟁은 점점 더 치열하게 전개되고 있다. 현재 반도체 기업인 인텔·엔비디아는 물론 구글·메타·애플 등 글로벌 빅테크 기업들도 AI 반도체 개발에 뛰어든 상태다. 세계적인 시장조사업체 가트너는 2027년 AI 반도체 시장이 1194억 달러(155조 원)로 성장할 것으로 예측한 바 있다. 또 한국수출입은행은 최근 「AI 반도체 시장 현황·전망」 보고서를 통해 AI 반도체 시장규모가 2022년 411억 달러에서 2028년 1330억 달러로 연평균 21.6% 성장할 것이라는 전망을 내놓기도 했다.

반도체 기업　현재 엔비디아(1993년 설립)가 서버에 탑재되는 GPU의 약 90%를 점유하는 등 AI 반도체 시장을 독점하고 있는데, 엔비디아는 1999년 게임 속 3D 이미지 데이터를 효과적으로 처리하기 위해 GPU를 개발했다. 그러다 생성형 AI 등장에 따른 AI 반도체 수요 급증으로 2023년에만 주가가 236% 상승하는 등 경이적인 속도로 기업가치가 상승하고 있다. 여기에 엔비디아는 2023년 서버용 GPU 출시 주기를 2년에서 1년으로 단축한 것을 비롯해 GPU에서 CPU·DPU(Data Processing Unit, 데이터처리장치)로 제품 포트폴리오를 확대하고 있는 중이다.
1969년 설립된 미국의 반도체 설계업체 AMD는 CPU와 GPU 시장에서 각각 인텔과 엔비디아에 이어 2위인 기업으로, 특히 엔비디아가 독점하고 있는 AI 반도체 시장에서 엔비디아의 H100을 겨냥한 「MI300」을 출시하며 열심히 추격 중에 있다. 올해 4분기에는 새 AI 가속기 「MI325X」 출시 계획을 밝혔는데, 이는 업계 최대 288GB 용량에 초고속 HBM3E 메모리를 탑재한 것으로 알려졌다. 그리고 PC 부문 반도체의 최강자였던 인텔은 올해 4월 AI칩인 6세대 「제온」 칩을 발표한 데 이어 AI 훈련용 칩 시장에서는 엔비디아의 H100에 도전하는 「가우디3」 가속기 키트를 H100 가속기 세트의 절반 이하의 가격으로 공급하겠다는 계획을 내놓았다. 이 밖에 1987년 중국계 미국인인 모리스 창에 의해 설립된 대만 기업인 TSMC는 2010년대 팹리스 기업 열풍으로 주문이 쇄도하면서 그 가치가 수직상승했는데, 현재 엔비디아의 GPU 대부분을 생산하는 등 파운드리(반도체 위탁생산) 시장 점유율 60%를 차지하고 있다.

반도체 회사의 분류

기업 분류	역할	주요 회사
종합 반도체 기업	반도체 설계부터 제조까지 모두 하는 기업	삼성전자, SK하이닉스
팹리스	반도체 설계·개발·판매만 하고 제조는 외주 담당	엔비디아, 퀄컴
파운드리	파운드리 반도체 설계·개발 기능은 없이 제조만 담당	TSMC

글로벌 빅테크 기업　생성형 AI 등장 이후 전 세계적으로 데이터센터를 구축하려는 움직임이 거세지자 클라우드 서비스를 제공하는 글로벌 빅테크들은 자체 AI CPU 개발에 뛰어들었다. 세계 1위 클라우드인 AWS(Amazon Web Service, 아마존의 클라우드 자회사)는 2018년부터 AI 반도체를 개발하면서 암(Arm) 기반 CPU「그래비톤」을 출시했고, 지난해 12월에는 4세대인「그래비톤4」와「트레이니움2」를 발표했다. 그래비톤4와 트레이니움2는 머신러닝(ML) 트레이닝과 생성형 AI 애플리케이션을 포함한 광범위한 고객 워크로드에 대해 개선된 가격 대비 성능과 에너지 효율성을 제공하는 것이 특징이다. 그리고 2019년부터「아테나 프로젝트」를 통해 AI 반도체를 개발해 온 마이크로소프트(MS)의 경우 2023년 11월 자체 개발한 AI 반도체「코발트 100」를 공개했다. 코발트 100은 고성능 컴퓨팅 작업용 CPU로, 클라우드 서비스에서 더 높은 효율성과 성능을 내도록 설계된 제품이다. 구글 역시 2016년부터 AI 반도체를 발표하면서 5세대 제품까지 개발한 상태로, 빅테크 기업 중 가장 먼저 AI 반도체를 출시한 바 있다. 구글은 2017년 텐서처리장치(TPU)를 내놓고, 최근에는 최신칩(TPUv5p)을 자사 대규모언어모델(LLM)인「제미나이」에 적용했다. 여기에 올 하반기에는 자체 개발한 암 아키텍처 기반의 서버용 CPU「엑시온」을 출시한다는 계획이다. 메타의 경우 MSVP(메타 비디오 업스케일 프로세서)와 MTIA(메타 AI 학습 및 추론 가속기) 등 2종의 AI 반도체를 자체 개발했다. MSVP는 저화질 동영상을 고화질로 향상하는 AI 반도체이며, MTIA는 적은 전력 소모로도 AI 학습과 추론을 실행할 수 있다는 특징을 갖고 있다.

💡 구글, 마이크로소프트, 메타, 인텔, AMD, 브로드컴, 시스코, HP엔터프라이즈 등 8개 업체로 구성된 미국 빅테크들이 5월 30일 AI 반도체 시장에서 엔비디아의 독점을 막기 위한 인공지능(AI) 반도체 연합인「울트라 가속기 링크(UALink)」를 결성했다. 이들은 협력을 통해 새로운 AI 반도체의 표준을 만들겠다고 밝혔는데, 첫 표준인 1.0은 올해 3분기 출시 예정이다.

주요 빅테크들의 AI 반도체 개발 현황

기업명	AI 반도체	특징
애플	코드명 ACDC	데이터센터에서 대규모 데이터를 처리하고 AI 소프트웨어를 실행하는 데 초점
엔비디아	H200	AI 생성 비디오용 그래픽처리장치(GPU) → 오픈AI의「GPT-4o」에 탑재
마이크로소프트(MS)	마이아 100	• 오픈AI와 협력 통해 개발 • 자체 AI 기반 소프트웨어 제품과 애저 클라우드 서비스의 성능 향상 위해 활용
구글	TPU	5월 14일 6세대 TPU「트릴리움」발표
아마존	인퍼런시아2	딥러닝 추론에 강점
메타	MTIA	광고 추천 및 순위 알고리즘의 효율적 구동을 위해 설계
테슬라	도저 D1	자율주행 AI 학습에 특화
인텔	가우디3	엔비디아 H100 대비 연산 능력 4배, 메모리 대역폭 1.5배 향상

국내 기업 _ 삼성전자·SK 하이닉스　대규모 생산시설이 필요한 메모리 반도체의 경우 우리나라의 삼성전자와 SK하이닉스가 세계 메모리 반도체의 약 70%를 생산하며 이를 주도하고 있다. 우리나라가 만든 AI 메모리 반도체로는 SK하이닉스가 세계 최초로 개발해 선보인 HBM(High Bandwidth

Memory)이 대표적이다. HBM은 SK하이닉스가 세계 최초로 개발했으나 2세대 HBM인 HBM2는 삼성전자가 먼저 양산을 시작했고, 4세대인 HBM3은 SK하이닉스가 삼성전자를 다시 추월한 바 있다. SK하이닉스와 삼성전자는 HBM 시장에서 50% 이상의 비중을 차지하고 있는데, 특히 SK하이닉스는 엔비디아에 HBM3과 HBM3E를 사실상 독점 공급하고 있으며, 최근에는 대만의 반도체 수탁생산 업체인 TSMC와 기술협력을 맺고 고성능 HBM4를 공동개발 중에 있다. 삼성전자의 경우 지난 4월 HBM3E 8단 제품의 초기 생산을 시작한 데 이어 올 2분기 안에 12단 제품을 양산한다는 목표다.

여기에 양사는 HBM에 이어 차세대 메모리로 떠오르고 있는 컴퓨트익스프레스링크(CXL) 시장 선점에도 심혈을 기울이고 있는데, 삼성전자의 경우 2021년 CXL 기반 D램 기술을 세계 최초로 개발한 바 있다. SK하이닉스는 올 4월 CXL 풀드 메모리 솔루션 「나이아가라2.0」을 공개했는데, 이 제품은 여러 개의 CXL 메모리를 묶은 CXL 풀드 메모리 솔루션이다. 여기에 삼성전자는 네이버와 협력해 자체 AI 칩 개발을 진행 중에 있는데, 올해 하반기 AI 가속기인 「마하1」을 양산한다는 방침이다.

◆ 주요국 및 국내의 「AI 반도체」 육성 정책

AI 기술 및 산업 경쟁력 확보의 중요성이 높아지면서 주요 국가들은 대규모 정부예산 지원, 국가전략 수립 등을 앞다퉈 발표하는 등 AI 경쟁력 확보에 총력전을 펼치고 있다. 이러한 AI 반도체를 둘러싼 글로벌 경쟁은 초기에는 미래 산업의 핵심·필수 부품이라는 인식에서 출발했다. 그러다 2020년 코로나19 팬데믹 기간 반도체 공급이 차질을 빚으면서 그 중요성이 점차 부각되기 시작하다가 2022년 챗GPT를 기점으로 생성형 인공지능(AI)이 잇따라 등장하면서 본격화된 것이다.

미국 미국은 민간기업이 AI 반도체 개발을 주도하면서, 국방부는 차세대 반도체 리더십 확보를 위한 장기적인 기술과제 해결, 상무부는 국내 반도체 제조시설 구축 등을 지원하고 있다. 이에 따라 2030년까지 반도체 산업의 선도국이 되는 것을 목표로 인텔에 약 70조 원에 이르는 자금을 지원하는 지원책을 내놓았고, 바이든 행정부는 2025년 회계연도 연방 예산안에서 AI 분야에 200억 달러(약 26조 원)가 넘는 예산을 배정한 바 있다. 특히 미국은 2022년 8월 「반도체법(Chips&Science Act)」을 제정하고 미국 내 첨단 반도체 제조기반 구축, 산업생태계 조성 등을 지원하고 있다. 반도체법은 첨단 반도체 공급망을 미국 내로 끌어들이려는 경제안보 전략의 일환으로, 반도체 및 첨단 기술 생태계 육성에 총 2800억 달러를 투자하는 내용을 핵심으로 한다. 구체적으로 ▷미국 내 반도체 시설 건립 보조금 390억 달러 ▷연구 및 노동력 개발 110억 달러 ▷국방 관련 반도체 칩 제조 20억 달러 등 반도체 산업에 527억 달러가 지원되며, 미국에 반도체 공장을 건설하는 글로벌 기업에 25%의 세액공제를 적용하는 방안도 포함돼 있다. 또한 미국이 첨단 분야의 연구 프로그램 지출을 늘려 기술적 우위를 지킬 수 있도록 과학 연구 증진에 2000억 달러가량을 투입하는 내용도 담겨 있다.

美, 중국 겨냥 추가 반도체 규제 추진 미국이 AI용 반도체에 대한 중국의 접근을 원천 차단하기 위해 중국을 겨냥한 추가 반도체 규제를 추진하고 있는 가운데, 블룸버그통신은 6월 11일 AI 반도체 생산의 핵심 기술로 꼽히는 「게이트올어라운드(GAA·Gate All Around)」, 「고대역폭메모리(HBM)」 관련 기술을 대대적으로 규제할 것이라고 보도했다. GAA는 트랜지스터에서 전류가 흐르는 채널 4

개 면을 감싸는 공법으로, 현재 사용되는 핀펫 공정보다 데이터 처리 속도가 빠르고 전력 효율도 높다. 삼성전자는 2022년 GAA 기술을 적용한 3nm 공정 파운드리 양산에 성공한 바 있다. HBM은 AI 가속기의 핵심 부품인 GPU의 성능이 높아질수록 더 많이 필요한 부품으로, 국내 SK하이닉스와 삼성이 이를 주도하고 있다.

중국·대만　중국은 2017년 7월 「차세대 인공지능 발전 계획」을 통해 2030년까지 중국 내 AI 산업 규모를 10조 위안(약 1700조 원)까지 성장시켜 세계 1위 AI 국가가 되겠다는 목표를 수립한 바 있다. 또 「제14차 5개년 계획(2021~2025년)」에서는 2025년까지 AI와 반도체, 5세대(5G) 통신 등에 10조 위안을 투입하기로 했다. 여기에 2018년까지 운영하던 해외 인재 유치 정책인 「천인계획(千人計劃)」의 후속으로 AI·반도체 인재를 겨냥한 「치밍(啟明)」 프로그램을 운영하고 있는데, 이는 주로 미국 명문대 박사 출신 연구진을 대상으로 주택 구입 보조금은 물론 300만~500만 위안(5억 4200만~9억 원)가량의 지원금을 제공하는 것이다.

대만의 경우 대만과학기술부가 2018년부터 「AI 반도체 제조공정 및 칩 시스템 R&D 프로젝트(Semiconductor Moonshot Project)」를 시행하고 있는데, 이 정책은 AI 관련 반도체 제조공정, 칩 시스템 연구개발에 중점을 두고 6대 유망기술(차세대 메모리 설계, 인지 컴퓨팅 및 AI 칩 등)을 집중 개발해 반도체 분야에서 글로벌 경쟁 우위를 한층 더 제고하는 것을 목표로 하는 것이다. 그리고 2019년에는 산학연 협력 플랫폼 「AI반도체 연맹(AITA)」을 설립했는데, ATA의 목표는 ▷AI 반도체 R&D 비용 절감 ▷개발시간 단축 ▷AI 생태계 구축 등이다.

일본·인도·사우디아라비아　일본은 2023년 「반도체·디지털 산업전략 개정안」을 통해 글로벌 협력을 통한 첨단 반도체 제조기반 구축, 차세대 반도체 기술기반 확립, 미래 기술기반 확보를 추진하고 있다. 여기에 민간투자를 포함해 총 642억 달러를 반도체 산업에 투입하고, 2030년까지 일본 내 칩 생산 매출을 현재의 약 3배 수준인 963억 달러로 끌어올리겠다는 목표를 세워두고 있다. 인도의 경우 올 2월 자국 내 첫 반도체 생산시설 건설에 100억 달러의 보조금 지원계획을 발표했고, 사우디아라비아는 AI 산업 육성을 위해 400억 달러(약 54조 원) 규모의 펀드를 조성해 올 하반기에 출범 계획을 발표할 예정이다.

우리나라의 AI 반도체 관련 정책은?　우리 정부는 지난 2020년 「인공지능 반도체 산업 발전전략」을 수립하고 2030년 글로벌 시장점유율 20% 달성을 추진한다는 계획을 수립한 바 있다. 또 국산 AI 반도체를 활용한 「K-클라우드 추진방안」(2022)을 통해 2030년까지 국내 데이터센터 시장의 국산 AI 반도체 점유율 목표를 80%로 수립해 두고 있다. 여기에 올 4월에는 AI 반도체 분야에서 G3(주요 3개국)로 도약하고 메모리 반도체를 넘어 미래 AI 반도체 시장을 석권하기 위한 「AI 반도체 이니셔티브」 추진 방침을 밝힌 바 있다.

「AI 반도체 이니셔티브」 추진　「AI 반도체 이니셔티브」는 차세대 범용 AI(AGI)를 포함한 9대 기술혁신에 국가 R&D 역량을 집중 투입하는 등 AI 반도체 가치사슬 전반을 지원하는 내용을 핵심으로 한다. 9대 기술혁신 과제로는 ▷차세대 범용AI(AGI) ▷경량·저전력 AI ▷AI 안전성 ▷PIM 등 메모리 혁신 ▷저전력 K-AP 등 한국형 AI프로세서 ▷신소자·첨단 패키징 ▷AI 슈퍼컴퓨팅 ▷온디바이스 AI ▷차세대 개방형 AI 아키텍쳐·소프트웨어가 꼽혔다. 구체적으로 AI 모델 분야에서는 기존 생성형 AI의 한계를 뛰어넘어 다방면에서 사람과 같은 능력을 수행할 수 있는 차세대 범용 AI(AGI) 등 차세대 AI 핵심 기술을 개발한다. 또한 더 적은 에너지를 사용하면서도 기존 성능을 유지하는 경량·저전력 AI 기술을 확보하고, 궁극적으로는 모든 기기에서 AI를 자유롭게 쓸 수 있을 정도로 발전시킬 계획이다. AI 반도체의 경우 메모리에 AI 연산 기능을 적용하는 PIM을 통해 우리가 강점을 가진 메모리 분야에서 초격차를 확보할 계획이다. 예컨대 HBM·LPDDR 등 DRAM과 NVM(비휘발성메모리) 등에 PIM 기술을 적용하여 연산속도를 높이고 사용 전력을 획기적으로 낮출 예정이다. 이 밖에 한국형 AI프로세서인 저전력 K-AP를 개발해 신격차에 도전하는 것은 물론 인간의 뇌 구조를 모사한 뉴로모픽 AI 반도체의 세계 최초 상용화에도 도전할 계획이다. 여기에 AI-반도체 이니셔티브 실현을 위해 6월 범국가적인 추진체계인 「국가인공지능위원회」를 대통령 직속으로 출범시켜 국가의 모든 역량을 총결집한다는 방침이다.

AI 반도체 이니셔티브 9대 기술 혁신

AI 모델	AI 반도체	HW·SW 연계 AI 서비스
① 차세대 범용 AI(AGI)	④ PIM(Processing In Memory)	⑦ AI 슈퍼컴퓨팅
② 경량·저전력 AI	⑤ 저전력 K-AP	⑧ 온디바이스 AI
③ AI 안전	⑥ 신소자 & 첨단패키징	⑨ 차세대 개방형 AI 아키텍처·SW

AI전략최고위협의회 출범 대한민국을 글로벌 AI 3대 강국으로 만들기 위한 민관 협력 최고기구인 「AI전략최고위협의회」가 4월 4일 출범했다. 최고 AI 민간 전문가들과 관계부처 고위 공무원들이 참여하는 협의회는 산하에 ▷AI 반도체 ▷R&D ▷법·제도 ▷윤리 안전 ▷인재 ▷AI 바이오 등 6개 분과를 운영한다. 또한 국내 약 100개 이상 초거대 AI기업과 중소·스타트업으로 구성된 「초거대AI 추진협의회」를 외부 민간자문단으로 둬 AI 혁신생태계 구현을 위한 정부의 투자·지원 등 정책 제언을 수렴하고, 민·관 상시적 소통 채널로 적극 활용하게 된다.

주요국 AI 반도체 기술수준(자료: 과학기술정보통신부, 2022년도 기술수준평가 결과(2024. 2.))

구분	한국	미국	일본	중국	유럽
기술수준	80.0	100	70.0	90.0	85.0
기술격차(년)	2.5	0.0	3.5	1.0	2.0